FÁBULA DEL PODER

Purdue Studies in Romance Literatures

Editorial Board

Íñigo Sánchez-Llama, Series Editor   Patricia Hart
Elena Coda   Beth Gale
Paul B. Dixon   Laura Demaría

Howard Mancing, Consulting Editor
Floyd Merrell, Consulting Editor
R. Tyler Gabbard-Rocha, Production Editor

Associate Editors

French
Jeanette Beer
Paul Benhamou
Willard Bohn
Thomas Broden
Mary Ann Caws
Allan H. Pasco
Gerald Prince
Roseann Runte
Ursula Tidd

Italian
Fiora A. Bassanese
Peter Carravetta
Benjamin Lawton
Franco Masciandaro
Anthony Julian Tamburri

Luso-Brazilian
Marta Peixoto
Ricardo da Silveira Lobo Sternberg

Spanish and Spanish American
Catherine Connor
Ivy A. Corfis
Frederick A. de Armas
Edward Friedman
Charles Ganelin
David T. Gies
Roberto González Echevarría
David K. Herzberger
Emily Hicks
Djelal Kadir
Amy Kaminsky
Lucille Kerr
Howard Mancing
Floyd Merrell
Alberto Moreiras
Randolph D. Pope
Elżbieta Skłodowska
Marcia Stephenson

 volume 89

FÁBULA DEL PODER

Corporalidad, biopolítica y violencia
en la narrativa de Sergio Ramírez

Daniel Chávez Landeros

Purdue University Press
West Lafayette, Indiana

Copyright ©2023 by Purdue University. All rights reserved.

∞ The paper used in this book meets the minimum requirements of American National Standard for Information Sciences—Permanence of Paper for Printed Library Materials, ANSI Z39.48-1992.

Printed in the United States of America
Interior template design by Anita Noble;
Cover template design by Heidi Branham;

Cover art: "Cazando venando junto al río" (2003) by José Ignacio Fletes Cruz

Cataloging-in-Publication Data on file at the Library of Congress

ISBN 978-1-61249-905-5 (hardcover)
ISBN 978-1-61249-906-2 (paperback)
ISBN 978-1-61249-907-9 (epub)
ISBN 978-1-61249-908-6 (epdf)

A Margarita, por enseñarme a navegar y a mirar el amanecer

Índice

xi **Agradecimientos**
xiii **Prólogo**
1 **Introducción**
   3 Corporalidad y discursos del poder

7 **PRIMERA PARTE**
7 **Capítulo uno**
   Política, poder y literatura en la escritura de Sergio Ramírez
   7 Política y literatura en América Latina
   12 Las nuevas clases intelectuales, el nuevo balance entre la literatura y el ejercicio del poder
   15 Serio Ramírez narrador y político
   19 Liteatura y política en la Guerra Fría Cultural
37 **Capítulo dos**
   Género literario y poder en *De tropeles y tropelías* (1972)
   38 En el principio fue la fábula
   40 Artículo de costumbres
   41 Ejemplo
   43 Anécdota
   45 Caso
   46 Poema en prosa
   48 Vuelta a la fábula
   52 Otra vuelta de tuerca: *De tropeles y tropelías* como novela y como videojuego
61 **Capítulo tres**
   La ficción del Estado y el Estado como ficción
   62 La normalidad capitalista y la "anormalidad" del estado pretoriano en América Latina
   68 El estado patrimonial ficcionalizado como "desviación" del poder con características feudales
   74 El estado ficticio como simulacro del gobierno republicano e ilustrado
   78 Corpoalidad hegemónica bajo la ley y el estado de derecho (bufo)
   82 Cuerpos ubicados: clase, género y violencia en el control social autoritario

95 Capítulo cuatro

Fábula del poder: Denuncia y complicidad con las estructuras del Estado
  99 "De las propiedades del sueño" o de la tecnología de lo onírico
  100 En el manejo del archivo y el manejo del sueño
  107 Del sueño autoritario de la modernidad
  116 Tecnologías del cuerpo militar y del cuerpo social
  121 La momia de Su Excelencia o el triunfo de lo grotesco

127 SEGUNDA PARTE

Prefacio a la segunda parte

129 Capítulo cinco

Del cuerpo transformado al ciborg en "Charles Atlas también muere" y "El *centerfielder*" (1976)
  133 Historiografías, fisicoculturismo y crítica anticolonial
  136 Narración y corporalidad hegemónica
  141 Del cuerpo transformado al ciborg
  157 "El *centerfielder*" o el riesgo de jugar contra el estado
  159 Reapropiación y resemantización del béisbol en Nicaragua
  164 Dos derrotas al hilo, para la libertad y la imaginación

179 Capítulo seis

La biopolítica en *Castigo divino* (1988) o sobre la toxicidad del estado centroamericano
  184 La toxicidad del estado centroamericano del siglo XX
  190 La biopolítica en la era del caso Castañeda
  201 Del crimen privado a la instrumentalización del biopoder como coartada
  213 El caso Castañeda y la tentación autoritaria en la Nicaragua del 1933

223 Capítulo siete
Prostética y formación racial del estado neoliberal en *El cielo llora por mí* (2008)
223 Punto de partida, las imágenes y las secuelas de la posguerra en Nicaragua
227 El lugar de *El cielo llora por mí* (2008) en la narrativa de Ramírez y su visión crítica de la sociedad postmilenio
230 El cronotopo neoliberal y postnacional de *El cielo llora por mí*
233 El detective por triplicado o la posibilidad del empoderamiento ciudadano
243 De Bluefields a Managua, o la interminable distancia de la racialidad nicaragüense
257 El relato de la disfuncionalidad social y la prostética del estado neoliberal
261 La discapacidad en la sociedad nicaragüense contemporánea
263 Discurso y corporalidad discapacitada en *El cielo llora por mí*
272 Corporalidada resistente, discapacidad y sexualidad en el neopolicial
276 El estado neoliberal como prótesis disfuncional
279 Conclusiones
287 Tablas
303 Notas
313 Obras citadas
331 Índice analítico

Agradecimientos

La preparación de un libro siempre conlleva largos procesos de búsqueda de materiales y datos, lectura y reflexión, composición y revisión en los que, si se tiene la fortuna de contar con lectores inteligentes y generosos a quienes consultar, el producto final termina siendo una mejor suma de las partes iniciales. En la preparación de Fábula del poder he tenido esa fortuna y por tanto, he incurrido en incontables deudas de gratitud con profesores, colegas y amigos en diversas instituciones en México, Nicaragua, España y los Estados Unidos. Mi interés por la literatura y la historia de Nicaragua se debe en gran parte al entusiasmo y apoyo del Prof. Thomas Walker de la Universidad de Ohio. Así mismo, conté con la colaboración y guía de mis mentores Daniel Torres y Manuel Antonio Serna Maytorena (†). Los profesores José "Pepo" Delgado y Jorge Alberto Pérez igualmente leyeron las páginas iniciales de este proyecto y ofrecieron guía y consejo.

Fue gracias a una beca predoctoral de la Universidad de Michigan que pude viajar a Nicaragua en dos ocasiones y hacer acopio de materiales además de conocer y dialogar con varios autores nicaragüenses. Así, en 1994 logré entrevistar por primera vez a Sergio Ramírez en Washington, 33, 65, 68, 158–59, 307n. 5. Desde entonces he tenido la oportunidad de conversar con el autor en México durante la Feria Internacional del Libro de Guadalajara en 2010, y en 2015 durante su visita a Middlebury College. En esos encuentros tuve la ocasión de hacer preguntas impertinentes y disipar dudas sobre detalles específicos que fueron integrados a estas páginas.

Fue precisamente en Middlebury, Vermont, aprovechando la riqueza de una comunidad intelectual construida por Jacobo Sefamí y Manel Lacorte y en la extensión de Mills en California por

Agradecimientos

Robert Davis, donde pude hacer revisiones al proyecto y comentar mi trabajo con colegas de la Escuela de Español durante varios veranos. De ahí también proviene el apoyo y la amistad de la Generación Adirondak. Versiones más recientes de este trabajo fueron leídas en detalle por la profesora Mané Lagos de la Universidad de Virginia y por Tomás Regalado de la Universidad James Madison. En Charlottesville diferentes colegas mostraron entusiasmo y dieron su apoyo a este proyecto, especialmente Fernando Operé en el Departamento de Español, Italiano y Portugués y en el Programa de Estudios Americanos Sandhya Shukla, Anna Brickhouse, Grace Hale y Sylvia Chong. Nuestro agradecimiento especial a Paula Sprague y a Miguel Valladares por hacer de su casa un refugio para mí y para Margarita, y por conseguir materiales inencontrables de no ser por el tesón bibliófilo de Míkel.

La publicación de este libro no habría sido posible sin la generosa contribución del Decanato del Colegio de Artes de la Universidad de New Hampshire. Mis colegas en el Departamento de Lenguas, Literatura y Cultura han sido una base sólida de soporte intelectual y ejemplo de camaradería, en particular, en el Programa de Español: Lori Hopkins, Jaume Martí Olivella, Lina Lee y Carmen García de la Rasilla. Mi agradecimiento especial va para Scott Weintraub por la alegría y dinamismo de su colaboración y para Holly Cashman, cuya dedicación y activismo son fuente constante de inspiración. De la misma manera, la publicación de esta obra fue impulsada por Gerardo Gutiérrez Cham de la Universidad de Guadalajara y por Laura Landeros, quienes mostraron una fe inamovible por este proyecto.

Finalmente deseo expresar mi reconocimiento a los revisores y miembros del comité editorial de la colección Purdue Studies in Romance Literatures, sus críticas y sugerencias enriquecieron notablemente este proyecto. El seguimiento puntual y generoso de la Profesora Gwen Kirkpatrick de la Universidad de Georgetown, directora de la colección PSRL sobre América Latina, fueron fundamentales para llevar a buen puerto esta publicación.

Prólogo

Un suboficial de la Guardia Nacional de Nicaragua viaja a Nueva York para conocer a Charles Atlas. Cuando finalmente entra a saludar al mítico fisicoculturista, encuentra un cuerpo traspasado de jeringas y mangueras, un ciborg de frágil vida artificial. En el jardín de la mansión de un presidente centroamericano, un prisionero es encerrado en la jaula contigua a la de un león. Por supuesto, la naturaleza y el instinto animal seguirán su curso. En la Nicaragua post-sandinista, un policía amputado de una pierna debe enfrentar solo y herido a una banda de narcotraficantes comandada por su antiguo jefe guerrillero. A pesar de la gravedad y violencia de las historias contadas en muchos de los cuentos y las novelas de Sergio Ramírez, la obra de este escritor nicaragüense está regida por la ironía y la parodia. También con frecuencia, el blanco de esa burla y denuncia narrativa son los poderosos y el poder en sí.

Fábula del poder propone una revisión y valoración de la obra narrativa del escritor Sergio Ramírez Mercado (Masatepe, Nicaragua 1942) haciendo énfasis en los mecanismos de representación y crítica del poder en la literatura contemporánea de América Latina. La investigación se realiza bajo un marco teórico interdisciplinario tomando conceptos básicos de la teoría política, la crítica literaria y cultural, y la historiografía de Nicaragua y América Latina.

La producción narrativa de Sergio Ramírez se perfila en las últimas décadas como una de las obras de mayor amplitud y continuidad en las letras de Centroamérica y de América Latina. Desde la publicación de sus primeros cuentos en los años sesenta, hasta el lanzamiento de su undécima novela, *Ya nadie llora por mí* en 2017, han pasado seis décadas de constante quehacer literario. Durante estos sesenta años Ramírez también ha publicado libros de ensayo, testimonio, memorias y una larga lista de colaboraciones periodísticas en medios que incluyen *El País* de España, *La Jornada* de México, el *New York Times* de los Estados Unidos y un buen número de prestigiadas revistas culturales y literarias alrededor del mundo.

Más allá de esta apretada agenda como escritor, Sergio Ramírez también ha sido actor y testigo en los debates y transformaciones sociales de su natal Nicaragua. Primero como colaborador del Frente Sandinista en la coordinación del Grupo de los Doce, y posteriormente como miembro de la Junta de Reconstrucción Nacional en los años ochenta. En 1984 se presenta como vicepresidente en las elecciones que llevaron a Daniel Ortega al poder por primera vez. Más adelante, en su calidad de abogado y líder político será coordinador de la bancada sandinista de la Asamblea Nacional durante el gobierno de Violeta Chamorro (1990-1996). En 1994 participará en la escisión del sandinismo y fundará, con otros destacados miembros de la revolución, el partido Movimiento Renovador Sandinista (MRS), que hasta las primeras dos décadas del nuevo milenio seguía trabajando en la oposición contra el ala orteguista del otrora partido revolucionario.

Aunque se retira de las justas políticas a finales de los años noventa, Ramírez sigue asumiendo una actitud crítica ante los vaivenes de la democracia en Nicaragua. Pero aún más importante, su actividad literaria no se limita únicamente a continuar su intensa labor como escritor y crítico, sino que se ha dedicado a promover la creación literaria de los jóvenes en su país y en Centroamérica, a través de talleres literarios y apoyando proyectos editoriales. En los años noventa fungió como director de la Editorial Nueva Nicaragua y como miembro de diversas asociaciones de escritores. Desde 2004 es director de la revista electrónica *Carátula* que en 2021 ya había completado cien números.[1] Desde 2013 promueve la organización de encuentros de narradores del continente y de la región en el congreso Centroamérica Cuenta, concebido como plataforma de lanzamiento y proyección de la joven narrativa del istmo para el mundo y de encuentro con narradores de otras latitudes.

Entre los reconocimientos internacionales a su obra narrativa se deben mencionar el premio Dashiell Hammett de novela policial por *Castigo divino* (1988), el premio internacional Alfaguara y el premio de narrativa José María Arguedas de Casa de las Américas por *Margarita está linda la mar* (1998). En 2011 recibió el premio José Donoso otorgado por el gobierno de Chile por el conjunto de su obra. En 2014 recibe el Premio Carlos Fuentes otorgado en

Prólogo

nombre del desaparecido escritor mexicano. Finalmente, en 2017 llega el reconocimiento mayor a un escritor en lengua española, el Premio Miguel de Cervantes de literatura.

A pesar de que a Sergio Ramírez (1942), por la cronología y las perspectivas que presenta en su narrativa, se le podría situar entre la generación del Post-Boom junto a escritores como los argentinos Luisa Valenzuela (1938), Ricardo Piglia (1941–2017), Osvaldo Soriano (1943–1997) y Mempo Giardinelli (1947), los chilenos Antonio Skármeta (1940) e Isabel Allende (1942), y los mexicanos José Emilio Pacheco (1939–2014), Homero Aridjis (1940) e Ignacio Solares (1945), la crítica literaria ha tardado en ubicar su obra entre sus pares dentro de esta corriente. En parte, esta escasez de valoraciones puede deberse a la trayectoria en cierto modo atípica de Ramírez que ha incluido un intenso trabajo político. Otra posibilidad es que, por su ubicación como escritor centroamericano, región donde la producción novelística—con excepción de una figura señera como Miguel Ángel Asturias en los años 1940 al 1960—no había vuelto a recibir una difusión sostenida sino hasta la década de los ochenta del siglo XX. Es en esos años de intensa agitación revolucionaria cuando la obra de Ramírez y la de otros narradores nicaragüenses como Gioconda Belli, Rosario Aguilar, Fernando Silva; de Guatemala como Mario Monteforte, Rodrigo Rey Rosa y Arturo Arias; la de los costarricenses Tatiana Lobo, Anacristina Rossi y Carlos Cortés; y de los salvadoreños, Manlio Argueta, Jacinta Escudos y Horacio Castellanos Moya, y otros escritores del istmo centroamericano, vuelven a llamar la atención del gran público.

Después de la publicación de *Castigo divino* (1988), su primer gran éxito de público y crítica, el número de reseñas, entrevistas, artículos periodísticos y académicos sobre cada una de las obras del escritor nicaragüense se ha ido acumulando. Julio Ortega, Seymour Menton, Ileana Rodríguez, Sara Castro Klarén y Nicasio Urbina son algunas de las voces en el ámbito académico y cultural que se han ocupado de observar y comentar la obra de Sergio Ramírez. Pero sin duda, uno de los seguidores y críticos más atentos al trabajo de Ramírez fue el escritor mexicano Carlos Fuentes (1928–2012), quien ya en 1988 escribiría un breve prólogo para *Castigo divino*. En 2004 firma el prólogo a la larga entrevista biográfica a Ramírez realizada por la periodista mexicoamericana Silvia Cherem. Su último reconocimiento quedó plasmado en la guía mayor y testamento crítico que es *La gran novela latinoamericana* (2011), ensayo de largo aliento sobre la narrativa del continente donde Fuentes dedica varias páginas a ubicar la obra de Ramírez entre las voces más destacadas de las letras contemporáneas.

A pesar de los numerosos reconocimientos de la industria editorial al trabajo de Ramírez, los estudios dedicados a profundizar en el análisis y evolución de la obra de este cuentista y novelista no son numerosos. Aparte de las publicaciones del crítico mexicano José Juan Colín, *Los cuentos de Sergio Ramírez* (2004) y la compilación de artículos editada por él mismo: *Sergio Ramírez acercamiento crítico a sus novelas* (2013); el estudio de tres novelas del costarricense José Ángel Vargas *La novela contemporánea centroamericana: la obra de Sergio Ramírez* (2006); y la muy breve obra del nicaragüense Erick Aguirre *Ejercicios de estilo, la realidad alucinante de Centroamérica en la obra de Sergio Ramírez* de 2012, no abundan los análisis exhaustivos sobre el autor. Dos obras de tipo comparativo entre el trabajo de Ramírez y otros autores nicaragüenses aparecieron en la segunda década del nuevo siglo, *Sandino's Nation: Ernesto Cardenal and Sergio Ramírez Writing Nicaragua (1914–2012)* (2014) del canadiense Stephen Henighan y la obra *Sergio Ramírez, Rubén Darío y la literatura nicaragüense* (2015) de la investigadora argentina Diana Moro. Ambas obras son un importante aporte al estudio de la obra de Ramírez, pero en su afán de establecer lazos comparativos han dejado de lado ciertos aspectos de la dimensión política y crítica singular de la obra del autor. En este sentido, *Fábula del poder* intenta solventar en parte estas carencias además de que propone un estudio interdisciplinario y combinado de algunos cuentos y novelas en relación con uno de los aspectos centrales de la narrativa de Ramírez, la representación lúdica y crítica del poder desde la perspectiva múltiple de este político, narrador y periodista nicaragüense.

Por las perspectivas y enfoques que propone, estoy convencido de que el presente estudio puede ser de interés no solo para los lectores que siguen la trayectoria de Sergio Ramírez, sino para el público especializado y semi-especializado en las áreas de historia y cultura de Nicaragua, política e historia centroamericana y la literatura latinoamericana contemporánea en general.

Introducción

En 1972 la prensa universitaria de San Salvador publicó una colección de pequeñas viñetas literarias llamada *De tropeles y tropelías*. El tema principal y el centro de la imaginación poética de estas mini historias, de apenas dos páginas cada una, era "el poder." Aunque las narraciones aparecen al lector como fragmentos, la desconstrucción de una figura dictatorial S.E. (Su Excelencia) y la construcción ficticia del estado que tiraniza, son el hilo discursivo común para su tratamiento paródico del poder. El joven autor del volumen pone en escena un tema controvertido y siempre atractivo: las misteriosas y a veces grotescas formas en las que el poder y los poderosos transforman, y a veces pervierten, la vida diaria a través de su actividad pública.

En 1988 el Vicepresidente del gobierno revolucionario de Nicaragua publica simultáneamente en España, Argentina, México y Nicaragua una novela, *Castigo divino*, reconocida de inmediato como un éxito por la crítica y el público y que recibió el premio Dashiell Hammett de narrativa policial en la Semana Negra de Gijón en España en 1990. Premio que se otorga desde 1988 y que cuenta entre sus galardonados a Paco Ignacio Taibo II (1991), Leonardo Padura (1998, 2006) y Ricardo Piglia (2011). Estos dos hechos aparentemente desconectados, un joven escritor publicando relatos que atacan a las figuras del poder en Centroamérica y el Caribe cuando en ese momento el área está bajo la bota de férreas dictaduras, y un vicepresidente que se atreve a publicar una novela que critica el poder en general, mientras todavía está en funciones, no deberían ser hechos con mayores consecuencias. Ninguna consecuencia, a menos que consideremos que ambos eventos tienen como protagonista a una misma persona: Sergio Ramírez Mercado.

Se está ante el caso, no muy común, de un autor establecido que ha ascendido los escalones del poder. En Latinoamérica, no

Introducción

resulta sorprendente que en cada generación política existan uno o dos casos de individuos que practiquen, de manera más o menos exitosa, la producción de textos de creación literaria y que al mismo tiempo se destaquen como figuras políticas. Sin embargo, en dichos casos, el estudio de los discursos político y literario, mano a mano, sin privilegiar las categorías de uno sobre el otro, no es del todo una práctica común. Por ejemplo, aquellos que estudian *Doña Bárbara* (1929) de Rómulo Gallegos, casi nunca consideran importante leer sus discursos políticos como presidente de Venezuela. De manera similar, los estudios políticos sobre los trabajos de C.L.R. James, el autor trinitario, solo dedican unas cuantas páginas a su única novela: *Minty Alley* (1936). En ambos casos el análisis de las obras se lleva a cabo como si una de las prácticas discursivas no existiera o como si la relación entre ambas fuera irrelevante.

En busca de una metodología para sortear este vacío, he tratado de localizar marcos conceptuales sobre prácticas discursivas que no produjeran dicotomías o que permitieran el trabajo con diferentes categorías, al mismo tiempo, sin necesidad de tener que subordinar una a la otra. Mientras avanzaba en la investigación encontré que, si se quería rearticular el contacto entre los discursos literario y político, la noción de autor podría ser más un obstáculo que una herramienta para el análisis. Michel Foucault en su ensayo "¿Qué es un autor?" advierte directamente acerca del carácter constructivista de la figura social que una audiencia identifica como "autor." Sostenía que, después de todo, no era el autor como tal sino el discurso, las prácticas y las reglas de un campo científico las que animan, limitan y permiten a cualquier hablante organizar las palabras y los significados de una manera particular (Foucault, "What is" 101–20). En *Las palabras y las cosas*, el autor también termina siendo solo marginalmente importante porque al profundizar en el archivo histórico, la investigación de Foucault se orienta menos hacia las figuras biográficas y se concentra más en elucidar las particularidades y los cambios discursivos que se presentan en cada área del conocimiento (Foucault, *Las palabras* 291–94).

Entonces, ¿de qué manera se puede pretender, en buena fe, escoger un *corpus* de textos producidos por una personalidad política sin alimentar el "aura" de la figura del autor? Dando la vuelta a la pregunta hacia el extremo teórico: ¿por qué usar las teorías de Foucault como el eje teórico del análisis? Estos cuestionamientos

Introducción

pueden provocar cierto escepticismo en cualquier lector de ensayos como "Lenguaje / Poder" y "¿Qué es un autor?" El hecho es que la combinación de los marcos históricos y transdisciplinarios que ofrecen los trabajos de Foucault puede hacer posible la investigación seria de los discursos políticos y literarios de manera paralela, sin subordinar las categorías de uno a las del otro. El "autor" deja de ser una institución y se le puede reconocer como ciudadano o hasta como actor político y, por tanto, su producción escritural estará regida en gran parte por su voluntad de incidir en tal o cual campo y no necesariamente por los impulsos y privilegios otorgados a la figura autoral. En este sentido, aunque mi análisis se enfoca en la obra de Sergio Ramírez, he escogido resaltar la presencia y especificidad de diferentes discursos sociales y profesionales en la escritura de este polígrafo nicaragüense.

Corporalidad y discursos del poder

Como ya había anunciado desde el prólogo, me propongo hacer uso de un marco teórico y de análisis más bien interdisciplinario. Me guía el deseo de ir al encuentro de las particularidades de cada género discursivo y hacer frente a aspectos de crítica y análisis específicos que se suscitan al tratar de entender y contextualizar cada obra o grupo de textos.

La propuesta de una búsqueda interdisciplinaria, sin embargo, no impide que en cada caso recurra, de manera alternativa o combinada, a dos grandes ejes de indagación analítica que atravesarán las dos partes de este libro. Por un lado, me interesa la observación y cuestionamiento de la relación que guardan el discurso político y el universo literario creado por Ramírez y la representación de figuras, formas y comportamientos del poder público presentes en dichas narraciones. Es decir, me importa detectar las variantes, ocurrencias y evolución del discurso literario en relación con su acercamiento a las formas del poder en la sociedad nicaragüense a lo largo del siglo XX y principios del siglo XXI. El segundo gran eje integrador de mi análisis será una indagación en las formas de retratar, desde la literatura, la corporalidad en las sociedades periféricas en la modernidad capitalista de finales del siglo XX y sus variantes más recientes en la era neoliberal de principios del nuevo milenio. Entiendo como corporalidad no solo las prácticas, usos, placeres y disciplinamiento del cuerpo bajo las condiciones

Introducción

políticas y económicas de una formación social particular, sino también los discursos que acompañan describen y/o denuncian dichas condiciones (cf. Frank 49). Esta perspectiva incluye no solo lo que Foucault designa como las normas disciplinarias y el cuidado del cuerpo, implicados en la formación de ciudadanos, en el entrenamiento de soldados y policías, y en el castigo a transgresores y delincuentes, sino también aquellas acciones que buscan el mantenimiento de la vida, la salud, y la reproducción al nivel de lo que el filósofo francés llama biopolítica (Castro 83–86).

Así pues, a lo largo del libro, insisto en dos formas de representación de la corporalidad en la obra de Ramírez. En los primeros cinco capítulos haré referencia a la descripción y denuncia de una "corporalidad hegemónica" y a partir del capítulo seis, a aquellas que corresponden a una "corporalidad resistente" o a las condiciones de posibilidad de la misma. Ya que los primeros dos capítulos de la obra están dedicados a la discursividad literaria y política, a partir del capítulo tres presentaré una definición más puntual y extenderé la discusión sobre estas formas de corporalidad. Por el momento baste mencionar que, a mi entender, la corporalidad hegemónica es aquella que sigue los patrones de uso, disciplinamiento y sancionamiento de prácticas físicas, de control, de placer o de auxilio médico impuestas, permitidas o toleradas por el estado. En contraparte, propongo que la corporalidad resistente es aquella que implica insubordinación, sabotaje, o reconfiguración simbólica de los usos, placeres y disciplinas del cuerpo sancionadas por el estado.

Dadas estas líneas generales de investigación puedo decir que los dos capítulos iniciales de la primera parte se refieren más a cuestiones de representación literaria y los capítulos tres y cuatro se concentran más en asuntos de representación paródica y grotesca de la corporalidad impuesta por el régimen de los Somoza en Nicaragua y otros gobiernos autoritarios en Centroamérica. En la segunda parte, los capítulos cinco y seis se concentran en la denuncia de la corporalidad hegemónica y cómo el origen de la dictadura se puede leer en la inhumanidad y abuso de esa corporalidad que se torna preferentemente opresora y violenta. En esos dos capítulos discuto actividades de sabotaje de esa corporalidad hegemónica. En el último capítulo, en donde hablaré de la corporalidad discapacitada del detective Morales, localizo lo que se podría pensar como un incipiente surgimiento o por lo menos, la demanda consciente de una corporalidad resistente, con signos de insubordinación o reconfiguración de las imposiciones sociales prevalentes. Esto último sin olvidar que dadas las nuevas condiciones del estado neoliberal de principios del siglo XXI, también implican una serie de cambios en la discursividad literaria en medio de la cual surgen las tres novelas policiales de Ramírez *El cielo llora por mí* (2008), *Ya nadie llora por mí* (2017) y *Tongolele no sabía bailar* (2021). Dichos cambios serán discutidos en ese capítulo final.

PRIMERA PARTE

Capítulo uno

Política, poder y literatura en la escritura de Sergio Ramírez

La narrativa temprana de Ramírez presenta una oportunidad especial para acercarse a la compleja relación que guardaban los discursos político y literario en el tercio final del siglo XX. No pretendo agotar todas las avenidas posibles de análisis para *De tropeles y tropelías* (1972), el primer libro de circulación internacional escrito por Ramírez, sino que tomando esta obra como base textual concreta hago una reflexión sobre la producción de discursos que en muchas ocasiones se perciben como disímiles y distintos: lo político y lo literario.

El propósito inicial de este capítulo es repasar el repertorio de los límites y formas de contacto del discurso literario y el discurso político en la era moderna y, de paso, tratar de esbozar algunas hipótesis sobre la especificidad de la práctica de la escritura en ese vasto dominio que es la cultura latinoamericana. Ahora, como primer paso, es necesario delimitar de manera general el problema de la mezcla e interrelación constante de ambos discursos entre la intelectualidad del continente.

Política y literatura en América Latina

Durante el siglo XIX, en el que las empresas de emancipación y consolidación de los estados nacionales que en sus diferentes vertientes y modalidades fueron el producto de los impulsos políticos, económicos e ideológicos de la Ilustración y el Romanticismo en ambos lados del Atlántico, no era excepcional que el escritor, es decir, el docto que hacía uso de la escritura por razones estéticas o políticas, se involucrara en las causas sociales de su época.

Los ejemplos obvios confirman las anteriores observaciones. Víctor Hugo abraza la tradición republicana y abomina del imperialismo a ultranza que las guerras napoleónicas dejan como legado

Capítulo uno

a la Francia posrevolucionaria. Lord Byron es la culminación del héroe romántico conjuntando el genio apasionado al estilo *sturm und drang* y el compromiso con las causas libertarias. Su muerte, en abril de 1824, durante los episodios iniciales de la guerra de independencia de Grecia fue el sello definitivo de ese compromiso. Por supuesto, el heroísmo trágico no es la regla general en la Europa que ve nacer tardíamente, en relación con sus excolonias americanas, el período de las unificaciones nacionales triunfantes (Anderson 50).

En América, las guerras de independencia son laboratorios de la modernidad y la consolidación de los proyectos nacionales se inicia de manera anticipada debido a la inestabilidad de los imperios declinantes en España y Portugal durante el primer cuarto del siglo XIX. Sin embargo, en lo que podría llamarse el "largo siglo diecinueve," siguiendo a Eric Hobsbawm, que en América Latina va de 1770 a 1930, estos proyectos se alargan y no alcanzan a cuajar de manera definitiva sino hasta muy tarde en el mismo siglo (México, Brasil, Argentina) e incluso, en algunos casos, no es sino hasta las primeras décadas del siglo XX (Centroamérica, Venezuela, Bolivia, Colombia) que encontramos una consolidación definitiva del estado nación (cf. Hobsbawm 143; Williamson 234). Recuérdese que los procesos de reorganización política en América Latina también se ven afectados por factores externos como el apoyo o imposición de minorías oligárquicas patrocinadas por las potencias consolidadas de la naciente economía-mundo cuyos ejes descansaban en Inglaterra, Francia y de manera tardía en los Estados Unidos (Braudel, *La dynamique* 90; Halperín Donghi 289; Hobsbawm 35; Wallerstein 353).

En América Latina, en un clima de recomposición económica en el que se intenta romper con el pasado colonial, las pugnas militares y políticas consumen no solo grandes recursos materiales sino también humanos. Entiéndase, no se lamenta aquí el hecho de que el ciclo histórico de la emancipación y formación del estado haya sido tan difícil, sino que se quiere llegar a la primera idea del por qué el discurso político y el discurso literario en la América de habla española (de México a la Argentina) y Brasil siguen un curso de entrecruzamiento mucho más prolongado que el observado en las sociedades euronorteamericanas y algunas sociedades europeas.

Política, poder y literatura en la escritura de Sérgio Ramírez

La concepción de la actividad literaria como una práctica que debe separarse de la convicción política surge dentro de sociedades en las que la institucionalización, la civilidad y la división de poderes han permitido una relativa estabilidad de los procesos simbólicos bajo el discurso de la modernidad, tal como lo prescribían los próceres de la Revolución Inglesa y los librepensadores de 1776 en los Estados Unidos y de 1789 en Francia. Por otro lado, sabemos que el estado moderno va tomando la forma de una máquina mucho más compleja y a la vez compartimentada. Se involucra a un mayor número de elementos sociales que se exponen al escrutinio de una incipiente esfera pública (cf. Habermas 66). A nivel tecnológico, dos procesos refuerzan esta tendencia a exponer la gestión del gobierno frente a la población que comienza a participar: los avances en los medios de transporte y el desarrollo de la prensa (Anderson 57–63).

Si bien como ya señalamos, el proceso histórico de estabilización de los estados nacionales toma más tiempo en ciertas zonas de la Latinoamérica decimonónica, esto no impide que la prensa diaria y una relativa movilidad de productos y personas se fueran afianzando (Anderson 63; A. González 17; Ramos 181). En el caso específico de Nicaragua, la Costa Atlántica no se incorpora oficialmente al territorio sino hasta 1894, y el acceso regular por tierra no se haría realidad sino hasta 1941 (Chávez, *Nicaragua* 39; Hale, *Resistence* 41). La lucha por el control de los grandes recursos naturales de América, publicitados con tanto éxito como "ilimitados" y ampliamente "disponibles" como lo señalaron las expediciones científicas de Ulloa y Santacilia, Rodrigues Ferreira y sobre todo Humboldt, y como se enfatiza en la retórica de los mismos próceres y poetas de la independencia (Bello, Olmedo, Heredia), son el discurso más atractivo para la ambición de las compañías mineras (Chile, Perú, Bolivia, México), de exportación de frutas y especias (prácticamente toda Centroamérica, Brasil), de exportación de carnes y cereales (Argentina, Uruguay) y finalmente, las petroleras, ya a principios del siglo XX (Venezuela, México) (Coronil 37, 75; Galeano 92, 169; Halperín Donghi 230).

Puede entonces afirmase que en el largo el siglo XIX latinoamericano, la situación de control hegemónico férreo y estancamiento tecnológico son factores que contribuyen de manera indirecta, pero contundente, a prolongar prácticas de escritura que ya comienzan a desintegrarse en sociedades con un proceso de civilismo y secularización creciente. Ángel Rama fundamenta sus teorías sobre la ciudad letrada y la escrituraria en el papel sobredeterminado que las élites iberoamericanas cumplen dentro de sus sociedades inestables debido en gran parte, a la crónica escasez de recursos, tanto para la instrucción pública como para el mejoramiento de los niveles de vida de sectores más amplios de la población (Rama 41).

Aquí habría que hacer una salvedad. Si bien se acostumbra a manejar la situación sociopolítica reinante en la segunda mitad del siglo XIX como un proceso más o menos uniforme en toda América Latina, es importante tener en cuenta que solo las líneas generales son equivalentes. Bajo un análisis minucioso es evidente que el proceso de jerarquización y dominación ejercido por las élites argentinas, las centroamericanas, mexicanas y peruanas siguen tendencias similares, pero a la vez, con marcadas diferencias entre ellas (Soler 149). Entre las similitudes ya mencionadas puede entonces destacarse esta contigüidad en la práctica de difusión de los discursos político y literario. Incluso en algunos casos debe mencionarse también cierta práctica de participación de figuras científicas dentro de lo político.

No obstante, es importante pensar que a pesar de que el desarrollo de las ciencias es en la mayoría de los casos incipiente, es la escritura del discurso científico la que tiende a ganar su autonomía de manera más acelerada entre los siglos XVII y XVIII en ambos lados del Atlántico (Latour 27). Las figuras como don Carlos de Sigüenza y Góngora, Sor Juana Inés de la Cruz, a la vez matemáticos, astrónomos y eminentes voces literarias se hacen más escasas (Paz, "Sor Juana" 730–32; Trabulse 81–86). A caballo entre el final del siglo XVIII y el siglo XIX, el barón Alexander Von Humboldt será el epítome y, a la vez, el último vestigio de esta "promiscuidad" discursiva. Por otro lado, abundan las figuras que continúan con la práctica de la creación literaria y la participación activa en la política y en las discusiones histórico-filosóficas de la época. Ejemplos contundentes de esto último en México son: Fray Servando Teresa de Mier al momento de la independencia; Ignacio Manuel Altamirano, Vicente Rivapalacio, Manuel Payno y Guillermo Prieto entre los liberales; Lucas Alamán y Francisco Pimentel entre los conservadores. En Cuba el prócer del pensamiento emancipador Félix Varela, y José Martí el iniciador del

Política, poder y literatura en la escritura de Sérgio Ramírez

Modernismo. En América del Sur los ejemplos llaman mucho la atención, por la prominencia del discurso literario, pero no dejan de ser paradigmas del activismo político, Alberto Blest Gana y Andrés Bello en Chile (el último también activo en Venezuela), Esteban Echeverría y Domingo Faustino Sarmiento en Argentina, Manuel Antonio Caro en Colombia, Ricardo Palma en Perú, y José de Alencar, Ruy Barbosa y Joaquim Nabuco en Brasil, por citar a los más conocidos.

Es importante mencionar otras dos variantes del entrecruzamiento de discursos que se mantendrá a lo largo del siglo XIX y principios del XX. Por un lado, está la constante interconexión del discurso literario que se practica de manera paralela o entrecruzada con el discurso político-legal; por el otro, el desarrollo del periodismo que introduce la idea de la "conciencia crítica," del "escrutinio público" practicado en las sociedades industrializadas y que se percibe desde lejos, desde la periferia, como el modelo a seguir. Por su parte, la tendencia a la autoconservación y adaptación del intelectual latinoamericano a las condiciones cambiantes en términos políticos, hacen de esta clase una especialista en "supervivencia" (Castro Gómez 65; Rama 30–32). De este modo, el intelectual latinoamericano, dadas sus actividades escriturales, se ve constantemente mediando entre el poder público y los otros estratos sociales, en ocasiones hasta incorpora (o inventa) la voz de esa criatura anónima creada por el romanticismo y que se llamó: pueblo (cf. Monsiváis 14). Por lo tanto, parece lógico que la conformación de una "conciencia crítica" presta legitimidad al surgimiento de la nueva figura docta del siglo XIX: el intelectual-periodista-literato (Rama 74).

Entre la tradición de la práctica discursiva mezclada de lo público y lo literario y la creciente presión por la separación de la personalidad del político y la actividad del poeta, por las demandas de especialización de la modernidad, se va gestando una contradicción que se generaliza en la mayoría de las sociedades latinoamericanas a principios del siglo XX. Después del tremendo éxito intelectual que significó el Modernismo como práctica renovada de la escritura que, absorbiendo corrientes europeas no hispánicas, reelabora prácticas y reglas para luego exportarse de Latinoamérica hacia España, se signa el primer paso para la gestación de la nueva clase de intelectuales que dominarán la escena cultural y política del continente a partir de 1900.

Capítulo uno

Las nuevas clases intelectuales, el nuevo balance entre la literatura y el ejercicio del poder

Siguiendo a Antonio Gramsci, por intelectual entendemos a aquel grupo que ejerce una posición de liderazgo y organización dentro de su clase y que domina los recursos discursivos para ello (Gramsci 10). En América Latina encontraremos entonces no solo a sacerdotes, políticos y literatos sino a líderes obreros, y desde mediados de siglo XX a los militares, entre los organizadores y diseminadores de ciertos discursos políticos autoritarios.

A partir del segundo tercio del siglo XX se tienen ya tres tipos de intelectuales que interactúan, se complementan y a veces se contraponen. De este modo, desde la perspectiva de las clases dirigentes, la figura del caudillo formado en las guerras nacionales del siglo XIX, pero sin preparación militar (o cultural) formal, va dejando paso a partir de 1930 al militar de carrera que goza del aura de poder organizar y agilizar el ejercicio de las funciones del Estado (Maira 112). A esta nueva clase militar, que finalmente se va a colocar en el poder desde principios de los años sesenta del siglo XX, debe también agregarse la figura del intelectual de vanguardias. Este último individuo, expuesto a las corrientes críticas europeas y quien, aunque en ocasiones participa como fachada cultural del poder, comienza a tener una asociación cada vez más consciente y menos automática con la gestión pública y en ocasiones también se vincula con los movimientos populares. Entre Rubén Darío, embajador de Nicaragua a finales del siglo XIX y Rómulo Gallegos presidente de Venezuela por nueve meses en 1948,[1] toda una generación de narradores y poetas fungieron como personalidades políticas en puestos altos, aunque por lo general, con un poder de decisión limitado. De esta forma, también surge un tercer perfil intelectual, el del político profesional, el estudioso de las leyes que vendrá a dejar en un segundo plano el ejercicio literario para dedicarse de lleno al ejercicio del activismo partidista o la búsqueda del poder. Su escritura se hace más importante como discurso legal y administrativo que como texto poético o de reflexión literaria, aunque conserva un peso cultural o sociológico. Los ejemplos obvios para ilustrar este proceso pueden encontrarse en figuras como José Carlos Mariátegui, Víctor Raúl Haya de la Torre en el Perú, Carlos Luis Fallas en Costa Rica, Mariano Fiallos y Carlos Fonseca en Nicaragua que, si bien tienen una obra narrativa o crítica importante, es el discurso

Política, poder y literatura en la escritura de Sérgio Ramírez

jurídico-político el que los hace destacar dentro de sus respectivas culturas nacionales. Una excepción debe citarse aquí, la prolongada permanencia en el poder de Joaquín Balaguer en la República Dominicana en dos períodos de aparente calma autoritaria 1966–1978 y 1986–1996 que además de fungir como primer mandatario, produjo una amplia obra de erudición crítica y de creación literaria—esta última menos importante—(Valerio-Holguín 221–30). Pero a pesar de esta excepción, a partir de los años 1930 los primeros pasos de una división del "trabajo escritural" se han dado. La "norma" de aquí en adelante será que el literato participe de una posición más específica como creador y periodista, aunque la combine con el trabajo ocasional en la diplomacia, la administración gubernamental o con el activismo político. Este es el caso de las generaciones de los diez, veinte y los treinta como el *Ateneo*, los *Contemporáneos* y los *Estridentistas* en México, *O Modernismo* del Brasil y las vanguardias del Perú, Argentina, Puerto Rico y Nicaragua. En este último país concretamente, la generación de vanguardia formada por José Coronel Urtecho, Luis Alberto Cabrales, Pablo Antonio Cuadra, Manolo Cuadra y Joaquín Pasos, entre otros, se asumen inicialmente no solo como iconoclastas de la tradición literaria modernista sino también como fervientes antiyanquistas, aliados ideológicos del fascismo europeo y del hombre fuerte de los años treinta: Anastasio Somoza García. Su adhesión a esta postura conservadora no es ingenua, como lo ha querido ver cierta crítica literaria, sino meditada y programática. Coronel Urtecho en su *Reflexiones sobre la historia de Nicaragua* (1962) y Pablo Antonio Cuadra en sus conferencias pro-hispanistas y católicas en *Hacia la cruz del sur* (1938), *Breviario imperial* (1940) o *Entre la cruz y la espada* (1946), proponen una visión política pro-católica, nacionalista, conservadora y autoritaria, que en parte será llevada a la práctica por Somoza García (Chávez, *Nicaragua* 48). Así, a mediados de los años treinta, en las lides por el poder, el dictador en ciernes usufructuaba ya del prestigio de sus jóvenes aliados conservadores, iconoclastas de vanguardia, y de la complicidad de los antiguos caudillos liberales para traicionar y aniquilar a Sandino (1934) y luego aspirar a la presidencia. Una vez instalado en el poder el primer Somoza en 1937, algunos vanguardistas conocerán la cárcel y luego se convertirán en críticos o hasta en enemigos del régimen (Chávez, *Nicaragua* 67).

Capítulo uno

Tomando estos ejemplos puede observarse que a pesar de que la división de funciones entre los escritores y los políticos tiende a hacerse cada vez más evidente, la práctica de la escritura está aún lejos de decantarse por completo. Aún más, después de la Segunda Guerra Mundial (1939–1945) se levantan corrientes contrarias a la división estricta entre la escritura política y la literaria. A despecho de las llamadas hacia el "arte puro" heredadas de algunas corrientes de la plástica y de las literaturas de vanguardia que dominaron el panorama cultural europeo y americano hasta 1950, va resurgiendo una actitud de compromiso de la escritura no solo con las ideas revolucionarias de izquierda nacionalista, sino también con el internacionalismo en favor de la liberación y descolonización de los pueblos sojuzgados de América, Asia y África.

El movimiento de independencia de la India (1947), la Revolución China (1949), la Revolución Cubana (1959), los movimientos de descolonización del Caribe inglés en Trinidad y Tobago y también Jamaica (1962), y los de los países del África: Ghana (1957), Guinea Bissau (1973), Angola y Mozambique (1975), dan un renovado impulso mundial a la idea del compromiso político que el ejercicio de la escritura debía expresar. Paralelamente, en términos literarios, la tendencia hacia el prosaísmo o coloquialismo en la escritura poética da sentido a esta expresión de compromiso a partir de los años cuarenta en que las lecciones y propuestas presentadas inicialmente por Nicanor Parra en Chile y por Efraín Huerta en México, ambos nacidos en 1914, y luego ampliadas en la poesía epigramática nicaragüense de Ernesto Cardenal (1925–2020) y Ernesto Mejía Sánchez (1923–1985) en los años cincuenta, serán adoptadas y multiplicadas en la poesía joven de la agitada década de los movimientos estudiantiles de los sesenta y setenta destacándose la obra señera de jóvenes guerrilleros como el nicaragüense Leonel Rugama (1949–1970) y el salvadoreño Roque Dalton (1935–1975) (Achugar 655; Alemany Bay 94; Torres 22–23). A partir de ese momento, dados los sucesos de 1968 a nivel mundial (México, Chicago, París, Praga, Seúl, etc.) y con el recrudecimiento de las confrontaciones guerrilleras en Guatemala, El Salvador y Nicaragua en los setenta, los movimientos de insurrección entrarán en diferentes fases de ampliación de bases y de lucha por la hegemonía cultural, acortando aún más la brecha entre el discurso político y el literario, al incluir como instrumento de divulgación la escritura de testimonios y poesía

Política, poder y literatura en la escritura de Sérgio Ramírez

revolucionaria por activistas políticos y miembros de la guerrilla (Beverley y Zimmerman 48). En gran parte, *De tropeles y tropelías* se inscribe en esta corriente de reconducción, o confirmación, del quehacer estético-literario hacia su posible funcionalidad sociocrítica y sociopolítica (Chávez, *Nicaragua* 146, 207).

De esta manera, mientras en la crítica internacional se exalta la separación estricta entre lo literario y lo político como criterio de avance democrático, en los países de economía periférica y en especial aquellos con agitación revolucionaria, existe una fuerza centrípeta que propicia la convergencia de ambos discursos (cf. Paz, *Posdata* 13). En estos últimos la lucha por la construcción de instituciones y la demanda de una continuidad democrática es permanentemente saboteada o pospuesta por largos procesos de polarización política y la presencia de gobiernos autoritarios apuntalados por fuerzas hegemónicas externas, especialmente durante la Guerra Fría (1950–1990). Estas injerencias orillan a muchos intelectuales a reconsiderar las funciones de su ejercicio escritural y su trabajo profesional. Este es el caso de Sergio Ramírez quien, en diversos testimonios, ha confirmado cómo aceptó entrar en política únicamente porque sentía que la misión más importante de su tiempo era derrocar a la dictadura de los Somoza (Cherem 52, 129).

Ampliaré estas afirmaciones en los capítulos siguientes y la posición teórica presentada será aclarada conforme avanza el análisis de la narrativa de Ramírez. Ahora es el momento de enfocar estas reflexiones sobre el papel de la política y la literatura en la actividad del escritor a través de un caso específico que pueda arrojar alguna luz sobre el problema concreto que he planteado.

Sergio Ramírez narrador y político

Si bien la figura de Sergio Ramírez no puede ser considerada como única o paradigmática de las complejas relaciones que guardan los escritores con la política en las sociedades en vías de desarrollo, su caso y el caso de la literatura de Nicaragua en general, presentan rasgos bien definidos que pueden permitir una reflexión más profunda de lo que se ha elaborado hasta ahora sobre estas cuestiones por la crítica.

Nacido en 1942 en el pequeño pueblo de Masatepe, al centro de la cuenca del Pacífico en Nicaragua, Ramírez se inicia en la política y en la escritura de manera temprana cuando todavía era estudiante de derecho en la ciudad de León. En 1959, tienen lugar los hechos de El Chaparral en el que una columna de elementos subversivos, en su mayoría jóvenes, tratan de entrar a Nicaragua desde la vecina Honduras para iniciar una insurrección que terminara con la dictadura de los Somoza. La columna es barrida aún antes de entrar a territorio nicaragüense en una operación coordinada del ejército hondureño y el régimen de los hermanos Somoza en Nicaragua (Tirado López 26–27). Dichos sucesos tienen repercusiones entre las organizaciones de jóvenes universitarios y las protestas de éstos tienen como consecuencia otra masacre, ahora de estudiantes en la Universidad de León el 29 de julio de ese año. Sergio Ramírez ya participa en las marchas y en la publicación de proclamas y manifiestos:

> Desde aquellos años, después de la masacre, aprendí a compartir mi vida entre el oficio de escritor y el oficio de político, algo que no es fácil de explicar porque a muchos, y a mí el primero, parecen oficios excluyentes. (Ramírez, *Oficios* 71)

La participación en ambos campos discursivos desde el inicio de su carrera, se convertirá en una constante para Ramírez y otros miembros de su generación. El autor, en su época como estudiante, organiza una revista junto con otra figura de las letras jóvenes de ese tiempo: Fernando Gordillo. *Ventana* se define pronto como una revista con profundas preocupaciones ideológicas y con influencias del pensamiento marxista revolucionario de aquellos años a la par que divulga, entre la juventud universitaria, una serie de autores nicaragüenses e internacionales. En los textos iniciales de la revista se asume una clara posición militante:

> No queremos ser cómplices de la explotación y los explotadores, nos negamos a marchar brazo a brazo con la injusticia, no deseamos que nuestro canto sea flor podrida sobre la tumba. Esperamos que nuestra voz sea como los primeros rayos del sol, anunciadores de una nueva aurora.
>
> Jóvenes y universitarios, formamos cuadros de combate para marchar a la vanguardia de nuestro pueblo, levantamos nuestra voz y alzamos nuestros brazos junto al brazo y la voz del campesino y del obrero. De todos aquellos, que lo único que tienen es el dolor de no tener nada. (Ramírez y Gordillo 2)

Política, poder y literatura en la escritura de Sérgio Ramírez

Aunque se nota a lo largo de estas publicaciones un idealismo juvenil, queda claro el sentido de compromiso social asumido por Gordillo y Ramírez dentro de una publicación literaria. La calidad de los textos literarios en *Ventana* se enriquece con la participación de los poetas destacados de la época en Nicaragua: Ernesto Cardenal, José Coronel Urtecho y en ocasiones hasta Pablo Antonio Cuadra quien había asumido posiciones democristianas desde principios de los años cincuenta. En la revista, Ramírez publica poemas, relatos breves, notas editoriales y otros trabajos que serán sus pininos en las actividades políticas y culturales en las que se verá involucrado de ahí en adelante (Chávez, *Nicaragua* 146). A pesar de su inicio precoz en el cuento, no será sino hasta 1970 que aparecerá su primera novela, *Tiempo de fulgor*, publicada bajo el auspicio de la Universidad de San Carlos en Guatemala.

En 1972, bajo el sello de la Editorial de la Universidad Centroamericana de El Salvador, aparece el libro de fábulas *De tropeles y tropelías*. El breve volumen recibe el premio de narrativa otorgado por la extinta revista *Imagen* de Venezuela y por diversas circunstancias no aparece en Nicaragua sino hasta años después de su publicación.[2] En 1973 Ramírez obtiene una beca como escritor para trabajar en Alemania donde completa su segunda novela ¿Te dio miedo la sangre? (1977), que ya es comentada por la crítica (Castro-Klarén 328; Rodríguez, "Review" 105).

En 1975 regresa a Nicaragua y se incorpora al trabajo del Frente Sandinista de Liberación coordinando, entre otras actividades, la formación del Grupo de los Doce que es parte de la estrategia de ampliación de los frentes del sandinismo buscando alianzas con la clase media y alta progresista para combatir a la dictadura de los Somoza (Cherem 124, 127; Ramírez, *Adiós* 126). En 1976 aparece en México una compilación de sus relatos bajo el título *Charles Atlas también muere* y luego vienen casi diez años de interrupción de su carrera de narrador, aunque publica ensayos, testimonios y notas literarias además de una intensa actividad como promotor y defensor de la Revolución Nicaragüense, sobre todo después de ser elegido Vicepresidente en 1984. De este período datan libros como: *Estás en Nicaragua* (1985), crónica de las visitas y encuentros de Julio Cortázar con Nicaragua y su revolución,[3] algunos de los ensayos que van a formar parte de *Balcanes y volcanes* (1983) y posteriormente de *Las armas del futuro* (1987). Durante este tiempo también aparecen algunos de los relatos que formarán parte de *Clave de sol* (1992).

Capítulo uno

Sin embargo, el retorno a la novela no se completaría sino hasta 1988, año de la publicación de *Castigo divino* que recibirá el premio internacional Dashiell Hammett de novela policial en 1990. A este sonado retorno le sigue su incursión en el género del testimonio en colaboración con el comandante Francisco Rivera Quintero en el libro *La marca del zorro* (1989). Posteriormente vendrán las novelas *Un baile de máscaras* (1995) y la obra ganadora del Premio Alfaguara de 1998, *Margarita está linda la mar*.[4] *Sombras nada más* aparece en 2002, *Mil y una muertes* en 2004. Ya más entrados en el nuevo milenio se publicarán *El cielo llora por mí*, otra novela de corte policial en 2008 y su secuela *Ya nadie llora por mí* 2017; también en la segunda década del nuevo siglo *La fugitiva* en 2011 y *Sara* en 2015.

Al doblar el nuevo siglo, la producción literaria de Ramírez seguirá incluyendo compilaciones de cuentos o narraciones breves con *Catalina y Catalina* (2001), *El reino animal* (2006) y *Flores oscuras* (2013). La prosa de no ficción es retomada con la publicación de un libro de memorias que hace el balance de los años de la revolución *Adiós muchachos* (1999) y el género ensayístico será de nuevo abordado en *Mentiras verdaderas* (2001), *El viejo arte de mentir* (2005), *Tambor olvidado* (2007) y con colaboraciones periodísticas, *Cuando todos hablamos* (2010), obra que da cuenta de la participación de Ramírez en el fenómeno digital de los blogs. La prosa autobiográfica y crítica se verá enriquecida con *Juan de juanes* (2013) que es un itinerario y memoria irreverente sobre la literatura que ha marcado al autor. No cabe duda de que la vocación polígrafa del expolítico se confirma con esta amplia obra narrativa y ensayística. Esto sin contar con sus frecuentes colaboraciones en diarios y revistas de Nicaragua, México, España y los Estados Unidos; además de la constante publicación de los textos de sus conferencias y relatos en diversas revistas internacionales: *Granta, Universidad de México, Casa de las Américas*, etc. Sergio Ramírez también fungió por un breve tiempo, como director de la Editorial Nicaragüense, principal promotora de las letras de la nueva literatura nacional y luego preside su comité hasta la desaparición de la casa editora a principio de los años noventa. Cierto, como ya dije, que hay un "largo silencio" novelístico entre 1976 y 1988 pero la crónica, la nota periodística y la prosa política están constantemente ocupando el trabajo cultural de Ramírez. Esta actividad alternada entre el discurso literario y político se ha convertido en el tema obligado en muchas de las entrevistas que se le han hecho al autor de *Castigo divino*. Dicha indagación constante será abordada a continuación y llevará, a partir del capítulo dos, al análisis de una de las primeras obras en la que se mezclan abiertamente la ficción y la política, textos en los que el poder será el ineludible tema principal.

Literatura y política en la Guerra Fría Cultural

Es importante considerar que Sergio Ramírez, por las circunstancias de su biografía, el tiempo en el que surge como escritor y debido a que le toca presenciar las convulsiones sociales de su natal Nicaragua, tuvo que definirse—tal vez a su pesar—como participante destacado en lo que en la historiografía postmilenio se ha dado en llamar la "Guerra Fría Cultural." Este fenómeno, según mi entender, abarca tres grandes períodos en América Latina entre los años 1930–1990, en los que las ideologías económicas y políticas influyen de manera directa e indirecta en las ideas artísticas y se concibe a la creación, difusión y consumo de productos culturales, como un campo de confrontación más en la contienda entre las grandes potencias (Funes 228; Íber 252–54; Joseph y Spenser 215; Rojas 37; Stonor Saunders 181; Westad 339–41). Esta influencia se vuelve más evidente cuando los pintores, músicos y autores (u otros artistas) escogen asumirse como críticos del imperialismo (de uno u otro signo), como militantes de partido, o simpatizan y difunden puntos de vista en apoyo, de uno u otro de los grandes campos de la confrontación global Este-Oeste expresada en las rivalidades entre la Unión Soviética y los Estados Unidos, y los sistemas económicos comunismo vs. capitalismo.

Las confrontaciones ideológicas propias del siglo XX y su influencia en las prácticas culturales comienzan de manera temprana en nuestro continente. La primera etapa de definición de los campos ideológicos se da entre los años veinte y hasta el final de la Guerra Civil Española (1936–1939). La segunda etapa de la Guerra Fría Cultural en América Latina, la más álgida del conflicto, podría definirse entre el comienzo de la Segunda Guerra Mundial (1939) abarcando la posguerra y hasta 1971, año en que las disquisiciones alrededor del apoyo a la Revolución Cubana (1959) y su proyecto cultural terminan por polarizar y separar a un gran número de intelectuales, incluidos varios miembros

Capítulo uno

de la Generación del Boom. A partir de entonces, aunque con perspectivas distintas dentro de los mismos grupos, se perfilan dos campos entre los miembros de esa generación: Mario Vargas Llosa, Jorge Edwards, Octavio Paz y Carlos Fuentes por un lado, y Gabriel García Márquez, Julio Cortázar y Mario Benedetti por otro (Rojas 72–73). Aquí debe aclararse que estas polaridades no siempre resultaron en rompimientos completos o definitivos, sino que ilustran importantes tomas de posición hacia Cuba, Nicaragua y la constante intervención de la política exterior de los Estados Unidos en Centroamérica y el Caribe. Finalmente, localizo desde 1971 a 1990 la última parte de la confrontación de visiones artísticas y campos políticos en nuestro continente, momento de polémicas y diferendos álgidos con un final de enfriamiento abrupto. Es en estas dos últimas etapas en las que Sergio Ramírez surgirá como autor e intelectual y se verá obligado a definirse como figura destacada en la Guerra Fría Cultural de América Latina y el mundo de habla hispana.

Antes de ponderar la participación de Ramírez en estas contiendas por la cultura, hay que aclarar que a pesar de que hablamos de "Guerra Fría Cultural" y se reconoce oficialmente al conflicto multinacional de la Guerra Fría en la etapa de cuarenta años que va de 1950 a 1990, el germen ideológico e intolerante en las prácticas y debates del conflicto se hace presente en Europa y en las Américas en la etapa final del siglo XIX y se recrudece con la agitación obrera de las primeras dos décadas del siglo XX. Ya desde los años veinte del pasado siglo, la consolidación de la Unión Soviética y el ascenso fulgurante del Fascismo en Europa, preceden por poco al surgimiento de los partidos comunistas en Centroamérica y América Latina. Vendrá luego la instalación de las primeras dictaduras modernas de la región.

Al revisar esta etapa, parece innegable pensar que las confrontaciones se recrudecen al surgir los partidos comunistas de la región. El Partido Comunista se funda en México en 1919; los de Chile, Brasil y Honduras en 1922; el de El Salvador en 1930, el de Nicaragua en 1931[5] y la Alianza Popular Revolucionaria de América (APRA) en Perú en 1924. Así, se establecen posturas políticas muy activas y a veces francamente militantes y opuestas que se reflejan en el periodismo y la literatura en los países de habla hispana (Funes 225–28; Kent Carrasco 58). En este período formativo anterior a la Segunda Guerra Mundial, mezcladas con un

Política, poder y literatura en la escritura de Sérgio Ramírez

impulso nacionalista de ambos lados, surgen visiones de la cultura con un fuerte componente ideológico y que insisten en revisar y redirigir la "producción," el "valor" y "uso" de todo tipo de artefactos culturales al mismo tiempo que se defienden posturas políticas encontradas en relación con la Unión Soviética, y en contraste con las sociedades de Europa Occidental y los Estados Unidos.

En nuestro continente, diversos elementos del liberalismo, socialismo, indigenismo, fascismo, latinoamericanismo, el nacionalismo, el antiimperialismo y el marxismo se mezclan para producir un campo cultural plagado de adhesiones, disidencias y supuestas traiciones (Funes 158, 225–39). Explico brevemente el caso de México por estar muy documentado y por ser paradigmático de un país con actividad revolucionaria, como lo sería Nicaragua en los ochenta, y en relación con el divisionismo que se vivió en esa época en muchos otros países. En México las adhesiones al Partido Comunista de pintores como Diego Rivera, David Alfaro Siqueiros y de escritores como José Mancisidor y Juan de la Cabada y las acciones de los miembros de la Liga de Escritores y Artistas Revolucionarios (LEAR), se convirtieron en un notable punto de tensión entre el gobierno surgido de la Revolución Mexicana y las tendencias más radicales de la política internacional, provocando incluso una breve ruptura de relaciones diplomáticas con la Unión Soviética bajo el gobierno de Emilio Portes Gil (1928–1930) (cf. Illades 64). La generación de *Contemporáneos*, incluyendo a Salvador Novo, Jaime Torres Bodet, Xavier Villaurrutia y Jorge Cuesta se opone al tipo de literatura socialista y prácticas políticas de choque defendidas por la LEAR (Liga de Escritores y Artistas Revolucionarios) y en términos ideológicos, también rechaza el marxismo folclórico e iconoclasta de los *Estridentistas* (Franco 152; Palou 250–53; Rashkin 175, 320). Fuera de estos grupos, la generación más joven incluyendo a Octavio Paz, Efraín Huerta y José Revueltas, todos nacidos en 1914, se adhieren a las movilizaciones sociales en el país en apoyo al naciente campo socialista incluida la España de la República Española (1931–1939), y se identifican tempranamente con algunas de las perspectivas de los defensores de la todavía joven Unión Soviética. Confrontaciones y disidencias similares se darían dentro y fuera de los partidos comunistas de diversos países de la región que ya en 1929 asisten al Primer Congreso de Partidos Comunistas en Buenos Aires (cf. Cattaruzza 169–73).

Capítulo uno

En los años treinta en Centroamérica, se viven tiempos de agitación obrera con la destacada participación de trabajadores de la industria bananera en Guatemala, Honduras, Nicaragua y Costa Rica. De las movilizaciones y represiones de estos movimientos surgen una serie de novelas que publicadas entre 1930 y 1960, marcaron la literatura de la región. Entre ellas destacan *Sangre en el trópico* (1930) de Hernán Robleto y *Bananos* (1942) de Emilio Quintana en Nicaragua, *Bananos y hombres* (1931) de Carmen Lira y *Mamita Yunai* (1941) de Carlos Luis Fallas en Costa Rica, *Prisión verde* (1950) de Manuel Maya Amador en Honduras y *El Papa vede* (1954) de Miguel Ángel Asturias en Guatemala[6] (Chen 31; Rocha 232). En El Salvador en 1932, la masacre de cerca de 30,000 campesinos por supuesta colaboración con el Partido Comunista es comandada por el dictador Maximiliano Hernández Martínez y será llevada, décadas después, al testimonio y a la literatura por Claribel Alegría en *Cenizas de Izalco* (1964) y por el activista y guerrillero Roque Dalton en *Miguel Mármol* (1972), memoria de un sobreviviente de "la matanza." La pluma de Dalton también hace referencia a este lamentable episodio en *Las historias prohibidas de Pulgarcito* (1974), una obra singular de poesía y compilación de documentos de la que hablaré más a fondo en el Capítulo III. Este legado literario representa una candente memoria de la movilización obrera y campesina y da cuenta del impulso sindicalista y organizacional—no siempre comunista—que será fuertemente reprimido en la tercera década del siglo XX.

En la tendencia opuesta en Nicaragua, como ya mencioné, las filiaciones pro-fascistas de la generación de vanguardia incluyendo a los poetas Luis Alberto Cabrales, José Coronel Urtecho, Pablo Antonio Cuadra, Joaquín Pasos y Manolo Cuadra son conocidas y notables, y quedan expresadas en sus artículos periodísticos y sus libros (Arellano, *Entre* 104; Chávez, *Nicaragua* 44). Después de la derrota de la Alemania Nazi y la desintegración del Eje Berlín-Roma-Tokio, los caminos seguidos por los integrantes de esa generación son variados. Coronel Urtecho y Cabrales pactarán con el somocismo y desempeñarán cargos diplomáticos y políticos diversos. Manolo Cuadra, periodista y escritor, se moverá hacia la izquierda y será cofundador del Partido Socialista de Nicaragua, animará y ayudará a Carlos Fonseca—futuro fundador del Frente Sandinista (1961)—a asistir al Congreso por la Paz de la Unión Soviética en 1957 (Valle Castillo 32). Pablo Antonio Cuadra se mantendrá, desde una postura cercana a la democracia cristiana, como la voz independiente y crítica, tanto durante la era somocista como durante el período sandinista de los ochenta. En 1956 dicha postura centrista y crítica le cuesta pisar la cárcel, como un "sospechoso más"—aunque no estuviera involucrado—en la conspiración que acabó con la vida del General Somoza García en ese año (White 232).

La segunda etapa de la Guerra Fría Cultural, como dije, se intensifica durante el período posterior a la Segunda Guerra Mundial, cuando la carrera armamentista y su definición de campos antagónicos, comunista vs capitalista, también tendrá consecuencias para la cultura en América Latina. En este punto, las organizaciones de "amistad" y de promoción de la cultura de ambas potencias toman un papel protagónico. La Unión Soviética patrocina la fundación del Concejo por la Paz Mundial en 1950 y a través de esa organización, convoca a la juventud de todo el mundo a sus frecuentes "Congresos por la Paz" que sirven de plataforma para sus ideas y perspectivas. También en 1950 se funda el Congreso por la Libertad de la Cultura (Congress for Cultural Freedom, CCF) que a decir de la investigadora Frances Stonor Saunders era "patrocinado, gestionado [...] por una CIA que a la vez respaldaba e instauraba dictaduras de derechas" (Stonor Saunders 8; Íber 85). De la misma manera que las diferentes embajadas de la Unión Soviética patrocinaban congresos y viajes, publicaciones de libros, revistas y panfletos, la agencia de inteligencia norteamericana y otras instituciones patrocinaban de forma abierta—y a veces encubierta—todo tipo de actividades culturales y publicaciones.

Durante este período, de particular importancia para la literatura latinoamericana sería lo que podría llamarse como "la guerra de las revistas," publicaciones como *Cuadernos del Congreso por la Libertad de la Cultura* (1953–1965), *Casa de las Américas* (1960), *Mundo Nuevo* (1966–1968), *Libre* (1971–1972), *Plural* (1971–1976), y *Vuelta* (1976–1993) en las cuales la nueva narrativa latinoamericana llegó a tener una difusión internacional inusitada y en las que las sucesivas adhesiones y combates por la representación crítica de la literatura se difundió de manera global.

Uno de los puntos álgidos de esa guerra de las revistas se da en 1968 cuando el *New York Times* revela que fondos de la CIA servían para pagar sueldos y costos de varias publicaciones. Caso

Capítulo uno

específico, en 1966, con supuestos fondos de la Fundación Ford y publicada desde París, el crítico uruguayo Emir Rodríguez Monegal lanzó la revista *Mundo Nuevo* donde aparecieron primicias de las obras de Gabriel García Márquez, Carlos Fuentes, Octavio Paz, Mario Vargas Llosa y Julio Cortázar entre muchos otros (Rojas 83). Aparentemente, sin saberlo sus editores, los fondos para la revista venían de una triangulación iniciada por la CIA, pero canalizada a través de la Fundación Ford. El patrocinio secreto de esta y otras revistas y congresos se debía a la estrategia de la agencia norteamericana liderada por el Congreso por la Libertad de la Cultura que buscaba no tanto neutralizar o proscribir a los intelectuales simpatizantes de la Unión Soviética y otras naciones comunistas, sino el fomentar la disidencia de la intelectualidad con ideas de izquierda democrática y que se apartaran del apoyo directo al comunismo soviético (Iber 86; Stonor Saunders 124). En el otro polo, la institución de investigación y correspondiente revista *Casa de las Américas*, inaugurada poco después del triunfo de la Revolución Cubana (1959), atraerá la solidaridad hacia el régimen comunista de la isla y difundirá las ideas y las obras de muchos de los mismos intelectuales latinoamericanos, entre los cuales, a medida que surgen puntos de quiebre en la Guerra Fría, aparecen y se profundizan las divisiones. Caso concreto, el apoyo de La Habana a la invasión soviética a Checoslovaquia en 1968, enfría el entusiasmo procubano de Carlos Fuentes y de Mario Vargas Llosa (Rojas 72). Finalmente, la autocrítica forzada y encarcelamiento de Heberto Padilla en 1971, hechos a los que se suman las denuncias y agresiones contra exiliados cubanos como Guillermo Cabrera Infante y Severo Sarduy, dieron al traste con la posible unidad a largo plazo de los narradores y críticos en torno al proyecto cultural promovido por la Revolución Cubana (Moro 78; Rojas 133).

En Nicaragua, la siguiente promoción de creadores después de la Generación de Vanguardia incluye a "los tres Ernestos": Ernesto Mejía Sánchez, Carlos Ernesto Mejía Rivas y Ernesto Cardenal. También conocida como la "Generación del 40," es un grupo que tendrá una visión política deliberada y que evolucionará con el tiempo. Cardenal y Mejía Sánchez tanto en su poesía como en sus opiniones se mantendrán como acérrimos críticos de la dictadura somocista y con un acentuado antimperialismo. Concretamente, en su poesía de los años cincuenta y sesenta, en *Recolección a mediodía* (1980) de Mejía Sánchez y en *Salmos* (1964) de Cardenal, se puede leer de manera directa una fuerte crítica al imperialismo estadounidense pero también al soviético, al mismo tiempo que parecen mantener posiciones de izquierda moderada (Chávez, *Nicaragua* 114). En tal postura parecen ser partidarios de una "tercera vía" que alejara a los países del Tercer Mundo de las presiones y divisiones impuestas por las dos potencias imperiales.

Sin embargo, ni Cardenal y ni Mejía Sánchez se adhieren a organizaciones comunistas, aunque mantienen simpatías con grupos de la democracia cristiana y la democracia social, hasta principios de los años setenta, cuando los dos pasan a apoyar y colaborar de manera expresa con el sandinismo. Cardenal quien a raíz de su visita a Cuba en 1970 termina por declarar su adhesión al marxismo y a la revolución, sería Ministro de Cultura de Nicaragua de 1979 a 1982 (Cardenal, *La santidad* 25–29; *Ínsulas* 257, 293). Mejía Sánchez recibiría reconocimientos y encargos diplomáticos durante la etapa de la revolución. Por su parte Martínez Rivas, aunque colabora como director del suplemento cultural de *Novedades*—el diario de la familia Somoza—hasta finales de los años setenta, también termina por apoyar a la revolución sandinista en los ochenta.

Volviendo un poco atrás y tratando de precisar fechas, hay que decir que la tercera y última etapa del conflicto por la cultura en la Guerra Fría en América Latina está marcada por el inicio del Padilla *affaire* en 1971 en Cuba, y se cierra en 1990. Las divisiones que surgen en esos años entre la intelectualidad del continente se mantendrán, e incluso se intensificarán, a causa de la irrupción de la Revolución Sandinista en 1979. Como ya dije, la política cultural del régimen revolucionario cubano encuentra apoyo inicial en Fuentes, García Márquez, Cortázar y Vargas Llosa, pero suscita la desconfianza de Octavio Paz. Sin embargo, para finales de los años setenta tanto Vargas Llosa como Paz ya se han distanciado de manera vehemente del proyecto cubano y dan un giro crítico hacia posturas cercanas al neoliberalismo. Octavio Paz también se mostraría profundamente crítico del proyecto revolucionario nicaragüense y esta actitud suscitará polémicas tanto en México como en América Latina (Borge, "Con Paz"; Rojas 40). Por el contrario, *Casa de las Américas* publicará de enero de 1979 a agosto de 1990, al menos cuarenta textos referentes a Nicaragua y su revolución entre artículos de análisis, entrevistas, reseñas, poesía, discursos y fragmentos de obras de autores y políticos nicaragüenses (Moro 75–77).[7]

Capítulo uno

Aquí es importante hacer notar que, a través de los oficios conciliadores de Sergio Ramírez, muchas de estas personalidades destacadas de la literatura latinoamericana y otras de la literatura global, salvo Paz y otros críticos de la revolución, visitarían Nicaragua para ser testigos de las transformaciones revolucionarias y publicarán sus ideas y críticas, por lo general favorables, para el proceso sandinista. De hecho, es la carta de la reconciliación de diversas posturas hacia la política y la cultura la que con frecuencia le tocó jugar a Sergio Ramírez en las últimas dos etapas de la Guerra Fría Cultural. No obstante, su entrada en las lides de la política cultural internacional no comienza con la revolución, sino en la etapa inmediatamente anterior. Lo primero que hay que resaltar en esa trayectoria es su compromiso con la educación universitaria y desde ahí, el intento de establecer lazos con las universidades, la cultura y la literatura de los otros países del istmo.

Ramírez desarrolla una intensa diplomacia cultural de manera temprana desde su puesto como funcionario del Consejo Superior Universitario Centroamericano (CSUCA), coordinación de instituciones universitarias en la que trabajó de 1964 a 1973 y de la que fue presidente en 1968 y 1976, viajando con frecuencia desde San José, Costa Rica sede del CSUCA, a las diversas universidades del istmo. Esto lo lleva a conocer al profesorado y a la intelectualidad de la región además de familiarizarse con la historia y la literatura de Centroamérica. También ahí tiene oportunidad de trabajar en programas internacionales financiados por la Fundación Ford, la Agencia Interamericana de Desarrollo de los Estados Unidos (USAID) y los Servicios Canadienses Universitarios en el Exterior (CUSO) (Henighan 125; Cherem 93). Desde esta posición impulsa la fundación de la Editorial Universitaria Centroamericana (Educa) en la que se publican autores de toda Centroamérica: Rubén Darío, Miguel Ángel Asturias, Salarrué, Tito Monterroso, Rogelio Sinán, Pablo Antonio Cuadra y Ernesto Cardenal entre otros más (Cherem 94). Colaboró en la organización de festivales culturales en Costa Rica y organiza concursos de novela, además de promover la fundación de la Escuela Centroamericana de Sociología que se convirtió en "semillero de cuadros políticos de todo Centroamérica" (Cherem 95).

Ya desde esos tiempos Ramírez conocía y colaboraba con los fundadores del FSLN, incluido Carlos Fonseca, con quien conversaba de literatura e historia además de participar en tareas de ayuda

Política, poder y literatura en la escritura de Sérgio Ramírez

a cuadros del Frente Sandinista que pasaban por Costa Rica, ya sea por estar en la clandestinidad o en misiones en el exterior. Sin embargo, sería durante su estancia en Berlín Occidental de 1973 a 1975, gracias a una estadía como escritor financiada por la agencia cultural alemana DAAD, cuando Ramírez se pone en contacto con el éxodo de intelectuales latinoamericanos perseguidos por las dictaduras de la región:

> Y siempre me mantuve activo en la solidaridad política. Cuando el golpe contra Allende en septiembre de 1973, recién llegado a Berlín, marché entre miles de manifestantes por toda la Kurüstendamm, hasta Nollendorfsplatz. En nuestra casa fuimos recibiendo amigos chilenos exiliados, Antonio Skármeta, Ariel Dorfman. Fueron años de verdad intensos. También había marchas contra la dictadura de los coroneles griegos, o para celebrar la revolución de los claveles en Portugal. No tardaría en morir Franco, terminó la guerra en Vietnam. (Ramírez en Cherem 112)

Los conflictos de los que huyen estos escritores están directamente asociados con los conflictos y presiones de la Guerra Fría en sus países. Así, a través del contacto con personalidades del exilio y de la solidaridad con los movimientos de liberación de diversos pueblos que viven bajo gobiernos autoritarios en Centroamérica, América del Sur, África y Europa, Ramírez entiende lo que significa hacer literatura en un mundo polarizado. Debe aclararse que, aunque simpatizante y colaborador inicial desde su fundación en 1961 y miembro del sandinismo desde 1975, Ramírez no tiene afinidad ideológica con la Unión Soviética—como no la tenían muchos de los simpatizantes del sandinismo a pesar de reconocerse marxistas[8]—ni se afilia a alguna otra organización radical, ni se asume como ideólogo de partido (Cherem 104).

Por otra parte, la creación literaria en Ramírez es asumida como ámbito profesional y ético con un compromiso político urgente, pero sin aceptar dogmatismos ni la limitación de su ejercicio creativo ni sus posibilidades críticas por alguna tendencia política específica. A la par de buscar esta relativa independencia, Ramírez se suma a la Guerra Fría Cultural del lado del latinoamericanismo de izquierda en apoyo a la Revolución Cubana, al antimperialismo y al nacionalismo de los movimientos de liberación de Centroamérica, pero esto no le impide criticar los dogmatismos y

Capítulo uno

excesos. Ejemplo de esto último es su condena al juicio y ejecución del poeta y activista salvadoreño Roque Dalton, a manos de sus compañeros de guerrilla en 1975.

A partir de su regreso de Alemania en 1975 y hasta 1990, Ramírez se verá envuelto no solo en las estrategias y la diplomacia en defensa del régimen sandinista, sino que eventualmente como miembro de la Dirección Nacional, como Vicepresidente, y luego como diputado en la Asamblea, se desempeñará como dirigente político y defensor del proyecto revolucionario. En sus ensayos, notas periodísticas y discursos de los años ochenta, Ramírez adoptará una postura hacia la cultura y hacia la literatura que ya venía perfilando desde sus tiempos como funcionario del CSUCA. En dichas publicaciones y discursos Ramírez defiende una actividad cultural basada en la idea de que la literatura y el pensamiento nicaragüense y centroamericano deben ser publicados y difundidos como prioridad. En los ensayos compilados en *Balcanes y volcanes*, Ramírez fustiga el gusto cultural subsidiario y dependiente de la burguesía compradora centroamericana que desde el siglo XIX y durante todo lo que iba del XX, insistía en importar formas de consumo y modelos arquitectónicos y estéticos de Europa y los Estados Unidos sin una consciencia clara de sus tradiciones y valores autóctonos nicaragüenses y centroamericanos (Ramírez, *Armas del futuro* 264, 312). De ahí que Ramírez propugnara por un nacionalismo y regionalismo cultural como tarea primordial de la revolución (Ramírez, *Armas del futuro* 338; 341). Por otro lado, también hace advertencias contra la posibilidad de caer en un folclorismo exacerbado (Chávez, *Nicaragua* 210).

En 1982, en un polémico y memorable discurso pronunciado en Casa de las Américas en Cuba—en ocasión de su segunda visita como jurado de los premios literarios de esa institución, la primera fue en 1978—Ramírez delinea en unas cuantas palabras las directrices del modelo cultural adoptado por la revolución nicaragüense:

> El país tiene abiertos ahora talleres de poesía en las fábricas, los planteles, los cuarteles de policía y las bases militares, las comunidades campesinas y los barrios, que es una forma masiva, más que de producir poetas en serie, de diseminar una nueva sensibilidad, de dar al pueblo instrumentos de expresión y de libertad creadora; de igual forma han surgido múltiples grupos de teatro aun en las comunidades más aisladas, y hay conjuntos de danza y conjuntos musicales que han brotado por todas partes.

Política, poder y literatura en la escritura de Sérgio Ramírez

> Enfrentamos un verdadero fenómeno masivo en la cultura, que no hace sino reafirmar el carácter popular de la Revolución, que ha liberado una serie de nuevas posibilidades creadoras anteriormente deprimidas. (Ramírez, *Armas del futuro* 346)

Las referencias en el discurso de Ramírez son esenciales para entender la visión del régimen de Managua hacia la cultura y su visión como escritor dentro de la revolución. Es bien conocida la polémica en torno al trabajo de los talleres de poesía salidos de la iniciativa del Ministerio de Cultura abanderado entonces por Ernesto Cardenal (Wellinga, *Entre* 163; Chávez, *Nicaragua* 211). Dentro y fuera de Nicaragua, hubo voces que levantando el dedo acusador afirmaban que al privilegiar el estilo "exteriorista" (conversacional y directo) de la poesía de Cardenal en esos talleres, se estaba "indoctrinando" y "homogeneizando" la creación poética y que el resto de las prácticas culturales seguirían el mismo rumbo (Wellinga, *Entre* 168; cf. Jiménez 16–17). Aquí Ramírez aclara cómo lo que se intenta no es hacer "poetas en serie" sino abrir la posibilidad de que más lectores, recién alfabetizados, se unieran a la práctica de la escritura y se acercaran a la poesía contemporánea de Nicaragua. Estas aclaraciones debió repetirlas una y otra vez en foros nacionales e internacionales porque en la mayoría de los casos se quería ver en el modelo centralizado de promoción cultural una reedición del estatismo cultural soviético y cubano. Nada más lejos de la visión de apertura y ampliación del consumo y acceso que buscaba la política cultural de la revolución, y así lo aclara Ramírez en el mismo discurso de Casa de las Américas de 1982:

> Por lo tanto, hablar de la implantación de un modelo cultural o de una línea formal para el futuro de la creación individual en la literatura o en la plástica, sería un riesgo inaceptable o una aberración de consecuencias catastróficas [...] El modelo cultural de la Revolución Nicaragüense será el resultado de una práctica histórica, de una experiencia que la Revolución misma comienza a engendrar y a alentar, y su responsabilidad más seria y decisiva consiste en garantizar el libre acceso y la libre opción a todas las formas, garantizar el acceso a la tradición nacional y darle prestigio y fuerza a esa tradición; y a la par, el acceso a la cultura universal, porque pensamos que lo peor que le puede pasar a la posibilidad creativa de un país pobre y pequeño como el nuestro es llegar tarde a lo contemporáneo, y perder así a la vez la posibilidad de crear lo contemporáneo. (Ramírez, *Armas del futuro* 347)

Capítulo uno

El hecho de hablar de libertad de forma y de creación en un foro como Casa de las Américas no se debe pasar por alto. A pesar de su simpatía con la misión latinoamericanista de esa institución cubana—importante actor dentro la Guerra Fría Cultural—y de ser él mismo un intelectual comprometido, Ramírez parece estar caminando una línea delgada pero clara, haciendo notar las limitaciones de la promoción cultural nicaragüense, su carácter modesto pero masivo, y al mismo tiempo aclarando que a pesar de que cree firmemente que "la Revolución es el hecho cultural más grande de la historia de Nicaragua"—título del discurso pronunciado en Casa de la Américas–la política cultural de la revolución no buscaba imponer limitaciones de forma, como en el caso de la Revolución Rusa y el zdanovismo del "realismo socialista," y que tampoco se estaba buscando limitar la orientación ideológica de la actividad artística puesto que desde la perspectiva de la creación individual las "posibilidades son múltiples." Esto último con relación a la ya famosa y polémica afirmación de Fidel Castro en sus "Palabras a los intelectuales" acerca de que la creación cultural en la isla podía tomar cualquier forma siempre y cuando se considerara que "dentro de la Revolución todo, contra la Revolución nada" (Castro et. al. 12). De hecho, la libertad irrestricta de forma y fondo fue defendida y promovida por Ramírez en el artículo 127 de la Constitución de 1987 en Nicaragua:

> La creación artística y cultural es libre e irrestricta. Los trabajadores de la cultura tienen plena libertad de elegir formas y modos de expresión. El Estado procurará facilitarles los medios necesarios para crear y difundir sus obras y proteger sus derechos de autor. (Asamblea Nacional)

La redacción de ese artículo que propone Ramírez junto con Ernesto Cardenal se discute y se aprueba en el pleno de la Asamblea, se plasma en la constitución de 1987, y a pesar de los muchos cambios y enmiendas que se le hicieron a la carta magna de Nicaragua después de la derrota sandinista de 1990, de tres gobiernos neoliberales y del autoritarismo orteguista, esa libertad de acción de los artistas y escritores continúa vigente en la ley (Cherem 157).

Es así como a pesar de este horizonte de libertad creativa y de la política cultural sandinista de los ochenta—con sus limitaciones y discusiones internas—y a pesar de que entre los años 1980 y 1990 se publicaron más libros, se filmaron más largometrajes, se grabó y difundió la música de Nicaragua como nunca en la historia, no faltaron voces en el interior y en el exterior que insistieron en la supuesta falta de "libertad cultural." Este último, fue el tropo favorito de las campañas del Congreso por la Libertad de la Cultura (CFF) apoyado por la CIA que, a pesar de haber sido disuelto en 1979, sus ideas y eslóganes continuaron circulando en la prensa y en los foros diplomáticos hasta el fin de la Guerra Fría en 1990. El mismo Ramírez reconoce que en ocasiones uno de los primeros cuestionamientos que se le hacían en sus visitas en misión oficial tanto a gobiernos amigos, como a gobiernos hostiles a Nicaragua, era acerca de las supuestas faltas contra la libertad de expresión y los derechos humanos del régimen sandinista (Ramírez, *Oficios* 14). El cierre temporal del periódico *La Prensa* y otras medidas temporales de emergencia en la guerra de propaganda eran la base de estas críticas, pero esto no impidió la pluralidad creativa como lo afirmaría años después el mismo Ramírez:

> En Nicaragua se produjo una diversidad cultural auténtica. A pesar de la adhesión de la inmensa mayoría de los artistas o escritores a la revolución, como fue el caso de Ernesto Cardenal, Armando Morales y Gioconda Belli. Algunos otros, como Pablo Antonio Cuadra, se crearon una imagen de disidentes, y Octavio Paz le ayudó a afianzar esa imagen. No hubo escritores exiliados, no hubo libros prohibidos. Jamás se le impidió a nadie entrar o salir del país, aquí no era Cuba, hubo vuelos a Miami mientras se pudo. (Cherem 156)

La referencia al compromiso de muchos escritores y trabajadores de la cultura dentro de Nicaragua es muy clara, como también lo es la postura negativa que desplegó Octavio Paz en el exterior cuando en diversos foros y publicaciones agregaba a Nicaragua, junto a Cuba y la Unión Soviética, sin ningún matiz, dentro del campo de los países totalitarios y represores de la creación y la libertad de expresión (Paz, "El diálogo" 417–19). Pero Sergio Ramírez el diplomático, también sabía defenderse y cuestionar las políticas culturales de las potencias esgrimidas como ejemplo por aquellos que abogaban por una pretendida e irrestricta no-injerencia del estado en la promoción y distribución de bienes simbólicos, incluidos la literatura:

Capítulo uno

> Para mí es un problema de división del trabajo. Creo que mientras más desarrollada es una sociedad, más posible resulta establecer la división del trabajo político y trabajo intelectual. En una sociedad como la norteamericana, por ejemplo, un vicepresidente escritor sería una rareza [...] Nadie imagina a Dan Quayle o a George Bush, de escritores [...] Allí los escritores se establecen como políticos con el único sentido de ser una conciencia crítica del *establishment*. Y hay casos como Gore Vidal, que es un hombre muy lúcido, o Noam Chomsky, que son, diría yo, grandes profetas de la sociedad norteamericana, pero nada más [...] Participar orgánicamente en la vida política de Estados Unidos, sería inimaginable para un escritor o un artista.
> (Ramírez, *Oficios* 20)

La comparación entre la situación de la política cultural entre los Estados Unidos y América Latina en general y Nicaragua en particular es pertinente, aunque los parámetros sean tan diversos y aparentemente excluyentes. Primero hay que considerar que ésas eran las comparaciones desproporcionadas que se hacían desde el campo occidental en el que se defendía una supuesta "independencia completa" del escritor y el artista cuya única limitante era el "mercado," contra el supuesto "dirigismo estatal" practicado en los países latinoamericanos como Cuba y Nicaragua, aunque también habría que incluir aquí a México, Francia, Inglaterra y otras naciones de la Unión Europea, donde la intervención de instituciones estatales ha sido fundamental para la producción y la difusión cultural desde antes de la Segunda Guerra Mundial.

Por otra parte, la supuesta falta de "organicidad" aducida por Ramírez en el caso de intelectuales norteamericanos está dirigida a señalar el desfase excluyente entre la intelectualidad progresista de los Estados Unidos y la actuación imperialista de su gobierno. Hay que recordar que las limitaciones en el ejercicio del poder de los intelectuales en los Estados Unidos tienen muchas otras causas, entre ellas una tendencia al "anti-intelectualismo" del electorado norteamericano que se ha ido acentuado a partir de los años treinta del siglo XX (Hofstadter 19, 42). Pero Ramírez insiste en la profunda distinción entre figuras de la cultura como Vidal, Chomsky, Warhol, y figuras de la política como Quayle y Bush para mostrar el extremismo de esa división. Estos dos últimos políticos son ejemplos de políticos poco afectos al consumo cultural y marcados por su agresividad contra Centroamérica. Además, tanto Chomsky como Vidal, fueron blanco de críticas del *establishment* republicano por su actitud progresista y si no tenían una base electoral directa, sí que tenían un peso político-cultural y sus opiniones eran escuchadas y utilizadas por los grupos progresistas dentro de los Estados Unidos en sus críticas contra el guerrerismo de los "halcones de Washington" y la excesiva intervención internacional del aparato industrial-militar. Las críticas internas a la Guerra de Vietnam y a las intervenciones en Centroamérica de estos y otros intelectuales, sirvieron para justificar la actividad de una multitud de organizaciones e individuos estadounidenses que hicieron campaña a favor, cooperaron y ayudaron directamente a la Revolución en los ochenta y que por su afiliación prosandinista recibieron el apodo de "sandalistas" (Johns 102; Perla 136–38).

Es de notar cómo en su comparación, Ramírez hace énfasis en el compromiso de la intelectualidad nicaragüense con la revolución, porque éste hecho fue la característica más sobresaliente y destacable en comparación con otras revoluciones triunfantes en América Latina como México y Cuba. Es decir, a pesar de una gran cantidad de iniciativas culturales que cambiaron el panorama cultural de la nación, en México los novelistas utilizaron la nueva libertad conquistada por la revolución para cuestionar a los actores, las causas, resultados y triunfos del conflicto, al punto de que la Novela de la Revolución Mexicana (1917–1947) parece en ocasiones escrita por sus enemigos y no por aquellos que participaron en ella, o la apoyaban. Es el caso de algunas obras de Mariano Azuela, Martín Luis Guzmán, Mauricio Magdaleno o Rafael F. Muñoz (Sefchovich 100). El caso de Cuba es distinto ya que el triunfo de la guerrilla de Castro, Cienfuegos y el Che llegó tan rápido (alrededor de 25 meses de noviembre de 1956 a enero de 1959), que la gran mayoría de los intelectuales cubanos no tuvo tiempo de pronunciarse, adherirse o trabajar para la revolución antes del triunfo, como sí sucedió en Nicaragua. En mi opinión esta "lentitud" de muchos de los artistas cubanos para abrazar las transformaciones en curso durante el conflicto, fue causa de la aparente desconfianza inicial del gobierno revolucionario de la isla hacia los intelectuales.

Caso diferente a México y Cuba fue el de Nicaragua, donde no solo los poetas, músicos y pintores consagrados se pronunciaron muy temprano en contra de la dictadura, incluso antes del surgimiento y ascenso del sandinismo, sino que la cooperación y compromiso de muchos de ellos con la guerrilla al inicio de los años setenta, fue fundamental para operar un cambio en la hegemonía

Capítulo uno

cultural que sirvió en gran parte para legitimar el posible triunfo del sandinismo (Chávez, *Nicaragua* 208). Este es el caso de la poesía y escritos de Ernesto Cardenal y Gioconda Belli, entre otros ya citados, que desde 1972 comienzan a apoyar a la revolución abiertamente. La música de los hermanos Carlos y Luis Enrique Mejía Godoy no solo acompañó, sino que inspiró a los alzados. Sus letras y canciones eran entonadas por los estudiantes y combatientes en la fase final del conflicto y su interpretación de "La mora limpia" se convirtió en el himno "no oficial" de la Nicaragua revolucionaria (Esch 123). Ramírez entiende ese compromiso como un llamado ético ineludible en especial cuando se trataba de un proceso revolucionario:

> En una sociedad pobre como la nuestra, y sobre todo con vocación de revolución, una sociedad que ha organizado una revolución, la exclusión de un escritor que tiene una idea de cambio, y que además tiene sensibilidad para transformar la sociedad, no es posible. Y aquí caemos en el viejo problema de la ubicación del artista en la sociedad latinoamericana. Si está en contra o a favor del cambio, si participa o no en política. (Ramírez, *Oficios* 21)

Esta fue la justificación que el escritor Sergio Ramírez dio al político Ramírez, que durante el gobierno sandinista redujo su escritura a discursos políticos y opiniones periodísticas, hasta que aparece una crónica de los viajes de Julio Cortázar a Nicaragua en *Estás en Nicaragua* (1985) y el testimonio del comandante guerrillero Francisco Rivera en *La marca del zorro* (1989). Como ya dijimos, los múltiples compromisos como Vicepresidente le impiden escribir otra novela hasta la aparición de *Castigo divino* en 1988, ya en la etapa final de la era sandinista y momento en el que por voluntad propia busca reconectarse con la escritura, tal vez previendo que el papel transformador del sandinismo no podría durar mucho más.

En *Adiós muchachos* (1999) y en muchos artículos periodísticos y entrevistas anteriores, Sergio Ramírez ha reconocido los errores que precipitaron el fin del período sandinista y su desencanto por la falta de ética con que algunos de sus antiguos compañeros de gobierno convirtieron al Frente Sandinista, originalmente una organización revolucionaria con miras a la utopía, en un partido caudillista que se aprovecha de los despojos del poder en "la piñata" y se convierte a la política ruda del partidismo oportunista

Política, poder y literatura en la escritura de Sérgio Ramírez

(Ramírez, *Adiós* 56; Vargas, *Sandinismo* 164-67). Para 1996, con casi veinte años dedicados principalmente a la actividad política, Sergio Ramírez vuelve a su vocación primera, la construcción de ficciones y la observación aguda de la historia y la sociedad de Nicaragua y América Latina.

Este es tal vez el truco de prestidigitación creativa más grande de un autor que como combatiente intelectual de la Guerra Fría Cultural libró muchas batallas, luego pudo reinventarse, salir de ella y recuperar su vocación de escritor. Después de su malograda candidatura por la presidencia (1996) bajo las siglas del Movimiento Renovador Sandinista, los proyectos narrativos, la crítica, la asistencia a ferias de libros y la promoción de la obra de jóvenes escritores centroamericanos retoman la agenda del autor. Después de la derrota en la urnas y al abandonar las lides del poder, Ramírez pierde notoriedad como político y va poco a poco recuperando su presencia en el mundo literario. Al terminar las confrontaciones de la Guerra Fría las puertas de sus antiguos aliados volvieron a abrirse para el expolítico y renovado escritor. En el año 2000, después de recibir el Premio Alfaguara por *Margarita está linda la mar*, es invitado por Casa de las Américas para recibir un premio recién creado, el José María Arguedas y en el viaje para recibirlo Ramírez temía que su separación del sandinismo y su distanciamiento de Ortega le harían blanco de críticas y agrias discusiones, pero en la conferencia de prensa en La Habana para ese evento sucedió algo inusitado:

> Comenzaron las preguntas y, para mi sorpresa, todas fueron estrictamente literarias. Era extrañísimo, más de una hora de sólo preguntas literarias. Pronto vi que la consigna era no hacer ni una sola pregunta política, ni hablar de nada que aludiera a mi participación en la revolución sandinista, ni a mi salida del FSLN, ni a mi conflicto con Daniel Ortega, huésped siempre bienvenido en la Habana [...] Estaba feliz porque temía la confrontación en casa ajena. Y finalmente me gustó que en Cuba me reconocieran sólo como escritor, aunque omitieran mis antecedentes políticos, que era como borrarme media vida. (Cherem 174)

Esta descripción en voz del mismo escritor sirve como escena de cierre de un largo periplo en las azarosas veredas de la práctica combinada de la política y la escritura. Su caso podrá citarse en los estudios sobre la Guerra Fría Cultural como un contraejemplo con

Capítulo uno

final venturoso, mucho menos dramático comparado con aquellos autores del campo socialista o capitalista que sufrieron cárcel, internamiento o exterminio en gulags, o de los que tuvieron que salir al exilio para tener que volver a empezar su trabajo en tierra ajena, habiendo algunos que nunca pudieron recuperarse de las presiones psicológicas, pérdidas familiares y algunos otros, a quienes les fue imposible volver a publicar. Por el contrario, Ramírez ha publicado ocho de sus once novelas entre la fecha de su separación de la política (1996) y el momento en que se le otorga el Premio Cervantes (2017). A pesar de ese éxito editorial, Ramírez no ha renunciado al compromiso de alzar la voz cuando la política y los políticos oprimen a sus compatriotas o a los migrantes centroamericanos. El 23 de abril de 2018 al momento de pronunciar su discurso de recepción del Premio Cervantes, Ramírez dedica este logro a los manifestantes asesinados y a "los miles de jóvenes que siguen luchando sin más armas que sus ideales porque Nicaragua vuelva a ser república" y se solidariza, una vez más, con las causas más candentes y las demandas sociales más urgentes de la población nicaragüense contemporánea (Naranjo y Sigüenza). Como alguna vez lo advirtió el mismo autor, los "oficios compartidos" de la literatura y la política, en una región donde la justicia y la igualdad todavía son parte de utopías futuras, nunca terminan por separarse del todo.

Este recorrido singular de Sergio Ramírez en la segunda mitad del siglo XX, nos confirma cómo el escritor contemporáneo en América Latina, influido por la evolución en los discursos de su disciplina está expuesto tanto a las demandas de la tradición, como a las fuerzas del mercado en los que inscribe su actividad, pero también se ve afectado por la intensidad del cambio social y la lucha política de la región. Esto no quiere decir que en el siglo XX no hubiera escritores profesionales que fueran independientes del estado y pudieran vivir de su participación en el mercado literario, pero hay que reconocer que eran una minoría y que en muchos casos ellos también participaron en política o en tareas de gobierno. Aquí se incluyen a ejemplos paradigmáticos como los premios Nobel: Gabriela Mistral, Pablo Neruda, Octavio Paz y Mario Vargas Llosa. En suma, no toca sino reconocer que en América Latina si se escribía literatura en el siglo XX, se corría el riesgo no solo de opinar, sino tarde o temprano también de escribir sobre política, o hasta de entrar en ella. En este punto, propongo regresar cerca del principio, es decir, al análisis de la primera obra de Sergio Ramírez en la que se mezclan política y literatura con éxito.

Capítulo dos

Género literario y poder en *De tropeles y tropelías* (1972)

Con frecuencia cuando un relato literario hace referencia a la política, los procesos de significación que pertenecen al discurso literario y al discurso político se retroalimentan mutuamente quedando oculto lo que pertenece a cada esfera. Tal vez uno de los elementos más obvios para tratar de desenmascarar dicho ocultamiento sea la delimitación del género de cada obra. Aunque sus raíces pueden incluso remontarse a las clasificaciones aristotélicas, el estudio del género literario pertenece al marco teórico clásico fundado en el siglo XVIII, y termina por afianzarse en el XIX, con la generalización de la prensa escrita. Sin embargo, la concepción del término había cambiado considerablemente para la última mitad del siglo XX. Gracias a la incursión de la teoría lingüística de finales de pasado siglo, el género ya no se define exclusivamente como una categoría interna de la exégesis literaria, sino como una práctica sociolingüística sancionada por una comunidad discursiva que lo define, adopta y aplica sus normas, estableciendo una relación de poder y control sobre los discursos que pertenecen a una disciplina o esfera pública específica (Swales 45–52; Lemke 26–27).

De este modo, al adentrarme en la clasificación genérica de la obra *De tropeles y tropelías* busco dilucidar las operaciones de negociación, enmascaramiento o denuncia del poder que la elección de un género del discurso literario puede conllevar cuando el contenido temático está directamente relacionado con el discurso político de la formación social en que se produce. Dada la brevedad de los textos de esta obra, en las primeras páginas de este capítulo compararé la definición y caracterización de algunos géneros narrativos breves que puedan relacionarse con esta obra temprana de Ramírez. Acto seguido, localizo los referentes nicaragüenses y centroamericanos de la fábula y considero la forma en que las entradas en *De tropeles y tropelías* coinciden y a veces rebasan esta definición.

Capítulo dos

En la tercera y última parte del capítulo, propongo la posibilidad de situar la obra entre el horizonte de las novelas del dictador en América Latina y finalmente, como correlato a una reinvención modular de ficción de base histórica, también propongo la comparación del libro con los elementos principales de un videojuego de simulación que parodia el mismo período en América Latina.

En el principio fue la fábula

A los dieciocho textos que conforman la obra de Ramírez de 1972 se les califica como fábulas por el autor y por los escasos comentarios que sobre ellos hemos podido localizar (Colín 78; Pavón 84; Ramírez, *Oficios* 72). A primera vista esta clasificación genérica no despierta mayor curiosidad, sin embargo, parece por demás interesante internarse en la especificidad de este género y las posibles implicaciones no solo estéticas, sino también ideológicas que conlleva la reactualización de su práctica. Para el teórico alemán Wolfgang Kayser, este género está indeleblemente marcado no solo por su brevedad y sencillez sino por su eminente finalidad didáctica institucionalizada en Esopo y habría que agregar: Jean de La Fontaine (1621–1695), Tomás de Iriarte (1750–1791) y Félix María Samaniego (1745–1801) en la actualización de esta práctica durante la Ilustración (Kayser 98). Por otro lado, el término fábula como elemento técnico tiende a ser identificado con lo que la crítica estructuralista llamaría "historia," el conjunto de las acciones de una narración en contraposición con "discurso" o "relato" que sería la manera y orden de contar dicha narración (Todorov 163). En todo caso, lo que coincide en ambas acepciones es la noción de brevedad y concisión del texto, de esquematización de la acción y la función simbólica de los personajes. Estas características se observan invariablemente en todos los textos en *De tropeles y tropelías* que tienen una extensión que oscila entre tres y ocho párrafos muy cortos. En realidad, no hay una sola pieza que se extienda más allá de una página y un párrafo en la edición de los cuentos completos de Ramírez publicada por el Fondo de Cultura Económica en 2013.

A primera vista, la aplicación del término fábula a los textos parece bien fundamentada atendiendo a la rapidez con la que se desarrolla la historia y a la aparente sencillez del relato en todos los casos. Sin embargo, los puntos que no coinciden del todo con

Género literario y poder en *De tropeles y tropelías* (1972)

la definición son aquellos concernientes a la simplificación del lenguaje y de la trama y por supuesto, a la suposición de que las fábulas hacen referencia a hechos y casos edificantes protagonizados por animales. En sentido estricto, solo la tercera historia, "Del proceso del león," contiene los elementos temáticos y de focalización de la narración en un animal. Es cierto que pueden citarse algunos otros ejemplos en los que los animales son mencionados o son presentados como elementos actanciales para la historia, pero en ninguno de ellos adoptan las cualidades antropomórficas de las narraciones de Jean de la Fontaine o de Félix María Samaniego.

Por otro lado, la moraleja también se menciona como un elemento fundamental de la fábula clásica y en los textos de Ramírez no encontramos alguna instancia con dicha función específica. A pesar de esto, puede argüirse que estas "fábulas" contienen una moraleja implícita, es decir, una enseñanza más o menos latente que puede contribuir a la reflexión del lector sobre principios morales y/o de conducta tanto individual como en relación con la práctica del poder. El problema con esta suposición o requerimiento es que en general la conseja moralizante en Ramírez se presenta de manera negativa, ironizada, al exponerse la conducta nefasta de los actantes del relato sin reprobarla abiertamente. Al final del texto nunca se ofrece una formulación admonitoria dirigida de manera extradiegética al lector, como lo marcaban algunas variantes de la fábula clásica (Rodríguez Adrados 167, 173). Debido a estas disonancias, la clasificación genérica de "fábula" parece una señal lúdica que potencia el contenido irónico y paródico de los textos, o al menos una pista falsa para la identificación del horizonte de expectativas del género (cf. Jauss 41). Por lo tanto, en este capítulo voy a explorar las opciones que entre otras definiciones de género ayuden a dilucidar la variedad específica de los relatos de *De tropeles y tropelías*. En la sección de apéndices agrego un cuadro asociando los relatos a uno o varios géneros breves a los que podrían pertenecer tal y como se discute a continuación (ver Tabla 2.1).

Habiendo establecido que la principal característica definitoria es la de la brevedad de estos textos, la primera opción para enmarcarlos es buscar entre las variedades de formas narrativas cortas. La nomenclatura de estas formas es extensa y con frecuencia los términos se intersecan: tradiciones, fábulas, poemas en prosa, alegorías, parábolas, baladas, apólogos, chistes, fantasías, anécdotas,

Capítulo dos

milagros, ejemplos, minificción, etc. Entre éstas, el cuento parece ser la unidad más o menos variable que las engloba, acoge o que se adapta a ellas. De tal modo, estas formas pueden coexistir de manera autónoma o subordinada al cuento.

Dentro de las clasificaciones que Enrique Anderson Imbert (1910–2000) y otros críticos contemporáneos desarrollan para lograr el deslinde del cuento con otras formas narrativas breves, he tomado algunas con las que se podrían relacionar directamente los títulos de esta colección. En particular, es posible sugerir que existen elementos para clasificarlos como: artículos de costumbres, ejemplos, anécdotas y casos. En realidad, algunos de los textos incluso podrían entrar en más de una categoría, lo que contribuye a la complejidad y singularidad de la obra.

Artículo de costumbres

Si bien el valor sociológico de algunos de los textos como descripción realista o científica de las condiciones políticas de algunos países de Centroamérica no es el fin último de relatos como "De la muerte civil," "De los modos de divertir al Presidente," "Del amor a la justicia," "Del paseo de la vaca muerta," "De los trucos de la agonía" y de la "Suprema Ley" sí consideramos que estas narraciones contribuyen a revelar, por alusión o exageración, los rigores y usos violentos de los gobiernos de la región. Usos que han sido normalizados por la imposición de la autoridad y por la fuerza de la costumbre en las sociedades centroamericanas y en algunos casos, latinoamericanas. En este sentido, sí que estamos ante un discurso relevante en el sentido sociológico. De esta manera, el contenido descriptivo, aunque magnificado por la exageración y la parodia, muchas veces presenta conductas ya socializadas que al ponerse por escrito parecen un tanto increíbles o fantásticas y no dejan de tener referentes concretos y en muchos casos, verificables en la historiografía y leyes contemporáneas de la región. Entonces, siguiendo la definición de Anderson Imbert, cada uno de estos artículos "está entre la sociología y la ficción. Pinta cuadros con típicas escenas de la vida cotidiana" (40). Caso concreto en los textos "De los modos de divertir al Presidente" y "Del paseo de la vaca muerta" se observa cómo la imitación y el servilismo ante los dictadores se convierten en engrudo del tejido social y en el mejor mecanismo para asegurar que los allegados a la autoridad sigan re-

Género literario y poder en *De tropeles y tropelías* (1972)

cibiendo privilegios y jugosos beneficios, amén de que procuran a toda costa evitar los posibles peligros de ofender a la autoridad. En otros relatos, incluso aquellos que optan por la oposición, al cabo del tiempo, terminan siendo absorbidos por la maquinaria del miedo y de la desesperanza, por la inmovilidad de la vida política que al final se vuelve rígidamente monótona como podemos ver en "De los trucos de la agonía."

Ejemplo

El *exemplum* es una categoría narrativa y retórica de muy larga historia en las lenguas europeas. Nacida como elemento discursivo modular para usar dentro de la oratoria filosófica y eclesiástica antigua y medieval, tenía un fin didáctico y/o probatorio en diferentes sistemas retóricos. Una compilación importante de estas narraciones que podían incluir o tomar la forma de parábolas, fábulas, alegorías o noticias de vida rural o palaciega que se insertaban en sermones o cartas es la llamada *Gesta romanorum* utilizada por los eruditos de los siglos XIV al XV, pero cuyos textos provenían de fuentes mucho más antiguas (De la Torre y Lozano Escribano 22). De la herencia medieval hispánica nos viene el libro paradigmático del género que es *El Conde Lucanor* atribuido al infante Don Juan Manuel de Villena (1282–1348). En esta obra en particular, aparte de su probado propósito didáctico, la compilación de lecciones de gobernanza y de relatos morales también adquiere un verdadero carácter literario (Sotelo 23, 37). En contraste, en *De tropeles y tropelías* los textos "Del proceso de león" como fábula propiamente dicha, y aquellos relatos que parecen "demostrar" conductas para didáctica del "príncipe" o el heredero del poder como en "Del que atesora con el favor divino" o "De los efectos de las bombas caseras" funcionan como lecciones por negación, aunque la situación narrativa que plantean como discursos "ilustrativos" parecen ser los que mejor llenan los requisitos de algunas de las variantes del ejemplo (cf. Sotelo 48; De la Torre y Lozano Escribano 23–24). En el caso de "Del que atesora con el favor divino," la situación narrativa incluye un narratario como en el caso de los ejemplos de Patronio narrados al Conde en la obra medieval española.

Sin embargo, el contenido didáctico en casi todos los casos es negativo. Por ejemplo, en "Del proceso del león" se muestra con descaro cómo el régimen de un mandatario centroamericano que, por algunos indicios, podría ser Anastasio Somoza hijo, tenía los rasgos más crueles de una dictadura militar y estaba dispuesto a utilizar los métodos más ruines para extraer confesiones. Demuestra también cómo su gobierno se burlaba sistemáticamente de las instancias internacionales de derechos humanos creando "comisiones" que "investigan los hechos" y después exoneraban con el mayor cinismo a los culpables y al régimen. La misma "Suprema Ley" incluida al final de los relatos, presenta al lector un "respaldo legal" a esta práctica de tortura y a muchas otras en la sección "XIII De los medios de justa confesión" en la que estas crueldades son autorizadas por el código civil de la república de Su Excelencia (Ramírez, *Cuentos* 145). Lo más increíble de esta historia es que la peripecia que origina el texto parece ser verídica.[1] El ejemplo narrado ofrece una fórmula para engañar a las instituciones internacionales y demuestra como el tirano puede seguir imponiendo su voluntad aún en contra del escrutinio de la comunidad internacional. En el caso de "Del que atesora con el favor divino" el lector asiste a una conversación aparentemente privada y piadosa en la que el tirano, en su ancianidad, conversa con su vástago para advertirle de la extensión de sus propiedades y de la supuesta protección divina que impulsa a este ánimo acumulador. Aquí la forma parcial de diálogo nos remite al didactismo de *El Conde Lucanor*: "Oh, hijo mío – decía S.E., ya en la ancianidad—, la decrepitud de mi mano me impide ya atesorar más de lo que tengo y que te lego por entero; mas debes tomar muy en cuenta que no hay fortuna sin tesón ni riqueza que se haga sola" (Ramírez, *Cuentos* 125). Al contrario de los consejos de Patronio del clásico español, que buscan enseñar y entretener de manera digna, esta reflexión parece hacer una apología cínica de la avaricia del tirano y se convierte en delación y mofa del "prestigio" que como grandes "empresarios con suerte" aducían los miembros de la familia Somoza y sus allegados para justificar el crecimiento exponencial de sus riquezas. Dicha "suerte" o "favor divino" no es sino la mano nada invisible y sí muy poderosa con la que el "grupo de los dados cargados"—como llama Wheelock Román al círculo económico alrededor del dictador—se sirve de remates, embargos, descuentos preferenciales, créditos blandos, coerción a vendedores y compradores para favorecer sus negocios en las ramas agrícola, industrial, de bienes raíces, en importaciones y exportaciones de todo tipo de géneros y mercancías (Wheelock Román 186–201). Diversos

Género literario y poder en *De tropeles y tropelías* (1972)

textos biográficos e históricos corroboran las trapacerías aludidas y el volumen increíble de acumulación de bienes por parte de la familia Somoza que para 1979 amasaba una fortuna que rebasaba los quinientos millones de dólares (Diederich 34; Ferrero Blanco 574; Wade y Walker 51).

En realidad, en estos dos relatos no hay moraleja identificable sino una denuncia en forma oblicua y por acumulación de evidencia, un intento de parodia con profundo cinismo, puesto que el león es llevado a juicio, y después de un tiempo es liberado para volver a las andadas. En el caso del relato de las riquezas ilícitas, la supuesta relación piadosa de los bienes es en realidad una enumeración de propiedades adquiridas a través de negocios turbios, tráfico de influencias y despojo, en la que las leyes económicas y de propiedad fueron forzadas en favor del tirano y su familia, con total impunidad. Así, el elemento didáctico por negación es doble, dentro del texto explica el ejercicio sesgado del poder que hace el régimen y da evidencia de sus métodos, y para el lector, apunta a todo lo que está mal y lo que es inmoral e irracional en la práctica gubernamental de la dictadura.

Anécdota

Es fácil comprobar que el germen inicial de la mayoría de estos relatos se encuentra en murmuraciones y/o anécdotas referentes a los períodos en el poder de diversos miembros de la familia Somoza: Anastasio padre (1937–1956), Luis (1957–1963) y Anastasio Jr (1967–1972, 1974–1979). Posiblemente también se encuentren relatos sobre argucias de otros dictadores de Centroamérica como Maximiliano Hernández Martínez (1935–1944) de El Salvador; de Guatemala, Manuel Estrada Cabrera (1898–1920) y Jorge Ubico (1931–1944). Caso especial por mencionarse también son las iniquidades asociadas al último caudillo y primer dictador pretoriano de Venezuela, Juan Vicente Gómez (1908–1935). En todo caso, se trata de una caricaturización de hechos reales que se repiten con tal frecuencia que se hacen costumbre en el modo personal de gobernar de muchas de las figuras tiránicas en el continente. Como consecuencia, cuando Tejero define a la anécdota por su raigambre oral-histórica, nos damos cuenta de que varias de las tropelías relatadas en la obra de Ramírez funcionan como tales. En las "anécdotas" (en griego: "anékdotos," 'lo no oído de algo que

43

ocurrió,' 'lo no publicado') se presentan hechos poco conocidos, o hasta rumores y hechos atribuidos, correcta o incorrectamente, que confirman un rasgo de una figura pública o histórica (Tejero 17, 51). En la mayoría de las ocasiones satisface la curiosidad y aun el gusto por la murmuración y el escándalo. "La anécdota tiene la unidad de un principio, un medio y un fin: el personaje ha entrado en conflicto con alguien o con algo y el conflicto se resuelve de algún modo" (Anderson Imbert 43). A veces la anécdota busca entretener o asombrar y con frecuencia busca edificar moralmente, ya sea por su lección positiva o negativa.

Por la calidad oral de los relatos sobre una personalidad tan conocida como S.E., *De tropeles y tropelías* entra en lo anecdótico al recurrir claramente a la exageración cuyo propósito, en última instancia, es levantar escándalo o suscitar la indignación del lector ante tales sucesos. Lo contradictorio es que los lectores pueden perder la capacidad de escandalizarse cuando el terror y la represión son constantes y los excesos de las autoridades son considerados ya como parte del "folclor," la "idiosincrasia cultural" o como parte de la calidad pintoresca de los gobiernos de la región.

Como anécdota podríamos identificar claramente a "De los modos de divertir al presidente aburrido" en el que, en una fiesta del tirano, uno de sus ministros le propone como diversión "El juego de Guillermo Tell." En el juego, el ocurrente funcionario pierde la vida al ponerse una fruta en la cabeza para que la "legendaria" puntería de S.E. la derribe. El dictador, estragado por los rigores de la fiesta, falla y mata al insensato ministro, mientras la fruta cae intacta al piso (Ramírez, *Cuentos* 112). Así, al lector se le confronta con un evento no comprobado en el que se exhiben las extravagancias violentas que "divierten" al dictador y se hace alusión al nivel de servilismo del que son capaces los esbirros del régimen cuando de halagar y entretener a su patrón se trata. Aquí el texto de Ramírez encaja con la función oral y descriptiva de la anécdota, pero sin embargo el esbozo de la personalidad de Su Excelencia no es completo, solo se logra a través de la combinación y acumulación de datos derivada del conjunto de los textos y no de uno o dos en particular. Su carácter fragmentario no construye un modelo de personalidad completo, siendo este carácter parcial e incompleto, parte de los requisitos de la anécdota como género (Tejero 106, 145).

Otro de los relatos que puede identificarse más fácilmente como anécdota es "De los efectos de las bombas caseras" que in-

Género literario y poder en *De tropeles y tropelías* (1972)

cluso se cita en diversas obras como el método para interrogar y eliminar a algunos de los conspiradores del complot que terminó con la vida de Anastasio Somoza García en 1956 y también puede relacionarse con un atentado con bomba que falló en la intentona de eliminar a Estrada Cabrera en Guatemala en 1913 (Arévalo Martínez 259; Calviño Iglesias 110; Ferrero Blanco 74–75). En ambos casos la violencia indiscriminada y la extensión de la venganza va más allá de los directamente involucrados y su círculo cercano hasta torturar, procesar y luego matar, por asociación casual o simple oficio, a cualquiera que remotamente hubiera conocido a los conspiradores.

Caso

En este apartado podríamos incluir "De las propiedades del sueño" I y II que son los textos que abren y cierran la colección. Por su contenido fantástico y macabro también podríamos considerar "Del hedor de los cadáveres" y "De las delicias de la posteridad." La definición que orienta esta clasificación menciona estos elementos como muy importantes: lo fantástico y fatídico, lance o cambio de situación.

> El "caso" es una forma tan interesante como la anécdota, pero la situación que presenta puede ser real o fantástica, reveladora del carácter humano y también de la naturaleza absurda del cosmos o del caos [...] El caso puede connotar peligro, lance, cambio, emergencia, infortunio, fracaso, muerte. Es una coyuntura o situación de dificultosa salida [...] El caso es lo que queda cuando se quitan accesorios a la exposición de una ocurrencia ordinaria o extraordinaria, natural o sobrenatural. (Anderson Imbert 43)

Aparte de las muchas coincidencias de los relatos de Ramírez con esta definición, la falta de concatenación entre los relatos también puede contribuir a su apariencia de casos aislados y acumulados en el tiempo. Es decir, no hay uno solo de los textos que sea continuación inmediata del otro. En "Del hedor de los cadáveres," que podría ser una alusión fantástica y macabra al culto a la madre del "benefactor" guatemalteco Estrada Cabrera, se nos describe cómo el esqueleto insepulto de la madre del tirano, quien se rehusaba a aceptar su muerte, terminará por presidir los banquetes y

Capítulo dos

reuniones del primer mandatario hasta el punto en el que durante el besamanos de los embajadores, estos se van quedando con "partículas de piel verdosa" del cadáver (Ramírez, *Cuentos* 113).

Ciertamente el marianismo exagerado de Estrada Cabrera lo lleva a instaurar como día de duelo nacional la fecha de la muerte de su madre y hasta hace que Rubén Darío le dedique un poema: "Mater admirabilis" (Arévalo Martínez 277). Pero el texto en *De tropeles y tropelías* magnifica aún más esta exagerada devoción piadosa del hijo por la madre, para convertirla en metáfora macabra de la corrupción y violencia mortal ejercida por el régimen. En este caso los lectores son confrontados con el voluntarismo inflexible e irracional del dictador que se ve reflejado en el absurdo y macabro gusto por imponer el culto al cadáver pútrido de su madre.

Finalmente, la presencia de algunos elementos fantásticos que caracterizan a la casuística literaria, según la definición anterior, nos induce a explorar una última posibilidad clasificadora. Es precisamente por su contenido poético y fantástico que voy a intentar emparentar genéricamente a la colección con lo que hoy conocemos como "poema en prosa."

Poema en prosa

Me interesa proponer una clasificación de estos relatos como poemas en prosa por dos razones. Primero porque dicha clasificación desafía de manera frontal la identificación inmediata de los textos de Ramírez como ejemplos de narrativa solamente y segundo, porque me lleva a insistir sobre las cualidades diferenciales que tiene *De tropeles y tropelías* con respecto a los otros escritos del autor, además de que me permite conectar esta colección con la obra de Rubén Darío, una influencia que no se debe descartar en un libro de estas características.[2]

Si bien el "poema en prosa" parece haber nacido en Francia primero bajo la pluma de Aloysius Bertrand y de ahí fue popularizado e institucionalizado como género por los parnasianos y simbolistas, principalmente Baudelaire y Rimbaud (Bernard 50; Breunig 3, 11). En América Latina la introducción de este género fue obra del poeta cubano Julián del Casal. Del Casal se inicia en el género con algunas traducciones de los *Petites poèmes en prose* y después se lanza a escribir algunas composiciones siguiendo la pauta de los llamados "poetas malditos" del Parnasianismo francés Rimbaud, Verlaine,

Género literario y poder en *De tropeles y tropelías* (1972)

Baudelaire, Nerval y Lautréamont, entre otros. Los poemas en prosa de Del Casal aparecen un año antes que se publicara *Azul* (1888) y el autor cubano tiene plena consciencia de estar escribiendo dentro de un género nuevo y específico que reconoce como "poema en prosa"; esto a diferencia de Darío, quien solo después utilizaría el término, e incluso de manera menos consistente (Fernández 43).

La definición del poema en prosa es en realidad tanto o más porosa e informal que la de la fábula (Helguera 14). Lo que nos anima a clasificar algunos de los textos en *De tropeles y tropelías* dentro de este género es el ambiente oscuro, el lenguaje irónico y burlesco que presenta ante las actitudes y modos de vida de la sociedad que retratan. El carácter de poema en prosa parece revelarse sobre todo en el tono en que se lleva a cabo la descripción de la vida cotidiana y la estructuración del relato, corta, ágil y llena de alusiones sobre el poder, su acercamiento a la "vida moderna" y los espacios sociales que emergen con ella.

En su edición definitiva de los *Petits poèmes en prose* Baudelaire trata de justificar la "invención" de estos curiosos textos, raros para su época, presentando la provocación estética que le llamó a experimentar con la prosa para hacerla poema:

> Fue hojeando, por la vigésima vez por lo menos, el famoso Gaspard de la nuit, de Aloysius Bertrand [...] que me vino la idea de intentar alguna cosa análoga, y de aplicar a la descripción de la vida moderna, o más bien, a una vida moderna y más abstracta, el procedimiento que él había aplicado al retratar la vida antigua, tan extrañamente pintoresca. (Baudelaire 161)[3]

Es definitivamente la motivación de "retratar la vida moderna" de manera más abstracta, con su carga poética, sin las limitaciones de la rima y el ritmo, lo que nos hace pensar que existe una conexión entre estas prosas de Ramírez y lo que reconocemos como poema en prosa moderno.

Temática y estructuralmente no es difícil hacer coincidir las coordenadas mayores de textos bodelerianos como "Le joujou du pauvre," "Assomons les pauvres" y "Une mort héroïque." El tono sardónico y cáustico con el que se critican las diferencias sociales y el cinismo con el que las clases altas hacen uso del poder tienen reflejos inmediatos en la mayoría de los textos en *De tropeles y tropelías*, en especial: "De la muerte civil," "De la afición por las bestias de silla" y "Del olvido eterno." Por otro lado, los deseos

Capítulo dos

necrófilos y las relaciones con los cuerpos en descomposición que rayan en lo macabro en "Del hedor de los cadáveres" pueden parecer ecos de los ambientes construidos alrededor de los personajes oscuros de "La Corde" y "Mademoiselle Bistouri." Los relatos de Baudelaire reflejan la angustia del individuo ante la modernidad y sus cambios, el aislamiento de la persona frente a las nuevas fuerzas sociales y económicas. Por contraste, los acorralados súbditos de S.E. en *De tropeles y tropelías* tienen una angustia más específica, la presencia ineludible de un tirano y se desesperan ante la imposibilidad de escapar de la mirada omnipresente del poder que los domina. Al introducirse no solo el anecdotario de los modos autoritarios identificables al ámbito nicaragüense sino a la categoría general de los dictadores de la región, o incluso del continente, como referentes históricos, también se puede alegar que a través de esta abstracción se llega al objetivo de "retratar" la modernidad, en su devastadora versión centroamericana y latinoamericana. Esta capacidad ekfrástica, de describir cuadros vivos o pictóricos, del poema en prosa era uno de los objetivos a alcanzar en la obra bodeleriana (Fernández 34).

Vuelta a la fábula

Hasta aquí se han acumulado las pruebas para oponernos a la clasificación dada por el autor y los pocos críticos que se han acercado a esta obra. Por otra parte, en apoyo a la perspectiva contraria llegamos a la idea de que solo con criterios más cercanos a la tradición de donde se deriva el texto se puede aceptar que *De tropeles y tropelías* sea una obra compuesta por dieciocho fábulas.

En su trabajo sobre la fábula en Hispanoamérica, Mireya Camurati se encuentra con dificultades similares al tratar de conformar una definición del género a través de medios estructurales y llega a una propuesta simplificada con criterios mixtos, externos e internos. Según su comparación y estudio de las definiciones desde las propuestas por Esopo, pasando por La Fontaine hasta Lessing, "para que exista una fábula deben aparecer tres elementos o características principales, a las que denominaré: acción, tipificación e intención" (Camurati 18).

La acción se relata o reproduce en el texto y es llevada a cabo por personajes que parecen ser "tipos" característicos que sostienen una relación también característica en la que se puede

Género literario y poder en *De tropeles y tropelías* (1972)

identificar con claridad una intención ya sea retórica (interna) o política, literaria, didáctica, socio-costumbrista, forense o moral (externa). Nótese que los requisitos de la moraleja y la escritura en verso no forman parte de esta definición y parece evidente que es precisamente la apertura de estos parámetros la que finalmente podría aplicarse para aceptar a *De tropeles y tropelías* como versión contemporánea del ejercicio didáctico iniciado por los antiguos griegos en la fábula.

Por otro lado, insistiendo en la teoría moderna de los géneros, es importante aclarar que estos son concebidos como formas consensuadas de comunicación aceptadas y practicadas por una comunidad discursiva que comparte objetivos, medios lingüísticos y comunicativos afines (Swales 24–27). De este modo, la fábula es en gran parte de América Latina una forma del discurso común entre aquellos que tienen a su cargo funciones políticas ya sea de gobierno o de otros aspectos de la vida del estado. Desde la antigüedad clásica la tendencia a criticar los excesos del poder y a los dictadores mismos no es una función ajena al género, como tampoco lo era su finalidad de servir como correctivo o ilustrativo de los defectos o las conductas esperadas de los actores políticos:

> Desde el momento en que se califica a la fábula como medio retórico, su utilización en el terreno político es obvia. Recordaremos que los dos ejemplos de fábula que da Aristóteles se refieren a sucesos políticos: la prevención para no conceder excesivos poderes al dictador Falaris, en la de Estesícoro; y la defensa del demagogo de Samos, en la de Esopo. También Maquiavelo, en el capítulo XVIII de *El príncipe*, cuando establece que un gobernante tiene necesidad de saber usar, como el centauro Quirón preceptor de Aquiles, parte de su naturaleza de bestia junto con su naturaleza humana, aclara que dentro de la naturaleza de los brutos lo que el príncipe debe imitar es a la zorra y al león juntos. Imitar sólo al león no basta porque éste no sabe resguardarse de las trampas; imitar a la zorra no asegura que pueda librarse de los lobos. (Camurati 61)

De acuerdo con esto, el referente anecdótico-político y la presencia casi exclusiva de personajes humanos que tanto parecía desestabilizar la identificación taxonómica de los textos de Ramírez, dejan de ser elementos de peso para rechazar la idea de que en *De tropeles y tropelías* sí se sigue, de alguna forma, la pauta de las obras de La Fontaine. Además, resulta que son los mismos hechos, las

Capítulo dos

mismas condiciones sociales las que justifican la utilización de este género en relación con la historia política y literaria de Latinoamérica, si aceptamos que la crisis en la que se encuentra Nicaragua, y casi toda Centroamérica en la década de los setenta, ha probado ser de una profundidad comparable a la experimentada en los años de la revuelta por la Independencia, que es el otro momento de gran florecimiento de la fábula en América Latina:

> Por un lado, la herencia de los grandes fabulistas españoles del siglo XVIII que se impusieron como modelos para los criollos. Por otro, como bien lo señala Mariano Picón Salas: "Toda época de cambios sociales y de sustitución de formas históricas viene precedida por un auge de lo burlesco y lo satírico." (Camurati 61)

Trasladando las reflexiones anteriores a la Nicaragua contemporánea, podemos observar que, si alguna necesidad simbólica inmediata se puede deducir del negativo de sociedad que las fábulas de Ramírez proponen, es el anhelo de libertad política y cambio social que cancelen el ridículo estado de cosas que sus textos retratan.

Ya de manera más localizada podemos afirmar que el paradigma del político en el poder que se dedica a la escritura de fábulas y otro tipo de obras de alcance literario en la propia Nicaragua se verifica en la persona de Santiago Argüello (1871–1940), quien en *El libro de los apólogos y de otras cosas espirituales* de 1934 ya hace despliegue de una prosa satírica y combativa similar a la utilizada en el libro de Ramírez publicado en 1972 (Arellano, *Literatura* 301). En sus fábulas el blanco de la crítica es el poder imperial de los Estados Unidos, para la época ya omnipresente, y en definitiva, fuerza transformadora del destino de Nicaragua. Un año antes (1933), acto seguido de la retirada de los *marines* del territorio nicaragüense, la Guardia Nacional ha sido investida como garante máxima del orden. Como es ya harto conocido, 1934 es también el año del asesinato de Augusto C. Sandino, hecho que consolida el eventual advenimiento de la era somocista.

La fábula resulta entonces no solo un medio adecuado para la crítica política, sino que ya ha sido utilizado en la producción literaria nacional inmediatamente anterior. Es un género que se hace presente en momentos de crisis y que viene a constituirse, como ya lo habíamos discutido anteriormente, en la articulación a nivel textual entre dos de las prácticas escriturales fundamentales de las

Género literario y poder en *De tropeles y tropelías* (1972)

clases letradas. Por un lado, en el discurso de la fábula se actualiza el uso de una forma estético-literaria y por el otro se incorpora el discurso de la crítica política. Del mismo modo que Darío reactiva la métrica de ciertas formas medievales y busca reproducir la composición acentual griega (yambos, hexámetros) para fustigar "A Roosevelt" o de la misma forma en que Ernesto Cardenal y la "Generación del 40" buscan actualizar el epigrama para que refleje la condición opresiva de Nicaragua; Sergio Ramírez elige reintroducir la fábula en un contexto de marcada agitación política (Chávez, *Nicaragua* 98).

Para concluir esta sección, es necesario hacer notar cómo el recorrido por las formas cortas para encontrar la clasificación de los textos de Ramírez que se hizo hasta aquí conduce a repensar la situación bajo la cual se toma la decisión política de escoger un género determinado para la producción literaria. Si bien la clasificación como anécdotas, casos, ejemplos y las similitudes con el poema en prosa de estas fábulas, nos remite como lectores a la calidad lúdica y satírica del texto, la confirmación del género solo se alcanza a justificar al comparar *De tropeles y tropelías* con la tradición del discurso político literario de Nicaragua y Latinoamérica en general. En este sentido, el recorrido taxonómico propuesto no es un recurso retórico sino una confrontación necesaria del texto con los modelos que lo rodean en el campo literario presente y que no pueden descartarse como posibles pautas, porque la lectura y la escritura, están siempre supeditadas a un horizonte de expectativas que cada texto actualiza o rebasa.

Por otro lado, la referencia que hace el autor a una intencionalidad política inmediata de la obra no implica su descalificación o la cooptación de su capacidad estética, pero sí nos revela una decisión consciente de impacto simbólico hacia un público determinado (cf. Cherem 99). Así lo entendían tanto Carlos Fonseca como Ricardo Morales Avilés quienes, bajo la lógica de la Guerra Fría Cultural, veían el combate literario en paralelo con el combate político (Fonseca 62; Morales Avilés 99). En este sentido, la afiliación revolucionaria de Sergio Ramírez en esos años parece haberle impulsado a reactivar un género del discurso literario que pusiera en juego una forma de expresión con un ascendiente cultural occidental clásico (Esopo, La Fontaine, Samaniego) y local (Argüello) y al mismo tiempo, le diera acceso a un discurso satírico, cáustico y a la vez didáctico que mostrara al público lector el poder corruptor

Capítulo dos

y degradante de la dictadura y a su máximo representante como un ser oprobioso digno de escarnio y burla. Son estos los criterios externos e internos propuestos en la definición de Camurati que justifican la reactivación de la fábula en la literatura nicaragüense de los años setenta.

Otra vuelta de tuerca: *De tropeles y tropelías* como novela y como videojuego

Si bien puede aceptarse que el nombre de fábulas ha sido utilizado por el autor mismo al publicar la obra y luego por sus pocos comentaristas, existe aquí todavía una disonancia interesante por considerar (Cherem 99). En las colecciones de fábulas clásicas y contemporáneas no existe una repetición constante del mismo personaje. Es decir, aunque una o dos fábulas, contienen como actante principal al león o al cuervo en Esopo o Samaniego, o al águila en Argüello, lo más común es que las siguientes fábulas comenten los hechos de un zorro, un asno u otros animales que representan arquetipos o metáforas del comportamiento humano. En este sentido, ya que *De tropeles y tropelías* menciona o alude en todos y cada uno de sus textos a "Su Excelencia" o "S.E." como personaje principal y de mayor poder,[4] debe entonces considerarse la acumulación de estas anécdotas o ejemplos bajo la idea de una narración discontinua, pero acumulable, en referencia a una misma fuerza actancial preponderante y un marco discursivo homogéneo. Así, considerar al conjunto de estos relatos como novela fragmentaria me parece apropiado por la coherencia discursiva y temática de la colección y por el momento privilegiado en que aparece este libro si se toma en cuenta el decurso de la narrativa del dictador en América Latina.

En términos cronológicos debe tomarse en cuenta que *De tropeles y tropelías* al salir a la luz en 1972, se adelanta justo dos años a *El recurso del método* (1974) de Alejo Carpentier y *Yo el Supremo* (1974) de Augusto Roa Bastos, también se adelanta por tres años a *El otoño del patriarca* (1975) de Gabriel García Márquez, los tres pilares dentro de lo que se conoce ampliamente entre la crítica contemporánea como "la novela del dictador" (Calviño Iglesias 19; Pacheco; Zuluaga). Así, entrando al horizonte histórico del campo literario latinoamericano debemos considerar tres grandes momentos en la novela del autoritarismo. En primera instancia,

Género literario y poder en *De tropeles y tropelías* (1972)

están las narraciones precursoras modernas como *El Tirano Bandearas* (1927) de Ramón de Valle Inclán y *La sombra del caudillo* (1929) de Martín Luis Guzmán, *El señor Presidente* (1946) de Miguel Ángel Asturias y *El Gran Burundún Burundá ha muerto* (1952) de Jorge Zalamea y las posteriores a ellas. A partir de 1972, con *De tropeles y tropelías* como anuncio de la segunda promoción, el gran repertorio de la "novela hispanoamericana del dictador" cuenta con las tres ya mencionadas de Carpentier, García Márquez y Roa Bastos. El conjunto de estas obras vuelve a extenderse en un tercer resurgimiento hacia los ochenta y noventa con obras como *Cola de lagartija* (1983) de Luisa Valenzuela, *La novela de Perón* (1985) de Tomás Eloy Martínez, *La República Independiente de Miranda* (1989) de Enrique Lihn y más adelante, *La fiesta del Chivo* (1998) de Mario Vargas Llosa. Así, aunque esto no haya sido reconocido hasta ahora, la obra de Ramírez inaugura en 1972 la segunda oleada de las tres que representan este conjunto de narraciones centradas en exhibir y criticar las diversas advocaciones que adquiere el poder autoritario en la América hispanohablante del siglo XX.

El primer conflicto con la propuesta de considerar a este conjunto de relatos de Ramírez como novela es su brevedad y la sensación de estar leyendo a penas esbozos o viñetas. El carácter fragmentario de esta pretendida novela, aunque atípico, no sería nuevo, si tomamos en cuenta obras tan destacadas como *La feria* (1963) de Juan José Arreola en México, o *Rayuela* (1963) de Julio Cortázar en Argentina.[5] Ambos referentes que si bien no toman como base la historiografía del autoritarismo latinoamericano ni retratan a algún dictador, bien podrían haber servido de modelo para una propuesta estructural como novela fragmentaria.

Debo aclarar que, en el caso de la novela construida a base de fracciones y textos parciales, el reto de recomponer el entramado del argumento, o el carácter y condición misma de los personajes, le corresponde en gran parte al lector, en especial al lector con alguna competencia lectora acerca de la historia del autoritarismo en América Latina. Así, en mi horizonte como lector, propongo que los dieciocho textos en *De tropeles y tropelías* presentan en forma no secuencial diversos aspectos de la vida, obra y época de Su Excelencia (S.E.), resaltando aspectos de su biografía que van desde los tiempos como abogado aspirante al poder, saltando al momento de su actividad como factótum de la vida de la repú-

Capítulo dos

blica y los intentos para derrocarlo, para luego desembocar en los rumores de su muerte temprana, en las reflexiones ante su hijo sobre las inmensas propiedades de la familia, para culminar con la degradación de su cuerpo momificado. Nótese cómo existen elementos para una novela cuasi biográfica, aunque se comprueba la notoria ausencia de una narración detallada del ascenso de S.E. al poder, más allá de la mención de pasada en "De ofensas y agravios" de que S.E. se hizo de la primera magistratura "a raíz del golpe de Estado que lo llevó al poder" (Ramírez, *Cuentos* 117). Así pues, en las diversas fábulas no hay relato del golpe en sí o situación institucional que haya resultado en la toma definitiva de las riendas de la nación. Al faltar este elemento en la historia, este núcleo fundamental del relato se deja abierto a la especulación y se da paso a la ambigüedad necesaria para convertir al autócrata de la novela en un arquetipo del dictador latinoamericano moderno. Es decir, Su Excelencia es todos y a la vez ninguno en especial.

Observando la Tabla 2.2 en la que propongo una distribución de las alusiones a los diferentes momentos en la vida de S.E. se puede colegir una estructura temporal identificable de lo narrado. Al comenzar la novela con "De las propiedades del sueño I" la narración da un primer paso contundente de tipo *in medias res*. Ya el dictador está en control de la situación y sus adversarios sueñan con derrocarlo, aunque él evita esta contingencia porque "los tiranos nunca duermen" (Ramírez, *Cuentos* 109). Este comienzo le da gran dinamismo al relato ya que como lectores tendremos la duda de cómo llegó al poder y si dichas conspiraciones seguirán, o si alguna tendrá éxito en algún momento. Esta será la pregunta y el reto inicial que dará la motivación narrativa al resto de los fragmentos de la novela.

Los siguientes cinco relatos no tienen una relación cronológica clara entre ellos, solo la certeza relativa de que los hechos suceden bajo la mirada férrea del personaje principal y que S.E. lleva mucho tiempo en el poder, mientras sus opositores no descansan y los desafíos a su gobierno continúan. Es solamente en los relatos siete, ocho, once y trece, los ya mencionados "Del amor a la justicia," "De ofensas y agravios," "De los juegos de azar" y "De el bien general" donde se abre una analepsis en la que los lectores llegarán a saber que antes de ser todopoderoso, el protagonista fungió como médico empírico y matasanos, solía ser un jugador compulsivo, además de ser un hábil manipulador de las leyes sucesorias y de

Género literario y poder en *De tropeles y tropelías* (1972)

comercio. En el texto "De ofensas y agravios," el lector se entera de que en su camino hacia las altas esferas de la política S.E. sufrió destierro y que, al volver su primera mujer sola y enferma al país, fue tratada como prostituta. Por ello, una vez en el poder, la venganza del autócrata sería implacable con las mujeres de sus enemigos, al obligarlas a prostituirse en el burdel conocido como "La Góndola Dorada" con todo aquél que lo solicitase, sin importar su estado de salud o condición social (117). Estos rasgos de carácter, aparte de revelarnos el pasado de S. E. y las humillaciones que sufrió antes de acceder al poder, también nos dan cuenta de los "trabajos" y "sufrimientos" del personaje antes del inicio de la dictadura dotándolo con un fondo psicológico que explica o justifica sus motivaciones, sesgos y fobias.

En términos temporales el resto de los fragmentos son una analepsis indefinida dentro de la larga dictadura del personaje principal. La única excepción serán las fugas al futuro representadas por "De las delicias de la posteridad" y "De los trucos de la agonía" que presentan relatos en relación a la aparentemente prolongada agonía del mandatario, que antes de estar verdaderamente en sus últimos momentos había fingido con frecuencia su muerte para ver la reacción de sus allegados y sus enemigos; luego tiene tiempo de hacer la relación de sus vastas posesiones a sus hijos en "Del que atesora con el favor divino" (125), para después enterarnos de que su cuerpo embalsamado todavía tendría una "segunda vida" como pieza de circo y museo en "De las delicias de la posteridad" (122). Pero la novela no termina ahí, sino que hay una nueva analepsis hacia el tiempo indeterminado del poder tiránico cuando en "De las propiedades del sueño II," el relato final, se hace partícipe al lector del delirio mesiánico del presidente de usar una imaginaria máquina de terremotos para derribar su ciudad capital y volverla a edificar con sus propias compañías constructoras y haciendo uso personal y corrupto de la ayuda exterior para aumentar sus caudales. Este relato, añadido en la tercera edición del libro hace parodia de las acciones de gobierno de Anastasio Somoza Debayle al aprovechar el devastador terremoto de 1972 para resarcir sus arcas y abultar sus cuentas en el extranjero (Ferrero Blanco 146).

De este modo, la novela fragmentaria que propongo a partir de los relatos de Ramírez tiene una estructura circular, pues comienza y termina con el tirano en el poder abusando de la autoridad a sus anchas y enfrentando las confabulaciones de sus opositores. Como

Capítulo dos

paréntesis temporales se nos ofrecen cuatro breves atisbos al pasado humilde del protagonista y luego dos donde se presenta una visión esperpéntica de sus "múltiples agonías" y su final como artefacto de utilería circense. En este sentido, la novela conformada por los relatos breves de *De tropeles y tropelías* pertenece a la clase de obras de corte paródico que caracterizan a la segunda y tercera oleada de la narrativa del dictador como *El otoño del patriarca* (1975) de García Márquez y se adelanta a un relato tan sarcástico, enigmático y hasta fantástico como *La república independiente de Miranda* (1989) del chileno Enrique Lihn.

Ya habíamos aclarado desde el primer capítulo que las anécdotas y sucesos referidos en los fragmentos tienen como subtexto la historiografía y el discurso periodístico generado en relación con los regímenes de Manuel Estrada Cabrera en Guatemala (1898–1920) y a los tres miembros de la familia Somoza (1936–1979). Pero la ambigüedad y riqueza en las peripecias y picardías del primer mandatario en el texto no cierran la posibilidad de que puedan encontrarse referentes tanto en las otras dictaduras de Centro América en los años treinta y cuarenta del siglo XX, como las de Jorge Ubico en Guatemala (1931–1944), Tiburcio Carías en Honduras (1932–1949), Maximiliano Hernández Martínez en El Salvador (1931–1944), o en los regímenes militares de Brasil, Colombia, Venezuela, Perú, Chile o Argentina en diferentes momentos. Sin embargo, los fragmentos no se refieren nunca por nombre a alguna región ya sea real o ficticia. Ninguna referencia a una Yoknapatawpha como en Faulkner, a un Macondo como en García Márquez, a una República Independiente de Miranda como en la novela en fragmentos de Enrique Lihn (1989), ni a un territorio distópico del tipo de Faguas, como en las novelas de la nicaragüense Gioconda Belli, estas últimas publicadas con posterioridad a *De tropeles y tropelías*.

Esta ambigüedad espacial y temporal me permiten la audacia de comparar a *De tropeles y tropelías* con ciertos elementos de un videojuego. De manera similar, en la serie de juegos bajo el título de *Trópico* (2001) se hace la representación virtual de la historia del autoritarismo latinoamericano en el que la simulación del videojuego nos propone una serie de opciones históricas múltiples en un marco ambiguo, pero definitivamente enclavado en el Caribe o en el área tropical de las Américas. Estas múltiples opciones establecen una diferencia importante con la mayoría de las novelas

Género literario y poder en *De tropeles y tropelías* (1972)

del dictador que hacen referencia a un solo autócrata o a un país en particular (Chávez, "El coronel" 163–70).

La principal característica de un videojuego de simulación histórica es la habilidad del participante de escoger ciertas opciones o recursos dentro de la narración o desarrollo simulado de una sociedad. Estos elementos "ergódicos" determinan el curso de las acciones y el final del juego. Esta multiplicidad de opciones es paralela en cierta forma a *De tropeles y tropelías* que podría ser leída por habitantes de Nicaragua, El Salvador, Venezuela o Paraguay y ver reflejada la historia de la tiranía de su país en los relatos de Ramírez.

En el caso de *Trópico*, el jugador tiene un objetivo abierto delimitado en el tiempo con dos retos principales: mantenerse en el poder hasta el final de la simulación y acumular por un período de cincuenta años, la mayor riqueza posible en su cuenta secreta en Suiza. Los momentos de interacción que el juego le propone al participante son: escoger al personaje histórico que desea simular o designar como avatar, escoger cómo llegar al poder, determinar sus alianzas políticas con los Estados Unidos o con la URSS y decidir cómo desea gobernar, con o sin elecciones periódicas y con mayor o menor grado de represión. El jugador debe ir impulsando y desarrollando los diferentes aspectos de la economía de la isla, sembrar y exportar frutas, tabaco o construir hoteles y casinos para el turismo. Existe también la posibilidad de construir edificios de servicio público como escuelas, hospitales y palacios de gobierno (Chávez, "El coronel" 164; Magnet 145; Penix-Tadsen 222–26).

En todo momento, a través de una función del juego, el participante puede saber el grado de aceptación que su gobierno tiene en cada uno de los habitantes de su isla. En caso de que uno de los habitantes parezca convertirse en el líder de una facción que pudiera rebelarse contra su gobierno, incluyendo facciones militaristas de derecha o de izquierda, de estudiantes etc., el jugador tiene la posibilidad de pagar y ordenar la "desaparición" de dicho personaje. Este es en realidad el aspecto lúdico más discutido de *Trópico*, por las implicaciones éticas que tiene el propiciar que un adolescente latinoamericano o norteamericano pueda, de manera casual, tomar una decisión como la que muchos de los verdaderos dictadores de América Latina tomaron en contra de grandes grupos de su población y hacer desaparecer a sus adversarios de manera violenta y genocida (Chávez, "El coronel" 172; Penix-Tadsen 223).

Capítulo dos

Comparando literatura y videojuego, la posibilidad de implicar moral y éticamente las decisiones del lector a través de un texto narrativo es hasta cierto punto limitada. Sin embargo, el relato final en *De tropeles y tropelías* que lleva el título "De las propiedades del sueño II" es una narración hecha dentro de un gran paréntesis de corriente de consciencia, sin puntuación y en primera persona, que invita a los lectores a acercarse a la mente del tirano y a "leer de cerca" el proyecto megalómano de arrasar con la ciudad más grande del país usando un arma norteamericana que provocara un cataclismo devastador para luego reconstruirla con dinero del exterior que finalmente llegaría a sus arcas. Este ánimo genocida y reformador exacerbado, apuntalado por un régimen de suspensión de garantías, por demás verificable en las largas dictaduras de Somoza, Trujillo y Stroessner, es paralelo a la metáfora presentada por el videojuego. Aquí debe tomarse en cuenta que tanto la novela fragmentaria de Ramírez como los videojuegos de representación histórica corresponden a la categoría de la "simulación del simulacro" de Baudrillard (121), y que ambos artefactos simbólicos terminan por apuntar al carácter constructivo, distópico y trágicamente real del autoritarismo latinoamericano. Los autócratas y dictadores montan un simulacro opresivo de la democracia y los relatos y videojuegos al simular o evocar su poder, revelan su imposición como entes o sistemas artificiales que falsean y suplantan las funciones de gobierno y las instituciones del estado moderno.

El relato final de Ramírez al disminuir al mínimo la distancia del personaje principal con el lector a través de un narrador autodiegético simula una cercanía casi íntima con la mente del dictador, casi como su cómplice o testigo – y es similar al del avatar del videojuego. Sin embargo, el lector de un relato, por más identificado que se sienta con la voz narrativa, a fin de cuentas no es sustituto o cómplice del dictador mismo, y el texto no ofrece la posibilidad simulada de implicar al lector en el genocidio como sí lo hace el videojuego *Trópico* al ofrecer al avatar, la opción de desaparecer a sus adversarios (Chávez, "El coronel" 174).

Por otro lado, la ambigüedad geográfica de la obra de Ramírez y la referencia a diversas anécdotas que parecen hacer alusión a diferentes dictadores de Centro y Sudamérica, es paralela a la opción ergódica en *Trópico* de escoger como avatar del jugador a un dictador latinoamericano como Pinochet, Somoza o Stroessner. En contraste, en el juego se puede escoger no solo a los anteriores

Género literario y poder en *De tropeles y tropelías* (1972)

sino también a Mussolini, Salazar, a Franco o Ceausescu de Europa o a Mobutu Sese Seko del Congo, es decir, el juego propone un abanico más amplio de geografías y personalidades dictatoriales. Desde mi punto de vista estas opciones no se excluyen tampoco en la novela fragmentaria de Ramírez. Al tener como materia la universalidad de los abusos del poder y la crueldad con que se maneja el gobierno en una sociedad autoritaria en el siglo XX, nos inclina a pensar que al leer la obra de Ramírez algún sobreviviente o hijo de sobrevivientes del Portugal de Salazar o de El Salvador de Hernández Martínez, podría identificar más de alguno de los rasgos del gran represor de la república que gobernó a su país con mano de hierro. Aquí videojuego y narración se acercan y hasta pueden considerarse productos simbólicos contiguos y complementarios en la larga historia de denuncia y representación cultural de la violencia autoritaria del siglo XX.

Capítulo tres

La ficción del Estado y el Estado como ficción

En el capítulo anterior ya se ha lanzado una rápida mirada a los diferentes aspectos que influyen en la selección y producción de los discursos literarios que hacen referencia al poder a través del concepto de género. Ahora se dará un paso hacia "afuera" y desde el "otro lado," es decir, se intenta confrontar la historia y las formaciones socioeconómicas propias de los estados centroamericanos con las referencias directas e indirectas al estado y al poder que se hacen en *De tropeles y tropelías* (1972). Este capítulo intenta situar en su marco socio-histórico correspondiente, los hechos y acciones de los personajes en las fábulas para comprobar que, a pesar de hacerlas pasar por el tamiz de la parodia y la exageración, muchas de las peripecias que involucran al personaje principal "Su Excelencia," tienen base histórica en las condiciones de práctica gubernamental y autoritarismo que se vivían desde los años treinta del siglo XX en adelante, en muchos países del istmo centroamericano y también en algunas regiones de Sudamérica. Paradójicamente, dichas condiciones no se establecían de manera ilegal, sino al contrario, haciendo uso explícito de leyes y edictos, aunque con frecuencia dichas disposiciones fueran arbitrarias y a veces absurdas. En concordancia con esta legalidad rebuscada, *De tropeles y tropelías*, aparte de los dieciocho textos breves iniciales también cuenta con una segunda parte donde se asientan las leyes que gobiernan al sufrido país de las fábulas. Por tanto, en la parte final del capítulo haré referencia a la parodia y juego con la ley y con los elementos de la corporalidad hegemónica ejercida, de manera disciplinaria y cruel, por dichas formaciones estatales. Estas leyes y reglamentos autoritarios son base de algunos de los crímenes y vejaciones cometidos en contra de la dignidad y corporalidad de los ciudadanos del país desconocido de "Su Excelencia." Desconocido, aunque muchas veces se parezca a Nicaragua, a Venezuela o a la Guatemala de los caudillos nacionales del siglo XX.

Capítulo tres

La normalidad capitalista y la "anormalidad" del estado pretoriano en América Latina

Con demasiada frecuencia, cuando la crítica académica y periodística anglófona hacía referencia a la construcción del estado en la América Latina del siglo XIX, se insistía en sus características "bizarras," "especiales," "de excepción." Sin embargo, una vez que se sobrepasan las actitudes superficiales y se analizan fenómenos como el militarismo y la historia económica y social del continente, las apreciaciones impresionistas y vagas empiezan a disiparse para dejar paso a un panorama, ciertamente complejo, pero no menos paradigmático y que nada tiene de "excepcional." Como lo han señalado críticos como Hale y Stavenhagen, una vez localizadas las fuerzas histórico-sociales que entran en juego en la construcción del estado en los países de Latinoamérica en el siglo XIX y temprano siglo XX, pueden dejarse de lado las teorías que los etiquetan *a priori* como "premodernos" y los esencializan como fundamentalmente "antidemocráticos" e "inmaduros" (Hale, "Political Ideas" 133–50; Stavenhagen 61–72). Sin embargo, tampoco se debe maquillar la historia violenta de la formación de los estados centroamericanos o del Cono Sur porque, al fin y al cabo, algunas de las definiciones del estado moderno insisten en que una de sus funciones primordiales es su uso monopólico y legítimo de la violencia y la represión (Althusser 145; O'Donnell 55).

Uno de los aspectos que más ha contribuido a producir el tipo de generalizaciones impresionistas que he mencionado, es la práctica constante de simulaciones y reformas de tipo "cosmético" que algunos regímenes dictatoriales construían para presentar una mejor cara al exterior. Estas imágenes creadas para el consumo internacional y para la propaganda en los organismos multilaterales como la OEA o la ONU, no reflejaban las verdaderas relaciones de poder que estaban arraigadas en sociedades altamente dependientes, donde la presencia del estado no estaba completamente institucionalizada y en las que los elementos exógenos, ocupaciones militares y económicas, contribuían a prolongar estructuras autoritarias bajo escenarios supuestamente democráticos.

En todo caso, estas simulaciones que podrían ser leídas como anomalías no son sino efectos concretos y reales de las relaciones de producción y la lucha de clases internas que corresponden a cada formación estatal (cf. Stavenhagen 66–68). A estas tensiones internas también pueden agregarse factores extraterritoriales—presión

La ficción del Estado y el Estado como ficción

financiera y militar, presión ideológica y política por la Guerra Fría—que pueden tender a deformarlas pero que finalmente son producto de la modernidad capitalista aun cuando parezca que solo están ahí para prolongar la "tradición" o para conservar el carácter "premoderno" de las estructuras gubernamentales.

En sentido estricto, las Américas entraron a la economía-mundo del Mediterráneo con la colonización luso-española. Una vez dentro de esta esfera, el comercio y la economía mundial han cambiado de metrópoli, el influjo inicial viene de Venecia en el siglo XV, pasa a Ámsterdam en el XVII, se traslada a Londres en el XVIII y, finalmente, se establece en Nueva York a partir de 1929 (Braudel, "Perspective" 94; Dussel 10–20). Al ser insertadas al circuito del capital occidental como proveedoras de materias primas, el carácter de economías satélite no ha podido ser superado, aunque se haya transformado sustancialmente, en algunos casos, ya para finales del siglo XX. Esta peculiar situación de dependencia hace que las historias económicas y políticas de los estados-nación más abajo del Río Bravo, adquieran características diferenciales respecto a los estados europeos y norteamericanos que se juzgan como la norma de la modernidad. No obstante, esta división internacional del trabajo y la organización de las economías en círculos concéntricos o economías-mundo, representan en sí mismas la modernidad capitalista (Lenin 229–42; Wallerstein 301, 337).

Siguiendo el modelo propuesto por William I. Robinson para explicar la expansión capitalista mundial y la integración de Centroamérica en las diferentes etapas de la globalización, puede decirse que el estado autoritario centroamericano se convierte en la bisagra entre el segundo período de expansión, denominado clásico y basado en la libre competencia y el surgimiento del tercer período, dominado por el modelo monopolista-corporativo. En términos de circuitos de producción y capital internacional, la mayoría de los países centroamericanos pasan del período que va de los 1870 a 1939 donde se destacan como exportadores de café y banano y transitan hacia un nuevo modelo donde se insertan como exportadores de carne, azúcar y algodón en el período que va de 1940 a 1979. En términos gubernamentales y de poder, pasan de incipientes repúblicas liberales-oligárquicas en el período que va más o menos de 1870 hasta 1930, para convertirse de manera acelerada en regímenes autoritarios con caudillos civiles o militares que se instalan en los tempranos 1930 y se alternan con otros

Capítulo tres

caudillos o permanecen hasta 1979 (Robinson 149–56). En el Capítulo V me referiré al hecho de que, en un período de seis años, los países del "triángulo norte" Guatemala (1931), El Salvador (1931), Honduras (1933) más Nicaragua (1937), verán surgir sucesivamente en un período muy corto, regímenes militares con características similares y que se prolongarán por cerca de una década o más (en el caso de Nicaragua). La instauración y consolidación de estos regímenes autoritarios va de la mano del cambio modernizador impulsado por la crisis del capitalismo internacional de 1929 y el surgimiento del nuevo modelo transnacional corporativista que se acelera al final de la Segunda Guerra Mundial.

Una vez establecida esta razón diferencial y desechando la manida adjetivación de sociedades "no modernas" o esencialmente "atrasadas" para Latinoamérica, es importante fijar las variedades que la estructura estatal ha adquirido en el hemisferio después de 1929. Con excepción del corporativismo autoritario de México en el período 1940–2000, y la continuidad democrática de Costa Rica a partir de 1948, muchos de los estados del continente fueron modelados por algún tiempo, bajo formas del militarismo autoritario hasta principios de la década de los ochenta cuando la "normalidad democrática" comenzó a restablecerse en casi todos los países. Dentro de esas prácticas autoritarias es necesario establecer tres grandes grupos: los estados militares contrainsurgentes o de seguridad nacional, los estados patrimonialistas o pretorianos y los estados militares reformistas. Entre los primeros pueden agruparse Argentina (1976–1983), Chile (1973–1990) y Paraguay (1954–1989) como ejemplos representativos. En los segundos, los ejemplos clásicos son Nicaragua bajo los Somoza (1937–1979), República Dominicana bajo Trujillo (1942–1952), y Haití bajo Papa Doc Duvalier y su hijo Baby Doc (1957–1986). El tercer grupo es el más efímero y menos numeroso, algunos de sus ejemplos son el régimen revolucionario de Bolivia (1952–1964) y el de Torrijos (1969–1981) en Panamá. Por supuesto, toda clasificación debe acompañarse de criterios de similitud y diferencia. En este caso solo nos interesan los estados pretorianos que se concentraron en el Caribe a partir de la Segunda Guerra Mundial.

Aunque los estados pretorianos aparentemente se presentan como regímenes militares, en realidad se fundamentan en una eventual desinstitucionalización de las fuerzas armadas, acompañada por una organización clientelista separada del poder de la jerarquía militar, como afirma Rouquié:

La ficción del Estado y el Estado como ficción

> En las dictaduras personalistas [...] la institución del ejército no delega su poder en un líder militar, sino que es despojado de él por un dictador que monta una red paralela a la jerarquía disciplinaria, fundada en la lealtad, no a la institución sino a su persona, a veces realzada por una coloración partidista.
> (Rouquié, *El estado* 207)

Para la instalación duradera del pretorianismo se requiere de esa transición que va de la toma del poder militar hacia la concentración del poder y la acumulación económica alrededor del caudillo para que pueda cohesionar a su corte clientelar. Las lealtades se construyen alrededor de tres prácticas o circunstancias que se reproducen: mutua dependencia del dictador y de los oficiales de su ejército debida en parte a la ilegitimidad del poder militar, paternalismo y corrupción.

El principal factor geoestratégico que promueve la presencia de los tres estados pretorianos que mencionamos es el proceso de consolidación de la esfera de influencia de los Estados Unidos, en su fase expansionista-comercial y de guerra de posiciones, dentro del marco de la Guerra Fría. Si el Caribe y Centroamérica son considerados puntos estratégicos de seguridad para el Coloso del Norte, entonces podemos entender el porqué de su constante intervención en la región (Grandin 41; Rouquié, *El estado* 136).

El origen del pretorianismo en estos países está vinculado a la política exterior estadounidense y a un análisis simplista de la diplomacia de Washington que pretendía "asegurar" a la región bajo el mando de una "fuerza supletoria" entrenada y organizada bajo su modelo y vigilancia, inspirada en gran parte en su *Marine Corps*. De esta forma se crean las fuerzas armadas de la República Dominicana, de Nicaragua y Haití. El mecanismo es similar en los tres casos, después de una ocupación prolongada se instala un cuerpo militar supuestamente "apolítico" que garantizará la estabilidad de la región y el respeto a los intereses económicos de la metrópoli.[1] A la distancia los errores fundamentales de esta estrategia se hacen evidentes. Los estados patrimonialistas o pretorianos se caracterizan por una simulación institucional modernizadora, por una fachada de legitimidad que se sostiene tanto por la fuerza y control ante cualquier grupo opositor, tanto como por la fusión de la raquítica institucionalidad estatal con la organización familiar y paternalista del dictador. No obstante, al contrario de lo que se piensa, el poder político no se ejerce por la violencia absoluta.

Capítulo tres

Existen una serie de simulacros parlamentarios, constitucionales, electorales y judiciales que mantienen una institucionalidad fragmentada, siempre tendiente a favorecer a los allegados del líder autoritario. En esta combinación de fuerzas se da el caso de que las dictaduras aparezcan como regímenes modernizadores de la economía con una ideología nacionalista, liberal o de izquierda moderada, pero en términos políticos, su dinámica es fundamentalmente conservadora y antidemocrática.

De acuerdo con esta perspectiva, el ejemplo del primer Somoza (1935–1956) es paradigmático, ya que se prolonga en el poder gracias a que aparece, antes que como jefe de la Guardia Nacional, como presidente de la República y presidirá el gobierno bajo un período de intensa modernización impuesta por el cambio económico exterior (Córdova Macías y Benítez Manaut 515). Así, el primer dictador de la familia se presentará como adalid de la reconversión económica que pasa, de un modelo de monoproducción del café, hacia un nuevo modelo regido por la producción del algodón y el azúcar, acompañado por un incipiente repunte de industria ligera y la intensificación del comercio (Wheelock 95). Este efímero repunte material, basado en la producción agrícola o la extracción de minerales, se experimenta en Nicaragua como una expresión más del "estado mágico," en el que el ritual gubernamental, el consumo suntuario y las obras de infraestructura, constituyen una representación pública que presta legitimidad a los regímenes autoritarios no solo en Centroamérica, sino también en el resto de América Latina (Coronil 229).

El presente análisis no se extenderá demasiado en el inventario de las incidencias y peripecias del régimen de los Somoza pues abundan los documentos exhaustivos y detallados que retratan las condiciones económicas y políticas que permitieron que esta dinastía patrimonial se mantuviera en el poder desde 1937 hasta 1979.[2] Bastará con hacer un rápido resumen de las condiciones en que el jefe del clan y los hijos llegan al poder y se mantienen en la cima, para entender las referencias tácitas y/o directas que las fábulas de *De tropeles y tropeles* hacen a la historia moderna de Nicaragua.

En 1933, al término de la segunda invasión norteamericana del siglo XX a Nicaragua, los *marines* se retiran dejando como "legado" para el país, a la Guardia Nacional, un cuerpo de élite supuestamente apolítico que garantizaría el orden interno. El

La ficción del Estado y el Estado como ficción

jefe director de ese cuerpo era Anastasio Somoza García, hijo de un terrateniente venido a menos que ya solo poseía una finca cafetalera en San Marcos, en el departamento de Carazo. El joven Somoza había hecho estudios comerciales en Filadelfia y dominaba el inglés con alguna fluidez. De regreso en Nicaragua, trató de enriquecerse con los juegos de azar y hasta se vio envuelto en una operación de falsificación de dólares. Sus relaciones familiares, por estar casado con Salvadora Debayle Sacasa, lo emparentaban con el médico y militar destacado y después presidente liberal Juan B. Sacasa, quien era tío materno de Salvadora. Estas relaciones le permiten salir con impunidad de su fallida aventura de falsificador. Posteriormente, Somoza es empleado como inspector de letrinas para la Fundación Rockefeller y a través de estos trabajos se va acercando a la oficialidad norteamericana de la fuerza invasora (ver Capítulo VI). Siendo ya jefe-director de la *constabulary* al término de la ocupación en 1933, Somoza I, no desaprovecha la oportunidad y al conspirar para asesinar a Augusto C. Sandino en 1934, signa un pacto de sangre e impunidad con los altos mandos de la Guardia Nacional que en poco tiempo pasan a ser su guardia pretoriana. Contando ya con dicho apoyo, en 1936 le arrebata el mando al Presidente Sacasa[3] (su tío político) para colocar un títere de su confianza hasta que se hace elegir en las elecciones que organiza con todas las ventajas. Para este propósito, utiliza las viejas filas de la facción liberal y con el contubernio de algunos líderes conservadores, hace campaña por el Partido Liberal Constitucionalista (PLC) que él mismo fundó. Con estas argucias, "Tacho" se convierte en presidente el 1 de enero de 1937 (Chávez, *Nicaragua* 20; Walker 26).

Su mandato se extiende, con algunas interrupciones para seguir con las farsas electorales, hasta 1956, año en que es asesinado por el poeta y activista político Rigoberto López Pérez. Para entonces, su fortuna personal estaba valuada en alrededor de sesenta millones de dólares y la familia acumulaba la mayor superficie agrícola del país: 51 establecimientos ganaderos, 46 cafetales, numerosas propiedades en Costa Rica y México, además de los 48 inmuebles que poseía solo en Managua. Los hijos le suceden en el mando, formando con ello la única dinastía dictatorial del continente que tuvo más de un sucesor (Walker 25; cf. Ferrero Blanco 84). Luis asume el poder a la muerte de su padre (1957–1963) y aunque busca disminuir la presencia directa de la familia en el régimen al elegir como sucesor a René Schick (1963–1967), no puede evitar que su hermano, a la sazón jefe de la Guardia Nacional, también busque subir al poder. Así, Anastasio II ocupa la presidencia cuando muere su hermano (1967–1979). Para 1979, la fortuna de la familia alcanza ya los 400 a 500 millones de dólares y se dice que poseían un 20% de la superficie cultivable del país. Sus intereses industriales se extendían a muy diversos ramos contando con 120 sociedades, entre las que se destacan las ocho mayores plantaciones azucareras y algunos ingenios, lo que los hacía el principal productor de azúcar y además detentaban el monopolio del alcohol (Chamorro 212–14; Diederich 132; Ferrero Blanco 574; Wheelock 189–201). En general, la fórmula somocista de gobierno era más bien simple: mantener el apoyo incondicional de la Guardia, cultivar el apoyo de Washington y cooptar cualquier forma de oposición (Walker 26; Vilas 111). Todo esto conservando el simulacro democrático de las elecciones frecuentes y contando con un congreso dominado por los incondicionales del régimen.

Lo que es importante señalar, es que esta fachada institucional, esta ficción representada por todos los elementos del estado es la que se convierte en el referente histórico para la ficción que Ramírez hace del estado nicaragüense. Es de esta serie de atropellos y vejaciones, dentro de un estado autoritario simulando ser una república, de donde viene la palabra "tropelías" que se encuentra en el título de la obra. En las fábulas, la escritura se vuelve denuncia de una situación real y aunque el tono de la delación parece jocoso, cínico y a veces sarcástico, lo más perturbador es que resulta tremendamente realista dadas las circunstancias de simulación y fachada de las instituciones del precario estado pretoriano que domina al país. En las próximas páginas se tratarán de esclarecer los lazos entre los hechos historiográficos y los relatos de las fábulas. Es decir, la relación entre la realidad institucional del Estado (simulacro del Estado) y las características del estado ficticio recreado en las páginas de *De tropeles y tropelías* (simulación como denuncia del simulacro).

El estado patrimonial ficcionalizado como "desviación" del poder con características feudales

Hasta aquí se han esbozado someramente las características de la ficción del Estado producida por el pretorianismo y que permiten distinguirla como una categoría específica y distinta. Ahora

La ficción del Estado y el Estado como ficción

pasamos a compararla con los pormenores del estado como ficción resultante de la imaginación literaria aplicada al discurso político en *De tropeles y tropelías*.

Resulta revelador que el primer relato de la colección, "De las propiedades del sueño I," se abra con un despliegue de erudición sobre las teorías acerca de los sueños y la consciencia medievales. En el primer párrafo se hace referencia a cómo:

> Sinesio de Sirene en el siglo XIV sostenía, en su *Tratado sobre los sueños* que, si un determinado número de personas soñaba al mismo tiempo un hecho igual, éste podía ser llevado a la realidad. (Ramírez, Cuentos 109)

El texto continúa atribuyendo la autoría de esta hipótesis a los judíos aristotélicos del siglo XII y XIII, tocando el turno de "probarla" a Moisés Maimónides el sabio nacido en Córdoba en 1135 (Copleston 203).

En la fábula de Ramírez, la hipótesis sobre el manejo del sueño se convierte en arma de combate ante la tiranía que sufre el pueblo ya que "los ciudadanos soñarán que el tirano era derrocado" y con esto lograrían la ansiada liberación (Ramírez, *Cuentos* 109). Con este despliegue inaugural de erudición medieval, se establece un tono o aspecto de "organización feudal" en el estado ficticio que se construye a lo largo de muchos de los textos.[4] La atmósfera de los tiempos de los castillos y los fosos resguardando a sus nobles señores, se verá confirmada por pequeñas claves que, sin embargo, nunca llegan a concretar en un plano alegórico consistente y completo, es decir, no hay ni princesas ni caballeros en alguna de las fábulas y sin embargo, el lenguaje los señala como presencias connotadas o intuidas. En el segundo texto de la edición de los *Cuentos completos* de 2013 "De la muerte civil" (el noveno en la edición salvadoreña de 1972) en el que se decreta la muerte por indiferencia de un general opositor al régimen, las ceremonias fúnebres que se le dedican al militar disidente connotan un referente feudal y de pompa digno de la Florencia o la Siena de Dante Alighieri (Ramírez, *Cuentos* 110).[5] Aunque el resto del ceremonial es mencionado con sustantivos y adjetivos propios de la vida ministerial de un estado liberal decimonónico, las primeras frases hacen juego con la construcción erudita del primer texto "De las propiedades del sueño I" donde sí se hace referencia directa a la Edad Media. Más adelante, la vida "palaciega" con la molicie y el aburrimiento atribuidos a la

Capítulo tres

vida cotidiana de los tiempos del imperio carolingio, es un subtexto frecuente en otras fábulas:

> Un día en que amigos y civiles y militares celebraban el cumpleaños del Señor Presidente en una de las innúmeras haciendas de ganado que poseía frente al mar [...]se buscaba la mejor manera de disipar su aburrimiento, agasajándolo, cosa en que ya los cantos y los bailes bufos, piruetas, imitaciones y recitaciones habían fracasado.
>
> Habiendo pedido ya S.E. la berlina para retirarse y estando dispuesta la escolta, al Ministro de Cultos se le ocurrió la feliz idea de iniciar un juego que con gran entusiasmo llamó de Guillermo Tell.
>
> El Señor Presidente, explicó, utilizando un arma de fuego a falta de ballesta, dispararía sobre frutas dispuestas convenientemente en las cabezas de los invitados, que ocuparían por turnos el sitio de honor. (Ramírez, *Cuentos* 112)

En estos párrafos que abren "De los modos de divertir al presidente aburrido" los registros del léxico inicialmente nos remiten a instituciones decimonónicas "Señor Presidente," "hacienda," "berlina." En contraste, dichos vocablos no concuerdan con las actividades efectuadas en honor de S.E., "los cantos y bailes bufos," las "piruetas" que ya hacen pensar en ciertas diversiones de juglares y saltimbanquis. Para amplificar esta sospecha, a continuación, el Ministro de Culto propone un juego que llama de "Guillermo Tell." La referencia al héroe folklórico helveta y la falta de una "ballesta" recargan las connotaciones medievales y una vez más se confirma el juego comparativo a que se somete el entorno de S.E. para equipararlo con una región habitada por un señor feudal y sus siervos.

Otra de las claves, o más bien, de los indicios de la "feudalización" de la atmósfera en la ficción del Estado de Su Excelencia se presenta de manera gráfica en la primera edición de la obra que vio brevemente la luz en 1972. Cada texto es precedido por una hoja anunciando el título aparte y, al pie, una ilustración de algún monstruo de la imaginería medieval: hidras, sirenas, dragones, hipogrifos y otras criaturas que parecen coordinar bien con un estilo tipográfico que apunta esquemáticamente a los libros de oraciones o de horas que son tan conocidos. Los textos se abren con tipos de letra gótica más grandes, simulando esquemáticamente a las grafías

La ficción del Estado y el Estado como ficción

ornamentadas de los amanuenses. Ciertamente, esta alusión icónica se pierde en las sucesivas ediciones del libro y no puede justificar, por sí sola, el paralelo entre el vínculo ficticio del estado feudal de S.E. con el estado patrimonial somocista.

En auxilio de una imagen feudalista hay que señalar que la "corte" del estado ficticio también tiene su aspecto caballeresco, lo cual sirve para confirmar el poder excesivo y la alcurnia fingida con que S.E. maneja las riendas de su país. En "De la afición a las bestias de silla," el texto más cargado de reminiscencias arturianas, se ofrece la explicación de la presencia de estatuas ecuestres que honran la memoria de tan ilustre "caballero":

> Más tarde Su Excelencia comenzó a dormir montado y a defecar desde tal elevación; a las inauguraciones y a los banquetes iba también caballero. (Ramírez, *Cuentos* 115)
> [...]
> Pronto la casa presidencial fue mitad cuadra y mitad palacio. La Primera Dama se paseaba en una yegua por los jardines y desde su asiento cortaba las rosas perfumadas, siendo pronto imitada por las otras cortesanas, que un día aparecieron también al trote. (115)
> [...]
> Al fallecer S.E. un día aciago, erigirle una estatua fue simple tarea de disecarlo, con todo y caballo. (115)

Los "caballeros," "damas" y "cortesanas," denotan sin lugar a duda una asociación con los personajes del *Tirant lo blanc* (1490) de Joanot Martorell, *El Amadís de Gaula* (1508) de Rodríguez de Montalvo o por las referencias sexuales y corporales a alguna historia grotesca del *Libro de buen amor* (1343) del Arcipreste, o de las páginas del *Gargantúa* (1534) o el *Pantagruel* (1532) de Rabelais. Los motivos para asimilar la vida palaciega feudal o del temprano renacimiento a la vida en la casa presidencial centroamericana son evidentemente paródicos.

Sin embargo, existen referentes históricos que justifican de manera metonímica o analógica estas asociaciones. Algunos ejemplos para fundamentar esta afirmación surgen al releer la historiografía del período: a diferencia de las otras dictaduras centroamericanas, el somocismo tuvo carácter dinástico ya que tres varones de la familia ejercieron el poder. Esta peculiaridad hace eco del carácter hereditario de las monarquías medievales; también, la casa presidencial se encontraba en la colina de Tiscapa donde se entronizaba

Capítulo tres

como un castillo feudal que dominaba Managua. Ciertamente, a la muerte de Anastasio Somoza García, fundador de la dinastía, se le erigió una estatua ecuestre que luego sería destruida por la furia popular al triunfo del sandinismo.[6] El origen militar de la dinastía los hace participar o al menos hacer uso del "aura" caballeresca que se asocia con la vida castrense. Finalmente, algunos teóricos del estado hablan de la organización feudal como una "unión personal" construida sobre vínculos individuales, autoridad y subordinación, dirección y seguidores (De la Cueva 34). Paralelamente, el estado patrimonialista se caracteriza por establecer una "corte" de familiares y allegados casi al modo de las "mafias" que no son sino versiones modernas de los gremios feudales con una jerarquización del poder propia de esas épocas (Walker 27; Rouquié, *El estado* 182).

Estos son los elementos del referente social que se convierten en sustrato inicial con los que el texto de Ramírez construye el plano paralelo y alegórico de la representación del poder autoritario como poder feudal. Por un lado, esta identificación hace hincapié en el carácter arcaico y retardatario de las prácticas de gobierno de los Somoza y a nivel de las referencias culturales, especulamos que existe una intención de parodiar el lenguaje manierista de la prensa y el ceremonial somocista. En dichos textos existe una tendencia al abuso del vocabulario modernista. Esta es una de las principales críticas a la estética kitsch de la burguesía centroamericana que Ramírez lanza en varios textos posteriores (Ramírez, *Armas del futuro* 285). La parodia que se hace al Modernismo a nivel del lenguaje en *De tropeles y tropelías* no es gratuita ya que, entre otras cosas, el imaginario dariano reintroduce el suspiro por la calidad romántica e idílica de la Edad Media en sus historias y en su poesía. Pero el ataque no es en contra de Darío sino hacia la cursilería de algunos escritores del régimen que insisten en querer escribir como Darío y sus contemporáneos. De tal modo, por un lado, se establece un plano de delación de la brutalidad y el abuso del poder en el estado patrimonial y por otro, se parodia el exceso retórico del discurso oficial. El doble filo de la mordacidad del texto literario nos lleva a pensar que pocas veces puede combinarse de manera tan lograda la crítica social directa con la efectividad estética.

Es importante señalar que, aunque la concentración y empeño en denostar cada uno de los aspectos del régimen somocista, de preferencia al poder ejecutivo, pero no exclusivamente, la actitud irreverente y paródica hacia la dictadura a través de la literatura en Nicaragua no comienza con las breves narraciones de Ramírez. Como ya había mencionado, en la poesía epigramática inaugurada por la Generación del 40, en especial la poesía de Ernesto Cardenal y la de Ernesto Mejía Sánchez, podemos ver citas específicas contra "el tirano." En el caso de Cardenal hay que resaltar que en sus *Epigramas* (1961), de los 51 poemas de que se compone la colección, cuatro de ellos mencionan directamente a "Somoza" y uno critica a "Tachito," dos se lanzan contra el "dictador," dos contra la "Guardia Nacional" y uno más se pronuncia contra el "tirano" (Chávez, *Nicaragua* 104). En el caso de la colección "Vela de la espada" (1956) contenida en *Recolección a mediodía* (1980), Mejía Sánchez con una voz cáustica se lanza no solo contra Somoza, mencionándolo tres veces por nombre, sino que además en un epigrama fúnebre celebra a Rigoberto López Pérez, el asesino del fundador de la dinastía y predice la muerte violenta de sus vástagos diciendo:

> [...] Que en el juicio final
> de metralla o machete contra la cachorra bestia bicéfala,
> mi mano no esté lejos; no lo está cuando escribe estas líneas
> fervorosas, no lo estuvo el veintiuno al señalar el rumbo de las
> balas. (Mejía Sánchez 123)

La línea final se refiere al 21 de septiembre de 1956, fecha en la que cae abatido por las balas del poeta, el candidato Anastasio Somoza García que buscaba por tercera vez la presidencia y terminó agonizando en el hospital militar Gorgas en la base americana de Panamá para fallecer ahí ocho días después. Dada la contundencia en la "actitud epigramática" de la generación de Ernesto Cardenal, y así la llama Pablo Antonio Cuadra, es imposible pensar que este discurso cívico-poético no hubiera influido en las libertades e irreverencia con las que construye sus relatos el joven Sergio Ramírez (Cuadra, *Los poetas* 350). No obstante, la contribución de Ramírez va más allá, al buscar no solamente denunciar a un tirano en particular, sino al abrir la ambigüedad de su prosa a todos aquellos tiranos que como "S.E." azotaban a diversos países del continente en la década de los setenta (cf. Henighan 166). Otro aporte de la colección de *De tropeles y tropelías* es que no se limita a criticar al "tirano" que "nunca duerme" sino que sus parodias y denuncias alcanzan a la burguesía local y a los otros poderes de la nación como veremos en la siguiente sección del capítulo.

Capítulo tres

El estado ficticio como simulacro de gobierno republicano e ilustrado

Ya se ha hecho notar la naturaleza ficticia del estado patrimonial y pretoriano en cuanto a su tendencia a guardar una fachada de legitimidad e institucionalidad democrática. Me interesa ahora destacar aquí la contradicción que existe entre el lenguaje que nos habla de una estructura de república moderna en el estado representado en las fábulas, y el esfuerzo por calificar el mando de S.E. como ejemplo de anti-modernidad y feudalismo. La división de poderes, los nombres de los cargos, las ceremonias civiles, la presencia de una Asamblea Constituyente y los personajes mismos, conforman un inventario de sobra identificado con las estructuras modernas del estado-nación gestados desde el siglo XIV y que se van a concretar como partes esenciales de los proyectos nacionales y republicanos del siglo XVIII en los Estados Unidos y la Francia revolucionaria para finalmente, convertirse en la norma en el siglo XIX, con la independencia de las colonias americanas y, posteriormente, con las unificaciones europeas (Alemania, Italia).

Algunos politólogos indican que es precisamente gracias a esta insistencia, el hecho de que Somoza García se identificara más como Presidente que como jefe de la Guardia Nacional, lo que le permitió sortear las presiones externas y, en parte las internas, por tan largo tiempo. Como se ha dicho, la noción de una oposición, generalmente muy fiel y controlada por el mismo gobierno, nunca se perdió y, es más, podría decirse que era consustancial a la maquinaria ideológica del patrimonialismo para que se guardara un mínimo de movilidad política (Walter 242–45; Wheelock 213). Incluso, se sabe que esta "virtud" de permitir cierto libre juego oposicional era astutamente desplegada cuando las circunstancias internas o externas lo exigían. Es precisamente en la era del presidente Kennedy (1961–1963) cuando Luis Somoza decide mostrar una apertura, cierto respeto a la disidencia y una relativa libertad de expresión. La administración de los Estados Unidos estaba a punto de lanzar la Alianza para el Progreso y uno de los requisitos para solicitar asistencia era una hoja de derechos humanos más o menos limpia. Muy convenientemente, la máscara democrática del somocismo sale a relucir. El segundo Somoza (Luis), incluso enmienda la Constitución para impedir el acceso directo al poder de cualquiera de sus parientes políticos hasta el cuarto grado (Chávez, *Nicaragua* 85; Diederich 73; Walker 29). Dados estos

La ficción del Estado y el Estado como ficción

ejemplos, es fácil observar cómo el anecdotario histórico sirve como subtexto para lo relatado en las fábulas en *De tropeles y tropelías* en una fórmula escritural que no carece de cierto realismo y que luego por exageración o reducción al absurdo, es salpicada de cinismo e ironía. Baste decir que, así como el régimen de "S.E." lleva mucho tiempo en el poder en las fábulas, el bloque somocista nunca lo pierde, solo lo traspasa brevemente a un subordinado, el presidente René Schick (1963–1966), para luego ser traspasado al último miembro de la familia en detentarlo: Anastasio Somoza Debayle (1967–1979).

Al releer los diferentes textos de la obra se puede observar que la oprimida nación de Su Excelencia está poblada por opositores, embajadores, la gente del pueblo, ministros, abogados y demás miembros de lo que podemos axiomáticamente identificar con una incipiente sociedad civil. La gente se pasea por las plazas, los embajadores asisten a fiestas en el palacio presidencial, los ministros están subordinados a las órdenes del Jefe de Estado. Su Excelencia, aunque detenta el poder militar como es evidente en "De los juegos de azar" y en "De los modos de divertir al Presidente aburrido," también hace uso de la ley marcial para enjuiciar a los responsables de un atentado en "De las bombas caseras," pero a pesar de su identificación con la disciplina castrense, no se le menciona nunca ni como general, ni como militar de carrera. Es decir, la farsa presidencial es estrictamente observada en el lenguaje del texto, así como en el simulacro histórico del régimen de los Somoza.

Por otro lado, tres de las fábulas confirman la estructura liberal del pequeño estado que con tan férrea mano dirige S.E. En primer lugar, en "De la muerte civil" en la ceremonia luctuosa de mentiras que se le dedica al general opositor, se pronuncian "tres piezas oratorias, una por cada poder constituido de la República" (Ramírez, *Cuentos* 110). Lógicamente, la división tripartita del Estado propuesta por Montesquieu con sus poderes ejecutivo, legislativo y judicial es la base organizativa de la nación ficticia de cuyo nombre el lector nunca se entera. Nos damos cuenta de que está enclavada en el sistema interamericano porque en "Del proceso del león" una de las más "grandes preocupaciones" de S.E. es observar las indicaciones que le hace la OEA para que se investigue el extraño caso de tortura en el que el león se ve involucrado como perpetrador. El "criminal" es enjuiciado en un proceso que implica la existencia de un poder judicial y defendido por "los mejores abogados criminalistas" que se supone tienen que conocer el cuerpo de leyes que un poder legislativo ha promulgado. Todo para que al final, haciendo uso de sus prerrogativas de poder supremo, el jefe del ejecutivo le dé el indulto a la bestia a pesar de lo abominable de su crimen.

Los problemas de la precaria influencia geopolítica de la nación de S.E. se hacen evidentes en "Del olvido eterno" donde se relata que siendo el país muy pequeño y habiendo el Presidente humillado a uno de los embajadores de una potencia monárquica amiga, la soberana de aquella nación responde a la ofensa ordenando que el país de S.E. sea borrado de los mapas (Ramírez, *Cuentos* 127). Esta situación de "desaparición de los mapas" aparte de indicar que el país ficticio no parecía preocupar mucho a las potencias, proporciona la clave para comprender por qué los adversarios políticos del Presidente ven violentados sus derechos esenciales a manos de la fuerza militar con todo descaro y sin temor a represalia externa alguna. Simplemente resulta lógico pensar que, una vez borrado de las cartografías, la comunidad internacional no lo tomaría en cuenta y el país podía ser gobernado con impunidad y a gusto de su cruel dictador. Indirectamente, esta es una alusión de cómo, después de la cancelación del protectorado de la Mosquitia por Inglaterra en 1894, (establecido originalmente en 1740) durante casi todo el siglo XX, el istmo centroamericano "protegido" bajo el manto de la "doctrina Monroe" parecía no existir para los otros países del hemisferio occidental y sus esfuerzos, guerras y crisis, atañían solamente al poder hegemónico de los Estados Unidos.

Finalmente, el relato que confirma la existencia simulada de un estado moderno en las fábulas de Ramírez es "De los atributos de la nación." En esta fábula se revela inequívocamente el carácter patrimonialista del estado ficticio cuando la "Honorable Asamblea Constituyente" tiene que debatir sobre los conceptos de "nación," "territorio" y "soberanía" ya que en su capacidad divina de acumular bienes, S.E. se había convertido en el propietario de todas las tierras de la nación y una vez comprobada la extensión del patrimonio del dictador, al congreso no le quedó sino reconocer que la identidad entre la propiedad privada del mandatario y el territorio nacional era completa y así dicha entidad podía en adelante ser llamada indistintamente: "país" o "hacienda"[7] (Ramírez, *Cuentos* 129). El ejercicio lúdico a que se someten las nociones de los tres poderes, desprestigiando sus leyes, cuestionando el ejercicio de la

La ficción del Estado y el Estado como ficción

acción judicial y ridiculizando al ejecutivo, corrobora de manera negativa, la asimilación de los conceptos básicos del estado moderno que acuñados por Grocio y Bodino (entre otros) en las postrimerías del Renacimiento son, hoy por hoy, la base de la teoría política del estado liberal-burgués y están firmemente arraigados en el entramado ficticio del país aquí fabulado (Sabine 313–23, 327–37). De esta manera, queda comprobado que a pesar de que el uso y despliegue del poder se presente con aspectos feudales, el estado ficticio de Su Excelencia está contradictoria, pero innegablemente, enclavado en la modernidad.

La denuncia sistemática de cada una de las estructuras del estado moderno, los poderes ejecutivo, legislativo y judicial, el ejército y el cuerpo diplomático es, a mi ver, una de las aportaciones a la crítica del poder que establece *De tropeles y tropelías* y que va más allá de la zahiriente denuncia del dictador y la Guardia Nacional a la que parecía ceñirse la poesía de la Generación del 40. Aún más, el hecho de construir una alegoría de la dictadura como una estructura feudal también tiene como objetivo desprestigiar y revelar como falsos los grandiosos discursos y planes de desarrollo que permitieron al último Somoza ser elegido en 1967 y que en su oratoria de campaña acusaba al Partido Conservador y a la "burguesía conservadora" de ser los factores de retraso (Somoza Debayle 120, 144, 190). En este sentido *De tropeles y tropelías* hace referencia al discurso de las instancias económicas de la época. De hecho, tanto el discurso del desarrollismo del Banco Mundial de aquella época reflejado en las ideas del economista norteamericano W.W. Rostow, como el discurso del subdesarrollo dependentista latinoamericano (Prebisch, Furtado, A. González Casanova) son incorporados de manera lúdica a la fabulación literaria. ¿Cómo se logra esto? de manera simbólica y discursiva. Tanto en el desarrollismo como en el dependentismo, se identificaba la tendencia de algunos grupos de la sociedad como causantes de una situación de estancamiento que no permitía el "despegue económico" (Rostow) que sacara a los países subdesarrollados de las condiciones cuasifeudales de producción que todavía prevalecían en la región (Furtado). Ciertamente, para Rostow estos grupos retardatarios eran parte de la "sociedad tradicional": los campesinos, ciertos patrones rurales y la guerrilla, los que se oponen a la modernización (Rostow 140, 142, 164). En contraste, para los propulsores de la Teoría de la Dependencia, eran los hacendados y la clase compradora neocolonizada, sus regímenes militares y las compañías transnacionales que los apoyaban, los verdaderos causantes del atraso (cf. Marini 249, 260; cf. Quijano 207). Las fábulas en *De tropeles y tropelías* están más cerca de la visión dependentista, pero su lenguaje paródico y absurdo señala como principal responsable de la condición feudal de la nación nada más y nada menos que a Su Excelencia, el tirano que todo corrompe y a su aparato estatal de opereta. Pero para montar una ópera hay que establecer reglas y *De tropeles y tropelías* cuenta con su propio código legal para acompañar la simulación republicana del estado ficticio. La última de las evidencias del aspecto críticamente moderno y de especificidad latinoamericana del país desconocido en las fábulas de Ramírez es el carácter lúdico que adquiere la ley en muchos de los relatos. En la próxima sección se discutirán estos aspectos y se les relacionará con la práctica escritural de las clases intelectuales locales que participan tanto en el dictado de las leyes como en la redacción de obras literarias.

Corporalidad hegemónica bajo la ley y el estado de derecho (bufo)

Uno de los aspectos notables de *De tropeles y tropelías* es que la segunda parte contiene una "Suprema Ley" bajo la cual las acciones descritas y denunciadas en las dieciocho narraciones anteriores, reciben un soporte legal y una sanción correspondiente, puesto que caben dentro de un marco jurídico debidamente delimitado, aunque ficticio. En Latinoamérica en general, desde los tiempos de la colonia, ha habido una gran discrepancia entre el espíritu de las leyes y la aplicación de sus designios. A través de todas las transformaciones legales que han surgido después de la colonia, en el período de formación de los estados independientes, las guerras civiles y revoluciones, el continente ha visto surgir constituciones con avanzadas disposiciones sobre seguridad y bienestar social, administración de justicia y freno a la explotación desmedida por parte de los dueños del capital. Por ejemplo, en sus apuntes para una constitución del México independiente conocidos como "Los Sentimientos de la Nación," el Padre Morelos condenaba la tortura, proponía moderar "la opulencia y la indigencia" y mejorar el salario de los jornaleros (Herrejón Peredo 114). Ya en el siglo XX las constituciones de México en 1917 y Cuba en 1960 fueron grandes hitos

La ficción del Estado y el Estado como ficción

en la historia constitucional del hemisferio por su avanzada protección a los derechos laborales y la búsqueda del bienestar social. A pesar de ello, las diferencias entre la aplicación de la ley y su texto escrito han continuado siendo demasiado grandes. En muchos países, la construcción de un sistema jurídico no ha sido el problema, sino la precaria institucionalidad que sostiene a dicho sistema y la caprichosa aplicación de las disposiciones legales. Esta situación ha sido todavía más grave en países que han sufrido la presencia de dictaduras prolongadas bajo las cuales las leyes se convierten ya sea en letra muerta por su inaplicabilidad, o en simple cuerpo de reglas que se acomoda al voluntarismo de las clases dominantes. Caso concreto en Nicaragua, los señalamientos sobre el estado de la ley como letra muerta o bajo aplicación amañada era una de las principales acusaciones levantadas por la facción social cristiana dentro del Partido Conservador en los años del segundo dictador de la dinastía: Luis Somoza Debayle (1957–1963) (cf. Téfel 31).

Dada esta situación de constante incertidumbre y simulación legal, no es de extrañar que en un ejercicio de ficcionalización del estado como el que propone *De tropeles y tropelías*, se proceda a la parodización de la ley como un elemento lúdico más que complemente y dé unidad a esa sociedad distópica. En un comentario sobre la escritura de esta curiosa colección de relatos, Ramírez resalta la importancia y origen de esta segunda y última sección:

> Fue un libro que me resultó muy divertido de escribir. Sobre todo, me fascinó incluir una ley final, basada en los viejos códigos de policía, donde se regula absolutamente todo, desde el trino de las aves canoras hasta la profundidad de las letrinas, se prohibía voltear los orines de las bacinicas en la vía pública y se reglamentaba de manera parca y meticulosa la tortura. (Cherem 99)

De este modo, haciendo uso de códigos legales y policiales existentes, aunque muchos ya en desuso, la sección final de la obra construye un complemento del mundo ficcional ya relatado y así se da cabida a la aplicación cínica de la justicia por parte del pernicioso presidente de carnaval que habita en sus páginas. Henighan cree ver en los quince parágrafos y ciento veinticuatro artículos de esta "Suprema Ley" un acto similar a la invención de mundos paralelos o las entradas enciclopédicas correspondientes a esos mundos en Borges (Henighan 167).[8] Con un efecto de *mise-en-abîme* hay que

Capítulo tres

pensar en la recursividad que adquiere el código legal en la obra de Ramírez, puesto que por lo que se afirma en "Del amor a la justicia" sabemos que el mandatario (S.E.) era conocedor de leyes y practicó la abogacía, por supuesto con ruindad y como entrenamiento previo para la manipulación total de la ley que representa su presencia sempiterna en la primera magistratura del país. En esta fábula se informa sobre dichos antecedentes y sobre el "celo" justiciero del personaje:

> S.E. fue abogado antes de asumir los más altos poderes de la nación. Se graduó en una obscura Facultad de Leyes de provincia y antes de obtener el título fue rábula, copiador de sentencias, amanuense, peleador de gallinas, secretario de juzgados penales, defensor de la Iglesia en litigios por fundos y aparcerías que se llevaban y discutían en estrados usando la lengua latina [...] Nunca se hizo cargo de juicios penales pues temía la presencia de la sangre y odiaba a los asesinos, sobre todo a aquellos que ponían saña en mujeres y niños y fue por eso que sus leyes, siendo ya Jefe de Estado, fueron implacables para con los homicidas y para los ladrones, los violadores, los que asaltaban en despoblado y en cuadrilla, para los perjuros y para los que de acción o palabra ofendiesen a sus madres. (Ramírez, *Cuentos* 116)

El perfil de leguleyo del mandatario parece explicar en parte, el carácter parcial y cargado que tiene la aplicación de la ley en el país ficticio. De manera chusca se hace evidente el "gusto" por el ejercicio de la ley como si fuera una justa de saberes y oradores, un mero ejercicio lúdico, aunque en este caso, el tirano tiene siempre las mejores cartas en el juego (Huizinga 76). De manera recursiva también, los parágrafos de la "Suprema Ley": "II. Del tráfico carnal, de la defensa de la moral y de la integridad de la familia," "III. De las maneras de proceder con urbanidad y compostura y otros," "VI. Respeto debido al Señor Presidente" y "VII. Del respeto a los ancianos, de días feriados y otros" incluyen artículos que reflejan o reaccionan a las preferencias y fobias legales del mandatario ya asentadas en las fábulas de la primera parte. Es decir, este código moral elevado a norma legal, denota el delirio autoritario y el marianismo que inspira a la justicia de S.E. y estas pulsiones se complementan con el falocentrismo de su deseo por la acumulación desmedida de bienes y capitales.

En términos del referente histórico para la profesión legal de "S.E.," hay que notar que en la dinastía Somoza no existía este antecedente de abogacía en alguno de sus miembros. Anastasio I

La ficción del Estado y el Estado como ficción

estudió comercio y contabilidad en Filadelfia. Luis hizo estudios de agricultura, sin obtener título, en Luisiana y Anastasio II, se graduó como oficial de West Point. No obstante, los antecedentes de abogacía de S.E. en las fábulas, sirven a la perfección para caracterizar la sagacidad legal de otras figuras autoritarias en la historia de Nicaragua, en el resto de Centroamérica y de casi toda Latinoamérica. Algunos de nuestros déspotas ilustrados, si no tenían formación legal, al menos conocían lo suficiente de las leyes como para moldearlas a su capricho. En este aspecto como ya dije, los referentes históricos serían más fáciles de encontrar en el anecdotario de la dictadura de Manuel Estrada Cabrera en Guatemala (1898-1920), la de Tiburcio Carías Andino en Honduras (1933-1949) o incluso, en los períodos autoritarios y no consecutivos de Joaquín Balaguer en la República Dominicana (1960-62, 1966-78, 1986-96). El perfil de leguleyo obsesivo de S.E. parece estar basado en la vida de estos hombres, cuya figura gris y de profundos rencores parecía no representar una amenaza, pero que fueron escalando puestos en otros gobiernos autoritarios y dictaduras hasta hacerse ellos con el poder (Arévalo Martínez 23, 30-34; Calviño Iglesias 109; Roorda et. al. 330).

Al hacerse una lectura detallada de esta segunda parte del libro, se puede constatar que la mayoría de los "preceptos legales" no son sino justificaciones de abusos y atropellos (tropelías) que parecen el pan de cada día en la vida del pequeño país donde los leones, mascotas del Presidente, son los únicos juzgados por violar los derechos civiles de los prisioneros políticos. Esto en consonancia con el artículo 113 de la ley que aconseja "la cercanía con animales feroces y carnívoros en jaulas dispuestas para tal efecto [de obtener confesiones]" haciendo legal esta forma de tormento (Ramírez, *Cuentos* 147). No obstante, hay que señalar que un buen número de los artículos hacen de hechos banales y cotidianos, asuntos sujetos de exagerada regulación estatal. En los Artículos 5 y 10 por ejemplo, se encumbran a práctica legal lo que deberían ser a penas sugerencias de tipo ambiental o de regulación avícola:

> La autoridad protegerá la tenencia de particular de aves canoras o de llamativo plumaje para adorno de parques, prados, jardines y moradas. (Ramírez, *Cuentos* 132)
> [...]
> Si una gallina se cruzare a solar ajeno y fuese cubierta por un gallo, ambos dueños de los animales compartirán la postura. (Ramírez, *Cuentos* 133)

Capítulo tres

La disposición de los artículos y las diversas materias que regulan, van de lo nimio y lo práctico para una ley de ganadería para luego intercalarse con disposiciones que regulan la educación o conllevan a la pena capital. Así, sin preámbulo o razón aparente, aparecen contiguas estas materias, sin reconocer su diferencia, dándole por su desproporción, un tono eminentemente jocoso y paródico a los preceptos legales de la "Suprema Ley" que también sirven para justificar el cinismo y crueldad con los que se hace justicia en el estado ficticio.

Aunque la selección de asuntos regulados por los artículos en este código mezclado de realidad y exageración, parezca estar diseñada para hacer burla de los excesos autoritarios del estado centroamericano moderno, no es difícil comprobar que muchas de esas disposiciones reflejan códigos vigentes durante el siglo XIX y parte del XX en algunos países, o por lo menos sugieren la forma en que las oligarquías locales y la élite gubernamental parecían entender cuál era el dominio y extensión de su poder. En este sentido, propongo clasificar y analizar brevemente algunos de los artículos de esta ley para rastrear las normas que buscan reubicar, dirigir y controlar a los ciudadanos en atención a su corporalidad.

Cuerpos ubicados: clase, género y violencia en el control social autoritario

Como ya había anunciado en la introducción de este estudio, entiendo como corporalidad hegemónica al conjunto de normativas impuestas por el estado que buscan controlar, dirigir o prescribir la ubicación, circulación, productividad, docilidad o castigo del cuerpo además de regular, prohibir o fomentar la educación, los placeres, el cuidado y la salud corporal. Desde esta perspectiva, los dieciséis parágrafos de la "Suprema Ley" nos dan variados y numerosos indicios para esclarecer cómo se concebía y se pretendía controlar y disciplinar la corporalidad heterogénea y compleja de las sociedades centroamericanas desde mediados del siglo XIX al XX. Según mi observación estos artículos establecen no solo una norma sino un campo ideológico y disciplinario para a) justificar la inclusión y jerarquización de los ciudadanos, b) para la ubicación y circulación de la población, c) para su educación e inserción en el trabajo, d) la formación de soldados, e) para regular el placer sexual y para f) legitimar la tortura y la brutalidad de los castigos

La ficción del Estado y el Estado como ficción

contra el crimen o la indisciplina. En las próximas páginas voy a comentar solamente algunos de los aspectos más represivos y denigrantes para el individuo desplegados en esta ley ficticia. Como lo ha señalado Henighan en sus comentarios a *De tropeles y tropelías*, uno de los aspectos más ofensivos y reveladores de la "Suprema Ley" es el clasismo y el racismo que refleja y que revela ciertas tendencias y prescripciones realmente existentes dentro de la sociedad centroamericana del siglo XIX (Henighan 170). Dice el parágrafo VII que originalmente debería hablar "Del respeto a los ancianos, de días feriados y otros" en su Artículo 69:

> Queda prohibida la entrada al territorio del país de extranjeros que por su aspecto, lengua o costumbres, vengan a ser de cualesquiera de estas siguientes razas: chinos, judíos, sirios, turcos, cirenaicos, georgianos, chipriotas, griegos, caucásicos, mongólicos, libaneses, golcondeses, siameses, nipones, calcutenses, egipciacos, arábigos, saharaneses, negros, australes, negros boreales, negros cimarrones, negros de Jamaica o caribises, bielorrusos, zíngaros y todas las clases de gitanos, húngaros, mediterráneos, del Bósforo y otros; beduinos, comunistas y cualquiera otra división de las razas amarilla o negra. (Ramírez, *Cuentos* 140)

Lo primero que salta a la vista es la arbitrariedad y pretendida exhaustividad de la lista de excluidos que en realidad parece una letanía de actitudes xenofóbicas mezclada con ciertas aversiones ideológicas, religiosas y racistas. Tal parece que en el fervor fanático católico de la república de S.E. la presencia perturbadora de grupos de otras religiones y visiones del mundo se confunde con la raza. Esto explica la exclusión de los comunistas y por su religión no-católica o "exótica" a chinos, nipones y mongólicos, judíos y musulmanes, estos últimos incluyendo a un buen número de nacionalidades y gentilicios de Asia Menor y Medio Oriente (sirios, turcos, libaneses, arábigos). Arbitrariamente se incluyen nacionalidades que parecen reales, pero son citadas de manera arcaica o imprecisa "egipcíacos," "saharaneses," y "siameses" o de reinos desaparecidas "golcondeses," "cirenaicos."[9] Esto sin citar a la más egregia y reiterada de las exclusiones: los negros "australes," "boreales," "cimarrones," "de Jamaica" y "caribises" (otra imprecisión deliberada). El otro grupo citado en su variedad geográfica es el del pueblo roma, mal llamados gitanos o zíngaros, que podían venir del Mediterráneo, el Bósforo o Europa central.

Capítulo tres

La exclusión de algunos de estos grupos no se limita solo a negarles la entrada al territorio puesto que los judíos y los comunistas "que en vida sustentaron ideas exóticas," tampoco podrán ser enterrados en los cementerios que son "tierra sagrada" y de los que además se excluye a los protestantes, ateos, a los suicidas, a los sacerdotes amancebados y a los que "por fortuna sellaron pacto con el diablo" (148).

No obstante, la ley incluye contradicciones interesantes, que a mi parecer se derivan de la mezcla de disposiciones de tiempos coloniales y las nuevas del período nacional post-independencia. Si bien, las clasificaciones de los "negros" excluidos de entrar al territorio (australes, boreales, etc.) parecen extraídas del lenguaje de la venta de esclavos y de las clasificaciones geográficas y genealógicas de la colonia, en el artículo 120, en el parágrafo sobre "XIII. Los medios de justa confesión" se reitera la prohibición de "la trata de esclavos o cualquier otro comercio con seres humanos" (147). Esto proyecta al código legal de su origen colonial y esclavista a un incipiente o torcido liberalismo decimonónico que, si bien parece limitadamente libertario, pues rechaza la esclavitud, también es fanáticamente católico e intolerante de otras religiones a la manera del más rancio conservadurismo de esa centuria. En todo caso, la exclusión absoluta de algunos grupos étnicos y raciales completos parece imposible de implantar por su franca contradicción con la historia y la realidad geopolítica de América Central.

En el caso específico de Nicaragua, Costa Rica, Honduras y Guatemala, existe una población numerosa de ciudadanos de origen afrocaribeño como resultado del intenso intercambio entre la Costa Atlántica de Centroamérica, las islas del Caribe y las rutas Transatlánticas que llevan al África. Esto haría prácticamente imposible la limitación a la circulación de la población afrocaribeña. Sin embargo, lo que esta intolerante e inaplicable ley de "extranjería" podría hacer, es dar pie a la discriminación legal de la población afrocentroamericana al considerarlos "forasteros" o como ciudadanos de segunda clase bajo sospecha constante de ser ilegales y de carecer de protección bajo el marco jurídico vigente.

En su obra *Tambor Olvidado* (2008), Ramírez estudia la importancia y amplia distribución de la raíz africana en la cultura y etnicidad de toda Nicaragua y explica como en cierta forma este deseo de exclusión se refleja en el hecho fehaciente de que la cultura nicaragüense contemporánea trata de limitar, enmascarar, o hacer desaparecer, la profunda influencia africana en algunas de sus prácticas, al mismo tiempo que la población del Pacífico niega tener ancestros africanos y convenientemente, solo reconoce las raíces europeas e indígenas.[10]

Como se ve en otros artículos de la Suprema Ley, las limitaciones para entrar al territorio de amplios grupos humanos son el complemento externo de otras clasificaciones y exclusiones que implican la rigidez forzada en la división de clases, etnicidad y religión a nivel interno. Según las disposiciones sobre "X. Los juegos de azar, boticas y clases sociales" en la Suprema Ley, para ser boticario "se necesita ser blanco, hijo legítimo y jurar la defensa del dogma de la pureza de la Virgen María" además de que está prácticamente prohibido que personas "de campo o de barrio" puedan usar calzado o cualquier tipo de vestimenta de distinción (bastones, leontina, mancuernas, pañuelos de seda, etc.) del que usa la "gente central." Al que se atreviera a tal desacato la autoridad le obligará a "volver a su estado anterior de andar descalza" (Ramírez, *Cuentos* 144).

El espacio social está igualmente reglamentado para las clases sociales puesto que los domingos y días de fiesta durante las tardeadas y conciertos populares, la autoridad debe mantener dos perímetros para los oyentes, uno para aquellos que son "personas honorables" y a una distancia "no menor de diez varas" custodiada por soldados, podrá estar "la gente popular" (Ramírez, *Cuentos* 140). Es más, con la idea de mantener a cada cual "en su lugar" en las disposiciones acerca "I. De la propiedad privada, su conservación, defensa y otros," toda persona que circule por áreas done vive la gente honorable "en horas del día o de la noche" y que no aparente ser "honorable y decente" o sea de "baja condición," podía ser aprendida por la policía "bajo presunción grave de robo" (Ramírez, *Cuentos* 132).

Las motivaciones para ubicar a la gente y reglamentar su circulación no se limitan a mantener la distancia de clase, sino que buscan dar basamento legal y jurídico expreso a un orden económico específico: el capitalismo agroexportador bajo un esquema de colonialismo interno sobre la población indígena y afrocentroamericana. En este sentido, la Suprema Ley hace eco de los preceptos legales que impusieron el modelo monoexportador del cultivo del café a finales del siglo XIX, y después del desplome internacional

Capítulo tres

del mercado de este estimulante, a partir de los años treinta del siglo XX, la implantación indiscriminada y agresiva del cultivo de la caña de azúcar y el algodón:

> Art. 8.
> Todo dueño de finca en el campo, cuya propiedad pasare de una caballería de extensión, tendrá derecho a auxiliarse de la autoridad de policía para reclutar la mano de obra que considere indispensable para sus labores de labranza y recolección de frutos [...] todo con objeto de beneficiar a la tierra y a quien la hace producir.

> Art. 9
> Toda persona que de cualquier grado se negare a ser reclutada para las labores mencionadas o pusiere maña en excusarse, podrá ser hecha prisionera y debidamente asegurada [...] el hechor será obligado al trabajo de nueve fajinas semanales sin recibir jornal. (Ramírez, *Cuentos* 133)

No solamente se daba carta blanca a la clase terrateniente para el reclutamiento forzado de jornaleros sino que también se autorizaba a la policía a perseguir y detener a cualquiera que no tuviera "boleta de ocupación" o fuera señalado como "desarraigado" o en estado de vagancia, a la par que se permitía la destrucción de chozas o ranchos dispersos en los que vivían aquellos grupos que habían abandonado sus lugares de origen y estaban condenados a ser reducidos "sus moradores a poblado" (Ramírez, *Cuentos* 134). Todavía más, de manera por demás hipócrita, contraviniendo la idea del capitalismo temprano y el principio liberal de "libre tránsito," la movilidad de los trabajadores estaba severamente restringida ya que ningún habitante (pobre) de villa o población menor "podrá movilizarse por ningún concepto, mientras no reciba autorización telegráfica [del Señor Presidente de la República] para tal efecto" (142).

En general estas reglas de inmovilismo y represión buscan legitimar costumbres económicas de franca violencia y explotación en contra de la masa campesina y trabajadora. En otros apartados de la ley, lo que se busca es evitar la movilización política puesto que "El hecho de la pobreza no concede derecho a exigencias de caridad ni a reclamos impertinentes" y cualquier intento de "alteración del orden público" con relación a estas situaciones de congregación contra la injusticia y desigualdad "será sofocado conforme a la

La ficción del Estado y el Estado como ficción

ley" (143). En el parágrafo sobre "XII. Ser soldado de la patria" el Artículo 105 declara que "Los problemas de origen o carácter social y económico quedan abolidos en el territorio del país y cualquier pretensión en contrario equivale a subversión" (145). Esta disposición intenta deslegitimar cualquier protesta civil o movilización por parte de agrupaciones populares, de trabajadores, o caudillos castrenses que pudieran protestar o alegar que se levantan en contra de males públicos que simplemente "no existen."

El conjunto de las disposiciones anteriores parece dirigido a ubicar, controlar el movimiento y concentración de los individuos, atendiendo a principios elementales de la biopolítica: dónde y bajo qué condiciones se "hace vivir" a la población. Pero la Suprema Ley también incluye amplias "regulaciones" para el disciplinamiento y el castigo de los cuerpos. Según afirma Foucault, se entiende que el cuerpo de los "súbditos" es un cuerpo fragmentado y el suplicio no hace sino subrayar esa condición del cuerpo dividido en el que se reinscribe el poder superior del soberano (Foucault, *Vigilar* 53; Castro 85). Así en la Suprema Ley, como código más cercano a la justicia mesopotámica y al Antiguo Testamento que al Código Napoleónico, el castigo para el hurto si el malhechor huye será que "se le cercenará sin previo trámite, al ser capturado, toda la mano derecha desde la altura de la muñeca" y si no intenta huir "perderá sólo los cinco dedos de la mano izquierda" (Ramírez, *Cuentos* 132). Como salvedad ante este castigo brutal, la "Suprema Ley" de S.E. en un supuesto gesto de magnanimidad, dispone que a los cercenados por robo en el caso anterior se les lleve a "la Casa de Salud más cercana" para su debida curación. Sin embargo, para el robo a casa habitación a "personas honorables" y para el "robo en despoblado" ya sea de manera individual o en cuadrillas, no existen miramientos ni clemencia puesto que se prescribe el "ultimar al malhechor" de manera inmediata o la persecución "hasta su exterminio" (Ramírez, *Cuentos* 133).

La mayor prueba de la brutalidad represiva y autoritaria en el gobierno de S.E. está reservada a la sección que legitima y prescribe la tortura para la obtención de confesiones. El parágrafo "XIII. De los medios de justa confesión" contiene trece artículos que detallan con minuciosidad las técnicas de extracción de confesiones cuyo uso está reservado para "obtener la confesión de los reos políticos cuando estos se hagan remisos a prestarla" (145). Los primeros diez artículos detallan de manera gradual los procedimientos con los que poco a poco se denigra y desprotege al individuo en un ritual de reducción y anulación de la personalidad y la seguridad. El interrogado debe estar siempre desnudo para luego bañarlo con salmuera y hacer que las torturas y sevicias sean más dolorosas y efectivas. De nuevo, la salvedad jurídica de toque "compasivo" y la falsa piedad del código en realidad no hace sino revelar su raigambre inquisitorial, al permitir que el reo que no quiera confesar y vaya a ser sometido a tortura pueda contar si lo pide, con que "se hará presente un sacerdote, para su alivio moral y espiritual" (Ramírez, *Cuentos* 145). Los artículos 112 y 113 detallan la prescripción gradual de castigos corporales que deben aplicarse siempre en las áreas del cuerpo teniendo como límite "lo que sería un cuerpo vestido," esto con la intención de que como sucedía con frecuencia, al presentar a los acusados ante la prensa o ante los organismos internacionales de derechos humanos, no pudieran alegar que tenían marcas físicas con señales de que habían sido torturados.

La progresión de castigos va de la aplicación de corriente eléctrica "no superior a 500 watts," "exposición a luces incandescentes," "golpes maestros" en las áreas ya indicadas con instrumentos como "puño desnudo, cachiporra, culata, varejón, reata, o leño común." Si estos métodos no funcionan para arrancar la información del conspirador, se puede proceder a colgar de los pies al reo y sumergirlo de cabeza en agua a una profundidad "no mayor de seis varas" por períodos de tiempo con los límites fijados "según el manual de Fisiología Respiratoria" de Ribert. Del ahogamiento simulado se podía pasar a la aplicación de pinzas y agujas hipodérmicas o escalpelos en los testículos, los golpes "uniformes y repetidos" en ambos oídos, lavativas de agua de sal, aplicación de "la percha o trapecio, o ambos" (Ramírez, *Cuentos* 146). En caso de que estos métodos no fueran suficientes, el Artículo 113 presentaba procedimientos más extremos con daño físico mayor. De acuerdo con esto, se podía proceder de manera discrecional al: descoyuntamiento, castración, extracción de dientes, vaciamiento de uno de los ojos, amputación de la lengua, inutilización de extremidades, ruptura de tímpano, sofoco con capucha con cal viva y finalmente, cercanía con animales feroces, procedimiento sujeto de comentario y glosa en la fábula "Del proceso del león" en la primera parte del libro que ya hemos comentado en el Capítulo II. Además de estas brutales disposiciones, de manera extraordinaria y solo bajo autorización expresa del

La ficción del Estado y el Estado como ficción

Señor Presidente de la República, puede raparse al reo, exponerlo desnudo a la vista de otros, utilizar a su madre o esposa en actos sexuales con terceros, utilizar la vista de sus tiernos hijos, penetrarlo o hacer mofa de él (Ramírez, *Cuentos* 146).

Llama la atención el hecho de que estos protocolos de tortura no sean permitidos para crímenes de otro tipo sino exclusivamente para aquellas ofensas que impliquen el poner en peligro el régimen político de S.E. Aun así, la implacable venganza del régimen no implica su "total impiedad" puesto que como señala el Artículo 117 "el ejecutor material de una confesión y el intelectual que lo dirija cuidarán siempre de aliviar en lo posible al reo, una vez terminado el procedimiento." Además de que la ira presidencial tiene límites ya que "las mujeres y los niños no pueden ser objeto de los procedimientos enumerados" y como dice el Artículo 119, se prohíben penas infamantes para los delitos comunes como barrer las calles a la vista del público o limpiar letrinas (Ramírez, *Cuentos* 147).

Algunas de estas disposiciones de tortura fueron moneda corriente entre las dictaduras militares de los años treinta en Centroamérica y continúan en la era de los Somoza, aunque otras técnicas se hacen más sofisticadas. Por ejemplo, se agrega de manera regular, la práctica de dejar al detenido desnudo en una habitación con el aire acondicionado a la máxima potencia, para bajar la temperatura y provocar que el reo se resfriara. Esto para quebrantar la voluntad del acusado y facilitar las labores del interrogador. Estas prácticas serán representadas de manera indirecta en el cuento "El *centerfielder*," que será objeto de análisis en el Capítulo V.

El carácter fálico, masculinista y represivamente heteronormativo de la sociedad centroamericana queda también "legalizado" en este código. El parágrafo II dedicado al "Tráfico carnal, de la defensa de la moral y de la integridad de la familia" es un catálogo de justificaciones del machismo, la homofobia, la simulación y la doble moral a favor del deseo masculino (Ramírez, *Cuentos* 134–36). En general, la mujer es considerada bajo la dicotomía de la "virgen" y la "prostituta" y de manera hipócrita se "prohíbe" la prostitución, aunque se tolera la existencia de prostíbulos ya que los hombres viudos pueden portar "permiso" para visitarlos. Por prescripción legal, la mujer soltera que tenga sexo con hombre de su misma condición deberá casarse y la decisión deberá ser tomada por padre, hermano o tutor (Art 20). De manera expresa se especifica y prohíben los tocamientos entre niños y púberes y estas acciones deben ser castigadas por padres o preceptores en presencia de la autoridad (Art 23). La masturbación se considera ofensa a la "moral pública" (Art 27). Siguiendo los preceptos del Antiguo Testamento, la mujer adúltera debe ser lapidada y el hechor "puesto a disposición del marido ofendido" (Art 30). Por su parte al hombre adúltero que sea descubierto por parientes o por la mujer, será reconvenido para abandonar a la amante bajo apercibimiento de ley, y si el que comete la falta es empleado público y desobedece esta indicación, perderá su empleo (Art. 37). En este mismo parágrafo, para salpicar de gimnasia simbólica y ludismo tan estricta e hipócrita ley, también se regulan las peleas de gallos (Art 18), las funciones de cine y teatro (Art. 26 y 31) y se prohíbe la presencia de mirones en fiestas privadas (Art 22). Estas disposiciones nos confirman que la vida privada de los ciudadanos bajo el panoptismo militar o autoritario, está indefectiblemente bajo el escrutinio gubernamental, o más bien, es dominada hasta en sus mínimos detalles por el poder público. Por ende, su regulación conjunta con las actividades de esparcimiento no hace sino sancionar fenómenos que por acción de la ley, pertenecen a la misma esfera de la vida social: el espectáculo de lo cotidiano controlado minuciosamente por la autoridad.

Sin embargo, los artículos de represión y discriminación sexual más egregios son aquellos que tipifican y sancionan con "alegre" humillación pública la homosexualidad:

> Art. 24
> Los que por pesquisa de la autoridad o denuncia de particulares, fueren probados de ayuntamiento carnal perteneciendo ambos al sexo masculino, serán conducidos al cabildo y en acto público, desnudados y cubiertos de negrumo sus cuerpos, de óleo de cerdo sus cabezas previamente rapadas y así paseados en alegre algarabía por calles y plazas con música festiva y cohetes y otros juegos de pólvora, no importando quien fuere entrambos el hechor activo o pasivo.
>
> Art. 25
> Si el comercio denunciado fuese de mujer a mujer, se les reprenderá en privado. (Ramírez, *Cuentos* 135)

La ficción del Estado y el Estado como ficción

La idea de una regulación estricta de la sexualidad de los ciudadanos constituye una exageración, pero en realidad no hace sino revelar el grado de penetración en la esfera privada a la que el estado ficticio de las fábulas y en ocasiones el estado histórico centroamericano había llegado dentro de su tiranía. La homofobia en la sociedad nicaragüenses será tratada en mayor detalle en el cuento de Ramírez "El asedio," incluido en la colección *Charles Atlas también muere*, donde una pareja de homosexuales maduros será acosada por el populacho en busca de aplicar las vejaciones detalladas en el Artículo 24 de la "Suprema Ley" (Ramírez, *Cuentos* 100–05). Por desgracia, muchos de estos prejuicios legalizados persistirían por décadas en la sociedad. Ni las transformaciones revolucionarias, ni la democracia neoliberal lograrán cambiar este rasgo opresivo de la sexualidad nicaragüense, ya que la homofobia será parte del discurso policial de los detectives Morales y Dixon en la novela de Ramírez *El cielo llora por mí* (2008), como comentaré en el séptimo y último capítulo.

Por otro lado, como indicábamos al principio, si la distancia entre la letra de la ley y su práctica parecía insalvable en regímenes autoritarios, la "Suprema Ley" en *De tropeles y tropelías* ha resuelto, de forma bufa y por reducción al absurdo, dicha discrepancia. Si la realidad social con toda su brutalidad y falta de equidad entre las clases y las categorías étnicas, parecía contradecir el espíritu de un ordenamiento jurídico liberal moderno, base del estado decimonónico, el movimiento "lógico" es transformar en leyes formales las prácticas injustas. Es el caso típico en el que el uso de la costumbre, un derecho de gentes pervertido y brutal, define la estructura legal y no la norma jurídica humanista, derivada de los códigos romanos, napoleónicos y españoles, fuentes frecuentes del derecho en América Latina.

En muchos casos, el exceso, el descaro de las regulaciones definitivamente mueven a risa, pero la risa se congela cuando se llega a comprobar que en el siglo XIX, la transformación del agro nicaragüense y guatemalteco que de ser un sector dedicado a la producción para el consumo local fue convertido a la producción para la exportación de café y banano primero y luego de algodón y caña de azúcar, se realizó con reglamentos, usos y costumbres que no se apartan en nada del "espíritu" de esta ley espuria. Las regulaciones para combatir la "vagancia" estaban destinadas a compulsar a la fuerza la mano de obra barata requerida por finqueros y cafetaleros nacionales y extranjeros.

El referente histórico para Nicaragua está claramente afincado en la evolución caótica de la ley en los siglos XIX y principios del XX. Bajo la tutela del período conservador existe un cuerpo de leyes (1859–1893), ya de por sí con dejos de incongruencia, contando con medidas represivas y de control sobre la población más desfavorecida. Al regreso de los liberales (1893–1909) las reformas fueron profundas, pero también definitivamente contradictorias. Este reformismo sucesivo y continuado conducía a un barroquismo legal absurdo (cf. Charlip 148). Sin embargo, es claro que al estado patrimonialista de los años treinta en adelante, le conviene esta confusión legal y hace que el sistema adquiera cierta flexibilidad para favorecer aún más los intereses, deseos y pulsiones del dictador, su familia y sus incondicionales.

El efecto lúdico al inventar, o más bien "compilar" en base a códigos en desuso, esta "Suprema Ley" calificada por Ramírez en *Oficios compartidos* como artificio de "divertimento," parece una consecuencia lógica del domino del discurso legal que tiene el autor en su práctica como licenciado en derecho que es.[11] Estamos ante la concretización textual de la práctica simultánea de los dos discursos que muchas veces debía dominar el intelectual latinoamericano de los siglos XIX y XX, como habíamos señalado en el Capítulo I. Así, la dicotomía del discurso político-jurídico y del discurso literario se resuelve de manera creativa y lúdica, al imaginar un cuerpo de leyes y una nación ficticias que se construyen alrededor de la parodia de la nación desplegada en las fábulas de Ramírez.

En otros parágrafos de la "Suprema Ley" los artículos contribuyen a justificar lo que en las fábulas parece paródico y burlesco. Así, con una ley de mentiras, pero que los confirma como legalmente posibles, los hechos narrados en las fábulas, de manera autorreferencial adquieren una dimensión simbólica superior, convirtiéndose en un sistema de significados repetidos que magnifican el efecto de su crítica al substrato social que los inspira. Es decir, ya no se trata de una descripción distópica fragmentada sino de un universo cuyos parámetros legales terminan por construir un espacio social con leyes propias y niveles de desigualdad e injusticia profundos pero sancionados por las normas. La simulación del relato revela y denuncia el simulacro del estado.

La ficción del Estado y el Estado como ficción

En el próximo capítulo profundizaré en la indagación sobre la microfísica del poder presente en las fábulas de Ramírez para acceder al nivel más básico de la corporalidad hegemónica ya dibujada en la "Suprema Ley." Prestaré especial atención a aquellos aspectos en los que el régimen autoritario marca la vida institucional de la nación: la dominación y control de los cuerpos y las aspiraciones de sus habitantes.

Capítulo cuatro

Fábula del poder: Denuncia y complicidad con las estructuras del Estado

A primera vista lo que sorprende en el discurso en *De tropeles y tropelías* es su malabarismo y constante ejercicio lúdico con los registros del lenguaje. Como he señalado, existe un léxico, unas estructuras discursivas y una profusa intertextualidad que apuntan en diversas direcciones al mismo tiempo y que alimentan la agudeza de la ironía, lo cruel del sarcasmo, lo insolente de su exageración. En este capítulo de cierre de la primera parte me referiré al uso imaginario y burlesco que las fábulas hacen del "sueño" de los pobladores y del tirano y cómo la actividad onírica se transforma en "tecnologías del yo" que pueden ser usadas para controlar la ciudad y a los ciudadanos. En la parte final hablaré de la degradación grotesca del soberano y del poder, como la última y más importante operación simbólica propuesta por el lenguaje lúdico y desmitificador de estas fábulas.

En los capítulos anteriores he hecho referencia a los diversos grupos semánticos que viniendo de otros campos del arte y el saber convergen en los textos de Sergio Ramírez. A nivel político hablábamos de una constante metafórica y de léxico para indicar referencias feudales y un imaginario medieval en las peripecias de las fábulas. Por otra parte, dentro de este mismo registro de lo político, se reconocía la referencia a una división de poderes y una estructura de estado liberal moderno. Además, indicamos cómo algunos registros y estructuras connotan la presencia y mofa del discurso periodístico manierista derivado del Modernismo, que era el campo de referencia del período somocista y de algunas de las dictaduras centroamericanas. Existe, por otro lado, un uso simulado del lenguaje legal y la segunda parte de la obra incluso adquiere la forma misma de un código de leyes con su división en parágrafos y artículos.

Capítulo cuatro

En una obra como *De tropeles y tropelías* en la que importan tanto su funcionalidad literaria a largo plazo, como su intencionalidad política inmediata, me parece indispensable entender no solo la formación discursiva en la que aparece la obra, sino que el texto mismo, por su temática, por su lenguaje, nos remite a la investigación político-ideológica de su propuesta (cf. Jameson, *Political* 49). Este análisis simultáneo del discurso político como discurso literario es pertinente, como ya dije, para analizar otras obras en Nicaragua como en el caso de Cardenal y Mejía Sánchez, ya ciados en el capítulo anterior, así como en otros autores centroamericanos. Tal vez el caso más relevante sea la obra del poeta, teórico, activista y guerrillero salvadoreño Roque Dalton que por el uso preferente de procedimientos de intertextualidad con el discurso político debe tomarse en cuenta aquí.

En obras como *Las historias prohibidas de Pulgarcito* (1974) y *Pobrecito poeta que era yo* (1982), Dalton hace acopio de una capacidad de parodia y sátira sobre la historia y la política de El Salvador que podrían compararse a los juegos críticos de *De tropeles y tropelías* (1972). Aunque publicado dos años después que las fábulas de Ramírez, *Las historias prohibidas de Pulgarcito* (1974), recoge fragmentos de documentos históricos, notas periodísticas y manuales de policía que al presentarlos juntos y confrontarlos con breves composiciones de lírica popular llamadas "bombas," se revela la incongruencia, la saña clasista, el talante expoliador y racista del lenguaje y la ideología de la burguesía y la clase hegemónica del largo siglo XIX y del violento siglo XX en El Salvador y Centroamérica.

En contraste con la intervención directa de Ramírez al rescribir y parodiar las anécdotas, el discurso electoral y los artículos legales, Dalton escoge un procedimiento más indirecto, pero también insidiosamente lúdico. Son los títulos y la sucesión de textos incorporados directamente los que alimentan la ironía y el humor que se quiere evocar en el lector. Por ejemplo, a la nota periodística que asienta la represión violenta de una carroza burlesca organizada por estudiantes que molestó al Director de Policía bajo el régimen del Presidente Menéndez (1885–1890) y que muestra la intolerancia del gobierno hacia el humor popular, Dalton la titula simplemente "Festejos" (Dalton 60). Por contraste, la siguiente entrada en *Las historias prohibidas de Pulgarcito* es la transcripción completa de la "Sección Primera" del reglamento de policía de 1888 en el que se asientan las reglas para el control de la prostitu-

Denuncia y complicidad con las estructuras del Estado

ción. A este conjunto de regulaciones que en nombre de la moral y la salud pública convierten en objeto de manipulación policial a las trabajadoras sexuales, Dalton le da el contradictorio título de "No hieras a una mujer ni con el pétalo de una rosa (1888)" (Dalton 61–64). Es el título el que conecta a estos dos fragmentos discursivos tan distintos "Festejos" y "No hieras," ambos con una relación irónica hacia el texto al que encabezan y que, de no ser por la intención paródica del autor implícito, no deberían presentarse en la sucesión de textos uno después del otro.

La frase que da título al reglamento policial también evoca, de manera indirecta, la galantería y la proclividad a las referencias sexuales y la contradictoria noción de pecado en el Modernismo. Por si quedara duda de la intención satírica y de crítica social de la primera parte de "No hieras," la sección II de esta misma entrada se anuncia como: "Homenaje al *Nom de Guerre* (1958)," elegante apología con título en francés para asentar la lista de una centena de apodos impuestos a las "hetairas" de aquellos años. Motes irónicos y ofensivos, plenos de misogina, que van de la falsa elegancia afrancesada en "la Quasimoda" y "la Grapette," al latinajo ruin de seminaristas libidinosos "la Refugium Pecatorum" y "la Consolatrix Aflictorum," pasando por lo burlesco cinematográfico en "la Charles Laughton" y "la King Kong," para aterrizar en lo grotesco popular en "la Pedo de Monja" y "la Caca de Chucho" (Dalton 64). El siguiente texto, la "bomba" que cierra esta sección, resulta ser un irónico y elegante recordatorio del desgaste moral y físico de la trabajadora sexual:

> Vos sos como la baraja
> de todos apetecida:
> por andar de mano en mano
> te tienen tan percudida. (Dalton 65)

El cuarteto en bien medidos versos octasílabos graves nos recuerda a las décimas y versos populares que acompañados de música sirven para confrontar grupos musicales con composiciones llamadas "bombas" y jaranas que son frecuentes en Yucatán y Veracruz en México, en Centroamérica, en Cuba, Colombia y otros países del Caribe.

Con procedimientos similares al anterior, la obra de Dalton mezcla y confronta fragmentos de documentos históricos como las cartas del conquistador Pedro de Alvarado (1–10), informes an-

Capítulo cuatro

ticomunistas del ejército salvadoreño (10–11, 66, 114–19, 185), semblanzas biográficas y textos de poetas y políticos centroamericanos de los siglos XIX y XX (22, 51, 56, 87, 156), con poemas en náhuatl (26) y las notas periodísticas y reglamentos de policía (61, 80, 119) para subvertir los discursos del poder vigentes en los gobiernos de El Salvador, Guatemala y otros países de Centroamérica. Este uso lúdico de la contraposición de géneros discursivos para exhibir su carácter represivo, para burlarse con ironía de su incongruencia y contribuir a su degradación, son estrategias comunes en la obra de Sergio Ramírez y la de Roque Dalton. En ambos casos, en su búsqueda por denunciar el autoritarismo centroamericano, escogen el humor y la parodia con fines no solo literarios sino también políticos. En mi opinión, las obras de estos autores alcanzan la doble calidad que Walter Benjamin señalaba que debería existir en una literatura que se preciara de ser verdaderamente revolucionaria: efectividad ideológica y efectividad estética (Benjamin 221).

Tanto en Ramírez como en Dalton, la presencia de una heteroglosia que apunta a distintos géneros discursivos de registro culto y popular mezclados con registros históricos, gubernamentales y legales, en círculos que se expanden hacia la literatura y otras áreas del lenguaje, son de vital importancia para entender su intervención en el entramado político de la época de las dictaduras y en la confrontación de discursos literarios que caracteriza a la Guerra Fría Cultural en la que los dos escritores centroamericanos se ven envueltos. Por esta razón y volviendo al análisis de la obra de Ramírez, lo que me interesa ahora es señalar algunos aspectos ideológicos que, a pesar de parecer limitados a la coyuntura política de ese tiempo, en realidad se han vuelto permanentes en el sentido de apuntar hacia hechos que todavía se siguen repitiendo en la estructura del estado capitalista posnacional y en la consciencia contemporánea, llámesela posmoderna o como se quiera. Así, en las siguientes páginas se analizarán algunos aspectos fundamentales de la expresión del poder del Estado en el cuerpo y la consciencia de los ciudadanos. A partir del concepto foucaultiano de "tecnologías del yo" intento señalar cómo el texto busca echar luz sobre lo que las formas del poder contemporáneo pueden hacer simbólicamente a nivel del sueño y del cuerpo en diferentes instancias. En la parte final del capítulo siguiendo a Bajtín, se analiza la presencia del discurso de lo grotesco como base para la denigración del poder y los poderosos en *De tropeles y tropelías*.

"De las propiedades del sueño" o de la tecnología de lo onírico

La colección de fábulas en su versión aumentada, dieciocho en la edición de 1981 en vez de las doce iniciales de 1972, se abre y se cierra con casos y anécdotas relacionadas con la capacidad de soñar. En ambas fábulas "De las propiedades del sueño I" y "De las propiedades del sueño II" el núcleo narrativo común es la materialización de los sueños. En el primero, como ya vimos en el capítulo anterior, el sujeto "soñante" está constituido por "el pueblo" y "la oposición"; en el segundo, el que sueña es "S.E.," el tirano. Si aceptamos la premisa freudiana básica de que la actividad del sueño se deriva, en muchos casos, de una situación de frustración ante una necesidad o pulsión no satisfecha, en el primer relato podemos inferir que se habla de un anhelo reprimido de libertad, un deseo de justicia o de venganza contra la autoridad abusiva del padre (cf. Freud, *On Dreams* 59). Por el contrario, en el segundo relato, S.E. sueña con el esplendor material, con la "modernización" de su país, previa destrucción completa y vía un control absoluto del proceso de reconstrucción. Esto puede interpretarse como el momento en el que el deseo carnal se entrega temporalmente al deseo de muerte (pulsión tanática) para luego ser restaurado en un proceso de tensión libidinal (cf. Freud, *Más allá* 42). Como en los cuentos de hadas, el sueño de S.E. se concede. En cambio, como en los cuentos de las *Mil y una noches*, con "efrits" crueles, el sueño del pueblo es imposible. ¿Qué marco simbólico quiere establecerse con este alfa y omega en la obra? ¿por qué se escoge la cristalización de los sueños del poderoso y la frustración del de los desposeídos? En todo caso, ¿qué es lo que simbólicamente se le pide al lector que observe en estos sueños?

En sus estudios sobre la arqueología del saber y su relación con las instituciones sociales, Foucault define cuatro formas en las que los seres humanos desarrollan conocimientos sobre sí mismos. Estas "tecnologías" o "matrices de la razón práctica" están divididas como sigue: 1) tecnologías de la producción, 2) tecnologías de los sistemas de significados, 3) tecnologías del poder y 4) tecnologías del yo. Esta última clasificación permite a los individuos:

> [E]fectuar, por cuenta propia o con ayuda de otros, cierto número de operaciones sobre su cuerpo y su alma, pensamientos, conducta, o cualquier forma de ser, obteniendo así una

Capítulo cuatro

transformación de sí mismos con el fin de alcanzar cierto estado de felicidad, pureza, sabiduría o inmortalidad. (Foucault, *Tecnologías* 48)

De acuerdo con lo anterior, al tratarse de un aspecto de la vida psíquica individual, el intento de "controlar" los sueños puede ser considerado como una tecnología del yo. En las dos fábulas a las que me refiero, las que abren y cierran la colección, existe una manipulación de la capacidad de soñar. Un dominio de la voluntad que supuestamente puede controlar los efectos de esa capacidad y convertirlos en hechos concretos, ya sea como armas, ya sea como fuerzas naturales desatadas. Sin embargo, esta tecnología de los sueños parece discrepar por completo de lo que Freud llama el "dream work" o trabajo del sueño (Freud, *On Dreams* 48). Considerando esta contradicción, voy a comparar el fin utilitario dado a los sueños como procedimiento particular de oposición al poder, contra el marco teórico de algunos métodos de "adivinación" que el texto mismo nos llama a considerar.

El manejo del archivo y el manejo del sueño

Como ya se había indicado en el Capítulo II, el proceso narrativo en *De tropeles y tropelías* involucra la síntesis y convergencia de varios discursos de manera simultánea. Este manejo heteroglósico de los registros ha sido ampliamente estudiado por M. Bajtín y no interesa, por el momento, hacer un recuento más de la verificación de esos principios en los textos de Ramírez (Bakhtin, *Dialogic* 272). Por otra parte, el hecho mismo de que se trata de la narración de sueños me lleva a indagar en los discursos heteroglósicos que se involucran en la construcción de la situación onírica.

Existen dos ángulos de aproximación a la tecnología del sueño indicados en las narraciones de encuadre de la colección. En primer lugar, las citas textuales que se hacen de la filosofía medieval y sus conceptos sobre lo onírico en "De las propiedades del sueño I." La otra opción es el empleo de la hermenéutica psicoanalítica para la lectura de los sueños como fenómenos integrales de la vida psíquica de todos los individuos. En este caso particular, me referiré a los procedimientos y teorías utilizados no solo por Freud sino por Jung también. Por supuesto, esta combinación (Jung + Freud) les parecerá más bien herética a los iniciados, pero ya habrá tiempo de justificar el eclecticismo que esto conlleva.

Denuncia y complicidad con las estructuras del Estado

En "De las propiedades del sueño I," en el primero y segundo párrafos se presenta la "hipótesis de trabajo" para organizar un acto de rebelión en contra del férreo manejo político de S.E.:

> Sinesio de Cirene, en el siglo XIV, sostenía en su *Tratado sobre los sueños* que si un determinado número de personas soñaba al mismo tiempo un hecho igual, éste podía ser llevado a la realidad: "entreguémonos todos entonces, hombres y mujeres, jóvenes y viejos, ricos y pobres, ciudadanos y magistrados, habitantes de la ciudad y del campo, artesanos y oradores a soñar nuestros deseos." La misma teoría fue afirmada por los judíos aristotélicos de los siglos XII y XIII (o Sinesio la tomó de ellos) y Maimónides, el más grande, logró probarlo (Según Guttmann en *Die Philosophie des Judentums*, Munich, 1933), pues se relata que una noche hizo a toda su secta soñar que terminaba la sequía. Al amanecer, al salir de sus aposentos se encontraron los campos verdes y un suave rocío humedecía sus barbas. (Ramírez, *Cuentos* 109)

La primera impresión que este texto arroja es que se trata de un ensayo serio y/o documentado con una hipótesis acientífica pero con un referente histórico plausible, y aunque caduca, no deja de tener una interesante carga simbólica. La referencia a los textos medievales va a funcionar dentro del marco que ya hemos indicado, para señalar la "no modernidad" del régimen del tirano ficticio que gravita en todos los relatos. Sin embargo, una vez que la curiosidad nos impulsa a buscar las fuentes bibliográficas encontramos algunas "anomalías" o alteraciones del archivo cultural del que se extraen estas propuestas.

Ciertamente, Sinesio de Cirene es una personalidad histórica del fin de la Antigüedad (principio de la Edad Media), pero no del siglo XIV sino de los siglos IV y V. Nacido en 370 y fallecido en 413, poco antes del derrumbe del imperio Romano de Occidente. De hecho, Sinesio es testigo del desmoronamiento de la sociedad antigua por el influjo de las invasiones bárbaras. Estudiante de retórica y filosofía bajo la famosa Hipatia, en Alejandría, fue embajador de su ciudad (Cirene) ante Constantinopla y es nombrado obispo de Ptolomea, Libia, en 410. Una serie de desgracias personales y desastres sociales terminan con su vida a solo tres años de ser investido (Roos 1).

En efecto, existe un *Tratado sobre los sueños* de su autoría, entre otros no menos interesantes *Sobre la calvicie* y *Sobre la monarquía*.

101

Capítulo cuatro

Es más, la cita entrecomillada por Ramírez es bastante fiel al texto francés que consultamos como se verá más adelante. Sin embargo, el marco con el que se reviste la manipulación de los sueños es una extrapolación y una franca modificación al sentido general que Sinesio le imprime al uso de los sueños como oráculos. La base para la cita textual está en el párrafo dieciséis del *Tratado*. Desde el párrafo previo se insiste en la capacidad estrictamente individual que tenemos todos los seres humanos de utilizar nuestros sueños como un instrumento de adivinación que a) no está prohibido por las leyes eclesiásticas y b) tampoco puede ser impedido su uso por una "república celosa," o por un tirano, a menos que éste esté dispuesto a ponerse en ridículo al intentar impedir que los habitantes reciban el mensaje de esperanza o de alerta que Dios nos envía en los sueños (Synésius 365).

En la traducción francesa del texto en griego de Sinesio realizada por Duron se entiende que, ya que el sueño es accesible a todos por igual, todos podemos entrenarnos a hacer uso del privilegio de la adivinación que viene aparejado con la adecuada interpretación de cada sueño, como afirma Sinesio:

> Dediquémonos todos entonces a la interpretación de los sueños, hombres y mujeres, jóvenes y viejos, ricos y pobres, ciudadanos y magistrados, habitantes de las ciudades y del campo, artesanos y oradores. No hay privilegios ni de sexo, ni de edad, ni de fortuna, ni de profesión. El sueño se nos ofrece a todos, es un oráculo siempre listo, un consejero infalible y silencioso; dentro de estos misterios de nuevo género cada uno es al mismo tiempo sacerdote e iniciado [...]Las dulces promesas de la esperanza, tan cara al hombre, los cálculos previsores del temor, todo nos viene de los sueños. (Synésius 353)[1]

Nótese la cercanía entre el texto original de Sinesio en la traducción francesa y la redacción en el primer texto de la colección de fábulas de Ramírez, evidentemente la cita es "legítima" y busca relacionar un relato contemporáneo con una autoridad antigua y una fuente verídica, al menos como recurso de archivo. El énfasis en las ideas del filósofo de Cirene es sobre el aspecto generoso y de gran provecho que los oráculos oníricos pueden aportar. La capacidad de gozar los bienes futuros y la de prepararnos a recibir y sortear las dificultades que nos aguardan. En la antigüedad era muy común, como es sabido, que se hiciera uso de un tema esoté-

Denuncia y complicidad con las estructuras del Estado

rico o vulgar como pretexto para introducir discusiones filosóficas o morales que de otro modo no serían recordadas con facilidad. En este ejemplo, a lo largo de todo el texto se insiste en el cultivo de las virtudes y la vida ordenada para que los sueños puedan ser claros y su observación pueda rendir los máximos beneficios al practicante de las disciplinas cristianas. El énfasis mayor es sobre la fe y la esperanza, dos de las tres virtudes teologales que el buen cristiano debe observar. También se insiste en el modo en que la imaginación puede contribuir a ello:

> Tal es la fuerza de la ilusión que el prisionero, cuyos pies están cautivos de grilletes, una vez que ha dejado su mente volar, se ve libre; él es el soldado, está al mando de medio batallón; veámoslo centurión, general; ha obtenido la victoria; ofrece sacrificios, se corona para celebrar su triunfo; organiza celebraciones, a su gusto, todo el lujo de Sicilia o de Persia; no piensa más en sus ataduras, durante el tiempo que le place ser un general [...] La imaginación, cuando nuestra voluntad la pone en marcha, nos ofrece este servicio único de alegrar nuestra existencia, de ofrecer a nuestra alma las ilusiones exaltantes de la esperanza, y nos consuela así mismo de nuestras penas. (Synésius 353)[2]

El control de la imaginación y el cultivo de la disciplina pueden conjugarse en una tecnología de la mente que permita al sujeto soportar las vicisitudes y gozar de la felicidad de manera plena. En este caso, el ensayo parece marcar el camino para el cultivo de dos de las cuatro virtudes cardinales: la templanza y la fortaleza. La discusión de Sinesio es especialmente lúcida cuando se refiere al método correcto de leer las imágenes que nos trae el sueño cotidiano cuando afirma que el arte de la adivinación por este medio no puede ser conducido a través de reglas generales y fijas, sino que cada uno debe conocerse a sí mismo y esto le permitirá controlarlos y leer en ellos con claridad. Al insistir en que la lectura de los sueños solo puede hacerse con la participación directa del individuo esto implica que no hay necesidad de adivinos que lo sepan todo de antemano y puedan leer sueños ajenos.

Volviendo al texto de Ramírez podemos ver, ahora sí, de manera clara las discrepancias en cuanto al uso del archivo histórico que el texto presenta. En primer lugar, Sinesio no habla nunca de hacer uso de la adivinación de oráculos y la autosugestión como arma específica contra nadie, ni aún en el caso de un tirano. Señala simplemente que esta actividad está fuera del control directo de la

Capítulo cuatro

autoridad o del estado. En segundo lugar, nunca habla de un sueño colectivo que pueda permitir la concreción de lo soñado. Más aún, cuando pasamos a corroborar la cita del segundo párrafo que se refiere a Maimónides también encontramos una irregularidad. Es cierto que la obra de Julius Guttmann habla de Moisés Maimónides como uno de los grandes teólogos y filósofos de los siglos XII y XIII, con la salvedad de que la discusión nunca deriva en el relato de alguna secta que haya experimentado con la condensación del agua para romper la sequía a fuerza de autosugestión colectiva (Guttmann 152–83).³ Además, el tratamiento de todos los temas se realiza con estricto apego a la descripción de innovaciones o contribuciones filosóficas de los diversos pensadores judíos de la historia, como es el caso de Ibn Gabirol y Maimónides, pero en ningún momento entra en detalles anecdóticos de la práctica ritual o monacal de estos personajes.

Estas discrepancias informan sobre varios aspectos que superficialmente no eran evidentes. En primer lugar, el narrador docto construido por el texto se convierte en un narrador no digno de confianza (cf. Booth 300–09). Ahí precisamente donde el texto se aboca a desplegar "erudición" y a construir un narrador atento a otros textos de alto valor intelectual, encontramos un uso lúdico, sintético y paródico del archivo histórico, una especie de juego de "a ver quién sabe más," si el lector o el narrador (Huizinga 105). En este sentido, esta atribución imaginaria en el relato de Ramírez repite la estrategia utilizada algunas veces por Jorge Luis Borges (en "Tlön, Uqbar, Orbis") y Juan José Arreola (en "De balística") de dar "autoridad" a los relatos con citas de textos perdidos, inventados o de lecturas recordadas con sospechosa parcialidad (Borges, *Obras I* 513–29; Arreola 106–13). Otra discrepancia más, si la manipulación lógica del contenido del sueño parece contraponerse al método hermenéutico propuesto por Freud, el texto de la fábula sí se construye al final, siguiendo exactamente los procesos del trabajo del sueño: condensación, desplazamiento y recomposición (Jameson, *Political* 65; Freud, *On Dreams* 48). En este caso, el material no son las vivencias y videncias del autor o los soñantes representados, sino otros textos literarios sobre el sueño, recordados vagamente, condensados y transferidos a una historia que recompone los fragmentos en una nueva versión particular.

Cabe señalar que, curiosamente, la única cita sobre un tirano que se incluye en el *Tratado sobre los sueños* de Sinesio no es utili-

Denuncia y complicidad con las estructuras del Estado

zada por Ramírez en el sentido original. Sin embargo, siguiendo la pauta del trabajo del sueño, con sus procedimientos de desplazamiento y recomposición, podemos decir que la referencia a la rebelión en contra de un tirano proviene de otro de los ensayos del ciudadano de Cirene. En su ensayo histórico "El egipcio," Sinesio narra la historia del reino de Tebas bajo los hermanos Osiris y Tifón. El primero ejemplifica el buen gobierno del hombre justo, disciplinado en su vida privada y pública, mientras Tifón es la cara casi opuesta. Osiris, no solo por derecho familiar sino por mérito propio, recibe el reino de manos de su padre y los poderosos de su corte, pero al cabo de un tiempo Tifón, aliado con su mujer y los generales del alto mando del ejército mercenario de los escitas que controla el reino con violencia, logran derrocar a su hermano logrando instaurar una tiranía. Pero lo más interesante es que la reconquista del reino para Osiris, no la llevan a cabo otros ejércitos equiparables en poder y armas a los escitas, sino que, a través de una rebelión popular, los súbditos de Tebas se emancipan del ejército invasor y del monarca que les ha traicionado.

En el relato de Sinesio se describe una situación similar a la que desea producir la "oposición" en "De las propiedades del sueño I." Puesto que el gobierno es ocupado por un líder tiránico y su ejército mercenario de origen extranjero, es la justa ira del pueblo la que debe derrocarle para que sea el mismo pueblo quien reclame la autoridad legítima. El hecho de que el texto de Ramírez nos remita al final de la Antigüedad (Sinesio) o final de la Edad Media (Maimónides), no hace sino subrayar la intencionalidad inflamatoria en *De tropeles y tropelías* y descubre el motivo principal de muchos de los otros textos: el deseo de que el conglomerado popular resista al tirano aun cuando parezca que lo haga solo de manera simbólica.

La necesidad de que el sueño sea colectivo para convertirlo en arma y el referente histórico en el ensayo de Sinesio sobre "El egipcio," indican que el texto de Ramírez apela a la unidad de las conciencias, aunque sea por los medios más sutiles y extraños, para presentar un frente de combate ante los excesos de S.E. La apelación se hace no a través de una relación o rememoración histórica de las rebeliones constantes de los habitantes del estado ficticio, ni a través de una exaltación de héroes o momentos de emancipación gloriosa, sino que se recurre a una noción de "inconsciente colectivo" histórico, en el sentido junguiano, para que simbólicamente se establezca un desafío al poder del tirano. El texto sugiere que

Capítulo cuatro

la rebelión popular ante la corrupción, ante la invasión extranjera propiciada por el abuso de poder de un gobernante injusto, se puede repetir y/o transferir como motivo simbólico desde la antigüedad hasta la modernidad revolucionaria (cf. Jung 118).

Tal vez se está incurriendo en una sobreinterpretación, pero no deja de ser sugestivo el hecho de que el juego con el archivo se proponga como elemento estructural y que al final existan tales coincidencias temáticas con las fuentes citadas. Por otro lado, ya que el experimento de control onírico es invocado por la "oposición política de un país que estaba siendo gobernado por una larga tiranía" y puesto que dicha oposición olvida tomar en cuenta que "los tiranos nunca duermen," se observa que la ironía también alcanza a la oposición por su falta de previsión, ya que creyó que "dando instrucciones" para soñar / imaginar el resultado deseado, siguiendo una tecnología específica del yo, sería suficiente para derrotar al tirano (Ramírez, *Cuentos* 109). Este experimento con las potencialidades políticas del sueño, también explica de manera autorreferencial (y jocosa) el por qué la "Suprema Ley" de la segunda parte de *De tropeles y tropelías*, prohíbe la entrada de otros "cirenaicos" (como Sinesio) al territorio nacional (Ramírez, *Cuentos* 140).

Extrapolando como lectores la moraleja implícita de la fábula, podemos decir que el texto apela a la toma de consciencia y llama a la acción a la población a través de la disciplina grupal dirigida con una finalidad de violencia específica: la derrota del poder constituido. Puesto en estos términos, el ejercicio simbólico tiene ciertos paralelos con los métodos de proselitismo propuestos por la actividad organizacional de células o grupos de estudio marxistas promovidos por activistas y partidos políticos en América Latina. En los años sesenta, tanto los grupos social cristianos como el sandinismo se valen de estos métodos para hacerse de una base de apoyo entre los trabajadores de las ciudades y pueblos (Chávez, *Nicaragua* 72). En cierta forma, también podría pensarse que la crítica se dirige al golpismo de diversos grupos políticos que a pesar de una veintena de asonadas y rebeliones durante los primeros años del régimen de Luis Somoza (1957–1962), no lograron derrocar al gobierno (Tierney 51). De este modo, aunque en la fábula el experimento falla, queda claro que el narrador valora el poder simbólico de la modelación de la voluntad de los ciudadanos a través de la reflexión grupal y es incisivo al señalar que muchas veces la oposición, más allá de improbables "sueños" de rebelión, carece de la malicia y el trabajo directo con los grupos sociales. Trabajo de proselitismo que era indispensable para conducir al pueblo hacia la toma del poder.

En esta fábula de apertura, el sueño resulta ser más que el acto inducido de la producción de imágenes cuando se duerme. El sueño quiere convertirse en arma, es herramienta de disciplina y adivinación (Sinesio), es procedimiento narrativo de la vida psíquica que transforma simbólicamente lo cotidiano (Freud) para emitir mensajes y que rescata no solo lo reprimido sino lo que la historia repite como motivo en la vida mental del sujeto en su resistencia o posible rebelión en contra del Estado (Jung). Del análisis de este intento de instrumentalización política del sueño por parte de la "oposición," paso a la observación del relato sobre el "sueño del poder" o más bien la "ensoñación" del tirano.

Del sueño autoritario de la modernidad

Si la modernidad como noción cultural y filosófica ha sido puesta en tela de juicio después de la Segunda Guerra Mundial y los debates se agudizan bajo la preeminencia de las discusiones sobre la posmodernidad, las nociones de modernización y modernidad como proyectos de gobierno y como promesas del Estado parecen estar todavía intactas aun en las primeras décadas del siglo XXI (cf. Lyotard 37; Hutcheon 27–29; Jameson, *Postmodernism* 304, 318; cf. Lechner 160–62). En el primer decenio del presente siglo (XXI), Blair en Inglaterra, Merkel en Alemania, lo mismo que García en el Perú, Fox en México y Alemán en Nicaragua, hablaban de la modernización de la economía y de las estructuras del Estado sin que sus contrapartes políticas parecieran querer disputar las nociones que sostenían este concepto.

Al cambio del milenio, en el discurso público, el supuesto privilegio del Estado para atraer y distribuir la modernidad todavía tenía un gran poder de convocatoria. Ejemplo reciente: el neoliberalismo funda la mayoría de sus supuestos metodológicos en la puesta a punto de programas que consoliden las estructuras económicas de mercado, promuevan la desregulación, fortalezcan las exportaciones y controlen el gasto público (Harvey 76; Steger y Roy 98). Luego, como salto metafísico aparece la carta de la "modernización," como si este programa neoliberal fuera el único camino para "modernizar" la realidad presente. El Estado y la na-

Capítulo cuatro

ción serán "modernizados" a través del reordenamiento de la vida económica sin que una reorganización política democrática esté necesariamente considerada entre los aspectos de dicha transformación. Lo interesante es que el discurso sobre la "modernización" en la retórica pública de Latinoamérica no es un elemento nuevo, se hizo presente ya desde los años de la sustitución de importaciones (1940–1960), se generalizó durante el período del desarrollo difusionista y estabilizador (1960–1980) y se convirtió en la obsesión de la tecnocracia neoliberal (1980–2010) (Rostow 140; Steger y Roy 99). Por supuesto, los estados militares y de seguridad nacional también lo incluían, si no como prioridad, al menos como segunda instancia en el proceso de "salvación de la patria" o de "liberación ante la amenaza subversiva" (Richard 55). Por su parte, en las fábulas de Ramírez el espejismo del Estado como gran administrador de la modernidad llega a encarnar en su advocación más devastadora, el estado pretoriano y dictatorial.

Siguiendo con la irrupción de la ensoñación en la esfera gubernamental, el relato de cierre en *De tropeles y tropelías* vuelve a revisitar la calidad onírica del poder en la mente del soberano. En "De las propiedades del sueño II" se relata en un monólogo interior, sin signos de puntuación para mimetizar el fluir de la conciencia, una ensoñación de S.E. en la que la destrucción se cierne sobre su ciudad capital. Un gran terremoto sería causado por una máquina maravillosa desarrollada en el centro de todas las modernidades: "Norteamérica." Siendo ya el final de los textos de la colección, las imágenes que nos remiten al autoritarismo y la tiranía se han acumulado de tal manera que la catástrofe parece una evocación del incendio neroniano de Roma:

> Aquella formidable sacudida tuviera el instantáneo poder de derribar edificios y hundir los cimientos desplomar paredes retorcer las vigas abrir las calles quebrar alcantarillas hacer saltar los tubos de agua potable reventar los cables eléctricos que chicotearían libres propagando los incendios que harían a la ciudad arder por sus cuatro costados. (Ramírez, *Cuentos* 130)

El sueño de la destrucción se relata en imperfecto del subjuntivo y el condicional, los modos y tiempos verbales de la posibilidad, la hipótesis o la ensoñación. Inicialmente, la escena del desastre se centra exclusivamente en los elementos materiales de la ciudad. Para el tirano solo existe el espacio, "su ciudad," los habitantes son una mera contingencia en el afán de poner bajo su mando toda actividad reconstructiva sin ser estorbado. Lo particular es que en el sueño se recurre a la tecnología como poder material y transformador que viene de ese lugar mítico para el consumismo centroamericano, el centro de todas las maravillas técnicas y que toma forma en sus artefactos destructivos: los Estados Unidos de América. La lógica es simple, de la misma manera en que se importa el armamento por millones de dólares, el conocimiento para organizar el contraterror y toda la sapiencia tecnocrática económica, así podría obtenerse y hacerse uso de un terrible artefacto productor de terremotos:

> De pie frente a una de sus ventanas del palacio en lo alto de la colina fortificada[...] soñaba S.E. extasiado en lo hermoso que sería saber un día que los sabios norteamericanos habían logrado inventar un aparato con el cual se produjeran a voluntad terremotos y que por instrucciones del presidente del gran país del norte le prestaran a él aquel aparato cuyas radiaciones de efectos subterráneos dirigidas convenientemente al corazón de la ciudad dormida a sus pies produjeran un sismo con duración aproximada de seis a ocho segundos de intensidad diez en la escala de Richter. (Ramírez, *Cuentos* 130)

Este deseo de destrucción parece el producto del desencadenamiento completo de las pulsiones que imbuye Tánatos en el subconsciente, es un desborde total del Yo por el Id, que se efectúa en la figura de S.E. y se expresa como deseo de destrucción, una pulsión de muerte (cf. Freud, *El yo* 41–42). De esta manera, observamos a la máxima fuerza del Estado en capacidad y voluntad de devastar la nación para satisfacer su anhelo de "modernizar" de una vez por todas su ciudad. Es decir, la consigna de ruptura que exige la modernidad, para cancelar el pasado e instaurar un nuevo orden, se convierte en un monstruoso proyecto de arrasar la urbe y volverla a construir sin oposición política, sin cuestionamiento por parte de la sociedad, usando la ayuda extranjera y especulando al máximo con todos los recursos para aumentar los inmensos caudales que ya posee S.E.

Aquí también se reconoce la presencia de una oposición como en el relato que abre la colección, pero ahora se le concibe como un grupo indeterminado de actores políticos que aparecen como posible "freno" a la voluntad modernizadora del Estado. La pre-

Capítulo cuatro

sencia de fuerzas contrarias al poder del tirano no se observa como un hecho natural de toda sociedad en la que existen diferentes grupos de interés. Para la voluntad autoritaria, el solo hecho del desacuerdo o la legítima oposición política era ya una afrenta personal. Esta conclusión resulta obvia en un estado pretoriano y patrimonial en el que el progreso de la nación está íntimamente ligado, sino es que condicionado, por el progreso de los asuntos económicos personales de las figuras en el poder. De acuerdo con esta lógica, la oposición política y la competencia económica se convierten en una y misma fuerza que impide el "progreso" y la "modernización." Además, el modo de reconstrucción y la lista de las obras reconstructivas que harían moderna a la ciudad es bastante reveladora:

> [M]ientras tanto no terminara el estado nacional de emergencia provocado por la terrible catástrofe se mantendría en pleno vigor la ley marcial para que nadie me estorbara en mis planes de reconstrucción para no hablar de mis enemigos políticos aplastados en las cárceles debajo de los escombros con todo lo cual este país con su nueva capital sería más próspero y más rico una floreciente urbe moderna como siempre he ambicionado tener con mis teatros y mis cines y mis cabarets y mis burdeles y mis almacenes y mis restaurantes más próspero más grande y más rico y aquella noche como tantas se duerme S.E. apoyado en la balaustrada de su ventana soñando si no lo despierta un rugido feroz que crecía del fondo de la tierra. (Ramírez, *Cuentos* 131)

La declaración del "estado de excepción" es fundamental para la soberanía de todo estado moderno como lo han señalado Schmitt y Agamben (Schmitt 12; Agamben 26). Sin embargo, en los regímenes de la familia Somoza como en las otras dictaduras del área, su aplicación era tan frecuente que se vuelve la norma y dada la pulsión modernizadora del presidente, esa voluntad debe aplicarse tanto a la esfera política como al mundo físico como una extensión del poder de larguísimo y profundo alcance. Por supuesto, la condición para acceder a dicha modernidad es la omnipresencia autoritaria del estado pretoriano. Los planes para la modernización no pueden venir de otra instancia que no sea el poder central y se abandona la búsqueda de los signos originales de modernización industrial como la infraestructura hidráulica, eléctrica, vías y carreteras que permitan la intensificación de la actividad económica de manera generalizada, optándose por el contrario, por edificaciones

Denuncia y complicidad con las estructuras del Estado

que indiquen la dependencia directa del desarrollo a partir de los recursos del Estado y de la voluntad del mandatario "nuevas escuelas nuevos hospitales nuevos edificios gubernamentales" (131). La opción que se prefiere para hacer alarde de progreso es la proliferación de establecimientos que se conviertan en signos exteriores de opulencia (cines, cabarés, teatros), en expresiones copiadas de la obsesión por el entretenimiento, típicas de la sociedad posindustrial o la sociedad del espectáculo, etapas de desarrollo que la Nicaragua de los años setenta todavía estaba lejos de alcanzar (cf. Debord 2).

En esta instancia, la ensoñación también adquiere un carácter instrumental, es otra tecnología del yo, que se proyecta sobre el exterior y se materializa no ya en un intento frustrado de transformación de la realidad, sino que, a partir de la frustración de la modernidad no alcanzada, se imagina el medio para lograrla. Salvo que en este caso, la monstruosidad del proyecto sí llegó a concretarse con la complicidad de la naturaleza.

Ideológicamente, la identificación del tirano con la furia destructiva del terremoto es una de las imágenes más poderosas de este grupo de textos. Como siempre, lo más perturbador de esta ficción sobre el Estado, es que el referente histórico existe en una manera no muy lejana a la hipérbole paródica del texto literario. En 1972, el gran terremoto que prácticamente redujo a escombros a la ciudad de Managua se convirtió en una de las oportunidades de especulación, soborno y abuso más grandes para el somocismo. A partir del desastre, cada uno de los proyectos imaginados en la fábula tiene una relación directa con lo que se reportó en los periódicos y la historiografía del período sobre la actuación del gobierno nicaragüense de esos años (Diederich 93–105). Venta de alimentos y materiales de la ayuda humanitaria exterior, ventas fraudulentas de terrenos, edificios fantasma, compañías que surgen y desaparecen con el esfuerzo de reconstrucción, uso fraudulento de los fondos internacionales de reconstrucción, etc. Así, el único elemento realmente ficticio en el texto es la conexión tecnológica y directa de la furia de las fuerzas naturales con la megalomanía y ambición del tirano de la fábula. Lo demás, no es sino una crónica sucinta y corroborable de los abusos del régimen durante la etapa inmediatamente posterior al cataclismo.

Sin embargo, el texto tiene otro nivel que muestra con mayor claridad el alcance de las armas simbólicas de la parodia. A lo

Capítulo cuatro

largo de todos los relatos la focalización del narrador es la de un espectador externo. En términos narratológicos, estamos ante el narrador omnisciente o heterodiegético que mira como testigo y hace el recuento de los hechos en tercera persona (Genette 245). Este es el instrumento narrativo clásico del realismo, y como ya se ha afirmado, sirve para crear un sentido de verosimilitud, aunque el narrador no siempre sea digno de confianza, puesto que cuando se investigan sus fuentes sabemos que puede jugar con el archivo y "gastarle bromas" al lector. No obstante, es en el último texto donde esta certeza reafirmada del testigo ocular en tercera persona se disuelve para dar paso a una táctica estructural que sorprende y cambia la perspectiva del resto de los relatos:

> Y él sin moverse de su ventana ver en el amanecer con suprema dicha y a partir de entonces por días de días los aviones descendiendo en interminables puentes aéreos las caravanas de camiones saber de la llegada de innumerables buques a los puertos trayéndonos por toneladas víveres alimentos medicinas ropas que enviarían en gesto fraternal los países amigos tanta y tan variada mercadería que mis bodegas rebosantes no se darían ya abasto para almacenarla y luego la gloria de millones y millones de dólares en donaciones y en préstamos blandos para la reconstrucción de la ciudad. (Ramírez, *Cuentos* 131)

En la escritura suelta de este párrafo sin puntuación, parece que se quisiera esconder una transformación fundamental en las estructuras lingüísticas. Las frases iniciales comienzan expresando lo que "él" (S.E.) imaginaría que va a llegar a la ciudad después del desastre. Luego el sujeto de la oración son los aviones, buques y camiones que transportarían las toneladas de mercancía de ayuda. En estas frases ya se ha operado un cambio de perspectiva, el verbo con la partícula del objeto indirecto "trayéndonos" tiene por efecto incluir al narrador y posiblemente al lector en el teatro de los acontecimientos. La otra opción es pensar que este "nosotros" está en su variante mayestática y el que "habla," ya no es el narrador inicial en su distancia heterodiegética, sino el sujeto narrado (S.E.) que ahora parece tomar las riendas de la enunciación. Esto no tendría nada de particular si la transformación no fuera tan inusitada dentro de la norma de distanciamiento establecida por los otros textos y si tampoco se gestara el segundo y definitivo cambio de perspectiva. Toda la mercadería va a entrar no a "los almacenes"

Denuncia y complicidad con las estructuras del Estado

del gobierno, ni a "nuestras tiendas" sino "a mis bodegas." Por primera vez el narrador se identifica con el tirano a través de un adjetivo posesivo. Una vez efectuado este salto, la transformación hacia una narración autodiegética dentro de esta "ensoñación" del tirano parece casi imperceptible (Genette 245):

> yo compraría secretamente a precios irrisorios todos los terrenos.
> [...]
> se los vendería con ganancias jugosas al estado que me los pagaría con el
> dineral de los créditos internacionales y la ayuda norteamericana.
> [...]
> yo organizaría entonces una compañía encargada de la limpieza
> yo fundaría una compañía de construcciones.
> [...]
> con mis teatros y mis cines y mis cabarets y mis burdeles y mis almacenes y mis
> restaurantes. (Ramírez, *Cuentos* 130–31)

Queda claro que los planes de reconstrucción y manejo de la ayuda externa pasan a ser planes de enriquecimiento personal. Luego, otra vez de manera casi imperceptible en las últimas frases del relato, la tercera persona del narrador se restaura como si nada hubiera pasado, para cerrar el texto de la misma manera como comenzó: "aquella noche como tantas se duerme S.E. apoyado en la balaustrada de su ventana" (Ramírez, *Cuentos* 131).

El proceso de transformación de la voz del narrador va de la tercera persona del singular, a la primera del plural, a la primera del singular, bajo esta forma se desarrollan casi la totalidad de las acciones del texto con excepción del inicio y, por supuesto del final, en el que se vuelve de nuevo a la tercera del singular. De tratarse de una novela, estas transformaciones estarían tal vez repartidas a lo largo de muchas páginas y su efecto podría ser otro. En esto *De tropeles y tropelías* hace eco de las múltiples perspectivas del "yo narrador" en *La muerte de Artemio Cruz* (1962) de Carlos Fuentes y la imponente autodiégesis de *Yo el supremo* (1974) de Roa Bastos. De hecho, los cambios de narrador y perspectiva serán parte de obras narrativas mayores ya que son el recurso técnico central de las primeras dos novelas de Ramírez, *Tiempo de fulgor* (1970) y *¿Te dio miedo la sangre?* (1977) y darán gran contraste a la primera y tercera partes de *Castigo divino* (1988). No obstante, en el reducido tiempo de la narración de una de estas fábulas y con

Capítulo cuatro

el antecedente del sueño como motivo constructor del texto no podemos dejar de preguntarnos ¿qué función tiene para el lector el cambio de narrador de una manera tan drástica y deliberada en el último texto de la colección? ¿por qué si se efectúa el cambio de tercera persona singular a primera singular se pasa por la primera del plural? ¿por qué se restaura la perspectiva inicial marcándose una transformación circular?

La primera transformación, del narrador de tercera persona del singular a primera del plural, no reviste mayor reto. Las fábulas se han encargado de hacernos aceptar el entramado heteroglósico de discursos sobre el estado, las leyes, la crítica cultural, el discurso público y la imaginería medieval. Este "cambio de pie" es muy frecuente en la oratoria electoral y en aquellos escritos en los que se quiere involucrar al lector/espectador dentro de un juego ideológico nacionalista o demagógico. Por otra parte, dado que ésta es una fase de transición hacia el momento en que la consciencia del tirano emerge en el texto, sostenida por la complicidad del lector, del "él" al "nosotros," hay una invitación al lector a congraciarse, a identificarse con el texto como subjetividad que contempla los excesos de S.E. desde una distancia acortada. Cuando encontramos el posesivo "mis bodegas" la frase puede pasar inadvertida, no hay una construcción verbal transitiva que señale de manera inequívoca el salto. No será sino hasta el momento del "yo compraría secretamente" que el artificio y la transformación se revelan y se intenta hacer pasar al lector desde una distancia de observación inicial de tercera persona—él, S.E el tirano—hacia un ejercicio de identificación parcial—nosotros— hasta una posición de complicidad o hasta de "intimidad" con el tirano que se expresa con un "yo." Esta invitación desde el texto al lector no es agradable o fácil de asumir, ya que el peso de los textos acumulados ha contribuido a la producción de una imagen bastante repulsiva y definitivamente negativa de S.E.

De este modo, cuando se recurre a un cambio de perspectiva equivalente al artificio cinematográfico de "toma subjetiva"[4] o la asunción del avatar en un videojuego, la reacción es de rechazo a ser no solo partícipes y testigos de las bajezas del personaje, sino que en cierta forma el texto invita, por no decir que "obliga" al lector a escuchar muy de cerca la voz del tirano y hasta cierto punto se le convierte en el "creador" mismo de la consciencia del dictador en el texto. Parece entonces que, a manera de moraleja implícita de la fábula, el texto invita a la reflexión: el tirano existe porque los lectores le "dejan" o le "permiten" existir. Al aceptar que su cercanía en el "nosotros" es inocua para luego observar su encumbramiento como un ambicioso y violento "yo" se intenta producir un momento de toma de consciencia del ser al estilo hegeliano, cuando al final se hacen evidentes los lazos que atan mutuamente al amo con el esclavo (Hegel 113–21).

El momento de iluminación es sin duda efímero, parece estar escondido, pero no por ello deja de estar presente y disponible para su develación por la lectura. Este es el momento más grave, o por lo menos, el experimento más importante que la lectura de *De tropeles y tropelías* propone al lector. El procedimiento no es ajeno a otros géneros literarios puesto que la emergencia, y la transformación del hablante lírico, es uno de los recursos recurrentes en la poesía de la vanguardia latinoamericana (Mignolo, "La figura" 64). Estos artificios literarios, en definitiva, le prestan literariedad al texto, pero también confirman su carácter crítico y su discursividad sociopolítica. Opuestamente al primer relato "De las propiedades del sueño I" en el que la posibilidad de armar a la oposición de un instrumento simbólico está destinada al fracaso, la tecnología onírica desplegada en el texto de cierre se convierte en un ejercicio performativo de toma de consciencia que se intenta operar ante la mirada o la "consciencia" del lector mismo.[5]

Quizás este experimento de iluminación y la constante ridiculización y parodización del estado ficticio de Su Excelencia sean los elementos más revolucionarios de la colección. No solo como instancia de un uso directamente político de la literatura para denunciar y atacar una situación real, sino en la constante lucha por dotar al ejercicio narrativo de la capacidad para la negación de la realidad en el sentido propuesto por Adorno. Es decir, exponiendo la realidad de modo crítico para rechazar su inmutabilidad e invocar su posible transformación (Adorno 37–54).

Toda vez que hemos expuesto las tecnologías del yo implicadas en el sueño y la emergencia de la conciencia y la voz del tirano, es momento de desplazar nuestra atención hacia las tecnologías del poder que dicha conciencia aplica al cuerpo de sus subordinados y al cuerpo doble del soberano, como había ya propuesto en la introducción de este capítulo.

Capítulo cuatro

Tecnologías del cuerpo militar y del cuerpo social

Hasta este momento el análisis se ha concentrado en las tecnologías del yo, ahora se hará referencia a las tecnologías del poder disciplinario, como las designa Foucault en el texto que citamos al inicio de esta sección. En ocasiones, la estrategia simbólica en *De tropeles y tropelías* de Ramírez parece un poco confusa. Por un lado, existe una hiperbolización y cuasi celebración del estado pretoriano que con saña ejerce todo su poder en los subordinados más cercanos. Por otro, cualquier intento de insubordinación se frustra y con ello cualquier posibilidad de catarsis, ya sea por las fuerzas naturales aliadas con el tirano o por el juego satírico del texto.

El trabajo de la "coronación" o "entronización" del poder del tirano se construye a través de un sinnúmero de alusiones a las tecnologías con que se controlan los cuerpos de los ciudadanos. Estas tecnologías las conocemos muy bien en el estado capitalista al que una gran parte de la humanidad está expuesta, pero su representación en Ramírez es tan solo una fase, para luego dar paso a la denuncia de la corporalidad hegemónica impuesta a los ciudadanos y mostrar la degradación grotesca del cuerpo del tirano. Es este el siguiente paso en el ciclo narrativo y simbólico del total de las fábulas en *De tropeles y tropelías*. Cabe aclarar que, si bien la degradación de los discursos y símbolos del poder parece ser el fin último de la obra, el lector corre el riesgo de perder la otra mitad de la parodia y el juego, si no se considera el propósito simbólico y extratextual de lo grotesco. En este sentido, hay que recodar como lo señalaba Bajtín en su obra sobre Rabelais, que la proliferación de lo grotesco en la representación popular es la búsqueda de una compensación simbólica para el oprimido, la necesidad de reconectarse con un proceso positivo de reafirmación del cosmos (Bakhtin, *Rabelais* 341). En efecto, combinando la noción de las tecnologías del cuerpo de Foucault con sus teorías de la microfísica de los efectos del poder disciplinario, para luego reflexionar sobre el carácter grotesco de la corporalidad de los poderosos del estado ficticio, estaremos en mejores condiciones de comprender la complejidad de los juegos simbólicos que estas fábulas despliegan ante el lector.

Para Bajtín, el discurso de lo grotesco tiene la función de apuntar hacia la eterna renovación del género humano a pesar de la apariencia negativa y ambigua de su lenguaje que derivado del habla del mercado, se regodea en la mención de los orificios y los fluidos del cuerpo (Bakhtin, *Rabelais* 317, 321, 325). Esta reafirmación o reapropiación se verifica dialécticamente en contra de lo sublime,

Denuncia y complicidad con las estructuras del Estado

lo superior y poderoso. En consecuencia, el control sobre los cuerpos en la representación del estado ficticio en *De tropeles y tropelías* se realiza por dos grupos de tecnologías específicas:

> a) Las tecnologías del cuerpo común, disciplina, castigo, corrección y control a los que se somete el cuerpo de los subordinados y subalternos en presencia de los cuerpos superiores o cuando aquéllos tratan de imitar a estos últimos.
>
> b) Las tecnologías del cuerpo superior, con las que se lleva a cabo la transformación del cuerpo dócil en el cuerpo del guerrero, del militar, símbolo de la máxima disciplina y prestigio al que el mandatario y el servidor del Estado pueden aspirar.

Las tecnologías del cuerpo común están relacionadas con la corporalidad hegemónica como ya señalamos en el capítulo anterior. En el caso de las segundas, hay que tomar en cuenta que los cuerpos superiores implican la referencia al cuerpo doble del soberano, uno el biológico que nace y muere, el otro, una serie de funciones y representaciones que permanecen a través del tiempo como soporte intangible del reino (Foucault, *Vigilar* 35). En gran parte esta última función doble puede ser sugerida, simbolizada o representada a través de varios mecanismos y sistemas simbólicos. Algunos de esos mecanismos están disponibles a través de la imagen de la investidura y el poder militar.

La referencia a las habilidades y capacidades militares de Su Excelencia y sus subordinados se establece de manera tácita en los párrafos iniciales de varios textos. Es decir, la construcción de una imagen de autoridad depende de una retórica si no militar, sí de un "cuerpo superior" disciplinado y que a su vez impone disciplina. Foucault señala que la retórica corporal del soldado se codifica detalladamente:

> He aquí la figura ideal del soldado tal como se describía aún a comienzos del siglo XVII. El soldado es por principio de cuentas alguien a quien se reconoce de lejos. Lleva en sí signos: los signos naturales de su vigor y de su valentía, las marcas también de su altivez; su cuerpo es el blasón de su fuerza y de su ánimo; y si bien es cierto que debe aprender poco a poco el oficio de las armas —esencialmente batiéndose—, habilidades como la marcha, actitudes como la posición de la cabeza, dependen en buena parte de una retórica corporal del honor. (Foucault, *Vigilar* 139)

Capítulo cuatro

Esta capacidad semiótica del cuerpo militar abre un sinnúmero de referencias al tipo de relaciones sociales e individuales que se establecen en el estado ficticio de S.E., principalmente, revelando el grado de autoridad que el cuerpo del tirano tiene sobre el resto de los ciudadanos. En las fábulas en las que se hace alusión a ceremonias y procesos jurídicos, siempre queda la impresión de una jerarquía legal o militar que rige todas las actividades y movimientos de los habitantes del estado ficticio. "De la muerte civil," como ya se mencionó, se inicia con las honras fúnebres de un general opositor. "De los modos de divertir al presidente aburrido" indica que el Señor Presidente estaba rodeado de amigos "civiles y militares" (89) y la feliz ocurrencia del ministro de cultos se basa en la supuesta capacidad infalible del mandatario de poner la bala donde ponía el ojo. En "De los juegos de azar" encontramos al estadista en pleno combate en contra de la insurrección, y en la bufonada que sigue a su entierro en "De las delicias de la posteridad," se le lleva a la última morada en traje militar. Sin embargo, tal vez sea en "De la afición a las bestias de silla" donde la imagen del cuerpo disciplinado por una de las destrezas de la vida militar se impone como rasgo que define el cuerpo de S.E. y de los que lo rodean:

> Por su afición a las bestias de silla, a las partidas de caza y a las revistas militares en cabalgadura, S.E. fue adquiriendo poco a poco la costumbre de realizar todas sus tareas desde la montura y con el tiempo prefirió no bajar ya más del caballo. (Ramírez, *Cuentos* 115)

En esta fábula se observa que la transformación del autócrata se efectúa tanto por gusto como por obligación de sustentar al estado pretoriano que se intuye a su alrededor. El ritual viril de la caza y la revista militar se heredan de las aficiones del señor feudal o del noble renacentista que se ejercita en actividades al aire libre. Ya en tiempos modernos, la presencia ecuestre del mandatario transmite un sentido de autoridad consolidada y de tipo conservador que le dan prestigio a su imagen. Desde finales de la Primera Guerra Mundial, los batallones motorizados han sustituido a la caballería, pero la imagen del Comandante Supremo a caballo, puede relacionarse con una serie de iconografías monumentales e históricas que corresponden a la tradición del arte civil y cortesano de los retratos de monarcas europeos de los siglos XVI al XIX. El carácter casi

Denuncia y complicidad con las estructuras del Estado

numismático (de sello de moneda) de dichas imágenes le prestan una solidez a su autoridad que tal vez ninguna otra representación podría otorgarle. De esta forma, las efigies en moneda, las esculturas ecuestres, así como ya en tiempos modernos las fotografías oficiales y noticiarios de cine con el tirano en marcha, a caballo o en jeep, dan cuenta del cuerpo doble del soberano. Uno el cuerpo biológico que nace y envejece, el otro es el investido de poder que es retratado mil veces en la prensa ilustrando en detalle, sus actividades presidenciales diarias.

Este juego representacional era ya típico del absolutismo y ha sido ampliamente estudiado en la historia de Francia, Italia y Alemania (Marin 195–206). Más cerca a estos tiempos y a la geografía de este continente, una iconografía similar del poder se desplegó en cada una de las cinco dictaduras militares que dominaron el panorama político de los años treinta y cuarenta en Centroamérica y el Caribe: la de Jorge Ubico en Guatemala, la de Maximiliano Hernández Martínez en El Salvador, Tiburcio Carías en Honduras, Anastasio Somoza en Nicaragua y la de Rafael Leónidas Trujillo en la República Dominicana. Así, una de las contribuciones más importantes de los textos de Ramírez es el evocar con la imagen verbal de sus fábulas, el archivo de las imágenes de autoridad del arte clásico y aún más cerca, apuntar de manera irónica y lúdica hacia la fotografía de los dictadores tropicales para luego, con ironía y parodia, pasar la pincelada irreverente del vándalo, del Gironella que hace collages con las figuras de los reyes, pintando bigotes y cuernos, o del Botero que engorda hasta el ridículo a sus generales, presidentes, prostitutas y burgueses.

En contraparte, para los subordinados, aunque se hallen caricaturizados muchos de los signos externos del poder que les oprime, en *De tropeles y tropelías* se despliega de manera clara la tendencia a controlar los movimientos y comportamientos mínimos de los ciudadanos. Dicha vigilancia termina por internalizarse y se vuelve deseable complacer o hasta imitar al dictador. Esto explica la actitud servil del Ministro de Culto que muere en la denigrante mimesis de Guillermo Tell que él mismo propone, en "De los modos de divertir al Presidente aburrido," y el nivel ridículo al que se llevan las operaciones de investigación e interrogatorio en "De las bombas caseras."

El otro modo de instaurar los controles y la vigilancia a nivel microfísico del cuerpo se expresa en las tendencias médico-charla-

Capítulo cuatro

tánicas que le sirvieron al autócrata como escalón para alcanzar las altas esferas políticas y para que finalmente desde ahí se instaurara como "examinador" de la salud de la nación en "De el bien general." Esta es la oportunidad de observar en toda su complejidad, el entrecruzamiento de otros dos discursos y disciplinas en el texto de las fábulas: los discursos de la clínica y de la política en que se basan las metáforas del Estado como organismo o como cuerpo.[6] Como hemos visto, el dictador se arroga el privilegio de manejar ambos discursos, justificando con ello otra vía para la instauración de su poder como control elemental de la corporalidad hegemónica férreamente impuesta en el país de S.E. El referente histórico de un tirano con las características de médico y autócrata podría encontrarse en la personalidad de Maximiliano Hernández Martínez de El Salvador (1931–1944), quien en un programa radial semanal daba consejos de salud y sugería curaciones milagrosas a través de fuerzas cósmico-mágicas y supuestos brebajes indígenas (Parkman 17, 57).[7]

En síntesis, a través de la lectura de las fábulas puede comprobarse que el dictador ha hecho de su cuerpo un ejemplo de disciplina, por medio del ceremonial militar lo convierte en cuerpo de representación asimilable al doble cuerpo simbólico del soberano. También se presenta al dictador como médico y jurista, lo que lo hace dos veces doctor, en leyes y medicina, recibiendo con ello el poder de otras disciplinas que junto con su tecnología panóptica y militar lo convierten en el cuerpo superior del Estado que vigila al nivel de la microfísica del poder a todos los otros cuerpos. Esto extiende la metáfora organicista del poder, el autócrata parece conocer y preocuparse tanto de la "salud de la nación" como de la salud física de sus representados—a través de la biopolítica como se discutirá en el Capítulo VI—haciendo despliegue de una estricta y sofocante corporalidad hegemónica bajo la que se vivía en las dictaduras centroamericanas y del Caribe. Inclusive, como ya dije, el colmo de las condiciones de gobierno sugeridas por la ficción, es que el tirano aspira a ser propietario del cuerpo territorial de la patria, puesto que sus propiedades se extienden a lo largo y ancho de todas las costas y termina por recibir el territorio en usufructo, cuando la asamblea nacional lo declara "dueño" de la "Hacienda" en que se ha convertido el país en "De los atributos de la nación" (Ramírez, *Cuentos* 129).

Hasta aquí he insistido solamente en la primera parte de la ecuación de la parodia, la entronización del cuerpo doble del sobe-

Denuncia y complicidad con las estructuras del Estado

rano y sus allegados. No obstante, la construcción del cuerpo superior del tirano y sus efectos en los otros tiene que ser confrontada con la degradación para que pueda completarse el ciclo simbólico de lo grotesco y el texto proporcione alguna catarsis para el lector. En la siguiente sección detallaré los pormenores y significados de esa degradación.

La momia de Su Excelencia o el triunfo de lo grotesco

Si considero pertinente hablar de lo grotesco es porque varios relatos de la colección nos remiten a ese proceso de reconversión crítica del poder y los poderosos en la conciencia popular occidental. En fábulas como "Del hedor de los cadáveres," "De la afición a las bestias de silla," "De ofensas y agravios" y "Del paseo de la vaca muerta," Su Excelencia somete a los cuerpos de sus subordinados a las mismas disciplinas que él se impone o exige que por lo menos traten de imitarlas y en todos los casos, con consecuencias degradantes o funestas. La transmisión de las disciplinas se explica primero por la aplicación de las tecnologías militares y de control que él mismo se aplica y que se convierten en normas de comportamiento para el cuerpo del gobierno. Por otro lado, este afán imitativo se retrata más como degradación y denigración del cuerpo de los otros y de este modo, por contagio o contigüidad, el cuerpo superior a pesar de presentarse inicialmente en toda su dignidad castrense y presidencial, también se está exponiendo al juego simbólico de la degradación.

Como ya explicaba en páginas anteriores, en algunas de las fábulas, los primeros párrafos sirven para construir la representación, coronación, entronización del cuerpo superior del tirano y todas sus destrezas. Curiosamente, esta construcción es escueta y casi apurada porque lo que urge y termina por ocupar el resto de los párrafos es la denigración, destronamiento y caricatura del cuerpo superior y su dominio de los cuerpos comunes. Estos últimos, pasan a ser cuerpos grotescos o por lo menos, su denigración da cabida al discurso de lo grotesco dentro del espacio del estado ficticio. Citar todos los ejemplos parecería excesivo, casi la mitad de los textos roza o entra de lleno dentro de este patrón narrativo. Se presentarán algunas instancias en las que una construcción inicial de lo sublime en el cuerpo superior choca crasamente con la irrupción de lo escatológico y lo grotesco en el mismo relato o en otros que le siguen.

Capítulo cuatro

Tal vez el texto más susceptible a los contrastes y que podría convertirse en el paradigma del proceso de degradación sea "De las delicias de la posteridad." Una vez fallecido, el cuerpo del tirano es embalsamado, gracias de nuevo a la ciencia norteamericana, que tan bien preserva a sus aliados en sus frascos de formol como para espanto y escarnio de las generaciones futuras:

> El día en que por fin S.E. debió rendir tributo a la madre tierra, la nación agradecida decidió que no debía entregarse su cuerpo a la corrupción, y mandó que unos sabios cirujanos traídos del Gorcas Memorial Hospital de la Zona del Canal lo embalsamaran de modo que sus carnes resistieran *per secula seculorum* (Ramírez, *Cuentos* 122)

De esta manera, la figura del dictador recibe todos los honores que un gran militar podría recibir, pero esta última elevación simbólica dura poco. La muerte es la única igualadora que permite finalmente la neutralización del tirano y es ella el signo del balance cósmico que todo lo rebaja y requilibra en el vientre de la madre tierra para todos los ciudadanos, con o sin dinero, con o sin poder. No obstante, en el relato se interrumpe el proceso de reintegración natural a través de la momificación. Es aquí donde el concepto de lo grotesco entra en acción y el embalsamamiento que buscaba preservar el "cuerpo simbólico" del soberano más allá de la vigencia del cuerpo biológico, provoca que dicho cuerpo superior entre en un ciclo de transformaciones completamente inusuales y extremas. En la narración se monta el espectáculo de la transformación sucesiva del cuerpo militar, inicialmente celebrado por su alcurnia y poder, pasa luego a ser atracción de circo, después objeto de museo y finalmente, será blanco de la burla del populacho, en ese orden.

El contacto con la masa anónima de los ciudadanos también va siendo transformado. De causarles miedo y admiración como ser autoritario, pasan a percibirlo como objeto ritual y ceremonial en las exequias, después de algunos años por intervención de un terremoto, es "descubierto" como momia que se convierte en atracción de circo y ferias mundiales hasta que pasa a "interesar" a los científicos que, confundidos por su mortaja carnavalesca lo arqueologizan y lo convierten en pieza de museo. Al "museologizarlo" no por lo que representaba, un capítulo amargo del autoritarismo en la historia de un país explotado, sino como cuerpo primitivo y autóctono para la celebración y admiración del pasado indígena,

Denuncia y complicidad con las estructuras del Estado

termina por ser "asimilado" a la ciencia euro-norteamericana que construye y administra todos los saberes, incluido el pasado preeuropeo de los estados periféricos. Sin embargo, en un giro inesperado, en su devenir esperpéntico, la momia llega al circo y a la feria popular para recibir el contacto que nunca tuvo con los cuerpos anónimos de sus subordinados:

> Y sin deterioro sigue la momia su peregrinación, el rico penacho de plumas que le adorna la cabeza ya bastante apagado y así va dentro de la urna que cruje cada vez que la levantan al trasladarse de sitio la caravana, sobre el cristal las moscas muertas y la saliva seca de algún escupitajo, rodeada por niños y adultos que después se alejan a admirar los camellos y las jirafas. (Ramírez, *Cuentos* 122)

En realidad, no puede haber ciclo más completo en cuanto a la transformación del cuerpo del tirano. De cuerpo mítico y superior que condensa todos los signos del poder, a objeto de utilería circense. Esto a través de un proceso de degradación que lo lleva de lo sublime a lo grotesco, de la adoración estatuaria, pasando por la curiosidad científica al espantajo digno de salivazos y escarnio.

Es en este texto y en "Del paseo de la vaca muerta" en los que el pueblo, como masa todavía anónima, por lo menos tiene alguna capacidad de reacción. No se puede hablar de actantes populares propiamente dichos, pero sí de acciones específicas que confirman su existencia. Escupen a la momia del "prócer" o murmuran a las espaldas de la esposa del tirano para burlarse de su obesidad y del pomposo ceremonial que les impone el paseo vespertino de la consorte del autócrata (Ramírez, *Cuentos* 120). Esto confirma la tendencia a introducir el discurso de lo grotesco a diferentes niveles en *De tropeles y tropelías*. Si bien es cierto que la brevedad de las fábulas no permite que el habla del mercado se desborde, por lo menos hace referencia a ella para acompañar a los otros elementos grotescos que sí se encuentran con mayor frecuencia: los fluidos y las secreciones corporales. En "De ofensas y agravios" en venganza por los desaires sufridos por su primera esposa, S.E. impone como castigo la prostitución de las mujeres de sus enemigos que tienen que fornicar con leprosos, tuberculosos etc. Es decir, con varones que padecen enfermedades con secreciones múltiples (117).

En "Del hedor de los cadáveres," cuando la madre del dictador ha muerto, basta con que el tirano ordenara por decreto que nunca se le enterraría para imponer su descompuesta presencia entre su gabinete de ministros y demás séquito presidencial (113). Las damas se tragaban su propio vómito por el hedor, el besamanos de los embajadores continúa a pesar de los gusanos, señalándonos con ello que todos los poderosos se acostumbran a la carroña. No obstante, dentro de este cuadro macabro, existe un tono festivo y burlesco. A la dama muerta se le viste de negro y se le maquilla para todas las ceremonias de estado (113). El cuerpo descompuesto es vestido con elegancia, implantando un sentido fársico a la muerte de la encumbrada figura, dando paso a la parodia que señala de manera implacable el carácter degradante y degradado del poder.

Otra variante de lo grotesco, según Bajtín, es el consumo excesivo de alimentos y bebidas. El discurso del banquete o el locus del "ágape" también es recurrente en *De tropeles y tropelías*, y puede decirse que constituye el cuadro representacional preferente de la vida palaciega de Su Excelencia. Los fluidos corporales, los excesos en la comida y el sexo se mezclan en estos cuadros. Por ejemplo, en "De la afición a las bestias de silla" el sudor de la bestia se hacía uno con el del tirano, por donde quiera que iba por el palacio, el binomio deja un rastro de estiércol. El sexo se practica en la montura, se mezcla la comida del caballo y la de los comensales en los banquetes, incluso se llega a insinuar la zoofilia de las cortesanas o se sugiere la animalización del sexo del mandatario (115). Aunque lo más interesante tal vez sea que finalmente, las cortesanas también van en montura. La sociedad entera se contagia de la "moda andante" impuesta por el dictador. Esta transformación de los cuerpos que rodean al autócrata indica que no solo la disciplina y el control se ejercen desde los cuerpos superiores, sino que también la degradación del cuerpo sublime se contagia y se vuelve regodeo en los cuerpos comunes.

Si los poderes Ejecutivo, Legislativo y Judicial, incluyendo el "cuerpo" diplomático están expuestos a la podredumbre, la analogía inmediata es que S.E. como Midas inverso, todo lo que toca lo ensucia, lo corrompe, lo transforma en mierda o basofia (ver Besse, "Le corps" 103–04). La confusión–conjunción del sudor del tirano con el de su caballo, el embalsamamiento y museologización de su cuerpo señalan inequívocamente su degradación. Ahora, para que lo grotesco sea correctamente leído debemos encontrar la afirmación detrás de la burla y la hipérbole corporal.

Denuncia y complicidad con las estructuras del Estado

En contraste con el mundo de Rabelais analizado por Bajtín, en *De tropeles y tropelías* no hay reafirmación contra los temores cósmicos, pero sí una reafirmación de los actores anónimos, del pueblo, contra el temor al estado pretoriano. Por eso murmuran en contra de la "vaca muerta," escupen a la momia del dictador en el circo y tratan de "soñar" el fin del opresor. Lo corporal y pestilente de los fluidos del cuerpo inferior, como afirma Bajtín, disuelven la distancia entre el cuerpo y la materia, nos hacen patente su perentoriedad y también tienden a recordarnos que más allá de los males presentes, de la podredumbre impuesta por el tirano, existe la eternidad del cuerpo de la nación. La conexión simbólica no está directamente relacionada con el cosmos, pero sí con la permanencia de la nación como cuerpo social que puede sobrevivir más allá de las calamidades naturales y/o sociales que el espurio régimen de S.E. pueda imponer. Al exponerse a la luz, es decir, al narrarse la degradación y la reducción grotesca del poderoso, el lector-pueblo al que van destinadas estas fábulas, se convierte en testigo del desplome. Con esto se busca crear consciencia de cómo detrás de la fachada del poder se encuentra lo humano en su expresión material mínima y común, en carne, hueso y sangre, y por lo tanto de la enfermedad, del vómito y el envejecimiento, de la disolución orgánica de los cuerpos prometida por la muerte para todos, incluso para el tirano que un día, aunque "nunca duerme," también morirá. La separación del cuerpo doble del tirano es inevitable. De esta manera, la catarsis de lo grotesco se actualiza en el texto y el poder simbólico del pueblo para resistir y buscar un cambio queda sugerido o es invocado para ser restaurado.

Ya para concluir, hay que resaltar que, si bien en estas fábulas se hace una crítica estetizada del estado pretoriano como formación brutal, también puede inferirse que la crítica tiene mayores alcances. En general el estado moderno, entre otros atributos, es una sofisticada máquina represiva. En esto, los estados periféricos y los estados desarrollados se diferencian solo en grado, pero no en esencia. Por lo tanto, bajo un análisis minucioso de estos relatos, resulta inevitable pensar que cualquiera que sea el color y/o fachada que asuma el autoritarismo, de izquierda o de derecha, socialista, capitalista o neoliberal, la verticalidad del poder y la entronización de los poderosos por encima de las aspiraciones populares puede ser igualmente tiránica. El llamado de estos textos a la toma de consciencia sigue vigente, al revelarnos al nivel de la estructura lingüística que la permanencia en el poder de cualquier dictador es tanto producto de sus medios violentos como de la aceptación, el miedo y/o el conformismo de la población que atestigua y sufre sus abusos.

Han pasado cinco décadas y con ellas una revolución y otros tantos años de neoliberalismo y programas de ajuste estructural en Nicaragua desde la publicación de *De tropeles y tropelías* en 1972. Si uno de los objetivos originales de estas dieciocho fábulas era crear una conciencia revolucionaria, o al menos, el despertar de una voluntad pública de cambio, los trágicos y prolongados sucesos de la revolución, el ascenso solidario de un gobierno de tendencia socialista, la caída del sandinismo y la corrupción de sus ideales, el vapuleo de los programas de ajuste económico, no han podido ocultar que esa consciencia se despertó y sigue alerta. Irónicamente, la lectura de estas fábulas vuelve a cobrar vigencia una vez que el orteguismo, es decir, el sandinismo transformado en partido con tendencias y prácticas autoritarias bajo Daniel Ortega, vuelve a ocupar el poder desde 2007 por más de una década. La virulencia simbólica de la parodia del poder concentrado bajo un partido hegemónico y una personalidad autoritaria, vuelve a hacerse necesaria.

De ninguna manera intento afirmar que, *De tropeles y tropelías* junto con los juegos intertextuales de *Las historias prohibidas de Pulgarcito* o la suma entera de la literatura de los años 1970, sea el origen único de ese despertar crítico, pero sí se puede constatar que la presencia del discurso político y literario de manera evidente en una obra narrativa de esa época puede despertar todavía hoy interesantes reflexiones. Podemos comprobar que la combinación de los discursos literario y político no siempre da como resultado una suma cero, un producto panfletario y estéticamente nulo. Tal vez después de mirar a la distancia la Guerra Fría Cultural, con sus mercenarismos ideológicos y por supuesto, si dejamos de lado los desencantos y aburrimientos de la posmodernidad, se pueda comenzar a analizar con mayor atención una gran cantidad de obras que mezclan los discursos literario y político sin que ninguno de los dos cancele la sinergia de la imaginación creadora y sus posibilidades críticas.

SEGUNDA PARTE

Prefacio a la segunda parte

A diferencia de los capítulos anteriores, en esta segunda parte el enfoque principal de la crítica serán diferentes formas de disciplinamiento corporal no relacionadas exclusivamente con la acción del estado sino con el deporte (Capítulo V), la biopolítica (Capítulo VI) y la construcción de espacios para discapacitados (Capítulo VII). Se hablará entonces de una adecuación del entorno social para asegurar la participación de las poblaciones ya no como individuos, sino como conjunto que requiere de condiciones de supervivencia en términos de control de enfermedades y apropiación de espacios para la vida. Los personajes y situaciones analizadas incluyen una serie de acciones a veces a favor, a veces en contra de la disciplina de la dictadura somocista y el estado neoliberal. Como se verá, los cuentos y novelas a los que se refieren mis comentarios tienen una importancia central en la narrativa de Ramírez y en cierta forma, han contribuido a su identificación como un narrador posmoderno y dinámico que incorpora profusamente diferentes manifestaciones de la cultura popular y los medios masivos incluyendo el periodismo, la radio, los comics y el cine.

Capítulo cinco

Del cuerpo transformado al ciborg en "Charles Atlas también muere" y "El *centerfielder*" (1976)

En la colección de cuentos compilados bajo el título *Charles Atlas también muere* (1976) se reúnen seis historias que presentan las complejas relaciones entre diversos estratos de la sociedad nicaragüense con la cultura y la presencia norteamericana a través del siglo XX. A diferencia de las fábulas en *De tropeles y tropelías* (1972), donde las relaciones con la crónica y la historiografía de Nicaragua y Centroamérica aparecen como subtexto o alusión paródica indirecta, algunos de los cuentos de esta colección presentan claves para la identificación temporal, geográfica y cultural con mayor realismo y precisión. En este sentido, en estas narraciones se pueden estudiar las relaciones de poder y la corporalidad descrita de los personajes a través de tres ejes de organización. Primero, el cuerpo de los personajes está condicionado por su presencia ante el poder del estado nacional represivo en su versión somocista. Segundo, esa corporalidad se genera a través de una noción de disciplina importada en gran parte desde los Estados Unidos ya sea en forma recreativa o militar, y por tanto, con rasgos de imposición neocolonial. Finalmente, los personajes también presentan cierto grado de agencia que expresa algún nivel de voluntad individual que puede coincidir o no con las fuerzas anteriores y de manera literal, como se dice en la crónica deportiva "meten el cuerpo" para expresar esa voluntad, esa agencia simbólica individual. En relación con las opciones mencionadas, en el caso de "Charles Atlas también muere"—relato que da nombre al volumen—se hablaría entonces de una corporalidad hegemónica, es decir, donde priva la prescripción del manejo físico, cultural, y social del cuerpo en concordancia con el poder del estado. En el caso de "El *centerfielder*" hablaremos de una corporalidad resistente o que se opone a las prescripciones físicas impuestas por los poderes constituidos. En las páginas siguientes regresaré a la discusión de estos conceptos ya abordados en los capítulos III y IV.

Capítulo cinco

La crítica sobre el cuento "Charles Atlas también muere" es más abundante que la de ningún otro relato de Ramírez. La mayoría de las revisiones coinciden en señalar la aparente alienación del personaje principal que busca a toda costa integrarse al modelo consumista y neocolonial representado por la cultura y los medios masivos norteamericanos en consonancia con la visión apocalíptica de Adorno y Horkheimer en *Dialéctica de la Ilustración* (1947) (Colín 45–47; Henighan 165; Pavón 84–86; Perri 36). En mi discusión, agrego a estas nociones la idea de que la imagen de Charles Atlas al final del cuento, como un ciborg maltrecho, no es sino una metáfora del cuerpo hipertrofiado y enfermo del régimen de los Somoza. Más allá de esto, como se verá en el análisis de "El *centerfielder*" en la relación de los personajes y de la sociedad nicaragüense con las prácticas corporales y culturales de la potencia imperial, existe también un proceso de apropiación y resemantización de dichas influencias de tal modo que sirvan como instrumento para buscar el sabotaje de la corporalidad hegemónica impuesta por el régimen autoritario.

Como ya he mencionado antes, las referencias a la cultura de masas forman parte del entramado narrativo no solo en la cuentística de Ramírez, sino que se extiende a toda su obra. Cinco de los seis cuentos en la colección *Charles Atlas también muere* hacen referencia a la radio, el cine, los comics y/o a sucesos noticiosos que tienen que ver con dos momentos decisivos en la historia de Nicaragua. El primero, el momento inmediatamente previo a la fundación del estado moderno y dependiente bajo los Somoza a finales de los años veinte y principios de los treinta (1927–1934). El segundo, un momento más cercano al tiempo de la publicación de la obra, el final de los años sesenta y principios de los setenta, cuando comienza la era del tercer y último Somoza (1967–1979). La historia en "Nicaragua es blanca" y el cuento que da nombre a la colección "Charles Atlas también muere," narran sucesos supuestamente acaecidos en tiempos del fundador de la dinastía: Anastasio Somoza García. Las historias "Un lecho de bauxita en Weipa" y "A Jackie con nuestro corazón" presentan personajes de la clase alta nicaragüense y costarricense que disfrutan de una vida de lujos y excesos y para quienes la medida de todo valor social es codiciar e imitar el "American way of life." Estas dos historias más "El acoso" con personajes gay de clase popular, acosados por la violencia homofóbica, y la historia de un beisbolista victimizado

Del cuerpo transformado al ciborg

por la violencia política en "El *centerfielder*," están ambientadas en la época del último autócrata de la dinastía: Anastasio Somoza Debayle.

En el caso de la narración que abre el libro, por la alusión a Charles Atlas y los nombres de los personajes, se indica de manera indirecta el marco temporal en medio del cual se desarrollan los hechos. Esta historia se inicia hacia 1926, año del regreso a Nicaragua del que sería "El general de hombres libres" Augusto C. Sandino. Pero el personaje-narrador del cuento no es un sandinista de la primera época, sino un nicaragüense del bando contrario. La voz autodiegética del relato es la de un joven enrolado en la Guardia Nacional y que en contacto con la vida y la disciplina de los *marines* norteamericanos se obsesiona con la historia y la leyenda de Charles Atlas, una de las figuras fundadoras del fisicoculturismo norteamericano y pionero de los programas de ejercicio vendidos por correspondencia. El guardia nicaragüense que se desempeña como telegrafista, lee en algún comic el anuncio sobre el curso de "tensión dinámica" y después de seguirlo por algunos meses, se transforma en un hombre completamente distinto, como le prometiera la publicidad de Atlas.[1]

Pero esa transformación no es suficiente. En 1931, el guardia narrador consigue partir rumbo a Nueva York para conocer a su ídolo, la estrella fisicoculturista Charles Atlas. Una vez en Nueva York, al principio se le niega que su ídolo exista, pero el guardia, recordando las palabras de aliento de su jefe militar americano, insiste y consigue que los ejecutivos de Charles Atlas Inc. lo lleven al sitio secreto donde yace el héroe de noventaicinco años, aún musculoso y escultural pero condenado a guardar reposo por un cáncer de mandíbula que se ha extendido hasta dejarlo postrado. De esta manera, la descripción que leemos de ese extraño ser que observa el guardia narrador, no es la de un cuerpo glorioso y rebosante de fuerza y salud que podríamos esperar, sino la de un individuo con prótesis metálicas que le permiten mantenerse con vida y a duras penas le dejan hablar. Esta combinación de elementos biomecánicos y cuerpo transformado hacen que el esperpento de Charles Atlas descrito en el cuento de Ramírez califique en la categoría de un "organismo cibernético" o ciborg. En esencia, "Charles Atlas también muere" es el primer encuentro narrativo de un nicaragüense con un ciborg. Pero el punto intrigante de la historia es que ese encuentro suceda en 1931.

Capítulo cinco

El concepto de ciborg aparece en los Estados Unidos en 1960, acuñado por Manfred Clynes y Nathan Kline para definir a un "hombre mejorado" que podría sobrevivir en una atmósfera extraterrestre en la era espacial (Yehya 41). No obstante, una vez definido el término, diferentes versiones de hombres mecánicos, organismos con prótesis y otras combinaciones que aparecieron en la historia y en la literatura del siglo XIX también fueron reconocidos de manera retrospectiva como ciborgs. Así Brown en su *Cyborgs in Latin America* (2010) ubica las primeras historias de vidas artificiales en el continente en cuentos de los autores Eduardo Holmberg y Horacio Quiroga.[2] Sin embargo, lo que nos interesa aquí no es solo la representación de Charles Atlas como ciborg sino la relación de la mitología tecnológica y corporal asignada a la cultura norteamericana en el cuento, con el personaje narrador que intenta a toda costa asemejarse a su héroe que resulta ser un ente biomecánico decrépito. La crítica sobre este relato ha señalado con insistencia la absorción del discurso de la publicidad y los medios masivos en la voz del narrador en una especie de collage o práctica de "recortar y pegar" utilizado por artistas del Pop Art (Moro 181). También se ha señalado la ironía de la búsqueda del "hombre nuevo" en la figura de Charles Atlas en contraposición al "hombre nuevo latinoamericano" propuesto por el Che Guevara y la influencia neocolonial en las ideas del personaje principal (Henighan 163; Perri 36).[3] Sin embargo, para aquilatar la intervención sobre los textos e imágenes de consumo con las que el autor construye el relato, me parece necesario auscultar más de cerca sus orígenes.

Resulta por demás revelador que en la crítica sobre este que podría considerarse el cuento más conocido de Sergio Ramírez, se insista poco en explorar las referencias historiográficas contenidas en la narración. Desde mi punto de vista esas referencias realistas y su fusión en el entramado ficticio de la narración, son centrales para comprender la visión desestabilizadora y crítica que presenta este cuento acerca de la presencia de los *marines* en el período de intervención y ocupaciones en Nicaragua que va de 1909 hasta 1933. Por ende, el cuento presenta también una calificación moral y ética de aquél período histórico en el que los grupos hegemónicos nicaragüenses se plegaron a la voluntad del invasor y aceptaron recibir y mantener el poder derivado y espurio que la potencia neocolonial les ofrecía a través de la persona de Anastasio Somoza y su guardia pretoriana.

Aparte de las referencias históricas, dentro de las referencias geográficas, tanto los nombres de diversos sitios en Nicaragua, los pueblos de Bluefields, Puerto Cabezas, puertos en la Costa Atlántica, y el pueblo de San Fernando en las Segovias (frontera norte), como la locación que visita en Nueva York el personaje principal: la Abyssinian Baptist Church a través de la cual se entra a la recámara de Atlas, son reales. De igual manera algunos personajes citados en la historia incluidos los nombres de Charles Atlas, el Capitán Hatfield (USMC) y el embajador Hanna son fidedignos. Es decir, corresponden a personas identificables aunque su integración y sus acciones en el cuento conllevan una recomposición ficticia marcada por la ironía y la fatalidad.

Historiografía, fisicoculturismo y crítica anticolonial

Sin duda la primera figura de origen histórico que llama la atención en este cuento es Charles Atlas. Cualquier intento para dar seguimiento a la compleja recomposición lúdica que esta narración de Ramírez hace de la historiografía debe comenzar por este ícono de la cultura de masas estadounidense.

Ángelo Siciliano (1892–1972), quien se llamaría así mismo Charles Atlas, nació en Acri, Calabria en Italia el 30 de octubre de 1892. Sus padres se separaron cuando tenía diez años y su madre lo llevó a los Estados Unidos a vivir en la parte baja del apartamento de un tío en Brooklyn frente al East River, en la ciudad de Nueva York. En ese tiempo la población del barrio era un universo de migrantes italianos, judíos, irlandeses y polacos (Gaines 17). En 1908 deja la escuela y trabaja para una fábrica de carteras de cuero. Cuenta la leyenda que en 1910, mientras el joven Ángelo observaba la jaula de los leones en el zoológico de Central Park, ve como las bestias se estiran y hacen fuerza para mantener el tono muscular. Este simple hecho le da la noción de que hay una manera natural de ejercitar el cuerpo sin necesidad de aparatos, resortes, pesas o poleas (Gaines 24). En los próximos dos años, el joven inmigrante italiano buscará la combinación precisa de ejercicios para desarrollar el principio base de su sistema de "tensión dinámica" (Golden y Toon 44). Para 1912, el joven Ángelo, con 19 años, tiene una musculatura que impresiona a sus amigos y estando en Coney Island, zona de juegos mecánicos, carnavales y paseos populares, alguien le sugiere que su figura es similar a la

Capítulo cinco

del "Atlas" que adorna el hotel del área.[4] Ahí nace Charles Atlas. Ya con una figura escultural e imponente, se estrena en diversos oficios que van de la carpa de espectáculos a posar como modelo, y a presentaciones como "hombre fuerte" en circos y ferias. En 1921, el fisicoculturista y editor de la revista *Physical Culture*, Bernarr MacFadden lanza un concurso para buscar al "Hombre más hermoso del mundo" y al año siguiente, el concurso para buscar al "Hombre mejor desarrollado del mundo." Angelo "Charlie" Siciliano gana ambos concursos y el premio correspondiente de mil dólares. Estos dos eventos comienzan a darle fama nacional al joven Atlas (Gaines 59). Mientras tanto, en colaboración con un socio de MacFadden, el naturista y especialista en ejercicios y salud Frederick Richard Tilney, Siciliano desarrolla un curso por correspondencia que promociona ejercicios sin pesas ni equipo y que comienza a vender a través de revistas ilustradas y comics. Los primeros envíos se hacen en 1924. Pero la empresa no toma impulso sino hasta 1928, cuando Charles Atlas se asocia con el joven universitario Charles Roman quien en colaboración con Atlas toma las riendas del negocio editando los folletos, redactando los anuncios y organizando la venta por correspondencia (Black 67). Para 1930 Roman y Atlas, ya vendían tres mil cursos al año y para 1941 serían diez mil, tan solo en los Estados Unidos. En 1936 abrieron oficinas en Londres y en 1939, en Sudamérica. Un año antes de la muerte de Atlas en 1971, la empresa distribuye veintitrés mil cursos en todo el mundo. De este modo, es en realidad en los años treinta que la leyenda y negocio masivo de Charles Atlas Inc. adquieren solidez y fama mundial. Contrario a lo que se presenta en el cuento de Ramírez, hasta el día de su muerte en 1972, de un ataque cardíaco (y no de cáncer) en un hospital de Long Island, Charles Atlas lleva una vida ordenada y saludable que le permite conservar su figura, su independencia y su fuerza, de manera admirable para un hombre de 81 años.

Dadas estas coordenadas históricas podemos ver que la historia de Ramírez ha reorganizado las fechas y algunos de los hechos de la biografía de Charles Atlas para elaborar una versión literaria mucho más dramática. El cuento, al revelarnos que el primer "alumno" estrella de Charles Atlas en Nicaragua es un miembro de la Guardia Nacional, nos hace ver la transformación corporal importada desde Nueva York como un símbolo del poder neocolonial que no necesariamente corresponde con la historia personal del

Charles Atlas histórico. Es decir, el joven Siciliano es un ejemplo verificable del inmigrante de origen humilde que, en contra del prejuicio racial estadounidense contra italianos, no anglosajones y católicos, inventa y realiza el sueño americano al transformar su cuerpo en objeto de admiración y prosperidad.

Como se había mencionado, la cronología en la historia de Ramírez tiene un significado especial. El Charles Atlas en la versión nicaragüense nace en 1827, unos 65 años antes de la fecha real (1892). Así, para cuando comienza la historia de Ramírez en 1926, el fisicoculturista tiene 99 años y al momento del encuentro con el guardia narrador en 1931, tiene 104 años. Sin embargo, la posibilidad de que el personaje del cuento hubiera recibido y usado el curso para convertirse en "un hombre nuevo" al estilo de Charles Atlas, como lo ofrecían algunos de los anuncios de la época entre 1927 y 1930 es completamente verosímil. En todo caso, el curso estaría en su versión en inglés y para ello el guardia tiene la ayuda de su jefe americano el Capitán Hatfield USMC (United States Marine Corps).

Las referencias al Capitán Hatfield están repartidas a lo largo del cuento de tal manera que se vuelve un elemento repetitivo y hasta cierto punto obsesivo: "Pero de nuevo la voz del Capitán Hatfield USMC me animaba: una vez en el camino, querido muchacho, uno nunca debe volverse atrás" (Ramírez, *Cuentos* 132). Este personaje sirve también como anclaje histórico al cuento. El Capitán Gilbert D. Hatfield era parte de la fuerza expedicionaria de *marines* que confronta a Augusto C. Sandino en los primeros encuentros entre las fuerzas de invasión y las nacionales en julio de 1927 (Sandino 51; Selser 194). Hatfield desde la población de Ocotal en el departamento de Nueva Segovia, siendo apenas un capitán, declara al General Sandino "fuera de la ley" y advierte a todos sus seguidores y aliados que serán pasados por las armas si ayudan o cooperan de cualquier manera con el caudillo. En sus comunicados, por demás soberbios, Hatfield le ofrece a Sandino respetar su vida y dejar en paz a sus hombres si deponen las armas. El general nicaragüense responde con frases airadas y con un rotundo no, a las insolencias de Hatfield (Selser 193).

Los hechos históricos indican que el primer ataque frontal a los marinos y la primera derrota de las fuerzas sandinistas se consuma entre el 16 y 17 de julio de 1927. Con la ayuda de cinco aviones De Havilland (fabricación canadiense) que bombardean

Capítulo cinco

incesantemente las posiciones de los rebeldes de Sandino, el asedio a la población de Ocotal fracasa. De hecho, el Capitán Hatfield recibirá la Cruz Naval por su defensa de la posición en esa fecha (Clark 167). A pesar de la derrota, esta experiencia prueba a los seguidores de Sandino que es posible confrontar al enemigo, aunque cuente con armamento superior y que aún bajo el fuego de la aviación es posible hacer daño al invasor. La derrota también deja en claro que la guerra de guerrillas debe ser el método a seguir de ahí en adelante y que una fuerza de campesinos pobres puede poner en jaque al cuerpo mejor entrenado del ejército norteamericano (Grandin 31; MacAulay 87, 241).

Por cierto, aunque en el cuento de Ramírez se habla de la muerte de Hatfield en 1931, esto parece ser parte de la recomposición ficticia de los hechos históricos. No hay registro de que el militar haya muerto en esa fecha, sino en 1961.[5] Los otros personajes norteamericanos en el cuento con referentes históricos fidedignos son el embajador norteamericano y el jefe de las fuerzas militares en Nicaragua. En aquellos años Matthew Hanna (1873–1936) referido en el cuento, era efectivamente el embajador y mantiene el puesto en los años cruciales de 1930 a 1933. En el caso del comandante de las fuerzas de ocupación, el cuento ofrece una variante. Según los registros históricos se trata del General Logan Feland y no del Coronel Friedmann USMC como afirma el cuento (MacAulay 29; Nalty 42, 50; Sandino 641). Cabe preguntarse el por qué del uso combinado de nombres y personajes históricos y de las variaciones y recomposiciones que se hacen a esos registros. En la siguiente sección se ofrecen algunas hipótesis.

Narración y corporalidad hegemónica

"Charles Atlas también muere" es una narración en primera persona contada por un guardia nicaragüense que comienza su servicio como telegrafista para los *marines* en 1926. El lector nunca sabrá su nombre, pero sí conoceremos su completa dedicación a convertirse en fiel seguidor de la disciplina y las ideas del ejército de ocupación. La narración abre presentando los lazos que le unen al jefe local de los *marines*: "Bien recuerdo al Capitán Hatfield USMC el día que llegó al muelle de Bluefields para despedirme, cuando tomé el vapor a New York; me ofreció consejos y me prestó su abrigo de casimir inglés porque estaría haciendo mucho frío

Del cuerpo transformado al ciborg

allá, me dijo" (Ramírez, *Cuentos* 123). Esta breve presentación establece las pautas de una historia que en apariencia es un relato de amistad entre un habitante de Centroamérica que busca su superación personal y un oficial del ejército de ocupación que le brinda tal oportunidad.

De vuelta en el mundo histórico, esta tónica de "amistad" es una vertiente del discurso que utilizaría el régimen de los Somoza para justificar la presencia de los asesores norteamericanos y directores de la academia de la Guardia Nacional que por décadas fueron los que detentarían ese puesto. Volviendo al cuento, podemos observar los alcances pretendidamente civilizatorios y en realidad colonizadores de esta "desinteresada" amistad:

> El Capitán Hatfield USMC fue un gran amigo: me enseñó a hablar inglés con sus discos Cortina que ponía todas las noches allá en el cuartel de San Fernando, utilizando una victrola de manubrio; por él conocí también los cigarrillos americanos; pero lo recuerdo sobre todo por una cosa: porque me inscribió en los cursos por correspondencia de Charles Atlas y porque me envió luego a Nueva York para verlo en persona. (Ramírez, Cuentos 151)

Nada extraordinario parece haber en la relación entre el joven telegrafista y su jefe militar. Sin embargo, los tres intercambios que se establecen entre el Capitán y su subordinado están relacionadas con procesos culturales, tecnológicos y de consumo en los que la relación es sumamente desigual. De hecho, estos intercambios personales están relacionados con los intereses económicos concretos que dan impulso a las dos ocupaciones de Nicaragua en 1912–1924 y en 1926–1933: el impedir el establecimiento de un canal alterno al de Panamá, defensa de industrias e intereses de compañías norteamericanas de minería y maderas, pago forzado de préstamos. Pero la justificación a nivel jurídico-político termina siendo un discurso civilizatorio en el que el gobierno norteamericano promete ayudar a "modernizar" la administración y el manejo del estado. La intervención directa de los banqueros de Wall Street, en especial el banco Brown Brothers, para manejar las aduanas y las rentas del estado mientras cobran los intereses y el monto de sus préstamos se justifica bajo esa lógica. La deformación en los mercados de crédito impuesta por los banqueros americanos y sus socios de la burguesía nicaragüense afecta de

Capítulo cinco

manera profunda la economía de enclave de Nicaragua en los años 20 y 30, que de por sí estaba severamente expuesta a los vaivenes en los precios internacionales del café, su más importante producto de exportación (Gobat 134). Así, esta misión de "amistad" modernizadora tiene un precio palpable e inmediato para la sociedad nicaragüense: descapitalización, masacres de campesinos, imposición de una fuerza militar extranjerizante y opresiva (la Guardia Nacional), pérdida de territorio y soberanía en tratados sobre el canal (Tratado Chamorro-Bryan 1914) y la sesión de territorios marítimos de Nicaragua para compensar a Colombia por la pérdida de Panamá (Tratado Bárcenas-Esguerra 1928), etc. Este es el precio de la "amistad" y los intercambios "civilizadores" de los gobiernos norteamericanos para Nicaragua.

De manera paralela, la colaboración y la amistad entre el guardia nicaragüense y el capitán americano en el cuento de Ramírez tiene un precio en sangre:

> Creo que nuestra íntima amistad comenzó el día que me presentó una lista de los vecinos de San Fernando, en la que marqué a todos los que me parecían sospechosos de colaborar con los alzados, o que tuvieran parientes en la montaña; al día siguiente los llevaron presos, amarrados de dos en dos y a pie hasta Ocotal, donde los americanos tenían su cuartel de zona. (Ramírez, *Cuentos* 151)

En esa ocasión, el premio por la delación y condena de sus vecinos para que sean apresados por el contingente de marinos parece más bien simbólico: "un paquete de cigarrillos Camel" y una "revista con fotos de muchachas semidesnudas." La descripción altruista de la amistad entre el guardia y el Capitán va revelando su verdadero costo. El precio de la "entrega amistosa" de elementos modernizadores: aprender inglés, consumir cigarrillos, acceso a imágenes salaces resulta en un acto de violencia y traición sobre sus vecinos y connacionales. Así, el joven telegrafista narrador no solamente es miembro de la guardia constabularia (que luego será Guardia Nacional) y colabora con los *marines*, sino que se va acercando de manera material y simbólica a los valores y la conducta de sus aliados, esto a sabiendas de su precio en sangre. Dicho proceso de acercamiento y mímesis hacia el poder neocolonial no hará sino profundizarse a lo largo del cuento.

Del cuerpo transformado al ciborg

Es en una de aquellas revistas de contenido sicalíptico en donde el guardia encuentra el anuncio de Charles Atlas que cambió su vida, "convirtiéndome en un hombre nuevo, pues yo era un alfeñique" (124). Pero este cambio no es solo en sentido de transformación física, sino que desde este punto la narración adquiere un carácter de reafirmación mimética casi enfermiza. El guardia no solo lee los anuncios de Charles Atlas y cree en sus frases publicitarias "El alfeñique de 44 kilos que se convirtió en el hombre más perfectamente desarrollado del mundo," sino que el telegrafista internaliza la leyenda y encuentra, o construye deliberadamente, paralelos inequívocos entre la historia de Atlas y la suya propia.[6] El episodio publicitario en el que Atlas refiere las humillaciones que sufre en la playa cuando un tipo rudo le salpica de arena a él y a su novia son asumidas y trasplantadas a la niñez del telegrafista en Nicaragua:

> Recuerdo que una vez paseando por la plaza de San Fernando con mi novia después de misa—tenía yo 15 años—dos tipos grandes y fuertes pasaron junto a nosotros y me miraron con burla; uno de ellos se regresó y con el pie me lanzó arena en los ojos. Ethel, mi novia, me preguntó: ¿por qué dejaste que hicieran eso? (Ramírez, *Cuentos* 152)

Esta humillación a la masculinidad del narrador frente a su novia se convierte, igual que en el relato publicitario usado por Charles Atlas, Inc. en el gran motivador para un cambio de conducta y eventualmente un cambio corporal. Pero antes de llegar a ese punto, la apropiación del discurso masculinista del anuncio a la circunstancia nicaragüense del narrador parece tener cierta marca de exageración o de reelaboración artificial. No solo el germen emocional de la humillación ha sido copiado, sino que además el nombre de la novia "Ethel" denota una reconstrucción sospechosa. Ciertamente en la Costa Atlántica de Nicaragua, que no queda muy lejos de donde se sitúan los hechos, abundan los nombres anglófonos, pero el caso de que una señorita de San Fernando en medio de las montañas de Nueva Segovia lleve ese nombre parece si no dudoso, sí muy deliberado. El narrador quiere asegurar la cadena de coincidencias entre su historia y la historia de aquellos a los que parece admirar: el Capitán USMC y Charles Atlas.

Desde el momento en que el telegrafista decide pedir los folletos de Charles Atlas, tomaría un año para que el paquete de prueba

Capítulo cinco

"completamente gratis" conteniendo alguna muestra de ejercicios, imágenes del atleta norteamericano y una carta firmada por él, llegara hasta las montañas de Nueva Segovia. Esta espera se cumple mientras "allí se libraba la parte más dura de la guerra." Pero aquí surge el siguiente obstáculo. El curso completo de ejercicios tenía un costo demasiado elevado. De nuevo la "amistad" del capitán norteamericano es puesta a prueba y confirmada:

> Mr. Atlas también anunciaba en su carta que el curso costaba $30.00 en total, cantidad de la que no disponía, ni podría disponer en mucho tiempo; así que recurrí al Capitán Hatfield USMC quien me presentó otra lista de vecinos, en la que yo marqué casi todos los nombres. De esta manera el dinero se fue a su destino y otro año más tarde, el curso completo venía de vuelta, 14 lecciones con 42 ejercicios. (Ramírez, *Cuentos* 152)

La dimensión monetaria de la "amistad" y el hecho mismo de compra de información queda finalmente establecido. El precio de 30 dólares para 1928 era en realidad impensable para un habitante pobre de Nueva Segovia. Pero esta cantidad no parece haber sido seleccionada en el cuento únicamente por su equivalente monetario, sino por su valor simbólico. El telegrafista había vendido a sus vecinos una vez más por 30 monedas, la misma cantidad por la que Judas vende a Jesucristo en los Evangelios. Si aceptamos esta conexión metafórica, el narrador es Judas, y los campesinos de San Fernando que aparecen en la segunda lista de denuncia que Hatfield le hace revisar, serán el cuerpo crucificado del pueblo.

Es notable la lógica casual con que se elaboran ambas listas de delación. En la primera el narrador cuenta "marqué a todos los que me parecían sospechosos de colaborar con los alzados" (151) y luego "me presentó otra lista de vecinos en la que yo marqué casi todos los nombres" (152). El proceso de selección de sospechosos es cruelmente arbitrario sin mediar interrogatorio o la más mínima investigación o corroboración con algún otro vecino del lugar. La decisión tomada por el telegrafista, que funciona aquí como informante nativo, se convierte en juicio sumario y sentencia. A través de ella el capitán Hatfield justifica el encarcelamiento y asesinato genocida de la población campesina. Este procedimiento nos recuerda las técnicas del "anti-terror" utilizado por Somoza y por otros dictadores, en las que se desaparecía casi al azar, o como en las guerras coloniales montadas por España y Francia en las que se "quinteaba" o se "diezmaba," es decir, se fusilaba a uno de cada cinco, o uno de cada diez, en una población sospechosa de colaborar con el enemigo. Lo importante de este procedimiento y el del anti-terror moderno, no era la precisión o el identificar y enjuiciar al colaborador confeso, sino infundir miedo en los sobrevivientes para que delaten o colaboren con el ejército o la fuerza antisubversiva.

Del cuerpo transformado al ciborg

El estudio de la disciplina como productora de cuerpos dóciles y como instrumento de inscripción de modernidad en el cuerpo del subalterno en situaciones de poder colonial o neocolonial en América Latina es muy amplio. Desde las observaciones de los Cronistas de Indias donde se describen y estudian los modos de orar, caminar y hablar de los indígenas de México y Centroamérica, pasando por los manuales de instrucción militar de los ejércitos post-independencia, hasta los libros de reglas de urbanidad tan de moda en el siglo XIX, incluyendo el archiconocido y comentado *Manual de urbanidad y buenas maneras* del venezolano Manuel Antonio Carreño de 1853. Así, el disciplinamiento del cuerpo de la juventud criolla educada y del cuerpo del soldado mestizo o de origen indígena, son tareas primordiales acatadas por los diversos sistemas de poder que han pautado la historia del continente. Sin embargo, las variaciones en estos sistemas de disciplinamiento son grandes y sus orígenes son variados.

En este sentido, la organización previa a la Guardia Nacional de Nicaragua, fundada en 1925, y las de otras organizaciones militares similares en naciones del Caribe (Haití, República Dominicana) que tuvieron fuerzas "constabularias" fundadas por el ejército de ocupación norteamericano está íntimamente ligada a la imposición de procesos "civilizatorios" considerados como modernizadores de la sociedad, y a procesos de transmisión de disciplina y formación militar derivados de las academias castrenses de los Estados Unidos (Millet 42). La lógica gubernamental estadounidense que proponía la implantación de estas instituciones parece, a un siglo de distancia, de una simplicidad apabullante. Una fuerza militar disciplinada y apolítica debía ser una muestra reproducible de la institucionalidad además de que pondría fin al golpismo y al caudillismo, endémicos en estas naciones. Pero, si los mismos

Capítulo cinco

jefes militares y agentes financieros norteamericanos que toman las riendas del gobierno reconocían y hacían notar las "diferencias" o la "inferioridad" cultural de los pueblos que subyugaban ¿cómo es que llegaron a creer que una fuerza militar creada como espejo de su *Marine Corps* podría implantarse con éxito entre dicha población y tener el efecto pacificador y justiciero deseado? En realidad, la implantación de este "fragmento" de institucionalidad militar parecía obedecer el objetivo más pragmático de contar con una estructura de poder que sirviera de enlace y respondiera de manera directa a los intereses norteamericanos y a fin de cuentas, funcionara como cuerpo catalizador de modernidad al estilo y semejanza del país del norte.

En el reglamento de la Academia Militar de la Guardia Nacional de 1932 se observan muchas de estas ideas sobre la implantación de la disciplina como una forma de "modernizar" el carácter y la conducta de los reclutas. Por ejemplo, en ese reglamento se contemplan en la rutina diaria apenas 15 minutos de "juegos atléticos" (Presidencia, "Reglamento"). Sin embargo, el énfasis en la disciplina recaía no tanto en el ejercicio físico sino en la regulación del tiempo, los criterios de orden, higiene, obediencia, las reglamentaciones que tienen que ver con formaciones, manejo de armas, y la educación mínima para conseguir que un cuerpo de 3,000 efectivos tuviera la prestancia y la estructura para enfrentar situaciones de combate ante amenazas de asonadas y fuerzas caudillistas que dominaron la vida política del siglo XX en América Latina.

En la Academia de la Guardia Nacional, el horario reglamentado de lunes a viernes se extendía desde las 5:45am hasta las 10pm, con dos horas "de estudio" entre las 7:28–9:30pm (Presidencia, "Reglamento"). No obstante, esta rigurosa reglamentación del tiempo en la Academia no se puede suponer que fuera la misma que se mantendría en el frente de guerra, cuando los primeros combates en contra de las fuerzas de Sandino tienen lugar en San Fernando y Ocotal en 1927.

En el cuento de Ramírez, cuando leemos que el telegrafista tenía suficiente tiempo libre para dedicarse a seguir el régimen de ejercicios de Charles Atlas, la narración se circunscribe al ámbito de lo verosímil, y también se agregan algunos detalles particulares. La puesta en práctica del régimen físico se hace bajo la dirección del jefe de los *marines*:

Del cuerpo transformado al ciborg

> El Capitán Hatfield, USMC, comenzó asesorándome. Los ejercicios tomaban sólo quince minutos al día: la tensión dinámica es un sistema completamente natural. No requiere aparatos mecánicos que puedan lesionar su corazón u otros órganos vitales. No necesita píldoras, alimentación especial u otros artefactos. ¡Sólo unos minutos al día de sus ratos de ocio son suficientes, en realidad, una diversión! (Ramírez, *Cuentos* 152)

Al final del párrafo se observa una vez más, la internalización o apropiación del lenguaje publicitario del anuncio del sistema de Charles Atlas Inc. por parte del narrador que repite como si fueran sus propias palabras lo que ha leído en la publicidad. No se trata de intertextualidad alusiva, sino de mímesis clara y manifiesta asumida por el narrador como normal y como observación indisputable. Pero los detalles más importantes se encuentran en la caracterización de los ejercicios como un "sistema completamente natural" y en la propuesta de que esos quince minutos de ejercicio pudieran considerarse como "ocio." Primero, es curioso que el tiempo de ejercicio asignado coincida con lo que prescribe el reglamento de la Academia de la Guardia Nacional. Esta coincidencia sugiere que a pesar del carácter "civil" y de "ocio" de los ejercicios, su aplicación puede ser indistinta para un criterio de disciplinamiento corporal tanto para "esparcimiento" o para acondicionamiento militar. En este caso, al tratarse de un individuo que pertenece a un instituto armado, ambos criterios se fusionan, esparcimiento y disciplinamiento militar son paralelos.

Por su parte el carácter "natural" de los ejercicios que prescinden de máquinas o píldoras parece estar dirigido a reafirmar la inocuidad y la autenticidad del sistema de ejercicios enviado desde Nueva York. Si no hay necesidad de elementos externos: equipo, regulación nutricional, fármacos, la noción de integridad física y la promesa de una transformación corporal inocua parecen reafirmaciones para los que dudan de la efectividad o para los que temen algún daño involuntario por la aplicación del sistema. Como punto importante en este párrafo, de nuevo la asistencia de un oficial USMC que ofrece su ayuda y orientación "desinteresada" en la implementación "correcta" del sistema Charles Atlas parece una garantía y una reafirmación del pacto cultural y de poder entre el narrador y su jefe norteamericano. Estas condiciones reafirman las observaciones que hace Michel Foucault en *Vigilar y castigar*

Capítulo cinco

en referencia al ejercicio que siempre debe suponer un reto y una meta en el disciplinamiento del cuerpo dócil que reciben las organizaciones represivas—ejército y policía—para transformarlos en cuerpos disciplinados:

> El ejercicio es la técnica por la cual se imponen a los cuerpos tareas a la vez repetitivas y diferentes, pero siempre graduadas. Influyendo en el comportamiento en un sentido que disponga hacia un estado terminal, el ejercicio permite una perpetua caracterización del individuo ya sea en relación con ese término, en relación con los demás individuos, o en relación con un tipo de trayecto. Así garantiza, en la forma de la continuidad y de la coerción, un crecimiento, una observación, una calificación. (Foucault, *Vigilar* 165)

Y como leemos en el relato de Ramírez, al personaje de este cuento le interesa un trayecto y un crecimiento determinados. La meta es imitar las imágenes de ejercicios propuestas por Charles Atlas que ha visto en los diferentes folletos que le han sido enviados. Tiene también una "calificación" determinada: comparar su cuerpo con el de su ideal ya internalizado y mimetizado de manera narrativa a través de las anécdotas comunes "el enclenque de noventaiocho libras" vengar la "afrenta" a la masculinidad en un sitio público frente a su novia Ethel. La transformación del cuerpo después de seguir el sistema de ejercicios, no solo corrobora la eficacia de las promesas de Atlas y de la ayuda del Capitán USMC, sino que intensificará los paralelos entre el alumno nicaragüense y su modelo americano y confirmará la docilidad corporal y absorción de la ética y la visión de la cultura dominante:

> Pero mis ratos de ocio eran bastante amplios, me dediqué con empeño y entusiasmo a los ejercicios, no quince minutos, sino tres horas diarias durante el día; por la noche estudiaba inglés con el Capitán Hatfield USMC. Al cabo de un mes el progreso era asombroso; mis espaldas se ensancharon, mi cintura se redujo, se afianzaron mis piernas [...] Un día Ethel me señaló en una revista la foto de una estatua del dios mitológico Atlas; mirá, me dijo, si es igualito a vos. Entonces supe que iba por el camino correcto y que alcanzaría mis ambiciones. (Ramírez, *Cuentos* 152)

Los procesos de aculturación y transformación física son presentados como paralelos, por el día tres horas de ejercicios, por

Del cuerpo transformado al ciborg

las noches estudiar inglés. La tonificación y crecimiento de masa muscular separa ya al cuerpo del telegrafista del de los otros cuerpos y el reconocimiento de esa diferencia es señalado por Ethel, es ella quien lo compara con el dios mitológico Atlas. Esta relación de cambios es reinsertada dentro de un discurso de mejoramiento y ambición personal. La transformación física parece justificar la búsqueda de otros objetivos ya no de tipo deportivo o militar, porque la gradación del ejercicio señala ya otro trayecto que ha sobrepasado las marcas iniciales y se proyecta al terreno cultural. Ese trayecto sacará del contexto militar y bélico al exitoso fisicoculturista nicaragüense:

> Cuatro meses después ya había avanzado lo suficiente en inglés para escribirle una carta a Mr. Atlas y decirle gracias, todo es o.k. [...] el día que el Capitán Hatfield USMC me llevó allá [a Managua] para que diera una demostración de mi fuerza: jalé por un trecho de doscientos metros un vagón del ferrocarril del pacífico cargado de coristas, vestido solamente de una calzoneta de piel de tigre. Allí estaban presenciando el acto el propio Presidente Moncada, el ministro americano Mr. Hanna y el comandante de los marinos en Nicaragua Coronel Friedmann, USMC. (Ramírez, *Cuentos* 153)

La hazaña realizada por el telegrafista de San Fernando es en realidad una copia fiel de una de las proezas que consolidaron la fama del Charles Atlas histórico. En este sentido, las metas del alumno parecen repetir uno a uno los actos del maestro, la pregunta que surge es si intenta también suplantarlo. Pero el otro elemento significativo es que el acto se llevara a cabo en Managua enfrente de las autoridades nacionales, el Presidente Moncada y el ministro (embajador) Hanna. La transformación del "hombre nuevo, con bíceps de acero," como él mismo se reconoce, lo ha insertado dentro de los ejemplos de los "prodigios" de la ocupación americana y lo coloca en el campo de las evidencias del progreso y beneficios civilizadores de esta presencia. Con su "calzoneta de piel de tigre" y su físico reforzado, el guardia está haciendo alusión a otro de los grandes mitos de esta era. Los tempranos años 1930 marcan el momento de consolidación de Tarzán como ícono en su proliferación intermedial que lo lleva de la novela de aventuras por entregas, pasando por la radio, al cine, y en 1929, al comic (Chávez, "Alta modernidad" 155–60). Aunque no hay una re-

Capítulo cinco

ferencia directa a este fenómeno, no parece descabellado sugerir que tanto el Charles Atlas histórico, como su doble nicaragüense, están invocando esas imágenes y tratan de inscribirse en el circuito del espectáculo visual cuando se visten a la manera primitiva y selvática del "hombre mono" de Edgard Rice Burroughs. En todos los casos, esta alusión a una masculinidad salvaje reapropiada y convertida en espectáculo moderno implica una voluntad de "primitivización" que reinscribe y hace evidente el mensaje neocolonial de la ocupación militar norteamericana (Cheyfitz 15, 157; Torgovnick 46). Irónicamente la prueba de modernización de un habitante de una "república bananera" es su reducción/revelación como un ser "primitivo" y espectacular, una copia de la copia del hombre blanco que prueba que aún en medio de la selva, la "raza anglosajona" es superior a la de los nativos. La tecnología corporal neocolonial no conoce límites y hasta un nicaragüense puede imitar a Tarzán.

Sin embargo, no es una carrera de actor de cine la que le depara la narración al forzudo nicaragüense en la historia de Ramírez. A partir de este momento, el cuento toma una dirección diferente no solo porque se convertirá en el relato de viaje del guardia a Nueva York, sino porque la narración va adquiriendo un tono ambiguo y sombrío. Primero, en el cenit de su efímera fama como fenómeno nacional, el telegrafista pide a los oficiales americanos un viaje a los Estados Unidos "para conocer en persona a Charles Atlas." Por supuesto la petición es tramitada por el Capitán Hatfield y concedida por las autoridades como "viaje de intercambio cultural" pues se busca que el telegrafista pueda "entrevistarse con renombrados personajes del atletismo" en los Estados Unidos (126). El cuento, insistiendo en su pretendido realismo consigna la fecha exacta pare el inicio del viaje "el 18 de septiembre de 1931." Sin embargo, las impresiones de Nueva York distan de ser jubilosas o alegres para el viajero:

> A través de lecturas, fotografías, mapas, yo llevaba una imagen perfecta de Nueva York, perfecta pero estática; fue la sensación de movimiento, de cosas vivas y de cosas muertas lo que me sacó de la realidad, empujándome hacia una fantasía sin fin, de mundo imposible y lacerante, trenes invisibles, un cielo ensombrecido por infinidad de chimeneas, un olor a alquitrán, a aguas negras, sirenas distantes y dolorosas, la niebla espesa y un rumor desde el fondo de la tierra. (Ramírez, *Cuentos* 153)

Del cuerpo transformado al ciborg

De todos los obstáculos que este nicaragüense transformado debe sortear, la disonancia entre la realidad y su imagen mental de Nueva York comienza a hacer mella en su optimismo mantenido a toda prueba desde el principio del relato. Es interesante cómo la formación militar le hace adquirir una imagen mental estática de una de las ciudades emblemáticas del poder neocolonial que le ha adiestrado, pero no resulta extraño. Buscar defensas, puntos vulnerables y accesos a una ciudad para fines de asalto no es lo mismo que descubrir la actividad humana incesante y tumultuosa que le da vida. Así, es de esperarse que el guardia nicaragüense convertido en celebridad local en Nicaragua se desconcierte ahora ante el espectáculo de la ciudad moderna, las sirenas y el gris del cielo de noviembre en la urbe que no podrían ser más chocantes para alguien acostumbrado al clima tropical de Centroamérica. Aquí, los descubrimientos del ambiente urbano delatan cierta ingenuidad. El "rumor desde el fondo de la tierra" parece una alusión al sistema de trenes metropolitano, cuyo ruido, el viajero no alcanza todavía a identificar con certeza. Esta discrepancia entre las expectativas y la fantasía que rodea todo lo que tenga que ver con Charles Atlas y los Estados Unidos no hará sino profundizarse.

El viajero será tratado con deferencia por el personal que lo recibe en migración. Una vez alojado en el Hotel Lexington, su contacto con los empleados de la firma Charles Atlas Inc. es respetuoso pero distante. Lo llevan a los edificios de la compañía en el "115 de la calle 23 en East Side" que no tienen nada de glorioso: "Era una calle triste, de bodegas y almacenes de mayoreo; al otro lado de Charles Atlas, Inc. recuerdo que había una fábrica de paraguas, y una alameda de árboles polvosos y casi secos atravesaba la calle. Las ventanas de los edificios tenían, en lugar de vidrios, tableros de madera claveteados en los marcos" (127). La cara industrial de Nueva York no corresponde con las expectativas del viajero quien parecía esperar que el discurso transformador y utópico de los anuncios de Charles Atlas tuviera proyección equivalente en el espacio que ocupaban sus oficinas y en la ciudad que alojaba al héroe al que ha venido desde tan lejos a conocer.

Las decepciones no han hecho sino comenzar. Una vez dentro de las oficinas que por lo menos están decoradas con las fotos de Atlas que le son familiares al personaje-narrador, el gerente general "Mr. Rideout" le hace jurar que no dirá nada de lo que le va a revelar y le confiesa que

Capítulo cinco

> —Charles Atlas no existe—me susurró adelantando hacia mí el cuerpo por sobre el escritorio. Después se acomodó de nuevo en su silla y me miró fijamente, con expresión sumamente solemne-. Sé que es un golpe duro para Ud., pero es la verdad. Inventamos este producto en el siglo pasado y Charles Atlas es una marca de fábrica como cualquier otra, como el hombre del bacalao en la caja de la emulsión Scott; como el rostro afeitado de las cuchillas Gillette. Es lo que vendemos, eso es todo. (Ramírez, *Cuentos* 156)

Lo que tendría que haber quedado claro para cualquier consumidor acostumbrado a los discursos hiperbólicos y repetitivos de la publicidad en los primeros años de la cultura de masas, resulta una revelación para el telegrafista de San Fernando. Y aunque parezca una sorpresa, es uno de los artífices de esa mercadotecnia el que está dispuesto, bajo juramento de guardar el secreto, a revelar la falsedad, el vacío que existe detrás de la estrategia publicitaria.

Sin embargo, el recuerdo de la voz de su amigo el Capitán Hatfield, que suponemos muerto según nos dice el cuento, ha sido completamente internalizada y convertida en guía moral y de comportamiento que se aplicará de regreso a los mismos representantes de la cultura metropolitana. Cuando el telegrafista se encuentra ante la supuesta revelación de que Charlas Atlas es tan solo una "marca de fábrica" no se limita a sentirse defraudado, sino que siente que se le trata de engañar y hará uso de los mismos discursos y estructuras de poder que sabe que lo han llevado al sitio donde está parado:

> Bueno—le dije poniéndome de pie—, desearía informar de esta circunstancia a Washington D.C.
>
> ¿Cómo?—exclamó Mr. Rideaout Jr. incorporándose también—.
>
> Sí, informar a Washington D.C. de este contratiempo (Washington es una palabra mágica, me aleccionaba el Capitán Hatfield USMC: úsala en un apuro, y si acaso no te sirve, echa mano de la otra que sí es infalible: Departamento de Estado). (Ramírez, *Cuentos* 156)

Al parecer la amistad del capitán de los *marines* sí que incluye algo más que el aprendizaje del inglés, la asesoría en los ejercicios y el viaje a Nueva York. De Hatfield, el guardia de San Fernando

Del cuerpo transformado al ciborg

también ha aprendido dos frases mágicas "Washington D.C." y "Departamento de Estado." Palabras que le son recordadas por su maestro convertido en voz de la conciencia y que demuestran que este Calibán nicaragüense que aspira a tener físico de deidad griega, ha adquirido la lengua del amo, pero también ha aprendido a manejar sus discursos de poder y aspira a compararse con Próspero en su propia tierra (cf. Fernández Retamar 34). Este hecho, esta demostración de habilidad verbal y decisión de confrontar al ejecutivo norteamericano que presumiblemente intenta tomarle el pelo, haciendo uso de su calidad como "invitado oficial" son elementos inesperados, alejados de lo que la primera parte del cuento nos hacía suponer era el carácter del personaje-narrador. La sumisión y la tendencia al mimetismo cultural, mental y físico han sido completas, pero en esta situación adquieren agencia y nos confirman como lectores, que la transformación física a través del ejercicio también ha operado algunos cambios en el carácter, la autoestima y la percepción de valor del individuo. En términos narratológicos, el mejoramiento del personaje queda comprobado en su capacidad de usar el ingenio campesino y su recién adquirido conocimiento de la cultura metropolitana, con los que puede forzar a sus anfitriones a cumplir con sus promesas. Lo que sigue es un curioso viaje al inframundo de Nueva York que termina por destruir cualquier dejo de asombro positivo ante la ciudad para vislumbrar la desilusión y el fracaso.

Ya que el visitante de Nicaragua exige con tanta firmeza que se le lleve ante Charles Atlas y habiendo proferido la amenaza de comunicarse con Washington y el Departamento de Estado si no se accede a dicha entrevista, los directivos de la empresa no tienen más remedio que cumplir con el deseo del viajero, aunque también ponen ciertas condiciones. Después de firmar un documento—al parecer un *non-disclosure agreement* (NDA)—en el que se compromete a abandonar los Estados Unidos inmediatamente después de su encuentro, el guardia de San Fernando es llevado por dos misteriosos hombres de negro por subterráneos de la nave industrial, luego en un corto viaje en un remolcador de basura, en medio de la neblina nocturna del East River, hasta los subterráneos de la Abyssinian Baptist Church en Harlem. Locaciones y desplazamientos que en el contexto de secreto y gravedad que ha adquirido el cuento tienen su lógica, pero que sería imposible corroborar como trayectos factibles en la ciudad de Nueva York.

Capítulo cinco

Es hasta el final de este simbólico viaje al Hades que, tras franquear un pasadizo secreto detrás del altar de la iglesia, el guardia nicaragüense es llevado hasta un espacio blanco y aséptico donde por fin se encuentra con su ídolo del cuerpo perfecto:

> Sobre la cama reposaba la visión estática de un cuerpo gigantesco y musculoso, la cabeza invisible entre las almohadas [...] Mi pena era indescriptible. Preferí mil veces haber creído la historia de que Charles Atlas era una fantasía, que jamás había existido, a tener que enfrentar la realidad de que eso era Charles Atlas. Me hablaba detrás de una máscara de gasas y en el lugar de la mandíbula pude ver que tenía atornillado un aparato metálico.
> (Ramírez, *Cuentos* 159)

Las descripciones sombrías de la ciudad, más el misterio y lo lúgubre del desplazamiento hasta la clínica subterránea donde habita el héroe, ya hacen sospechar al lector que algo no está en su lugar. En ese punto de la lectura, la visión dramática del Atlas postrado sigue teniendo la virtud de la sorpresa. La insistencia en las características simétricas, las proporciones naturales en la construcción del cuerpo transformado que buscaba el narrador, es el primer elemento destruido en esta visión de Atlas. El cuerpo sigue siendo musculoso pero la cabeza aparece como "invisible entre las almohadas." La armonía del modelo clásico grecorromano comercializado en la iconología publicitaria de Charles Atlas no ha desaparecido por vía natural. Lo que muchos deportistas de alto rendimiento pueden confrontar al retirarse del régimen de ejercicio y alimentación es pérdida de masa muscular, aumento de la proporción de grasa en el cuerpo. Pero lo que se nos describe es una incongruencia grotesca. De nuevo el cuento de Ramírez ha dado un vuelco genérico, de haber comenzado como una narración histórica sobre los tiempos de la guerra contra Sandino, nos lleva a un relato de viaje con un personaje que abandona su entorno rural para convertirse en un fenómeno de espectáculo de carpa por su asombroso trabajo como fisicoculturista. Hasta aquí llegan las coordenadas de un relato clásico de modernización del inmigrante rural que se ilusiona con la posibilidad de ir a la urbe a conseguir fama. Una vez en Nueva York, el personaje transita de ser parte de un "intercambio cultural" a un individuo que entra en una especie de inframundo para emerger en un espacio clínico en el que se va a encontrar no con el Atlas de la leyenda, ni siquiera con el de mercadotecnia de los

Del cuerpo transformado al ciborg

cómics, que pudo no haber existido como se le advirtió, sino con un ser degradado de corporalidad grotesca. Aún postrado, Charles Atlas, ejemplo y espejo de la inmigración europea a América, todavía encuentra fuerzas para contar una vez más su historia a su admirador y alumno venido de América Central "Cuando salí de Italia con mi madre tenía sólo 14 años." Pero no se conforma solo con contar su vida, sino que también comprende lo que se espera de él y hace un nuevo esfuerzo:

> Charles Atlas levanta entonces sus enormes brazos que emergen de entre las sábanas, pone en tensión sus bíceps y lleva las manos tras la cabeza; las mantas resbalan y tengo la oportunidad de ver su torso, aún igual que en las fotos, a excepción de un poco de vello blanco. Este esfuerzo debe haberle costado mucho, porque se queja largamente por lo bajo y la enfermera lo asiste, cubriéndolo de nuevo y apretando los tornillos del aparato en su rostro. (Ramírez, *Cuentos* 160)

El ente biomecánico que queda después de haber alcanzado la perfección corporal y la admiración de millones de seguidores no ha renunciado a sus actividades de exhibición. Su singularidad corporal y la fama le hacen sobreponerse al dolor y lo empujan a asumir su rol como artista en el podio aún a través del dolor, aún a través de la mutilación que el cáncer le ha infligido. Admirable su esfuerzo, patético el espectáculo de este malogrado ciborg que falla en alcanzar uno de los requisitos que Katherine Hayles señala como claves en la realidad de los entes "posthumanos": el hombre puede ser reconfigurado para articularse a la perfección con las máquinas inteligentes (Hayles 3). Ni la prótesis parece apropiada, ni el cuerpo desproporcionado que la utiliza está en condiciones de autonomía y funcionamiento normal.

Es imposible pensar que la búsqueda de la narración de Ramírez por demoler la visión del "hombre nuevo" de la cultura de masas, no corresponda a un esfuerzo de comparación con la propuesta Guevarista del "hombre nuevo latinoamericano." Este concepto, al contrario del modelo del guardia telegrafista, implica el altruismo completo hacia las necesidades del pueblo, el esfuerzo sobre humano en el combate—a través del trabajo o la lucha armada—contra la opresión colonial y la búsqueda de la liberación de las masas (cf. Guevara 329–31). Por el contrario, el telegrafista de San Fernando, Nicaragua, ha sido expuesto y ha asumido las

Capítulo cinco

demandas de trasformación corporal y cultural que un proceso de americanización acelerada le han impuesto. La transformación voluntaria, consciente y deliberada de su físico, su mente y su ética individual frente a su comunidad (traicionándola), primero a través del régimen corporal y militar que implica su entrada en la Guardia Nacional, luego al someterse y aferrarse a la amistad del Capitán Hatfield y a las demandas del sistema Charles Atlas, han producido en cada paso los resultados empíricos y pragmáticos que él esperaba. El narrador personaje no es solo un "hombre nuevo" con medidas corporales superiores, que habla inglés (o eso afirma), sino que ha ambicionado, usado y usufructuado con habilidad y eficiencia las tecnologías del yo que la modernidad americana le propone. Pero ante la realidad grotesca de la degradación de su ideal, ante la estrepitosa caída del modelo que guía su voluntarismo y sus "ambiciones" de imitación del Próspero pro-Americano (Atlas), el guardia-Calibán nicaragüense se ha asomado a un abismo ante el cual no tiene asidero cultural, afectivo, o religioso. La imagen ideal es no solo desinflada o sustituida, sino cruelmente desarticulada para dar paso a un cuerpo-máquina sufriente, un ciborg malogrado que cancela o hace grotesca la pulsión imitativa y la búsqueda esforzada del cuerpo transformado. La lógica del mejoramiento y las metas constantes señalada por Foucault en relación con los usos del ejercicio físico para el cuerpo disciplinado, se estrellan ante la mortalidad y la degradación de la enfermedad y la vejez del modelo que ha sido mitificado como ente superior. Una vez más, como en las fábulas de *De tropeles y tropelías*, el cuerpo superior es degradado y sometido al proceso simbólico de lo grotesco.

A pesar de que la mayoría de los comentarios de la crítica sobre el personaje narrador de "Charles Atlas también muere" parecen querer subrayar la desilusión y derrota del guardia telegrafista, existen dos elementos redimibles en su relato:

> Dejé Nueva York aquella noche, lleno de tristeza y de remordimientos, sabiéndome culpable de algo, por lo menos de haber llegado a saber aquella tragedia. De regreso en Nicaragua, ya terminada la guerra, muerto el Capitán Hatfield USMC, me dediqué a diversos oficios: fui cirquero, levantador de pesas y guardaespaldas. Mi cuerpo ya no es el mismo. Pero gracias a la tensión dinámica, aún podría tener hijos. Si quisiera. (Ramírez, *Cuentos* 161)

Del cuerpo transformado al ciborg

En este final abierto resalta el sentido de culpa. Aunque el texto indica que esa culpa es por "saber" de la tragedia de Atlas, por haber insistido en la propia desgracia de "conocer la verdad" detrás de la máscara del ídolo. En sus comentarios, Colín señala que esta culpa también puede extenderse hacia el recuerdo de la violencia ejercida contra sus vecinos al identificarlos como simpatizantes de Sandino cuando para costearse las "30 monedas" para su curso por correspondencia, el telegrafista los señala para la cárcel, el tormento, o la muerte (Colín 52). Pero más allá de esta conclusión lógica, las circunstancias del cierre narrativo nos indican una serie de condiciones más complejas en la historia personal y en los símbolos que representa y entre los cuales transita este narrador.

En el penúltimo párrafo del cuento, el personaje-narrador nos revela otro elemento fundamental del relato que no había quedado claro, el tiempo de la enunciación. Sabemos a través de datos y alusiones directas e indirectas que la mayoría de los hechos narrados suceden en los tiempos de la guerra contra Sandino, entre 1926 y 1933. Al abrir el cuento, los hechos se establecen al momento en el que la constabularia, precursora de la Guardia Nacional, ya acompaña a los *marines* como combatientes nativos en la confrontación de exterminio de sus propios connacionales. El final de los hechos debe ubicarse en noviembre o diciembre de 1931 cuando se interrumpe por contrato el viaje de "intercambio cultural" que debía disfrutar el telegrafista por sus proezas de fuerza. Sin embargo, dice el narrador:

> Ahora en mi ancianidad, al escribir estas líneas, me cuesta trabajo creer que Charles Atlas no vive y no sería capaz de desilusionar a los muchachos que todos los días le escriben, solicitando informes sobre sus lecciones, atraídos por su figura colosal, su rostro sonriente y lleno de confianza, sosteniendo en sus manos un trofeo o jalando un vagón cargado de coristas.
> (Ramírez, *Cuentos* 161)

A través de este párrafo el lector se entera de que el relato está siendo contado muchos años después, cuando el telegrafista mira con nostalgia hacia el pasado. Esta es la tercera vez que se repite la narración de la hazaña del vagón de tren cargado de coristas. La primera, el narrador la cuenta como anécdota propia cuando realiza la demostración en Managua frente al presidente Moncada y al embajador Matthew Hanna. El segundo recuento se

Capítulo cinco

escucha en voz del propio Charles Atlas, en su lecho de enfermo, con su voz biomecánica, y el nicaragüense quería interrumpirle para decirle que él también había logrado tal prodigio. Estas dos primeras instancias suceden cuando el discurso mismo del cuento nos demostraba que el narrador confunde la publicidad de Atlas Inc. con los hechos de su vida. Sin embargo, en este punto, la construcción de esa anécdota en particular es otra. El narrador presenta los hechos reconociéndolos como pertenecientes a la mitología del ídolo en la que ahora le "cuesta trabajo" dejar de creer. En esta dubitación, en el distanciamiento hacia la experiencia vivida y la confesión de culpabilidad—sin precisar a causa de qué—se puede leer un cambio significativo en relación con su anterior actitud subordinada y servil ante sus modelos militares y civiles.

Si bien el guardia fisicoculturista abandona de manera anticipada los Estados Unidos, nada hace pensar que su condición de miembro "notable" o al menos reconocido dentro de la Guardia Nacional hubiera cambiado. No obstante, en el párrafo final del cuento el narrador-personaje relata que después de la guerra se ha dedicado a "cirquero, levantador de pesas y guardaespaldas." Que se haya entregado a estos oficios de farándula ocasional no es extraño, su ídolo Charles Atlas los desempeñó antes de convertirse en el "hombre más perfecto del mundo" y algunos de sus discípulos más conocidos también (Black 66). Sin embargo, esto confirma que después de la guerra decidió separarse de la vida militar en la que podría haber continuado como instructor, preparador físico o como simple miembro del servicio de comunicaciones, como muchos otros combatientes hicieron en el período en que se estaba consolidando la relación simbiótica del jefe de la Guardia Nacional, Anastasio Somoza García y el gobierno nacional entre 1933–1937. Podemos asumir entonces que su actitud hacia el régimen y hacia las mitologías que le dieron sustento ha cambiado. El ex-telegrafista de la Guardia Nacional mira con perplejidad su pasado y parece haber perdido la certeza de sus convicciones a favor del sistema, a tal punto que se ha separado de ese mundo.

En los cuentos de esta colección, personajes ricos y pobres escogen y conviven con los mitos americanos Charles Atlas, Jackie Kennedy-Onassis, la técnica meteorológica americana, la mayoría los consumen de manera acrítica, pero el guardia de esta historia viene de regreso. Su "tristeza y remordimientos" de "saber aquella

Del cuerpo transformado al ciborg

tragedia" la muerte del "ideal" de Charles Atlas, lo han puesto en otra relación con la realidad representada de las iconologías y los discursos modernizadores norteamericanos, él sabe que tienen un límite, que son vulnerables y por tanto mortales, y que la imitación servil puede conducir a un vacío simbólico profundo. También, aunque por alusión y sin referencia clara, la historia es narrada ya dentro de la era somocista, cuando aquel audaz jefe y político arribista Anastasio Somoza, se ha convertido en dictador. Para el telegrafista de San Fernando, la conciencia de haber contribuido a aquella transformación parece dejar alguna muestra de insatisfacción, y si no, de culpabilidad personal y colectiva con aquel período que parecía tan brillante y prometedor.

Al contrario de lo que se ha creído ver en esta historia, el cuento va más allá de la denuncia del síndrome neocolonial de la clase hacendada compradora, y los sectores lumpen-burgueses de las dictaduras en Nicaragua y América Latina. Los patrones norteamericanos de consumo y comportamiento no fueron solo asumidos de manera externa por la clase alta. Si nos atenemos al origen rural y probablemente campesino del telegrafista de San Fernando, esto implica que este sector también participaba de manera activa y aparentemente entusiasta en la reinscripción de la corporalidad hegemónica bajo pretexto de la modernidad. De esta manera esta corporalidad no siempre era impuesta, sino que podía ser imitada y reproducida como propia. Cierto, la entrada de las clases menesterosas al servicio militar no se debe solo a la "voluntad propia," sino a la coacción y en muchos casos, se hace por necesidad económica. El servicio castrense aseguraba, por lo menos, un trabajo y sueldo estables. Pero esta realidad socioeconómica no invalida el hecho de que el cuento de Ramírez tiene la capacidad de hacernos reflexionar sobre esos momentos clave en la historia de América Latina en que los intereses de las clases altas, de cierta clase rural y amplios sectores de la clase popular, llegan a concurrir en su adopción de patrones de dominación política que obedecen a intereses neocoloniales y que luego derivan en regímenes dictatoriales de larga duración, lo que llamaríamos con Rouquié la "tentación autoritaria" (Rouquié, *Tentación* 60).

En el caso específico de Nicaragua, este cuento retrata un ambiente, una disposición hacia una transformación auto-asumida y auto-infligida, la adopción forzada de esquemas de disciplina neocoloniales manipulados por las clases dominantes, con procesos

Capítulo cinco

que carecían de sustento social y económico en la realidad material centroamericana, y esta transformación que se creyó benéfica y espectacular, tarde o temprano ha de cobrar su precio o resurgir como deformación moral o social con sus propios costos económicos y culturales inevitables. Aquí la culpabilidad del telegrafista de San Fernando que quiso ser "un Charles Atlas" no es solo una denuncia hacia los primeros campesinos que se unieron a la Guardia Nacional y en contubernio con y admiración servil hacia los *marines* norteamericanos se enfrentaron a Sandino en una guerra de exterminio fratricida. Esa responsabilidad reside sobre todo en las clases dirigentes y sus organizaciones, partidos políticos, líderes liberales y conservadores que aceptaron y refrendaron con pactos y corruptelas la farsa somocista del poder mantenida por más de cuarenta años.

Para 1976, el sistema de la dictadura era ya una copia de ese Charles Atlas postrado, aquel enfermo terminal, de musculatura voluminosa y con la mandíbula biomecánica que le permite seguir hablando de sus glorias y hazañas y de los monumentos que había legado al mundo. El ciborg de Ramírez no es sino una metáfora del régimen de los Somoza, apuntalado de manera artificial por la tecnología de guerra y el capital norteamericano aún a costa del derramamiento de sangre. Cuerpo gubernamental moralmente decrépito que se niega a morir y comienza a mostrar su capacidad de reproducir el horror de su musculatura hipertrofiada, ejerciendo una violencia creciente no solo contra sus enemigos sino contra toda la población. Al lector del cuento le corresponde ver desde la perspectiva del ex-telegrafista, cómo el mantenimiento de esa mitología tenía un precio en sangre, efectivo y perentorio.

Finalmente, si bien "Charles Atlas también muere" presenta la diseminación de la corporalidad hegemónica como una derrota disfrazada de triunfo, lograda a través de la exhibición y denuncia de la maquinaria ideológica del consumismo norteamericano, lo cierto es que desde el sitio mismo del dominio corporal es posible desafiar o sabotear los designios del poder. En mi lectura del cuento "El *centerfielder*" propongo que las acciones de los personajes nos conducen a descubrir que, aún en la derrota, también puede esconderse un reto y una interrupción simbólica efectiva del control autoritario.

"El *centerfielder*" o el riesgo de jugar contra el estado

A diferencia de las poblaciones de los países vecinos entregados a las pasiones del fútbol soccer, Nicaragua fue durante el siglo XX, un país de jugadores de béisbol. En ese sentido la llamada "Guerra del Fútbol" que se desató entre Honduras y El Salvador en julio de 1969 por tensiones migratorias y políticas, jamás habría ocurrido con Nicaragua como protagonista. En esta predilección deportiva por el béisbol, el pueblo nicaragüense se confirma más cercano a sus pares caribeños como Puerto Rico, República Dominica y sobre todo Cuba, donde el juego dominante es el que los cronistas norteamericanos denominan "El juego de América" y en Nicaragua y otros países del área "el rey de los deportes." En *El nicaragüense*, un libro de ensayos sobre la identidad nacional que es ya reconocido como un clásico, el poeta y crítico cultural Pablo Antonio Cuadra se preguntaba el porqué de esta afición al juego del bate y las manillas. En dicho ensayo, Cuadra detecta algunas mitologías asociadas a este deporte que parecen de suma importancia en la conformación de la sociedad nicaragüense contemporánea:

> En el béisbol el juego es más juego. Es una ficción (aunque esa ficción lo que juega y representa es una guerra; pero su metáfora es más inteligente, o más poética) [...] En el béisbol el héroe sale de casa [del 'home'] a la que debe regresar como Ulises, tras una carrera por el mundo exterior, recorriendo etapas obligadas como quien recorre países extraños o sortea dificultades sin cuento. (Cuadra, "El nicaragüense" 147)

La alusión a la guerra, al viaje del héroe y su regreso están definitivamente inscritas en la convulsa historia del siglo XX en Nicaragua, y son esas mitologías las que animan el núcleo narrativo de "El *centerfielder*" el primero de cuatro relatos sobre béisbol que ha escrito Ramírez en sus sesenta años de oficio de contar.[7] Dada la tendencia en este grupo de cuentos a explorar la relación entre la cultura de los Estados Unidos y las prácticas y mitologías culturales de Nicaragua, no es de extrañar que se haga referencia a esta otra de las "herencias" que ha dejado la intensa relación entre estas dos naciones. Pero aquí surge una contradicción por demás interesante entre la postura denunciatoria y antimperialista de las narraciones en el volumen *Charles Atlas también muere* y la presencia

Capítulo cinco

de un cuento en el que el deporte *yanqui* por excelencia, juega un papel reafirmador de la resistencia antisomocista y el sentimiento de sacrificio privado y hasta cierto punto revolucionario, que parece evocar el protagonista de este relato.

"El *centerfielder*" es una de las historias más cortas de esta colección y a la vez una de las más complejas. Es decir, en términos de estructura estamos ante un relato enmarcado por un narrador en tercera persona que deja espacio para diálogos muy cortos entre el reo y sus captores, y para las constantes interrupciones de un monólogo interior por parte del protagonista. Estas intervenciones en primera persona aparte de atraer la empatía del lector por su pretendida intimidad y por su evocación poética, también aportan complejidad temporal, ya que oscilan entre la descripción de la crasa realidad inmediata del *centerfielder* como reo, en una de las cárceles de exterminio del último Somoza, y los constantes regresos imaginarios a casa, "al home." Este regreso simbólico tiene dos momentos diferenciados: al recordar sus tiempos de infancia y al hacer referencia a la temporalidad neutra o suspendida de un encuentro de béisbol imaginario entre guardias y reos. Como Pablo Antonio Cuadra anota, en el béisbol el tiempo ha sido eliminado como variable del juego. Lo que importa es que se completen todos los elementos de un proceso, las nueve entradas o *innings* y no la duración de los mismos y esto da pie a que el autor de *Poemas nicaragüenses* se pregunte "¿Será que el nica prefiere escamotear artificialmente el tiempo, perder el tiempo o salirse poéticamente de su dominio...?" (Cuadra, "El nicaragüense"147). Dicha posibilidad de evasión temporal (y también física) entrará en juego en las imágenes y acciones evocadas en el relato de Ramírez.

En términos de anécdota "El *centerfielder*" es un relato de encarcelamiento, interrogatorio y ejecución extrajudicial, tipo "ley fuga," tan socorrida por la mayoría de los gobiernos autoritarios del continente desde la Guatemala de Jorge Ubico (1931–1944) hasta el Chile de Augusto Pinochet (1973–1990). Este cuento, por su brevedad y agilidad narrativa, pero sobre todo por su ironía final, al leerse por primera vez, deja la sensación de que algo falta, que la fatalidad y la violencia de su cierre esconden algo que se nos escapa entre líneas. Proponemos como hipótesis que esa fugacidad pudiera ser iluminada buscando entre las capas de significado y alusiones a realidades históricas y culturales que no parecen accesibles para aquellos lectores que no conozcan el contexto de la realidad nicaragüense evocada en el relato. Por esa razón, me parece indispensable volver a recordar algunas peculiaridades de los tiempos y condiciones en los que se desarrolla lo narrado.

Reapropiación y resemantización del béisbol en Nicaragua

Como ha quedado demostrado por diversos historiadores, al contrario de lo que algunas fuentes habían afirmado, el béisbol no llegó a Nicaragua como una distracción impuesta por mano de las invasiones norteamericanas (Arellano, *El beisbol* 13, 33; McGehee177; Purdy 8). De hecho, se habla de dos momentos de "fundación" paralelos de este juego, uno por cada costa. En la costa del Atlántico, se dice que un comerciante americano de origen alemán, Adolf Adelsberg, trajo este deporte en 1887 tras cansarse de ver algunos encuentros de *cricket* inglés organizados por jóvenes *creole* en la ciudad de Bluefields. Es ahí donde en 1889 se registra ya la fundación del primer club de béisbol en Nicaragua (Arellano, *El beisbol* 55).

Por su parte, en la costa del Pacífico la apropiación del béisbol como afición corrió a cargo de los hijos de la burguesía de las ciudades de Managua y Granada que organizaron el primer encuentro el 24 de julio de 1891 (Arellano, *El beisbol* 57). Estos jóvenes durante sus estudios en los colegios de Nueva York, el Saint John's y en Fordham, aprendieron el juego y lo trasladaron a su natal Nicaragua a su regreso. Pero una vez adquirida esta afición, el béisbol se extendió de manera continua hacia todas las clases sociales. Entre 1893 y 1905 van surgiendo los primeros equipos regionales incluyendo el Titán de Chinandega y el Bóer de Managua. Para principios de la década del diez aparecen las ligas locales en Managua, Granada y en la Costa Atlántica, y para 1915 surge la primera liga de la costa del Pacífico (Arellano, *El beisbol* 86). Cierto, las invasiones norteamericanas de 1912 y 1927 consolidaron la práctica de este deporte que tanto los nacionales como los invasores disfrutaban en común. Pero la adquisición de un deporte practicado en el extranjero, aunque parezca una simple importación neocolonial no siempre obedece a una negociación lineal y asimétrica de poderes.

Como han demostrado los historiadores del béisbol en los Estados Unidos, la integración paulatina—rechazada por muchos años por motivos de prejuicio racial—de las minorías étnicas al juego incluyendo a los latinos, indígenas americanos y afroamericanos, ha sido un proceso de transculturación y no de una simple asimilación unívoca (Burgos 107). De manera similar, la incorporación del béisbol al imaginario nacional y a la práctica deportiva en Nicaragua es compleja. En cierta forma, al establecerse "dos fundaciones" del béisbol en Nicaragua, una en la Costa Atlántica y otra en el Pacífico, de manera indirecta se está preparando una confrontación o reencuentro de tipo cultural y racial, cuando en los primeros años la mayoría de los jugadores del Atlántico eran afronicargüenses y en la cuenca pacífica predominaban los mestizos o euronicargüenses. Las habilidades y pasión de los jugadores negros del Atlántico se hicieron evidentes muy pronto y su entrada a muchos equipos en los circuitos deportivos de todo el territorio dio nueva visibilidad a la población de la región atlántica de Nicaragua. Esto último no es un hecho menor si pensamos en la contribución de este deporte en la construcción simbólica de la nación. Si recordamos que la unificación territorial de Nicaragua apenas empieza a gestarse a partir de que la dictadura liberal de José Santos Zelaya (1893–1909) ocupa y reclama de manera definitiva los territorios de la Mosquitia en 1894, el proceso de establecer una continuidad territorial y de aceptar la idea de contemporaneidad para todo el espacio abarcado entre las costas del Pacífico y el Atlántico, tiene casi el mismo tiempo que la presencia del béisbol (1891).

Mas allá de la época temprana de su implantación en las dos costas, el béisbol de Nicaragua no se consolidaría con una liga nacional sino hasta el año 1931 con la aparición de la Comisión Nacional de Deportes. El primer equipo campeón nacional en la historia será el *Navy* de Bluefields que se corona en 1932 en contra del Bóer de Managua. La superioridad de los equipos afrocaribeños de la Costa Atlántica se manifiesta rápidamente y esto forzaría casi de inmediato la transformación de ese deporte. En este aspecto, el béisbol rinde sus frutos como factor de integración racial de una manera mucho más expedita y definitiva en Nicaragua que en los EUA, donde a pesar de la inclusión temprana de algunos peloteros cubanos, las Grandes Ligas no romperán con la "línea del color" sino hasta pasada la Segunda Guerra Mundial (1952) de mano de la figura señera de Jackie Robinson y un sinnúmero de latinos (Arellano, *El beisbol* 23; Burgos 180).

Del cuerpo transformado al ciborg

Sin embargo, una evolución importante y que marca la diferencia entre el desarrollo de este deporte en Nicaragua y en otras partes del continente, es su temprana e intensa politización. A partir de la visita a Nicaragua en mayo de 1932 del equipo de béisbol dominicano "General Trujillo," bautizado con el nombre del autócrata caribeño y patrocinado por él mismo, se hizo palpable cómo la vinculación del deporte con el prestigio de los políticos no tenía por qué hacerse de manera tácita o indirecta. En 1933 para apoyar sus evidentes ambiciones políticas el jefe director de la Guardia Nacional de Nicaragua, General Anastasio Somoza García, organiza un equipo con su nombre (Gómez 223). Contratando jugadores del Atlántico nicaragüense y de Cuba, el equipo "General Somoza" se convertirá en uno de los clubes más competitivos y populares. Se cuenta además que los planes para el asesinato de Augusto Sandino fueron discutidos por Somoza García con el embajador norteamericano Arthur Bliss Lane, durante un juego de su equipo (Arellano, *El beisbol* 221). En 1936, el equipo de Somoza se corona campeón de la liga nicaragüense y su dueño se hace con el control del gobierno arrebatándoselo al presidente Sacasa. En 1937 ya con Anastasio Somoza García instalado como presidente, su equipo sigue destacando en el escenario deportivo. Pero no es este el único equipo con nombre militar. En 1937 la Liga Menor del Departamento de Managua fue bautizada popularmente como la "Liga de los Generales" puesto que de los cinco equipos participantes, cuatro tenían nombres de figuras castrenses: General Ubico—patrocinado por la legación de Guatemala en Managua—General Moncada, General Reyes y General Aragón" (Arellano, *El beisbol* 280). El equipo con el nombre de Somoza se disuelve en 1939, pero en 1941 la Guardia Nacional y el presidente patrocinan un nuevo club, el Cinco Estrellas,[8] que estará en las justas deportivas hasta 1979.

Con la construcción del Estadio Nacional General Somoza para un campeonato "mundial" (interamericano) en 1948, se confirma el gran valor como instrumento de acumulación de capital político y social que la dictadura le daba al béisbol. Fue en 1948 el año en que Somoza García tuvo que derrocar a su propio candidato elegido a la presidencia Leonardo Argüello, porque quiso ejercer efectivamente el poder (Millett 210; Chávez, *Nicaragua* 68). Esta situación fue repudiada por el gobierno de los EUA y el Presidente Truman. De tal modo, no puede descartarse la hipótesis de que la

Capítulo cinco

crisis fuera salvada internamente, entre otros factores, gracias a la gran distracción que representaron los encuentros internacionales de béisbol que inauguraron el Estadio Nacional. Estos encuentros entre los equipos de Cuba, Panamá, Puerto Rico, Guatemala, El Salvador, México, Colombia y Nicaragua desviaron suficientemente la atención del pueblo para que no se desbordara la crisis política por la que atravesaba el país. En 1950, pasada la inestabilidad tras el desafuero del presidente títere, Somoza García volvería a ser presidente por última vez. Su apoyo al equipo Cinco Estrellas y su autoritarismo se mantendrían imperturbables hasta el año de su muerte en 1956.

Esta es a grandes rasgos la historia del surgimiento y consolidación del béisbol como deporte nacional en Nicaragua. Lo que históricamente resulta significativo es cómo el proceso de modernización americanista promovido de manera conjunta por las fuerzas de invasión y por las clases hegemónicas que apuntalaron y consolidaron el régimen del primer Somoza se expresa en un disciplinamiento corporal paralelo, alrededor de la construcción de una institución militar (la Guardia Nacional) y alrededor de la institucionalización de una práctica deportiva (el béisbol) (cf. Gómez 203, 222). En el primer caso se puede afirmar, como ya vimos en la historia del telegrafista de "Charles Atlas también muere" que la corporalidad hegemónica diseminada a través de la Guardia Nacional y el fisicoculturismo de la cultura de masas son producto tanto de una imposición externa como de una adopción entusiasta de dichos patrones por una ansiedad de modernidad sentida no solo por las clases altas, sino por algunos sectores medios y populares, tanto urbanos como rurales. Dado este patrón de condicionamiento y apropiación cultural, cabe preguntarse si la adopción del béisbol como deporte nacional no debería leerse hasta cierto punto como una reafirmación interna y no como una simple imposición externa del poder imperial. A pesar de que la presencia de los *marines* en el período 1912–1933 pudiera haber provocado un rechazo de un juego eminentemente identificado con el invasor, la afición por el béisbol ya tenía casi 20 años para cuando la invasión militar polariza los sentimientos nacionalistas y las ambiciones del autoritarismo modernizante de Somoza van en aumento. Lo cierto es que, durante el período de la ocupación, el béisbol se convierte en un vínculo para desescalar y no para agudizar las contradicciones y los rencores ante la invasión:

Del cuerpo transformado al ciborg

> American officials, such as the director of railways and the collector of customs duties, as well as the Marines, were generally unwanted and disliked. However, when Marine ballplayers or baseball teams from warships docked at Corinto played against Nicaraguans, the atmosphere tended to be friendly and with mutual respect. Strained relations between the locals and Marines did not extend to sporting events [...] Although probably not intended as such, the matches between Nicaraguans and Americans must have been good public relations for the United States, although the Nicaraguans enjoyed beating the Americans at their own game. (McGehee 177)

Que el hecho simbólico de confrontar jugadores locales contra los jugadores de la fuerza de ocupación se convirtiera en un vínculo momentáneo de paz, sugiere que el juego ha sido asumido como propio y el campo de juego como espacio neutro y de transacción entre iguales. Desde mi punto de vista, esta posibilidad de asumir el tiempo y el espacio del juego como un sitio para la suspensión de hostilidades implica el surgimiento de una heterotopía en la que las asimetrías de poder se disipan, para pelear desde ahí por una ventaja simbólica ante la fuerza invasora (cf. Foucault, "Des Espaces" 46–49). Este espacio simbólico temporal en el diamante de juego, también está relacionado con el proceso de unificación territorial y racial que había ido llevándose a cabo con motivo de la expansión del béisbol como juego nacional en Nicaragua. Ciudadanos con diferentes rasgos étnico-raciales juegan bajo las mismas reglas en contra del opresor, con posibilidad de derrotarlo.

Como ya habíamos notado, no es hasta que se verifican los primeros encuentros entre equipos de Granada y Managua con equipos de Bluefields que la prensa en español y la opinión pública reconocen las grandes habilidades deportivas de los connacionales de la Costa Atlántica. La práctica deportiva y los discursos asociados a la misma terminan por subrayar que el "primitivismo" del sujeto colonial interno, en este caso los afro-nicaragüenses, habitan el mismo tiempo y espacio que los habitantes del centro del poder político, la población hispanófona del Pacífico. Prácticas y discursos como estos, permiten desmontar al menos de manera parcial y gradual, la ideología de la "negación de covalencia" señalada como fuente de diferenciación de poblaciones de la metrópolis y la periferia por Fabian y Mignolo. Es decir, aunque diferentes en etnicidad, lengua y cultura, y a pesar de vivir en comunidades relativamente remotas, los habitantes de la Costa Atlántica son

Capítulo cinco

coetáneos, equivalentes en derechos, definitivamente no son parte de "tribus" atrasadas y primitivas que deban ser reducidas y controladas bajo un esquema "civilizador" (cf. Fabian 16, 50; Mignolo, "Globalization" 35). En esa forma, la práctica del béisbol es parte del proceso de integración y lenta validación—todavía inconclusa en los albores del siglo XXI—de la población afrocaribeña en el imaginario nacional.

Todos estos elementos simbólicos no podían dejar de ser notados y desaprovechados por la naciente dictadura de Somoza García. No obstante, si para 1948, año de la inauguración del Estadio Nacional, el imaginario beisbolístico y la mitología autoritaria y modernizadora del régimen se han mezclado de manera definitiva con la práctica del deporte no se puede afirmar que la influencia, apropiación y resemantización del béisbol es obra exclusiva de la dictadura. Las ciudades, pueblos, barrios y grupos sociales expresaban su identidad regional a través de la práctica del béisbol. Lo mismo que derrotar a los *marines* significaba una victoria simbólica, el que un club de Granada o de Managua derrotara al Cinco Estrellas de Somoza y la Guardia, era una manera de reafirmación en un espacio simbólico y político en el que había pocas posibilidades de disidencia y confrontación abierta.[9]

Siguiendo la concepción foucaultiana del poder, se puede decir que la gobernanza de los estados modernos no implica simplemente la subordinación y la limitación de las conductas, sino la apertura de espacios apropiados para ejercer acciones materiales o simbólicas de desafío y confrontación y la promoción o habilitación de actividades específicas en las que parezca que se ejerza realmente la voluntad y la libertad individual. Por supuesto, cuando dichas acciones se erigen como confrontación directa o resistencia armada al poder, la autoridad puede manifestarse de manera represiva y violenta. Es esta dialéctica entre la libertad individual ejercida en el deporte y el sentido de comunidad y sacrificio por las misma en contra el poder estatal, lo que el cuento "El *centerfielder*" nos invita a explorar.

Dos derrotas al hilo, para la libertad y la imaginación

Con la habitual entrada *in medias res* observada en otros relatos de Ramírez, el cuento "El *centerfielder*" planta al lector de manera inmediata en un espacio carcelario en el que el señalamiento y

Del cuerpo transformado al ciborg

confinamiento represivo del cuerpo es la primera impresión: "El foco pasó sobre las caras de los presos una y otra vez, hasta que se detuvo en un camastro donde dormía de espaldas un hombre con el rostro desnudo, reluciente de sudor (Ramírez, *Cuentos* 95)." El hecho de que la luz busque entre los rostros nos dejará también una metáfora de la manera en que el poder confina, clasifica e identifica a sus ciudadanos y prisioneros donde quiera que se ubiquen o se escondan. Las condiciones de vigilancia en medio de la cotidianidad están dadas y los aparatos represivos aún bajo una institucionalidad tenue en otras áreas, pueden ser bastante efectivos para ejercer su tarea de rastreo e identificación con fines de control y represión:

> Después dieron con la culata del garand sobre las tablas del camastro, y el hombre se incorporó, una mano sobre los ojos porque le hería la luz del foco.
>
> -Arriba te están esperando.
>
> A tientas comenzó a buscar la camisa; se sentía tiritar de frío aunque toda la noche había hecho un calor insoportable, y los reos estaban durmiendo en calzoncillos, o desnudos. La única hendija en la pared estaba muy alta y el aire se quedaba circulando en el techo. Encontró la camisa y en los pies desnudos se metió los zapatos sin cordones. (Ramírez, *Cuentos* 95)

La idea del confinamiento bajo amenaza de violencia inminente se reconoce por la referencia al fusil "garand" (de fabricación americana) con que el guardia golpea el camastro y las condiciones de aprisionamiento ilegal o de tortura se revelan en el hecho de que el hombre tiritaba de frío, aunque "toda la noche había hecho un calor insoportable." Como ya mencionamos en el Capítulo III, una práctica de interrogatorio y tortura frecuente de la Guardia Nacional en tiempos del último Somoza, era provocar un resfriado en el reo que permanecía desnudo con el aire acondicionado a baja temperatura por muchas horas para "ablandarlo" y buscar que se sintiera vulnerable y tal vez listo para "confesar" con tal de cubrirse o recibir ayuda médica. Las secuelas de esta "sutil" tortura por lo general, no podían ser verificadas por los tribunales ni por los organismos de derechos humanos. Parece plausible que en el cuento, el frío que siente el reo se deba a la fiebre que le hace temblar a pesar del calor encerrado de la celda en el que muchos otros cuerpos es-

Capítulo cinco

tán hacinados en condiciones similares. El que sus zapatos no tengan correas no es una indicación de la indigencia del reo sino una medida elemental de seguridad para evitar ataques a los guardias, a otros prisioneros, o algún suicidio. Así, en tres cortísimos párrafos el cuento de Ramírez ha dejado una imagen muy efectiva de las condiciones de esta prisión y en qué forma es tratado el prisionero.

Al final de esta primera parte del cuento se presentan al lector los dos tipos de discurso que organizan el resto del texto. Por un lado, el narrador omnisciente en tercera persona presenta las condiciones materiales en que el prisionero es llevado ante el interrogador y es confrontado con "su crimen." Luego, a ese discurso se le intercala el monólogo interior del *centerfielder* que se "evade" de la situación inmediata, echando mano de sus recuerdos y pensando en un juego de béisbol imaginario:

> Salieron al patio y al fondo, junto a la tapia, las hojas de los almendros brillaban con la luz de la luna. A las doce de la noche estarían degollando las reses en el rastro al otro lado del muro, y el aire traía el olor a sangre y estiércol.
>
> Qué patio más hermoso, para jugar béisbol. Aquí deben armarse partidos entre los presos, o los presos con los guardias francos. La barda será la tapia, unos trescientos cincuenta pies desde el *home* hasta el *centerfield*. Un batazo a esas profundidades habría que fildearlo corriendo hacia los almendros, y después de recoger la bola junto al muro el cuadro se vería lejano y la gritería pidiendo el tiro se oiría apagada, y vería el corredor doblando por la segunda cuando de un salto me cogería de una rama y con una flexión me montaría sobre ella y de pie llegaría hasta la otra al mismo nivel del muro erizado de culos de botellas. (Ramírez, *Cuentos* 95)

El cierre del último párrafo de la primera parte del cuento que describe el traslado del reo está cargado de las premoniciones oscuras que se derivan de la descripción del matadero que está en funcionamiento al lado de la cárcel. El narrador menciona el olor a "sangre y estiércol" característico de tales instalaciones. Pero las asociaciones funestas se contrastan y disipan con el primer cambio de voz narrativa y surge la voz del reo en primera persona que, en lugar de expresar su temor, imagina cómo el campo adyacente podría servir de escenario de un juego de pelota "Qué patio más hermoso, para jugar béisbol."

Del cuerpo transformado al ciborg

La composición de los equipos del juego imaginario encierra un sentido particular. La condición de represión y encerramiento no ha dejado como consecuencia algún odio o animadversión esencial del reo hacia la Guardia. La posibilidad de organizar un juego entre presos y carceleros le parece plausible al personaje dentro de su visión un tanto optimista o incrédula ante la fatalidad de su situación. Esta actitud y esta posibilidad ratifican la concepción del terreno de juego como un espacio de distención y respeto a pesar de las jerarquías e imposición armada del orden carcelario. Dado el perímetro del terreno, el personaje ubica las principales posiciones del diamante del juego: la barda que marca el final del terreno, el "home" y los trescientos cincuenta pies que lo separan hasta el fondo del jardín central o *centerfield*. Esta es la posición más alejada en el terreno y el hombre que la cubra debe ser capaz de recorrer con rapidez y agilidad gran parte del campo donde hay que ir a atrapar las pelotas voladas (*fly*) o los tiros a jonrón (*homerun*) que no alcancen a pasar la tapia. En esta característica intrínseca de alejamiento y soledad individual del *centerfielder*, se basa este sentido de escape que le imprime la ensoñación del preso, que imagina cómo una pelota iría en dirección de los almendros y mientras hace el ademán de devolver la pelota va tejiendo los movimientos de su fuga imaginaria:

> Pasaría el cuerpo asentando los pies y aunque me hiriera al descolgarme al otro lado caería en el montarascal donde botan la basura, huesos y cachos [...] después correría, espinándome en los cardos, caería sobre una corriente de agua de talayo pero me levantaría, sonando atrás duras y secas, como sordas, las estampidas de los Garands. (Ramírez, *Cuentos* 96)

El sentido de proyección o posibilidad se confirma con el uso del condicional, esto es lo que "podría" hacer dadas las condiciones de ese juego imaginario entre presos y guardias francos. El reo se imagina capaz de engañar de manera momentánea la vigilancia de la Guardia y sabe que un momento después la andanada de balas de los rifles Garand son un riesgo necesario. Aun así, el plan es dejado en el aire, como pensamiento privado conocido apenas por el personaje y por el lector, y queda sin efecto puesto que lo interrumpen los empujones y maltratos del guardia que lo conduce con el capitán para ser interrogado.

Capítulo cinco

En total suman cinco las intervenciones del monólogo interior del detenido. Con excepción de la primera, que como ya vimos hace uso extensivo del condicional para suscitar en el lector esa esperanza de lo que podría ser, de lo que podría suceder en ese hipotético juego que podría presentarse en un futuro inminente, en las otras instancias en las que la voz del *centerfielder* se presenta, se hace uso del pasado imperfecto para evocar diversos momentos de su vida con recuerdos de otros juegos, en otros lugares, en otro tiempo no especificado:

> Era casi igual la plaza, con los guarumos junto al atrio de la iglesia y yo con mi manopla patrullando el *ceterfield*, el único de los *fielders* que tenía una manopla de lona era yo y los demás tenían que coger a mano pelada, y a las seis de la tarde seguía fildeando aunque casi no se veía pero no se me iba ningún batazo. (Ramírez, *Cuentos* 96)

La imagen del campo en las inmediaciones de la cárcel y el rastro ha sido sustituida por el diamante trazado por él y sus amigos cerca de la iglesia, en vez de almendros, guarumos para delimitar el terreno. Las condiciones de pobreza, pero todavía de relativa "superioridad" del jugador, se expresan en el hecho de que él sí lleva "manopla de lona" y los otros no. Lona, un material muy lejano del prestigioso uso de manillas de cuero, pero mejor que la mano desnuda. La intensa afición al juego es evidente porque los humildes peloteros siguen jugando aún después de caer la tarde. Esta segunda ensoñación será ya interrumpida por la voz del guardia que entrega al prisionero "—Aquí está, capitán—dijo el guardia asomando la cabeza por la puerta entreabierta" (96). El capitán no será descrito por el narrador, solo se leerá su voz que interroga o que da órdenes. La primera pregunta que le hace al detenido es un tanto inesperada "—¿A qué hora lo agarraron?— dijo el capitán sin levantar la cabeza-" (96). Se trata más que nada de una pregunta de control interno o para hacer al reo reflexionar sobre cuánto tiempo lleva detenido. Por lo que se entiende, fue a penas la tarde anterior, aunque el prisionero no puede especificar porque no tiene reloj.

En el tercer monólogo interior la pregunta sobre el tiempo lleva al *centerfielder* a recordar cómo su madre le llamaba a casa porque había caído la tarde y "en la iglesia comenzaban los violines y el armonio a tocar el rosario" (96). El tiempo pasado del juego no sirve

Del cuerpo transformado al ciborg

solo para recordar la proeza física sino para "ir al *home*" para retraer la mente hacia un tiempo de plenitud inocente en algún pueblo apacible, recordar la voz de la madre y la emoción de terminar el último *inning* ya caída la noche, para rememorar un día colmado con un triunfo.[10] El simbolismo del "home" en el diamante del béisbol es explorado por Kraus que siguiendo a Bachelard habla del hogar como el sitio donde se define y expresa el yo, donde se está a salvo del exterior, cuya importancia solo se aprecia de manera dialéctica cuando se ha salido al mundo, es decir las bases, y se han confrontado los peligros y obstáculos que ese recorrido encierra. Esos obstáculos están encarnados en las vicisitudes del juego y la presencia amenazante de los jugadores contrarios en cada puesto que con solo tocar al corredor con la bola pueden hacerle un *out* (Kraus 9). Así pues, no es de extrañar que la ensoñación del *centerfielder* lo lleve a un tiempo y un espacio diferente, a entrar en un "home" imaginario, frente a los peligros de su prisión, y al hacer esto reifica la realidad como expresión análoga a su práctica deportiva, para disminuir su amenaza, para recontextualizar la violencia que lo rodea desplazándola hacia un espacio simbólico que él domina.

Las preguntas del capitán interrumpen la ensoñación y el interrogatorio se concentra en las señas de identidad y profesión del reo. El prisionero confirma que es zapatero y que se dedicó al juego de béisbol donde adquirió un apodo:

> —Te decían "Matraca" Parrales, ¿verdad?
> —Sí, así me decían, era por mi modo de tirar a *home*, retorciendo el brazo.
> —¿Y estuviste en la selección que fue a Cuba?
> —Sí, hace veinte años, fui de *centerfielder*.
> —Pero te botaron.
> —A la vuelta.
> —Eras medio famoso con ese tu tiro a *home* que tenías.
> [El reo] Iba a sonreírse, pero el otro lo quedó mirando con ira.
> (Ramírez, *Cuentos* 97)

El diálogo se lleva a cabo sin que el prisionero pueda sentarse. El capitán hace un recuento de elementos de identificación, incluyendo el sobrenombre de "Matraca" adjunto a su apellido "Parrales." El reo explica el nombre y el capitán acepta que dicho nombre es conocido además de hacerle referencia a su momento de gloria

Capítulo cinco

cuando fue parte de una selección nacional nicaragüense que fue a Cuba. Dado que el capitán conoce tanta información, el reo cree que pudiera haber alguna simpatía por su pasado deportivo, pero la seriedad y la ira del militar lo detienen en seco. Luego el prisionero explica por qué lo sacaron del equipo nacional "—La verdad, tomábamos mucho, y en el juego, no se puede" (140). Aquí hay ya una leve asunción de falta, pero lo grave del interrogatorio viene a continuación.

En los siguientes dos intercambios el narrador explicará la situación corporal del reo que se hace cada vez más incómoda: "'Permiso' quería decir, para sentarse, porque sentía que las canillas se le aflojaban, pero se quedó quieto en el mismo lugar" y más adelante "Hubo otro silencio y sintió que los pies se le humedecían dentro de los zapatos, como si acabara de cruzar una corriente" (140). De nuevo, de manera indirecta los procedimientos de tortura de la Guardia Nacional salen a relucir. El hecho simple de mantener al prisionero por largas horas parado sin dejarlo descansar o dormir, era otra de las técnicas usadas en los interrogatorios de aquellos designados como "subversivos." Pero la verdadera razón de la detención del *centerfielder* poco tiene que ver con su pasado como jugador. Con la precisión que da el espionaje de vecinos contra vecinos, el capitán lee de un fólder los informes que tiene:

> El viernes 28 de julio a las cinco de la tarde, un jeep willys capota de lona, color verde se paró frente a tu casa y de él bajaron dos hombres: uno moreno, pantalón kaki, de anteojos oscuros; el otro chele, pantalón bluyín, sombrero de pita; el de anteojos llevaba un valijín de la panamerican y el otro un salbeque de guardia. Entraron a tu casa y salieron hasta las diez de la noche, ya sin el valijín ni el salbeque.
> —El de anteojos—dijo, e iba a seguir pero sintió necesidad de tragar una cantidad infinita de saliva—sucede que era mi hijo, el de anteojos.
> —Eso ya lo sé. (Ramírez, *Cuentos* 98)

El interrogatorio va tomando forma de acusación y además revela que el capitán está informado al detalle no solo del pasado beisbolístico del reo sino de la actividad en su casa con precisión de hora, visitantes y lo que traen y llevan. La frase que abre y cierra la intervención del interrogado "el de anteojos" refiriéndose a su hijo, connota el titubeo o el miedo del prisionero ante la información que parece incriminarlo, aunque los lectores no sepamos todavía

Del cuerpo transformado al ciborg

de qué se le acusa a este deportista venido a menos. Después de un uso pertinente del silencio y sin más aparente recurso de fuerza que el mantener parado y en ascuas al interrogado, las revelaciones sobre el equipaje del hijo y del amigo continúan, en "El valijín que te dejaron había parque para ametralladora de sitio y el salbeque estaba lleno de fulminantes" (98). Ya en el terreno de las evidencias el reo no opta por negar algo, simplemente acepta o corrobora la información que le presenta el capitán. "Matraca Parrales" acepta que desde hace meses su hijo había desaparecido para "enmontañarse," es decir, para formar parte de la resistencia guerrillera que en las sierras tropicales de Nicaragua mantenía el FSLN en su intento de implantar un foco de insurrección desde 1961. Aunque esta complicidad indirecta era suficiente para encarcelar a un padre, o a cualquier vecino o inquilino por no haber informado a la Guardia de la sospecha de la participación de un conocido en actividades subversivas, este solo hecho no parece suficiente para una sentencia fatal. Pero todavía hay más en el informe detallado de los espías del gobierno:

> Del fólder sacó más papeles escritos a máquina en una letra morada. Revisó y al fin tomó uno que puso sobre la mesa.
> -Aquí dice que durante tres meses estuviste pasando parque, armas cortas, fulminantes, panfletos, y que en tu casa dormían los enemigos del gobierno. No dijo nada. Sólo sacó un pañuelo para sonarse las narices. Debajo de la lámpara se veía flaco y consumido, como reducido a su esqueleto.
> —Y no te dabas cuenta de nada, ¿verdad?
> —Ya ve, los hijos—dijo—.
> —Los hijos de puta, como vos.
> Bajó la cabeza a sus zapatos sucios, la lengüeta suelta, las suelas llenas de lodo. (Ramírez, *Cuentos* 98)

El interrogatorio ha concluido con una acusación de colaboración variada y continua con el enemigo. Sin embargo, es curioso que el capitán le ofrezca una "salida," al preguntarle "Y no te dabas cuenta de nada ¿verdad?" (99). Pero la salida es falsa y las preguntas terminan con la única ofensa verbal al reo. En este último diálogo el *centerfielder* había ofrecido la única frase evasiva que parece culpabilizar al hijo de todo lo sucedido "Ya ve, los hijos." Pero es inútil, la participación del reo en el trasiego de materiales de guerra no se limita a una sola ocasión o al contenido de las maletas registrado en los informes. Aparte de los fulminantes y el parque

Capítulo cinco

para ametralladora "de sitio," lo cual indica que se trata de calibre de alto poder para combate contra unidades militares, también se le acusa al prisionero de haber pasado armas cortas, propaganda y que se dio abrigo a otros elementos de la insurrección. Esto nos hace pensar que ya su casa pasó a ser considerada como "contacto" o casa de seguridad para los miembros de la guerrilla. Esto en realidad parece imposible de haber sido "ignorado" por un zapatero que trabajaba en su domicilio, pero el *centerfielder* no se empeña en su defensa y deja pasar la ofensa del capitán. Su gesto al mirar hacia abajo, hacia sus zapatos sucios y con lodo, se presenta como una metáfora que confirma la "mancha" de la acusación. Literalmente, él también está "embarrado" al haber cooperado con los "enemigos del gobierno." Por otro lado, la aparente traición o tácita delación a su propio hijo se vacía de contenido pues en el próximo intercambio verbal cuando el zapatero y fildeador le responde al capitán "—Usted sabe que ya lo mataron. ¿Por qué me pregunta?" (99). El *centerfielder* con dignidad y hasta cierta arrogancia, y con la gravedad del asunto deja las evasivas y acepta en silencio los hechos.

De manera paralela, en la quinta y última irrupción de la voz en primera persona del *centerfielder*, se hace la rememoración de la otra culpa, tal vez la única que en realidad le pesa al reo mismo, aquella falta cometida hace veinte años en el juego en el que participaba con el equipo representante de Nicaragua en el torneo de Cuba:

> El último *inning* del juego con Aruba, 0 a 0, dos *outs* y la bola blanca venía como flotando a mis manos, fui a su encuentro, la esperé, extendí los brazos e íbamos a encontrarnos para siempre cuando pegó en el dorso de mi mano, quise asirla en la caída pero rebotó y de lejos vi al hombre barriéndose a *home* y todo estaba perdido, mamá, necesitaba agua tibia en mis heridas porque siempre vos lo supiste, siempre tuve coraje para fildear aunque dejara la vida. (Ramírez, *Cuentos* 99)

Las paralelas en la narración y en el juego no pueden ser más simbólicamente significativas y ominosas. El equipo nacional está a un *out* de empatar o perder y el destino o las condiciones del juego inclinan la balanza en contra, ante el interrogatorio y las posibilidades de escapar ahora también está en un momento decisivo. El final "de película"[11] de aquel encuentro de béisbol hace veinte años transporta al reo otra vez hacia su situación indefensa e "inocente" de jugador niño o joven, que vuelve al "home" simbólico cuando todo era una promesa, cuando la madre le curaba las heridas, cuando muchas veces había triunfado con su habilidad deportiva, muchas veces había "dejado la vida" fildeando, excepto en esa ocasión que había cometido un error simple pero que le costaría la victoria al equipo nacional. El hecho de que en su mente incluya a su mamá en tres de los monólogos interiores nos habla de ese sitio esencial y seguro, muy lejos de la violencia y los hechos que lo acusan, de la Guardia que lo interroga y lo humilla, y aunque no lo diga, el lector sabe que las dos "apuestas" tanto en este momento de urgencia en el que le va la vida, como en el momento del juego con Aruba eran definitivas.

Aunque tanto el lector como el personaje parezcan temer lo peor, la ilusión de que el juego imaginario entre guardias y presos todavía se lleve a cabo no termina de disiparse. Después de todo, no hace sino apenas unas cuantas páginas que la evocación poética del juego aludía a esa libertad, a esa posibilidad de escape ... la esperanza muere al último. No será sino hasta el mismo final cuando esa posibilidad sea cancelada por el capitán en su orden de fusilamiento. Es aquí donde salta a la vista la dimensión irónica y trágica del destino del *centerfielder*:

> El sargento se cuadró en la puerta y cuando sacaron al preso volvió ante el capitán.
> —¿Qué pongo en el parte?—preguntó—
> —Era beisbolista, así que inventate cualquier babosada: que estaba jugando con los otros presos, que estaba de *centerfielder*, que le llegó un batazo contra el muro, que aprovechó para subirse al almendro, que se saltó la tapia, que corriendo en el solar del rastro lo tiramos. (Ramírez, *Cuentos* 99)

La usurpación de la ensoñación inicial del *centerfilder* por el capitán para usarla como justificación de la ejecución de "Matraca Parrales" es presentada al lector como un doble atropello. No solo el personaje con el que el texto ha pedido al lector que se vaya identificando emocionalmente va a ser asesinado de manera artera y clandestina, sino que el sueño mismo de ese personaje que solo los lectores conocen será usado como epitafio del preso y como cierre de la narración. Aquí hay un doble fatalismo. Primero, la ejecución ilegal ordenada con desgano, sin juicio, sin sentencia, sin defensa de un hombre pobre que ha perdido a su hijo y que va

Capítulo cinco

a ser asesinado a sangre fría, es muy representativa de los muchos crímenes de lesa humanidad que cometió la dictadura de Somoza en su afán de mantenerse por encima de cualquier obstáculo. Segundo, la narración cierra cancelando la última fibra de esperanza y usando el argumento mismo de la última fantasía del hombre como coartada para justificar la aplicación de la ley fuga.

Es precisamente por la construcción emocional de esta muerte anunciada e injustificada, que lo que nos queda es la banalidad con la que se procede no solo al apresamiento sino a la desaparición misma del preso, con el simple preámbulo de un interrogatorio inane e ilegal. A este "enemigo del gobierno" se le aplica una pena expedita fuera de todo código civil. ¿Pero cuál es la falta o faltas que ha cometido este zapatero empobrecido, ex gloria juvenil del béisbol, para que apenas después de unas pocas horas de encierro vaya a ser sumariamente ejecutado? Las faltas o delitos reales o simbólicos que parecen merecer esta pena no quedan muy claros.

Primero, la supuesta colaboración del zapatero con la guerrilla al entregar materiales y esconder colaboradores. Después el hecho de que su hijo, que sabemos muerto, fuera guerrillero. Pero encima de estas causales que podrían ser dirimidas en juicio y podrían haber sido castigadas con cárcel, parecen estar las fallas morales. El haber cometido un grave error en un juego importante en el que se defendía el orgullo deportivo de Nicaragua, el causar baja del equipo nacional por su indisciplina. El prisionero parecía esperar alguna simpatía o tal vez algún tipo de clemencia cuando el capitán le llama por su apellido y su apodo "Matraca Parrales" y corrobora que era "medio famoso" por su tiro a home. Pero la posibilidad de benevolencia se esfuma cuando el interrogatorio prosigue con toda seriedad y el prisionero es confrontado con sus otros crímenes.

A todas luces la ejecución del prisionero es injusta e ilegal, a menos que se la vea desde la perspectiva de un estado de excepción o un estado de guerra, y desde una injustificada pero aparentemente asumida justicia militar. En este sentido el *centerfielder*, no es tratado como un guerrillero al que hay que extraer respuestas o torturar para que delate al resto de sus compañeros. Además, la fuente primaria de contacto, o relación familiar con la insurrección que era su hijo, ya ha sido eliminada. Volviendo sobre cada una de las acusaciones que se le hacen al prisionero, que por cierto aparecen como simples corroboraciones, pareciera que se juzga a un civil no como combatiente enemigo, al que habría que

Del cuerpo transformado al ciborg

respetar por las convenciones de Viena, sino como a un miembro de las fuerzas del gobierno mismo que ha abusado de la generosidad de las instituciones y se ha traicionado sus principios o se ha insubordinado. Antes de que se le formulara algún cargo sobre los materiales de guerra que guardaba en casa el reo y el capitán tienen este intercambio:

> —¿Y por qué te botaron del equipo [nacional]?
> —Porque se me cayó un *fly* y perdimos.
> —¿En Cuba?
> —Jugando contra la selección de Aruba; era una palomita que se me zafó de las manos y entraron dos carreras, perdimos.
> —Fueron varios los que botaron.
> —La verdad, tomábamos mucho, y en el juego, no se puede.
> —Ah. (Ramírez, *Cuentos* 97)

Aunque pareciera más bien una historia que corroborara la identidad y circunstancias de la vida del reo, al mismo tiempo parece un examen de un patrón de conducta en el que se repiten la falta de disciplina y valor patriótico del detenido. El hecho de que dicha derrota se diera en un torneo internacional en Cuba, ante un rival que no parecería muy fuerte (Aruba), podría considerarse como una humillación nacional por parte del capitán al que se le nota el enojo "lo quedó mirando con ira." Al tratarse de un torneo en Cuba, país de donde el gobierno somocista decía constantemente a sus subordinados que venían todos los males para Nicaragua, esto da mayor profundidad a esta fallida acción deportiva que resulta en una derrota nacional. Hacer quedar mal a Nicaragua en tierras del enemigo, es desmoralizante. Aún más, el hecho de llevar los colores nacionales, de haber usado y abusado del patrocinio del gobierno somocista para representar el deporte insignia de los nicaragüenses califica al *centerfielder* no solo como un mal deportista que ha traicionado el honor nacional, sino como agente del gobierno que ya ha cometido una falta de indisciplina. Al sugerir que es ésta la primera falta del prisionero, no podemos dejar de considerar que esta falla tiene precedencia o por lo menos guarda la misma calidad negativa que las siguientes.

La segunda acusación, también tiene que ver con un asunto de (in)disciplina. Ha sido por causa del hijo guerrillero que el prisionero se encuentra en la situación en la que está. El mismo zapatero-beisbolista guarda silencio ante su implicación tal vez

Capítulo cinco

involuntaria dentro de la subversión, al dejar que los materiales y los individuos clandestinos pasen sin control por su casa. Pero su implicación podría también atribuirse a su falta de autoridad sobre su vástago cuando contesta al capitán "Ya ve, los hijos." Así, la obligación de imponer la disciplina patriarcal en el hogar no ha sido observada por este individuo que alguna vez fue patrocinado por el sistema somocista. Desde este punto de vista, desde la aserción de la autoridad y la disciplina, se trata de un individuo que debe lealtad al gobierno y ha roto con ese compromiso. Esta perspectiva queda más o menos corroborada como una causal más para su condena cuando en su juicio sumario personal e ilegítimo el capitán expresa: "Uno quiere ser bueno a veces, pero no se puede" (Ramírez, *Cuentos* 99). El capitán no está ante un temido guerrillero, al que le tenga miedo o desprecio, no se trata tampoco de un ideólogo que haya retado o contradicho las acusaciones que se le hacen. En las palabras del capitán no hay odio bélico o desprecio ideológico, se trata de una suspensión de piedad ante un caso "perdido" de infracción contra la disciplina y la lealtad que debía esperarse de un agente del gobierno y como tal, debe aplicársele una pena severa. Aquí, aunque el indisciplinamiento no parece deliberado o activo, estamos ante un breve atisbo de la corporalidad resistente representada por el sabotaje del cuerpo disciplinado en un torneo de representación internacional, y el uso—aunque sea imaginario—de las supuestas prerrogativas del preso para burlar el control carcelario.

Sellando la marca de la indisciplina de este exseleccionado nacional, vuelto colaborador de la insurrección, el parte de guerra con el que se justificará su asesinato "que le llegó un batazo contra el muro, que aprovechó para subirse al almendro" es de nuevo una muestra de falta de disciplina dentro del régimen carcelario al intentar fugarse (142). Claramente el capitán está abusando del código carcelario y militar para castigar de manera fatal una última indisciplina supuestamente cometida por el *centerfielder*. Bajo esta luz, su muerte es la de un desertor prófugo, cuyas faltas precursoras debían ser objeto de sanción definitiva. En esta época era bien sabido que guardia o agente del gobierno que se pasara al lado contrario, era ejecutado en el acto.

A nivel general, los dos primeros cuentos de la colección *Charles Atlas también muere* son textos que tratan de representar el complejo entramado de complicidades, simbolismos y mitologías que el régimen de los Somoza y amplios sectores de las clases dominantes guardan con la cultura norteamericana y con las disciplinas y prácticas que se derivan de ella. Pero, como hemos ya expuesto, no se trata de crear un narrador que despliega un antiyanquismo a ultranza. En realidad, las posturas ideológicas representadas son mucho más complejas de lo que parecería a primera vista. En la historia de "Charles Atlas," el personaje-narrador en primera persona, es un guardia telegrafista que descubre en el fisicoculturismo norteamericano una fórmula para avanzar sus ambiciones de mejorar su posición y ganar notoriedad aún por encima del bienestar de su comunidad. En contraste, el *centerfielder*, que habla en primera persona (enmarcado por un narrador heterodiegético), es un digno representante de un pueblo que todavía no ha tomado la iniciativa de insubordinarse por sí solo, pero que, a través de la generación joven representada aquí por el hijo, va radicalizándose y va descubriendo su rebeldía. Este gesto es también un "mal ejemplo" inaceptable desde el punto de vista del gobierno somocista. Era este tipo de comportamiento de ciudadanos comunes, el que fue dando lugar a que un mayor número de individuos pobres fueran sumándose poco a poco, pero de manera creciente, a la insurrección a partir del mismo año de la publicación del libro de Ramírez *Charles Atlas también muere* (1976). Al contrario que el telegrafista de San Fernando en el primer cuento, "Matraca Parrales" acepta el sacrificio y ejemplo de valentía de su propio hijo y por tanto sabía del riesgo que corría cuando se solidariza con la lucha al cooperar de manera pasiva con las actividades clandestinas de los jóvenes. No parece descabellado que el relato se pareciera a situaciones reales de aquellos años. Tampoco sería sorprendente que sirviera como alerta o ejemplo para otros lectores.

En todo caso, el sentido de sacrificio del *centerfielder* puede leerse desde una ética deportiva proyectada al ámbito social, en la que reconocer los errores (dejar caer el *fly* contra Aruba) y tratar de enmendarlos a través de la acción de conjunto es parte integral del béisbol. El *centerfielder* recurre a la ensoñación escapista individual y privada como mecanismo de defensa ante el miedo, sabe que está a punto de caer en un *out* definitivo y está dispuesto a ir por el legendario *taking one for the team*, es decir, a sacrificar su posición en bien de la acción del conjunto, que en este caso es su hijo y todo "el equipo Nicaragua": el pueblo oprimido por la dictadura (cf. Young 57). Si bien Pablo Antonio Cuadra parece exaltar la ac-

Capítulo cinco

tividad individualista en el juego de béisbol, el *centerfielder* de este cuento no duda en ejercer también una ética de conjunto, tal vez tímida, pero no por ello menos revolucionaria.

No porque el béisbol haya sido traído por las clases dirigentes a Nicaragua, ni tampoco porque el estado somocista se haya apropiado de la capacidad unificadora y cohesionadora de este deporte en su instrumentación como herramienta generadora de capital social, quiere decir que el pueblo que lo practicaba fuera a aceptar de manera indefinida ese disciplinamiento dócil e incondicional que se le propone desde la máquina del poder gubernamental. Las habilidades y la ética del deporte pueden, como en este caso, dar paso a una corporalidad resistente. De hecho, al adaptarse de manera imperfecta a la propaganda de sujeción y miedo del régimen y al despreciar el patrocinio estatal del béisbol que podrían haber hecho de él un incondicional de la dictadura, como sucede con el guardia telegrafista, el *centerfielder* "Matraca Parrales," sabe que está poniendo en riesgo su vida y aunque no es soberbio, no ruega, ni se humilla ante las acusaciones del capitán. Ante la adversidad el jugador-zapatero recurre a la ética y a la épica del béisbol, a la vuelta imaginaria al "home" de la infancia y el seno familiar. Es este gesto de estoicismo apenas dibujado, de carácter privado y solo accesible al lector, que hace de su asesinato, codificado por el capitán de la guardia como castigo a la insubordinación, como escarmiento para la indisciplina, un acto aún más cruel y, por tanto, un sacrificio más puro y poético ante los ojos del lector.

Capítulo seis

La biopolítica en *Castigo divino* (1988) o sobre la toxicidad del estado centroamericano

Castigo divino, publicada dos años antes de dejar la vicepresidencia de Nicaragua, es la tercera novela de Sergio Ramírez y es sin duda su obra más estudiada y comentada. El interés suscitado se debe en gran parte a su complejo uso de discursos literarios que la hacen aparecer al mismo tiempo como una novela histórica, policial, documental, novela de costumbres y epistolar (McMurray 155–57; Moro 194, 204; Perkowska 219–22; Quesada, "De *Castigo*" 59–63; Ross 165–69; Santa Cruz 49–52). Aunque a primera vista su lectura puede hacerse desde un realismo estricto, donde se presenta una aparente simplicidad estructural, el bagaje narratológico desplegado a lo largo de sus cuarentaiocho capítulos y un epílogo, es mucho más complejo de lo que parece. Una profusa combinación de elementos narrativos aunado al uso paródico e irreverente de supuestas fuentes documentales, autoridades científicas, referencias cinematográficas, letras de boleros y canciones románticas antiguas y contemporáneas, la colocan dentro del paradigma de la nueva novela histórica latinoamericana y muy claramente dentro de la narrativa postmoderna (Menton 23; Pons 106; Quesada, "De *Castigo*" 60; cf. Shaw 267). Con la intención de ubicar y clasificar estas referencias y los juegos literarios en los que convergen y con el objetivo de revelar las diferentes aristas de los hechos políticos e históricos representados, en este capítulo discuto la importancia de esta obra en el desarrollo literario de Sergio Ramírez, y la gran relevancia que tiene el estudio de los tempranos años treinta en Nicaragua y Centroamérica para entender de qué forma las dictaduras, no solo cancelan toda posibilidad de avance democrático y asumen el control político absoluto, sino que además se valen del manejo biopolítico de las enfermedades tropicales en la construcción misma del autoritarismo centroamericano moderno.

Capítulo seis

El argumento central de la novela está basado en los asesinatos perpetrados por el guatemalteco Oliverio Castañeda en la ciudad de León, Nicaragua, a dónde él y su esposa Marta Jerez, llegaron en 1931 para que Castañeda cursara estudios de leyes en la Universidad Nacional. La pareja desarrolla amistad con la familia Gurdián Castro (Contreras en la novela) y viven brevemente en su casa en 1932. Después de algunos meses Jerez y Castañeda se mudan a otra casa y el día en que el estudiante va a presentar finalmente su examen de grado, en febrero de 1933, su esposa muere de manera repentina. Tras varios meses y algunos viajes fuera de Nicaragua, Castañeda regresa a vivir a la casa de los Gurdián y en octubre de ese mismo año mueren primero la hija mayor, Enna Gurdián (Matilde en la novela) y luego el padre, don Enrique Gurdián (Dn. Carmen Contreras en la ficción).

En el supuesto relato judicial y policial de Ramírez sobre estos casos, se revelan elementos discursivos y léxicos que reafirman y luego disuelven la identificación con algún género literario en particular. Por ejemplo, las dos primeras partes—de las cuatro de que se compone la novela—presentan a un narrador omnisciente con frecuentes irrupciones extradiegéticas, aparentando que se trata de una construcción en todo similar a la del narrador o cronista decimonónico que insiste en manejar el aparato narrativo con afectación y rigidez. Sin embargo, en la tercera parte de la novela, las discusiones en las que el nombre del autor mismo queda involucrado en referencia a su investigación de los papeles del juicio de Castañeda y sus largas entrevistas con dos testigos clave de la era histórica en que se dan los hechos, el Capitán Prío y el juez Mariano Fiallos, redirigen la novela hacia un paréntesis metanarrativo y autodiegético que termina por desmantelar las certezas y autoridad fingida del narrador inicial. A esto debe agregarse el hecho de que a lo largo de la novela se van citando fuentes científicas y jurídicas que a pesar de parecer pertinentes y realmente sacadas de algún manual de toxicología, jurisprudencia o medicina forense, son atribuidas erróneamente a autores que son en realidad figuras de las letras y la política contemporáneas de Latinoamérica, Europa y los Estados Unidos. Carlos Monsiváis, Antonio Skármeta, Osvaldo Soriano y Bryce Echenique son citados como autoridades en fisiología y en la fisicoquímica de los alcaloides; Ariel Dorfman aparece como psiquiatra y políticos destacados de la era neoliberal como Margaret Thatcher, George H. Bush, Manuel Fraga

La biopolítica en *Castigo divino* (1988)

y Jean Marie Le Pen son citados como expertos en toxicología y patología (cf. Moro 218; Perkowska 231; Santa Cruz 57). El juego termina por poner en duda el prestigio de los políticos, ya que los señala como "expertos en venenos," y daña la credibilidad de los argumentos científicos que con alambicada sapiencia se presentan en la novela al no citar con precisión a las verdaderas autoridades de esos campos del conocimiento. De esta forma, ante la mirada del lector, la narración se valida ya como un alegato judicial/policial, ya como un melodrama histórico en el que los personajes son construidos por sus declaraciones judiciales o por las conjeturas que sobre ellos realizan otros personajes más que por sus acciones. Pero dependiendo de la competencia del lector y su familiarización con los eventos históricos, el guiño irreverente de las atribuciones a personalidades contemporáneas las convierte en una pieza clave para comprobar que el texto de la novela, de manera posmoderna y paródica, cita, valida y luego descalifica sus propias fuentes, evidencias y autoridades.

En la gran mayoría de los artículos críticos que han analizado la novela se trata de inventariar su andamiaje intertextual o de esclarecer su clasificación genérica: ¿es una novela documental, histórica y/o policial? Lo que no queda suficientemente aclarado es el lugar que ocupa dentro de la evolución en la escritura de Sergio Ramírez, ni se discute el lugar reservado para esta singular novela en la historia literaria de Nicaragua. Hablaré de esto último primero.

Al momento de aparecer *Castigo divino* en 1988, la narrativa nicaragüense ha entrado en su etapa de despegue contemporáneo. Según investigaciones recientes el corpus de las novelas, o narraciones extensas que podrían calificarse como tales, dentro de la historia literaria nicaragüense no sobrepasa las 200 obras en los casi doscientos años desde la independencia (Hood y Mckenbach; Arellano, *Novela nicaragüense* 13). Pero debe tomarse en cuenta que, entre 1980 y el año 2000, se habían publicado unas 120 novelas, es decir, casi dos tercios de este universo novelístico (Aguirre, *Subversión* 112). Este despegue en la narrativa tiene sus raíces en obras de finales de los años sesenta y principios de los setenta. En 1969 *Trágame tierra* (1968) de Lizandro Chávez Alfaro, obtiene la mención honorífica del premio Seix Barral, premio que fue la base del prestigio de los autores del Boom de la narrativa latinoamericana.[1] A este primer momento de proyección internacional de la novela nicaragüense en la obra de Chávez Alfaro, le sigue la excelente recepción crítica de *Tiempo de fulgor* (1970) y *¿Te dio miedo la sangre?* (1977) del mismo Sergio Ramírez. Es a partir de estas tres obras y desde la década de los años setenta que se puede hablar ya de una narrativa que se ha profesionalizado y que se aleja del anecdotario personal o del amateurismo ocasional que caracterizó a la esporádica producción novelística de Nicaragua (Hood y Mackenbach; Arellano, *Panorama* 129, 135). Con las otras novelas de Lizandro Chávez Alfaro (1929–2006), las de Fernando Silva (1927–2016), Rosario Aguilar (1938) Sergio Ramírez (1942), y en los ochenta con las novelas de Gioconda Belli (1948) y algunos otros autores, se irá formando ya un panorama novelístico variado en estilos, temática y nivel técnico que nos hablan de una consolidación del campo narrativo en un país donde la poesía había sido el género nacional por antonomasia (Aguirre, *Subversión* 112; Moro 190).

En esta cronología del despegue de la narrativa, si *Trágame tierra* (1968) representa la respuesta nicaragüense a las búsquedas y hallazgos del Boom reflejados en una temporalidad fragmentada, construcción del narrador con perspectivas variables, la crítica de la modernidad, resemantización de los mitos históricos y la denuncia del autoritarismo de la región; *Castigo divino* (1988) se perfila como la entrada en el post-Boom. En esta última obra se han abandonado la mitificación del pasado, se convocan discursos no literarios como centro del texto, se citan y amalgaman discursos y referencias a objetos de la alta cultura y de la cultura de masas, se cuestionan o se hace parodia de las garantías filosóficas e históricas de la modernidad, se desconfía o se problematiza dentro del texto mismo la categoría del narrador y se proponen una serie de artificios lúdicos que hacen estridente la literariedad del texto pero no para glorificarla, sino para jugar con las categorías estéticas y discursivas (cf. Shaw 275).

Como en el caso de las obras de los argentinos Osvaldo Soriano en *Cuarteles de invierno* (1980), Mempo Giardinelli en *Luna caliente* (1983) y Ricardo Piglia en *Plata quemada* (1997), o el mexicano Paco Ignacio Taibo II en *Días de combate* (1976), un incidente de crimen o la estructura de la novela judicial/policial sirve como base para la construcción de un relato en el que aunque se tocan y recrean los ejes del género, la historia termina por abarcar un universo más grande, en el que se reconstruye una realidad social contemporánea y se lanza una aguda crítica a sus vicios,

La biopolítica en *Castigo divino* (1988)

abusos de poder y falta de solidaridad. En estas novelas, algunas incluidas en el neopolicial latinoamericano—que discutiré con más detalle en el siguiente capítulo—el Estado no aparece como coadyuvante en la resolución del crimen sin como cómplice por omisión o implicación en los crímenes que se representan (Braham 81; Giardinelli 236; Cella 7). De la misma manera, la esperanza de que la sociedad moderna pueda todavía superar muchos de sus problemas y defectos, da paso en el relato a un desmantelamiento lúdico y paródico de las grandes narrativas de progreso, que el lector puede observar en los juegos narrativos del texto, aunque los personajes de la novela todavía parezcan confiar en la ciencia, la ley, la comunidad internacional o el estado y las instituciones nacionales de los años 1930. En este sentido, la novela coloca al lector contemporáneo en una situación de observador histórico privilegiado, ya que cualquiera que conozca algo de la historia de Nicaragua, se forma una mejor idea acerca de en qué momento se encuentra esa sociedad y hacia a dónde va. Es decir, al momento de su publicación en 1988, ya casi al final de la era sandinista (1979–1990), *Castigo divino* induce al lector a mirar hacia el origen mismo de la dictadura somocista y a que la contemple y juzgue como un período concluido, cuyo costo histórico todavía no se disipa por completo pero que se antoja ya superado en términos políticos. En este sentido, la novela de Ramírez tiene un elemento historicista aún más persistente que las novelas de los autores del post-boom que he citado. El anclaje histórico que le confiere el contexto del crimen de Castañeda en 1933 es crucial no solo para acercar al lector a un sustrato realista y verificable dentro de la historiografía, sino que se representa y critica uno de los períodos más importantes para el destino de la Nicaragua contemporánea (Kraybill 2–5; Perkowska 226).

Un hecho poco discutido por los críticos, pero que a mi parecer es crucial para entender la importancia de esta novela en la obra de Ramírez, es el de que tanto los personajes de *Castigo divino* como el del cuento "Charles Atlas también muere" participan, ya sea como testigos o como cómplices—al menos indirectos—en el ascenso del autoritarismo. Al hacer un recuento de las fechas y sucesos narrados en el relato corto y en la novela se puede observar que el telegrafista de San Fernando en "Charles Atlas también muere" comienza su historia en 1926, hace el viaje a Nueva York en 1931, y se reintegra a la "vida civil" al final de la guerra en

Capítulo seis

1933. Por su parte, el criminal de *Castigo divino*, Oliverio Castañeda, llega a León, Nicaragua en 1931 para estudiar leyes; su esposa, Marta Jerez muere en febrero de 1933 y los miembros de la familia "Contreras Guardia" en la novela—Gurdián Castro en los anales históricos—mueren en octubre de ese mismo año, y esto tiene como consecuencia el apresamiento y posterior juicio de Castañeda. En la novela, la justicia no se hace esperar y en unas pocas semanas el reo ya ha sido juzgado, condenado y ejecutado en un "intento de fuga" el 25 de diciembre de 1933.[2] Debo aclarar que estos últimos acontecimientos están desfasados en tres años en relación con los hechos históricos, ya que la muerte de Castañeda en los registros de la época no sucede sino hasta julio de 1936. Esto se debió en parte a que la acción de la justicia tomó más tiempo ya que se dictó sentencia definitiva el 25 de agosto de 1935 y las apelaciones se desahogaron y se confirmó la sentencia hasta el 2 julio de 1936, poco antes de la supuesta fuga e inmediata e ilegal ejecución de Oliverio Castañeda (Castellón 89).

El desfase en las fechas entre la novela y los registros históricos es atribuido por Klaas Wellinga al hecho de que el otro gran acontecimiento de estos años, el asesinato de Augusto C. Sandino sucede el 22 de febrero de 1934, y según el punto de vista de este crítico holandés, Sergio Ramírez quiere presentar todo el caso Castañeda como una premonición, como una advertencia de ese momento trágico que dejará al descubierto las dimensiones de la nueva era de poder y soberbia militarista que se avecina (Wellinga, "Castigo" 94–101). Si bien esta reconfiguración de los hechos en términos cronológicos para cargar de sentido y de poder dramático el desenlace del caso judicial presentado en la novela es definitivamente artificial, la reconstrucción de los conflictos políticos, las tensiones de clase, la confrontación de diversos proyectos de modernidad, la violencia de género y la violencia política que se transparenta en la narración de Ramírez, no parecen estar muy alejadas de las condiciones que revelan los documentos historiográficos y la prensa de esa época.

La toxicidad del estado centroamericano del siglo XX

Desde mi punto de vista *Castigo divino*, a pesar de sus estrategias de simulación documental y sus tácticas de suspenso judicial, se convierte en un verdadero estudio del mal que aqueja a muchas

La biopolítica en *Castigo divino* (1988)

de las sociedades centroamericanas de los años 1930. La narración construye un amplio comentario sobre lo que Alain Rouquié ha llamado la "tentación autoritaria" que se convirtió en el problema central de algunas sociedades de Latinoamérica por cinco décadas: de 1930 a 1980 (Rouquié, *Tentación* 16–20, 60). Los hechos narrados en *Castigo divino* son parte de ese primer período generalizado en las sociedades centroamericanas del siglo XX que, aunque no se mencione con frecuencia, también coincide con el ascenso del fascismo en Europa occidental. Cabe recordar que Benito Mussolini llega al poder en Italia en 1925 y será depuesto hasta 1944, Adolfo Hitler estará en el poder de 1934 a 1945 y Francisco Franco derrocará a la República para instalarse en el gobierno desde 1939 hasta 1975. Aunque no se puede decir que las dictaduras de Centroamérica sean otra versión local de fascismo, la "fiebre" o "tentación autoritaria" alcanza a las naciones del istmo en esa misma época, y en ocasiones utilizan algunos métodos y elementos de la visión política fascista en combinación con otras medidas de corte populista y/o socialista (Ferrero Blanco 44).

La novela de Ramírez hace referencia a la instalación de la dictadura de Jorge Ubico en Guatemala quién ocupó el poder en 1931 y gobernó hasta 1944. Según afirma Oliverio Castañeda—tanto el personaje novelesco como el criminal histórico—su apresamiento se debía en parte a su enemistad con el gobierno dictatorial de su país de origen (Ramírez *Castigo* 50, 53; Castellón 115). En esos mismos años se establece la dictadura de Maximiliano Hernández Martínez en El Salvador quien conservará el poder también de 1931 hasta 1944.

En 1933, justamente el año en que se desarrollan los hechos de la novela en León, Nicaragua, en la vecina Honduras se va a establecer el gobierno autoritario de Tiburcio Carías que ocupará la primera magistratura hasta 1949. Desde este punto de vista, Nicaragua con el ascenso al poder de Somoza García en 1937, es la última ficha en caer en el dominó del autoritarismo centroamericano de la tercera década del siglo pasado. Es decir, adoptando la visión organicista de la teoría política clásica que considera al estado un todo orgánico con grandes similitudes a las de un cuerpo, el "veneno" del autoritarismo estaba afectando a los estados del área, hasta contaminar a todos uno por uno. Este avance pernicioso en el cuerpo político de las naciones centroamericanas sucede en el momento mismo en que un asesino serial está envenenando a los

Capítulo seis

miembros de la clase burguesa de la ciudad universitaria de León en Nicaragua. Pero como nos revela la novela misma, esta "toxicidad" del estado nicaragüense, esa parálisis de las funciones democráticas ante la "tentación autoritaria" estaba ya implantada en los mecanismos más sutiles de la sociedad leonesa (y nicaragüense) desde tiempo atrás, y si Somoza García, o algún otro líder, no había logrado activar ese veneno, es porque dos fuertes revulsivos lo impedían: la presencia de los *marines* estadounidenses que se retirarán el 2 de enero de 1933, y las fuerzas de Sandino que representaban hasta el 22 febrero de 1934, fecha de su asesinato, un formidable obstáculo para la concentración definitiva del poder.

Dado el deterioro de las condiciones del poder político central en los años 1933–1936 en Nicaragua, parece imposible no caer en la tentación de establecer paralelos y comparar la historia de la nación con la historia de los crímenes y el juicio de Oliverio Castañeda que se desenvuelve precisamente entre 1933 y 1936 con apenas algunos meses de diferencia. El 1 de enero de 1933 ocupa la presidencia nacional el Dr. Juan Bautista Sacasa y el 2 de enero se retiran los *marines* de manera definitiva, dejando como Jefe Director de la Guardia Nacional a Anastasio Somoza García. A los pocos días la Guardia Nacional ya irá revelando sus ansias de autonomía y su creciente oposición al régimen Sacasa, desobedeciendo y contraviniendo las órdenes del presidente y sus ministros. El 13 de febrero de 1933, un día antes de que su marido presente el examen para obtener el título de abogado, Marta Jerez de Castañeda ha muerto supuestamente de "uremia." Aunque luego se sospecharía que este fue el primer crimen de Oliverio Castañeda en la ciudad de León. El 3 de octubre de ese mismo año, la segunda víctima Marina Alicia "Enna" Gurdián (Matilde Contreras en la novela), habrá muerto de "fiebre perniciosa" y pocos días después, el 9 de octubre, será el turno de su padre Don Enrique Gurdián Herdocia (Dn. Carmen Contreras en la novela) quién también fallece en condiciones extrañas y presentando signos de envenenamiento. Castañeda será apresado por la Guardia Nacional a las pocas horas de este último fallecimiento. Los médicos que atendieron a las últimas dos víctimas ya tienen sospechas de que las muertes repentinas no ocurrieron por causas naturales, y aunque la familia se opone inicialmente, las autoridades señalan como principal sospechoso al ciudadano guatemalteco alojado en la casa de los Gurdián y lo apresan.

La biopolítica en *Castigo divino* (1988)

El 1 de noviembre de 1933, el vicepresidente Rodolfo Espinosa presenta una denuncia formal ante la embajada norteamericana en Managua alertando de la conspiración que Anastasio Somoza fragua para derrocar al gobierno del presidente democráticamente electo Juan B. Sacasa (MacAulay 241). El 22 de febrero de 1934 el General Augusto C. Sandino, su hermano y algunos de sus generales que están de visita en Managua para continuar con la hoja de ruta del proceso de paz que ya han firmado, son abatidos por un grupo de la Guardia Nacional "qué actuó por cuenta propia." El resto de sus colaboradores será perseguido y asesinado por la Guardia Nacional en los meses posteriores. Mientras tanto, Castañeda sigue en prisión y continúan las apelaciones de su juicio, aunque ya ha comenzado a purgar una sentencia de veinte años de cárcel y pende sobre él una sentencia de muerte que por el momento queda suspendida.[3] El presidente Sacasa será finalmente obligado a renunciar por presiones de la Guardia Nacional en junio de 1936 y el 7 julio de ese año Oliverio Castañeda, de 28 años, caerá abatido por la Guardia Nacional en un incidente de "ley fuga."

En ninguna forma podrá inferirse que la conducta criminal de un asesino en serie de la clase alta y su ejecución ilegal se pueda justificar o comparar de manera directa con el magnicidio y los asesinatos políticos perpetrados por un grupo de individuos sedientos de poder y auspiciados por un cuerpo militar que termina por debilitar aún más las frágiles instituciones de la república. El impacto social de ciertos crímenes privados, aunque magnificados por el escándalo y su repercusión en la prensa, no puede compararse con el impacto duradero y trascendente de un golpe de estado. Sin embargo, la sociedad que recibe, reacciona, se horroriza, pero termina por tolerar y aceptar la violencia que implican estos hechos, y las múltiples violaciones a la legalidad y a los derechos civiles que conllevan, es la misma. A nivel simbólico y cultural, este es el gran alegato de la novela de Ramírez, que ofrece una "autopsia" de la sociedad que vio surgir y aceptó la irrupción del poder autoritario en 1933–1936 y que también fue testigo de los sensacionales hechos del caso Castañeda. La alegoría de un asesino elegante que sigilosamente va diezmando a una familia no fue advertida por el público que toleró también los modos primero sutiles y luego abiertamente arbitrarios con que Somoza usurpó el poder para diezmar a la "gran familia" nicaragüense. Aunque la novela no lo diga de manera explícita hay aquí paralelos importantes.

Capítulo seis

Al revelarnos el proceso de un crimen por envenenamiento a nivel privado, la novela nos mostrará como avanza el "envenenamiento" de la frágil democracia que buscaba enraizarse en Nicaragua.

A cinco décadas de distancia y una vez que la presencia de las causas activas, el síndrome autoritario y el dominio de la Guardia Nacional han cesado, el examen post-mortem propuesto por la novela de Ramírez se antoja extemporáneo y sesgado, pero no por ello pierde vigencia o deja de ser esencial para tratar de entender las acciones específicas, las ambiciones desmedidas, las complicidades de clase, las falsas dignidades, los entusiasmos entreguistas, las corruptelas y apatías que provocaron la instalación inicial y la supervivencia de la dictadura más larga de la historia de América Latina, el régimen de la familia Somoza (1936–1979).

Como ya hemos demostrado en instancias anteriores, los conflictos establecidos en las narraciones de Ramírez no se circunscriben a las confrontaciones entre personajes, sino que el lenguaje revela a un nivel más profundo, las tensiones en el discurso político, médico y cultural de la sociedad centroamericana. En particular, *Castigo divino* al tratarse de un relato judicial en el que el criminal mismo se defiende ante la corte, sus intervenciones implican una puesta en tela de juicio de los dos grandes sistemas del saber necesarios para la prosecución de la justicia: la ciencia médica y el sistema jurídico-legal. De manera sistemática, el abogado defensor/criminal buscará desacreditar la acción de la justicia que le lleva ante la corte con errores de procedimiento, busca demostrar que las supuestas evidencias de envenenamiento son falsamente obtenidas, los exámenes de laboratorio poco concluyentes y que los decesos podrían haber sido causados por otra persona de la casa debido a la mezcla de medicamentos, o por errores de diagnóstico de los médicos. Es decir, el defensor pone en entredicho la reputación del juez de la causa y las acciones de la Guardia Nacional, al mismo tiempo que cuestiona el prestigio de los médicos y los avances en salud pública del estado post-invasión, que se supone han hecho de ésta un sistema funcional y moderno. Más allá de eso, la manipulación de la información y los rumores generados por parte de Castañeda mismo y por los personajes de la "mesa maldita"—especie de salón o tertulia de la clase media donde se reúnen a conversar dos comerciantes, un abogado, un médico y algunos periodistas—provoca que el supuesto escándalo de las relaciones del reo con las mujeres de la familia Contreras, se magnifique en

La biopolítica en *Castigo divino* (1988)

la prensa y que esto derive en una simpatía de la clase popular por el reo y se profundice la sospecha sobre la honestidad y pretendida dignidad a toda prueba de la burguesía leonesa.

La novela sugiere claramente que, en su momento, el proceso Castañeda vino a insertarse en las aguas agitadas del conflicto de clase, lo cual provoca una expectación desmedida entre bandos sociales contrarios y eventualmente conduce a tumultos y confrontaciones. Como consecuencia, ante la inestabilidad de la situación política nacional, el Castañeda *affaire* se convierte en una verdadera amenaza pública. Esto nos da a entender las líneas generales de por qué el crimen pasa de ser un asunto a nivel privado, hasta convertirse en una perturbación de orden social.

Dentro de esta serie de conflictos relacionados quiero destacar cómo la novela escoge poner en primer plano las amenazas al "biopoder" del estado que están relacionadas con las circunstancias sociales y políticas que rodean al criminal y al crimen mismo. Ya en los capítulos anteriores me había concentrado en estudiar las tecnologías del poder relacionadas con el disciplinamiento físico del cuerpo a través del código militar o través del deporte desplegadas en las fábulas de *De tropeles y tropelías* (1972) y en los cuentos "Charles Atlas también muere" y "El *centerfielder*." En estas narraciones la disciplina ejercida por los aparatos represivos del estado, como los llama Althusser, es decir, la policía y el ejército fundidos en la Guardia Nacional, están basados en la corporalidad hegemónica. Estas acciones descansan en la soberanía del estado sobre la presencia física de los individuos en su posibilidad de "hacer morir o dejar vivir" a los ciudadanos (Althusser 149; Foucault, *Defender* 218). Ahora quiero llamar la atención sobre el otro grupo de tecnologías del poder estudiadas por Foucault en su obra *Defender la sociedad* que es el poder de "hacer vivir o dejar morir" o como se le designa de manera abreviada el "biopoder":

> [La] nueva tecnología introducida está destinada a la multiplicidad de los hombres, pero no en cuanto se resumen en cuerpos sino en la medida en que forma, al contrario, una masa global, afectada por los procesos de conjunto que son propios de la vida, como el nacimiento, la muerte, la producción, la enfermedad, etcétera ... Luego de la *anatomopolítica* del cuerpo humano, introducida durante el siglo XVIII, vemos aparecer, a finales de éste, algo que ya no es esa *anatomopolítica* sino lo que yo llamaría una *biopolítica* de la especie humana. (Foucault, *Defender* 220)

Capítulo seis

Si estas tecnologías del poder expresadas en la biopolítica están destinadas a los hombres como "masa global" ¿en qué forma se les puede amenazar a través de un crimen pasional de tipo privado? Respuesta rápida y breve: en este caso en particular, al usar un veneno como la estricnina que producía síntomas vagamente parecidos a los de un ataque fulminante de "fiebre perniciosa" (palúdica), el criminal estaba tratando de confundir la acción mortal del veneno con los síntomas del problema de salud pública más importante de la era pre-Somoza, el paludismo. Pero este no es el único reto o crisis a la que alude el texto de Ramírez en cuanto a la confrontación del criminal con las tecnologías del biopoder, sino que se incluyen también un cuestionamiento de a) las autoridades sanitarias y la "modernidad" de sus prácticas, b) el saber médico en su ejercicio fundamental del diagnóstico y el dominio de la farmacología contemporánea en Nicaragua, c) de la técnica forense y d) del sistema judicial. En las siguientes páginas voy a discutir cada uno de estos puntos de conflicto señalados por la novela en relación con las condiciones de la biopolítica de aquellos años en Nicaragua, y cómo las acciones de Castañeda buscan exhibir y explotar las deficiencias en los sistemas legal y médico-científico y de este modo buscan sabotear, al menos temporalmente, la variante de corporalidad hegemónica autoritaria que comenzaba a desplegarse en aquellos años. Hablaré también de cómo las estratagemas del asesino contribuyen a revelar o en su momento, a fragilizar aún más, los puntos débiles donde la institucionalidad del incipiente estado democrático será rebasada por el avance del "veneno" autoritario ya implantado en la sociedad.

La biopolítica en la era del caso Castañeda

Para 1933, momento en que se retiran los *marines* norteamericanos de Nicaragua, el país no solo ha sufrido la ocupación violenta de una fuerza imperial modernizadora, sino que la sociedad ha sido sometida por casi veinte años ininterrumpidos a una serie de operaciones forzadas que trastocan todos los ámbitos de la vida económica, política y cultural. Durante la primera ocupación que va de 1912 a 1924 las funciones del ministerio de hacienda, las aduanas y los servicios financieros estarán en manos de la casa Brown y otros grupos bancarios de Wall Street que buscan resarcirse de los pagos suspendidos y establecer un sistema de cobros que permita

La biopolítica en *Castigo divino* (1988)

la "modernización" del sistema financiero de la nación. Esto sin mencionar las terribles perturbaciones que introdujeron al sistema financiero local, los calendarios de pagos forzados y la contracción del crédito provocada por las caprichosas reglas impuestas por los financistas americanos (Gobat 126; Harvey 27). Las funciones de combate contra la insurrección de Sandino, el control policial y los servicios correccionales que estaban en manos de los *marines* norteamericanos pasarán a ser ejercidos por la Guardia Nacional. Pero como ya dijimos, no se trata solamente de tomar control del poder disciplinario, sino que en su afán supuestamente "altruista" y de control ampliado, la ocupación norteamericana también se extiende a la regulación y promoción de sistemas de salud y sanidad, es decir, al "hacer vivir" o a la biopolítica (cf. Castro 57).

A través de las dos décadas de ocupación norteamericana, la acción de la Fundación Rockefeller implanta un régimen de salud pública que intenta romper con los patrones de comportamiento y las tradiciones locales en aras de mejorar las condiciones de salubridad de las principales ciudades de Nicaragua:

> La Fundación Rockefeller había jugado un papel importante en Nicaragua entre 1915 y 1928, apoyando la erradicación de enfermedades como la uncinariasis, la malaria, el paludismo; realizando importantes obras de ingeniería y saneamiento ambiental en los puertos y algunas cabeceras departamentales del país. Así mismo, la cooperación técnica de dicha institución hizo posible la reorganización de los servicios de salubridad pública, cuyo proceso dio como resultado la creación en 1925 del Departamento Nacional de la Salubridad Pública. (Peña Torres, "La Fundación" 6)

Otro efecto de la influencia e intervención de las iniciativas de salud del brazo altruista de la familia de petroleros y banqueros norteamericanos, será la reorganización de la enseñanza de la medicina y la formación de cuerpos técnicos que continuarán por una década las labores propuestas por el servicio de sanidad de la Fundación Rockefeller (Palmer y Peña Torres 53; Peña Torres, "La salud pública" 127). Una de las características particulares de los programas de salud de esta institución, era que las instalaciones y gastos de infraestructura corrieran a cargo de los gobiernos nacionales y/o locales, la capacitación y pago del personal y los materiales de las campañas eran costeados por la fundación. Esto obligaba

Capítulo seis

a los gobiernos a tomar medidas propias para instaurar campañas para la construcción de letrinas y drenaje, construir hospitales, casas de salud, laboratorios etc., y con el tiempo el personal local podía eventualmente reproducir o ampliar los programas y actividades en los que ya habían participado. El establecimiento de estos planes a nivel nacional impulsó la sistematización e institucionalización en el ramo de la salud que, aunque ya existía en forma de actividades de beneficencia y sanidad, carecía de una estructura nacional. Para 1925 la fundación había promovido la regla de que el 10% de los ingresos municipales debían destinarse para el mantenimiento de las instalaciones de salubridad y para gastos en sanidad (Peña Torres, "La Fundación" 8; Robleto 1005). Aunque algunos municipios buscaban observar esta regla, una gran mayoría de comunas no podía o no estaba dispuesta a institucionalizar esta partida presupuestal. Otro de los efectos que tuvo la presencia de la Fundación Rockefeller fue el cambio en la enseñanza de la medicina y el intercambio de especialistas en salud pública que recibían entrenamiento en los Estados Unidos.

Una consecuencia que tal vez pasaba desapercibida fue que el gremio de los trabajadores de la salud y el de los médicos locales aumentaron su capital político y social por su asociación conjunta con la ciencia médica norteamericana. Aunque muchas veces fue criticado de manera despectiva por haber fungido como "inspector de letrinas" en la campaña de la Fundación Rockefeller contra la uncinariasis, fue precisamente éste uno de los primeros trabajos que pusieron a un ambicioso, pero desconocido funcionario llamado Anastasio Somoza García en el mapa de la administración de la fuerza invasora de los Estados Unidos. Desde ese humilde puesto, el caudillo fue escalando posiciones hasta conquistar el poder.

En términos de capital político y social, tampoco parece una coincidencia que el candidato triunfador en las elecciones de 1932 fuera un antiguo combatiente liberal pero también un destacado médico graduado de la Universidad de Columbia, en Nueva York, el Dr. Juan Bautista Sacasa. A diferencia del Gral. Moncada a quién sucedió en el puesto, Sacasa recibió toda la confianza y beneplácito de la fuerza de ocupación para ascender a la presidencia al momento de retirarse los marinos del territorio nicaragüense. Aunque las actividades de la Fundación habían casi cesado en 1928 debido a la injerencia y corrupción del gobierno de Mon-

La biopolítica en *Castigo divino* (1988)

cada, con el ascenso de un médico al poder nacional en 1933, se retomaron y ampliaron los proyectos de sanidad y combate a las enfermedades endémicas (Peña Torres, "La Fundación" 9).

Pero más allá de las circunstancias históricas y sociales mencionadas, la relación de la biopolítica con la novela es del todo explícita y evidente. La narración de *Castigo divino* abre y cierra con las actividades de uno de sus personajes secundarios, el periodista Rosalío Usulutlán, que al iniciar la novela acaba de salir de una función de cine donde ha visto la película protagonizada por Charles Laughton, Maureen O'Sullivan y Ray Myland, cuyo título en inglés *Payment Deferred* fue traducido para el mercado hispanohablante como *Castigo divino*, fuente del título de la obra de Ramírez. Mientras camina por las calles de León, el periodista va pensando en el supuesto argumento de la cinta, en el que se representa una serie de asesinatos por envenenamiento, mientras se dirige al conciliábulo de sus colegas y amigos conocido popularmente como "la mesa maldita." Como ya he dicho, esta era una tertulia de personajes de clase media en la que se comentan los asuntos de la *res* pública y se transmiten y amplifican los rumores y decires del momento. El narrador nos deja conocer el contenido del diario *El cronista* sobre el que están comentando los tertulianos. Las noticias destacadas por el diario ese día son tres: a) las negociaciones para la renovación del contrato de agua potable para la ciudad de León, entre la Junta Municipal y la Compañía Aguadora Metropolitana, cuyo socio mayoritario era Dn. Carmen Contreras; b) la proliferación de mosquitos anófeles en la temporada de lluvias; y c) la excesiva cantidad de perros callejeros que aparte de molestar el tránsito y afear las calles, son causa de casos recientes de rabia (hidrofobia) (Ramírez, *Castigo* 18). El lenguaje periodístico presentado en esta parte del capítulo está cargado de exageraciones ante la aparente falta de reacción de las autoridades sanitarias frente a la emergencia:

> Las otras dos gacetillas ocupan también la primera página. Una tiene que ver con la proliferación de zancudos anófeles en esta época de intensas lluvias, pues el invierno se ha presentado excepcionalmente copioso; y se denuncia la incuria de las autoridades sanitarias, culpables de la alegre reproducción de los nocivos insectos, los cuales se sienten a sus anchas en las charcas putrefactas y corrientes de aguas sucias provenientes de cocinas y lavaderos que desembocan sin ningún estorbo

193

en las calles, aun en las más transitadas, a tal grado que de ser pollos los coleópteros, no faltarían los huevos; de ser vacas, no habría escasez de leche. Semejante anomalía representa un grave peligro para los ciudadanos, pues a la picadura de los zancudos se debe la epidemia de fiebre perniciosa, grado agudo de la enfermedad palúdica, que ha cobrado ya varias víctimas fatales, especialmente entre niños y adolescentes. (Ramírez, *Castigo* 19)

A través de personificaciones chuscas, los insectos "se sienten a sus anchas," y de comparaciones grotescas "de ser pollos ... no faltarían huevos," "de ser vacas, no habría escasez de leche," el estilo panfletario e insidioso de la prensa de aquellos años se refleja con claridad en la recreación que hace el narrador. A pesar de que se trata de "gacetillas" es decir, notas breves, que se supone sean directas e informativas, los pasajes resultan de un tono más bien afectado y viciosamente incisivo en contra de las autoridades sanitarias. Pero este énfasis tiene dos funciones importantes en la novela. En primer lugar, ponen el punto sobre las íes de uno de los problemas más graves de la época y resaltan la falta de acciones de prevención que son ya muy conocidas por su efectividad. El problema no es tanto que haya moscos y exista la enfermedad, sino que el remedio está al alcance de la mano y no se aplica. En efecto, gracias a las observaciones del doctor cubano Carlos Finlay en 1880 y ya desde la conclusión de las obras del Canal de Panamá en 1914 donde se redujo drásticamente la muerte de trabajadores bajo la supervisión del médico norteamericano William Gorgas, se sabía que para controlar las enfermedades endémicas como la malaria y la fiebre amarilla era necesario reducir las poblaciones de mosquitos y aislarse en lo posible de su picadura.[4] Por lo tanto, una de las tareas sugeridas por la Fundación Rockefeller y por las autoridades sanitarias de Nicaragua era la eliminación de depósitos de agua abiertos, cacharros con agua de lluvia, y el entubamiento o confinamiento en fosas sépticas de las aguas residuales para reducir la incidencia de insectos como el *Aedes aegypti* que transmite el dengue, la fiebre amarilla y más recientemente el zika y el chikungunya; y las variedades del *Anopheles* que son vectores de la malaria o paludismo. Pero aparte de subrayar la falta de atención de las instituciones en resolver lo obvio, la novela está estableciendo la coartada que permitirá la acción inicial del asesino: el brote temporal de "fiebre perniciosa" que golpea a la ciudad de León.

La biopolítica en *Castigo divino* (1988)

El siguiente problema presentado por *El cronista* es al parecer más de índole circunstancial y estética, porque según se dice tiene consecuencias no solo de salud sino en el tránsito y comercio de la ciudad:

> La última de las gacetillas se refiere a la excesiva cantidad de perros vagabundos deambulando libremente por las vías públicas y otros parajes concurridos, tales como mercados, atrios y plazas [...] Y por si fuera poco, se han presentado ya casos comprobados de rabia, debido a la mordedura de los susodichos canes. Se pide por tanto al Jefe de Policía, Capitán Edward Wayne USMC, que autorice, tal como ya los superiores de la Marina de Guerra de los Estados Unidos lo han hecho loablemente en el pasado, la adquisición de venenos en las boticas por parte de ciudadanos responsables; siendo la estricnina la más eficaz para estos fines entre los alcaloides letales. (Ramírez, *Castigo* 19)

Asumiendo el tono editorial de una voz periodística preocupada por la apariencia y el funcionamiento de la urbe, en estos pasajes supuestamente extraídos del periódico no solo se enumeran las múltiples molestias producidas por los perros sin dueño, sino que se construye el problema como un obstáculo para la actividad comercial, la movilidad y el turismo. Finalmente, al señalar de nuevo la dimensión sanitaria de la situación se sugiere la solución y se pide de manera pública al Jefe de Policía que autorice el uso de estricnina que sea aplicada por "parte de ciudadanos responsables."

Aparte de convertirse en una presentación y aprobación pública de la sustancia que después será usada como arma por Castañeda para sus asesinatos, este pasaje hace alusión al grado de control que las fuerzas norteamericanas tienen sobre un sinnúmero de asuntos de la vida cotidiana, incluyendo sobre todo cuestiones de poder disciplinario y de biopoder.

La lectura del número de *El cronista* que se comenta esa tarde en "la mesa maldita" se convierte en el texto maestro de la novela. En él se sugiere de manera indirecta quién será una de las víctimas (el dueño de la Compañía Aguadora Metropolitana), se establece la coartada que ha de usarse para los crímenes (la presencia de la fiebre perniciosa), y el arma utilizada (la estricnina), solamente queda por esclarecer el móvil del crimen. Para esto, el narrador se vale de las apreciaciones de Rosalío Usulutlán acerca de la película que acaba de ver:

Capítulo seis

> "Debe prohibirse la película a todas luces inconveniente" es el título de la gacetilla que va a escribir mañana con el objeto de prevenir a los lectores de los riesgos que entraña el argumento de la cinta, ya que con sólo concurrir al cine, personas sin escrúpulos pueden aleccionarse en el arte de la preparación de tósigos mortales; el joven aristocrático interpretado magistralmente por Charles Laughton se vale de refinados ardides para envenenar una tras otra a las más bellas jóvenes de la alta sociedad de Boston(sic) ... Pero ya es tarde, el cianuro ha hecho su mortal trabajo y el ejemplo está dado en la pantalla. Y expresará también su repugnancia por el desenlace; el asesino Charles Laughton, antes de morir ejecutado en la silla eléctrica, se niega a recibir el auxilio espiritual del capellán del penal, riéndose por el contrario del sacerdote con carcajada siniestra. (Ramírez, *Castigo* 19)

La sinopsis dada en la gacetilla futura de Usulutlán sobre la cinta *Castigo divino* (1932) se convertirá así en el hipotexto que supuestamente precede y anuncia las acciones de la novela y, por tanto, contiene las claves de los asesinatos de Castañeda. Tanto Usulutlán como su cófrade en la "mesa maldita" el Dr. Atanasio Salmerón, leerán en las acciones de Castañeda la mímesis completa del personaje representado por Laughton en la película, como si se tratara de un caso de *copycat* en las novelas criminales del género *pulp* norteamericano caracterizado por su truculencia y exageración. Sin embargo, las autoridades y personajes que les rodean se resistirán a creer las conjeturas de los detectives accidentales en que se convierten Salmerón y Usulutlán, precisamente porque su hipótesis se deriva del argumento de una película. En todo caso, el párrafo citado establece un paralelo entre la reseña de la película hecha por Usulutlán y la voz editorial de las tres gacetillas de *El cronista*, quizá porque esas también fueran de su autoría. No es entonces de extrañar que esta última intervención en la reseña por escribir también se haga desde una perspectiva de "defensa del bien público" aunque aquí se ha pasado del nivel de la sanidad y la biopolítica hacia la "salud moral" del espectador cinematográfico. En este último caso, sin embargo, vuelve a entrar en acción la pluma lúdica de Ramírez que no solo se apropia de un título traducido de una película del *film noir* norteamericano como es *Castigo divino/Payment Deferred* (1932), sino que el argumento extractado por Usulutlán no corresponde en nada con la película de ese nombre, ni con la novela y la obra de teatro de donde se derivó el guion de

La biopolítica en *Castigo divino* (1988)

dicha cinta. En este punto, si se me permite, quisiera hacer un breve resumen de dichas obras para aclarar estas discrepancias y hacer evidente el ejercicio lúdico y paródico aplicado en esta novela de Sergio Ramírez al sustrato constituido por sus supuestas "fuentes" literarias y cinematográficas.

Payment Deferred (1926) fue la primera de las dos únicas novelas de crimen escritas por el novelista británico C.S. Forester (1899–1966), en su tiempo, uno de los más exitosos autores del mercado angloparlante. Tanto en la novela como en la obra de teatro y la cinta *Payment Deferred*, estas dos protagonizadas por Charles Laughton, las víctimas mueren al consumir cianuro en un suburbio de Londres (y no en Boston) (Forester 127, 380; Higham 30, 38; Mendes). Sin embargo, al contrario de lo que la sinopsis del periodista Rosalío Usulutlán afirma, el guion no presenta a un asesino en serie de jóvenes damas. En las obras basadas en la novela de Forester el único crimen que se comete es el asesinato de un joven heredero anglo-australiano de nombre James Medland, protagonizado por Ray Miland, quien tras la muerte de sus padres ha decidido migrar a Inglaterra para establecerse y hace una breve visita al único familiar que le queda, su tío por parte materna, William Marble. Marble es un simple empleado en la sección de cambio de divisas extranjeras en un banco de Londres (Forester 16, 25; Moro 199). El tío, que se encuentra en serios aprietos económicos y está a punto de perder su trabajo por un nimio desfalco, recibe en una noche de lluvia, la visita providencial de un sobrino rico que viene a saludar a la familia compuesta por la tía Annie Marble, y los primos John y Winnie, además del tío Will.[5] Medland parece complacido de conocer a sus familiares y comunica las tristes nuevas del fallecimiento de sus padres. Después de mandar a dormir a la familia y acuciado por las deudas, Marble le propone a su sobrino un jugoso negocio, aunque con grandes riesgos, en la compraventa de moneda extranjera. Marble sabe de manera indirecta que el franco se apreciará abruptamente en los próximos días por un ajuste bancario que se prepara secretamente en París. Pero el sobrino rechaza la excesiva confianza e insistencia del tío a entrar tan de pronto en una transacción especulativa. El banquero se disculpa y propone un brindis con el resto de güisqui que queda en la alacena, apenas suficiente para dos copas. Habiendo quedado solos en la sala de la casa, de manera sigilosa para su víctima y sorpresiva para el espectador, el tío echa mano del cianuro de potasio

Capítulo seis

que guarda en su taller de fotografía y envenena al sobrino. Con el golpe especulativo en el que invierte el dinero de su crimen, William Marble se convertirá en el "feliz poseedor" de una fortuna instantánea (Forester 150). Caudales que no podrá disfrutar por mucho tiempo ya que lo atormenta la presencia constante del cadáver de su sobrino enterrado bajo las plantas del jardín.

La película y la novela terminan con una conmovedora escena en la que Winnie Marble (interpretada por Maureen O'Sullivan), viene a visitar al padre momentos antes de su ejecución por el supuesto asesinato de su madre; crimen que Marble no cometió, pero por el que la justicia lo condena a la pena capital (Forester 387). Resignado, el reo declara su amor paterno y se despide con ternura de la hija aceptando internamente que el "pago diferido" de un crimen por otro, es justo y bienvenido (Santa Cruz 52). Presentada más como una fábula moral contra la avaricia y el materialismo desaforado de los "locos años veinte," el relato de Forester transpuesto en la película dirigida por Lothar Mendes en 1932, poco tiene que ver con el tinte sensacionalista y perverso que contiene la síntesis ofrecida por el periodista Usulutlán en la novela nicaragüense escrita medio siglo después (Santa Cruz 53). No hay bellas damas de Boston asesinadas en serie, ni el final incluye la carcajada siniestra del irredimible criminal.

Queda claro que, echando mano de la libertad creativa, la novela de Ramírez antepone su propia lógica y autoridad sobre cualquier discurso que sirva como base para su relato (cf. Moro 199). No solo los tratados forenses, las opiniones psiquiátricas y argumentos médicos serán falsamente atribuidos a autores literarios y personalidades políticas, sino que *Castigo divino* toma prestado el título y recurre sin miramientos al argumento de una cinta norteamericana basada en la novela de un archiconocido escritor británico, para reconfigurarlo y usarlo a su arbitrio como hipotexto y como fuente de falsos indicios premonitorios que el lector ha de aceptar o rechazar, mientras se van develando los ardides con los que Oliverio Castañeda envenena con estricnina—y no con cianuro—solo a dos "bellas jóvenes," su esposa y su amante, y al padre de ésta, en su particular historia criminal.

Más allá de la voluntad protectora del narrador expresada en la voz editorial que domina gran parte del primer capítulo de *Castigo divino* y cuya principal preocupación parecen ser ciertos aspectos de biopolítica: abastecimiento de agua, control de vectores de

La biopolítica en *Castigo divino* (1988)

morbilidad, uso sanitario de venenos para control de plagas, las primeras páginas del relato sirven también para sugerir el nombre de una de las posibles víctimas, describir el arma, la coartada y el móvil de los crímenes. Así, desde el principio, el lector parece conocer todos estos detalles, pero ... la novela apenas comienza. Esta alteración del orden de los hechos y en el uso de la información que, se antoja similar al proceso narrativo de *Crónica de una muerte anunciada* (1981) de Gabriel García Márquez, se convertirá en uno de los principales retos para el lector que, aunque sabrá muy temprano tanto el nombre de las víctimas como el del victimario, la mayor parte de la narración habrá de concentrase en seguir a aquellos personajes que pretenden probar de manera científica y legal, la culpabilidad del reo. En este sentido, la novela de Ramírez confirma algunas y a la vez se aleja de otras características genéricas de la novela policial. En primer lugar, a contracorriente de lo usual en los clásicos de la primera época del detective amateur (1841–1920), existen dos personajes principales y dos procesos paralelos para la comprobación de la culpabilidad o inocencia del criminal (cf. Scaggs 39). El doctor Atanasio Salmerón de origen humilde y con poco prestigio en relación a los respetadísimos galenos que atienden a las mejores familias de León, preside las reuniones de la "mesa maldita" en la casa Prío y se alía con el periodista Rosalío Usulutlán, el comerciante Cosme Manzo, el abogado Octavio Oviedo y Reyes conocido como "El Globo Oviedo," y otros contertulios para recabar indicios, comprobar rumores, verificar coartadas y coleccionar datos referentes a las supuestas actividades amorosas y criminales de Oliverio Castañeda y la familia Contreras. El otro personaje, que hará las funciones de detective policial-agente judicial y presidirá la causa contra el reo, será el joven juez Mariano Fiallos. De esta forma, *Castigo divino* presenta no uno, sino dos "detectives" que se mantienen como antagonistas y reparte entre ellos las funciones de investigación médica y forense, además de la investigación policial y el proceso legal.

Cierto, como detective improvisado el Dr. Salmerón está más cerca del rol de los héroes de la novela clásica, Auguste Dupin de Edgar Allan Poe y Sherlock Holmes de Arthur Conan Doyle, que del investigador privado típico del género negro o *hard boiled* donde destacan los tipos duros y solitarios como Philip Marlowe de Raymond Chandler o Sam Spade de Dashiell Hammett (Mansfield-Kelley y Marchino 7). Pero cuando digo "más cerca de," el término es muy relativo porque no hay construcción de una racionalidad y brillantez mental como en los personajes clásicos, sino una decisión empecinada y a veces rencorosa por desenmascarar los juegos de alcoba de una familia de clase alta que no parece percatarse siquiera de la existencia del Dr. Salmerón. Además, las motivaciones y el proceso de comprobar la culpabilidad del criminal cambian radicalmente cuando por acción de la Guardia Nacional, el Dr. Salmerón será encarcelado por unas horas en compañía de Castañeda y ahí termina por convertirse en su aliado. El despliegue de erudición sobre el saber médico, las discusiones sobre la validez de las pruebas de laboratorio y el levantamiento de pruebas forenses se hará desde la perspectiva de este curioso impertinente que es el doctor Salmerón.

Por otra parte, el juez de la causa contra Castañeda servirá como la otra instancia organizadora del discurso y será quien dirija la recopilación y organización de las pruebas desde el punto de vista legal. El joven juzgador Mariano Fiallos tendrá un papel muy cercano al del detective policial, la forma más moderna de protagonista principal en el género de detectives (Mansfield-Kelley y Marchino 7). Las discusiones sobre los errores y atropellos cometidos por la policía y por la Guardia Nacional y el despliegue de los interrogatorios oficiales en el proceso judicial serán presentados en la novela a partir de la figura y acciones de este antiguo compañero de estudios de Olivero Castañeda. Desde su papel como representante del poder judicial, el juez Fiallos será el único en retar y oponerse a la arbitrariedad creciente de la Guardia Nacional y será el único en tratar de resistir las presiones gubernamentales que la burguesía leonesa desata en su afán de influir en la causa que él preside. Ante estos dos atormentados oponentes Salmerón y Fiallos, Oliverio Castañeda se erigirá en defensor de sí mismo y en férreo detractor de los sobrevivientes de la familia Contreras, que primero quieren salvarlo y luego lo señalan como único culpable.

El reo/defensor también dirigirá su prosapia legal en contra de los médicos y laboratoristas que sirven como testigos y presentan pruebas para hundirlo. Como abogado, Castañeda no dudará en insistir en que su detención ha sido ilegal por ser efectuada por la Guardia Nacional antes de que exista orden de aprehensión, y en atacar los procedimientos y validez de las pruebas en su contra. Finalmente, dando muestras de su "doble personalidad" de caballero en público y ponzoñoso maledicente en privado, irá propagando

La biopolítica en *Castigo divino* (1988)

rumores que pulverizan el honor de las mujeres de la familia Contreras, y el de otros vecinos y conocidos de la burguesía leonesa. Esta tendencia maledicente se convertirá en una afrenta que se esparce como pólvora en los periódicos de León y Managua y transforma su caso en uno de los más sonados escándalos de la época. En la novela, las corrientes de opinión que se forman a favor y en contra de este "perfecto caballero" guatemalteco amenazan con dividir y confrontar a las clases bajas y la burguesía de León. Más grave aún, el embrollo pasional-judicial comienza a manchar el prestigio de los políticos de origen leonés que detentan en ese momento el poder a nivel nacional: el Presidente Sacasa, y el Jefe de la Guardia Nacional Anastasio Somoza cuya familia política, los Debayle, lleva uno de los apellidos más prominentes de León y de la historia de Nicaragua.

Del crimen privado a la instrumentalización del biopoder como coartada

Para la mañana del 13 de febrero de 1933 en que Marta Jerez de Castañeda presenta graves síntomas y su marido y los vecinos han llamado a varios doctores al pie de la cama de la enferma, la carrera criminal de Castañeda ya tenía por lo menos otros tres asesinatos en su haber. Según nos narran la novela de Ramírez y el estudio de caso de Castellón Barreto, se sospechaba de Oliverio Castañeda con relación a la muerte de su madre y de su antiguo jefe en el departamento de educación, éstas acaecidas en Guatemala. Además, se decía que él había dado veneno a su compañero de la legación diplomática de Guatemala en Costa Rica, el joven Rafael Ubico, sobrino del dictador-presidente de Guatemala, General Jorge Ubico. En torno a Oliverio Castañeda—dado al humor negro, los cuentos de espantos y a las bromas pesadas—se sabía también que extraños ruidos, sucesos y robos habían acaecido en la casa de huéspedes donde se alojaba en Managua, cuando estaba comisionado en esa ciudad con otro cargo diplomático (Ramírez, *Castigo* 55; Castellón 9). Ninguno de estos casos llegó a acusación formal alguna ni contaba con sentencia. Sin embargo, por sus actividades políticas primero a favor y luego en contra de Ubico, Castañeda había abandonado Guatemala y para 1931, como ya he señalado, llegó a la ciudad de León para cursar ahí la carrera de abogado en la prestigiada Universidad Nacional de esa ciudad.

Capítulo seis

En términos históricos, Castañeda llega a una Nicaragua inmersa en las últimas fases de la guerra de Sandino contra la invasión y que en los primeros meses de ese año fue sacudida por uno de los desastres naturales más graves de su historia. Estando aún bajo ocupación norteamericana, el 31 de marzo de 1931 la ciudad de Managua sufrió los estragos de un terremoto que arrasó con la mayoría de los edificios públicos y provocó que barrios completos fueran consumidos por el fuego, dejando como consecuencia cerca de 40,000 damnificados en las calles y sumiendo al gobierno y al erario, en una crisis mayor de la que ya enfrentaban por la baja en los precios del café en los mercados internacionales, como efecto de la turbulencia financiera provocada por la Gran Depresión (cf. Gobat 154).

Las consecuencias del desastre económico mundial de 1929 en la economía de Nicaragua y los efectos duraderos de la tragedia de 1931 en Managua, explican en parte por qué las referencias al descuido en la atención de la salud pública hechas en el periódico *El cronista* que leen los miembros de la "mesa maldita" en la novela, son reales y pertinentes para la representación del período. Los documentos históricos así lo confirman. El informe de 1933 del Ministro de Higiene y Beneficencia Pública, el Dr. J.H. Robleto, habla de una reducción dramática de su presupuesto desde 1929 que rayaba en los 235,000 córdobas hasta 112,000 en 1932 y 85,000 en 1933. Es decir, una merma de dos tercios del gasto original. En la primera parte del angustiante informe se anuncia:

> La baja de nuestro presupuesto nos dejó imposibilitados para atender los grandes problemas sanitarios de toda la República, de muchas regiones de la cual, nos llegan noticias de que el paludismo azota a sus habitantes y un constante clamor de pobreza y dolor. (Robleto 1005)

Los brotes de enfermedades contagiosas como tuberculosis, viruela, difteria y sífilis en diferentes regiones de Nicaragua se suman a la presencia endémica del paludismo. Los departamentos del norte y los de la región Atlántica son los más golpeados por estos flagelos, aunque en comparación, el Departamento de León en la costa del Pacífico es declarado en el informe como "uno de los sectores más sanos de la República, excepto en el Distrito de El Sauce, en donde el paludismo causa estragos" (Robleto 1011). Esta relativa desaceleración en la transmisión no implicaba que

La biopolítica en *Castigo divino* (1988)

los habitantes de la Cd. de León estuvieran por completo fuera de peligro del contagio del paludismo. La importancia de estos hechos radica en que, en los tres asesinatos perpetrados por Castañeda, la presencia constante de la "fiebre perniciosa" es utilizada como coartada y móvil para la comisión del delito. Esta estrategia de tratar de confundir los síntomas de alguna enfermedad presente en la comunidad con los efectos de un veneno, será el factor que permitirá al asesino salir inicialmente sin sospecha de su primer crimen y continuar en busca del momento oportuno para atacar a su siguiente objetivo. Pero vayamos primero a la obtención del arma que hará posibles las negras intenciones de Castañeda.

Tal como lo anuncia la gacetilla de *El cronista* citada en el primer capítulo de *Castigo divino*, uno de los "ciudadanos responsables" que se ofrecen a acabar con la proliferación de perros callejeros es Oliverio Castañeda que junto con su compañero de estudio y andanzas el Globo Oviedo, se encargan de conseguir el permiso de la comandancia de los *marines* o de la policía local—no queda claro en la novela—para que se les entreguen o vendan dos frascos conteniendo hasta 20 dosis de estricnina cada uno, para matar perros. Esta tarea aparentemente efectuada con fines de servicio público no solo permite a Castañeda probar la efectividad de la sustancia con la que cuenta, sino también calibrar las dosis que necesita. Pero aquí lo más perturbador es que el alcaloide fue conseguido con autorización de las fuerzas del orden, haciendo de éstas una entidad cómplice, al menos indirectamente.

La elección del veneno como arma tiene asociaciones literarias y como se verá, presenta implicaciones en la mecánica narrativa de la novela, por ello es esencial conocer su funcionamiento.[6] La estricnina es una sustancia que se presenta como polvo cristalino y blanco, y cuando se diluye es inodora, e incolora, con un sabor amargo. Es un alcaloide extraído principalmente de la especie *Strychnos nux vomica* que prolifera en la India, Sri Lanka y Australia. Puede absorberse al ser respirada, bebida en dilución o por inyección intravenosa (CDC, "Facts"; Gisbert y Villanueva 896). La presencia de estricnina en el cuerpo provoca convulsiones o espasmos periódicos, dolorosos y severos, que se van agudizando, produciendo momentos de shock e incluso el arqueo de cuello y espalda, aunque la víctima conserva la conciencia hasta poco antes de la muerte (CDC, "Facts"; Gisbert y Villanueva 897). Finalmente, el veneno provoca que el diafragma deje de funcionar y la víc-

Capítulo seis

tima termina por morir por paro respiratorio y/o muerte cerebral por falta de oxígeno (CDC, "Facts"). Desde cualquier punto de vista, esta es una de las muertes más impactantes, violentas y certeras, ya que una vez ingerido el veneno no existe antídoto alguno y después de 5 a 30 minutos de ingerirse la dosis letal de entre 25 y 50 miligramos, se empiezan a observar los primeros síntomas (Gisbert y Villanueva 897).

Las características del veneno son tomadas en cuenta por el asesino para poder llevar a cabo sus crímenes con sigilo y eficacia. Además de que el drama del envenenamiento sirve para reforzar la tensión e invocar la sentimentalidad del lector al observar la tragedia familiar que desencadenan estas acciones. La novela de Ramírez presenta con lujo de detalles los últimos momentos de las tres víctimas en los que se aprecian con variaciones, los síntomas correspondientes a la intoxicación con estricnina. Es en las declaraciones de Doña Flora, la madre de Matilde Contreras (la segunda víctima) ante el Juez Fiallos, donde se sintetiza mejor el drama del envenenamiento:

> Expresa que sería un cuarto antes de las doce cuando Ma. del Pilar los llamó alarmada porque Matilde había dado un terrible grito, dirigiéndose de inmediato ella y su marido al aposento de sus hijas, donde encontraron a Matilde rígida y sin conocimiento. Que su esposo le hizo diligencias de respiración artificial; y apenas volvió en sí, cogió las manos de la declarante, diciéndole: "Mamá, mamá, me muero."
>
> Que su esposo, asegurándole que no era nada, le recomendó ponerse del otro lado para que no oprimiera el corazón; pero apenas habían vuelto a acostarse, Ma. del Pilar llegó otra vez corriendo a llamarlos. Vieron entonces que el caso era grave, porque ahora convulsionaba apretando la mandíbula y los puños; sin perder más tiempo, su esposo mandó a Oliverio [Castañeda] en busca del Doctor Darbishire. (Ramírez, *Castigo* 193)

Aquí se observan los elementos característicos de reacción al veneno, agitación general y temor (grito), rigidez en las extremidades, espasmos y luego convulsiones a intervalos de tiempo, *trismus*, etc. Dado el cuadro dramático que se presenta en la muerte de la víctima intoxicada con estricnina, cualquier lector curioso se preguntaría, ¿por qué usar una sustancia que provoca una muerte tan atroz, dolorosa y tan escandalosamente visible? ¿Por qué no

La biopolítica en *Castigo divino* (1988)

usar otras sustancias más discretas y que pueden confundirse con otras causas de muerte natural? Desde mi punto de vista, el uso de la estricnina parece tener varias funciones tanto simbólicas como prácticas ya sea en el relato de Ramírez o en el caso judicial que le da origen.

El acceso comprobado a la sustancia y la familiarización con el uso y manejo son considerados por el juez como indicios de la posible implicación de Castañeda en los hechos. Pero a estas razones evidentes deben agregarse otros elementos del móvil que serán útiles para descubrir la estrategia del posible asesino. De nuevo pueden inferirse una serie de elementos esenciales en la planificación del crimen a través de la declaración de Doña Flora sobre los últimos momentos antes de la crisis y muerte de su hija Matilde:

> Preguntada por esta autoridad sobre las circunstancias que rodearon la muerte de su hija Matilde, la declarante responde: Que su referida hija estaba padeciendo de paludismo, por lo cual recibía tratamiento del médico de la familia, el Doctor Darbishire. Que la declarante misma cuidaba de hacerle tomar la medicina, pues Matilde era muy descuidada; procurando darle sus cápsulas con algún alimento que le fortaleciera el estómago, como un vaso de avena, o de leche tibia. Este tratamiento eran seis cápsulas al día, preparadas por el Doctor Darbishire en su botica, dos después del desayuno, dos con el almuerzo, y dos al acostarse. (Ramírez, *Castigo* 191)

En este pasaje transcrito como parte de las declaraciones de testigos ante el juez en el Capítulo 21 titulado "Inútiles remordimientos" se pueden leer los pequeños detalles, las decisiones fatales que llevaron a que nadie pudiera impedir la muerte de Matilde. Pero sobre esta construcción dramática del discurso de las "oportunidades fallidas" que buscan suscitar en el lector una ansiedad por lo que pudo evitarse, lo que se puede inferir es que la planificación del crimen era cuidadosa y estaba basada en interferir de manera puntual, aunque efectiva, en la relación clínica entre el médico y el paciente, entre la sustancia curativa y su efecto, la aplicación de los medicamentos y sus consecuencias.

Queda establecido que tanto Marta Jerez como Matilde Contreras, habían sido tratadas o estaban bajo tratamiento contra el paludismo o malaria (Ramírez, *Castigo* 190). En aquellos años el principal medicamento antimalárico utilizado era el sulfato de quinina. Se administraba por medio de píldoras preparadas muchas

Capítulo seis

veces por los doctores mismos en la pequeña botica o dispensario médico adosado a su casa o consultorio. Esta costumbre implicaba un trato directo y personal con el paciente que no siempre era posible para las personas de pocos recursos. En el caso de la novela, se nos hace saber que, efectivamente el Dr. Darbishire preparó las píldoras y el régimen de administración de las medicinas se había seguido al pie de la letra gracias a la intervención de la madre, quien reconocía el "descuido" de la hija y había decidido encargarse ella misma de vigilar el cumplimiento estricto de las indicaciones del médico. He aquí una de las dificultades en probar que Castañeda había administrado el veneno cuando el régimen farmacológico fue tan vigilado por la madre y dado que el asesino no tenía acceso a los medicamentos. Estas circunstancias darían pie al alegato de que el reo no podía haber administrado sustancia alguna a la segunda víctima y que en todo caso, los responsables directos del envenenamiento serían la madre y/o el médico de Matilde.

De la misma manera, cuando en el curso de las investigaciones se analizaron los frascos y cajita metálica de medicina donde se guardaban las píldoras antipalúdicas, no se encontró trazo de estricnina u otro veneno. Esto parece indicar que el asesino tomó en cuenta la regularidad del tratamiento antimalárico y la efectividad de una sola dosis del mortal veneno para trazar su plan. Haciendo uso de la técnica de la "bala mágica" la mano criminal sustrajo parte de la carga de sulfato de quinina de una sola píldora, que contenía hasta 650 miligramos de medicamento, y agregó la dosis letal de 25 a 50 miligramos de estricnina. Una vez puesta de nuevo en el frasco, la píldora cargada con quinina y estricnina se confundiría con las otras sin contaminar ni la caja ni el resto de las píldoras, evitando así el depósito de residuos que pudiera ser detectado posteriormente por la investigación forense. De ahí en adelante, la administración de seis píldoras diarias indicada por el médico se convierte en un juego de azar contra la muerte—como en la ruleta rusa—donde la "bala mágica" ha de alcanzar a la víctima tarde o temprano a medida que las cámaras vacías del "revolver" se van agotando. Este método tiene la ventaja de que los trazos del veneno desaparecen con la ingesta de la única píldora cargada y de que la administración de la sustancia se hará por otra mano y bajo supervisión familiar y médica.

Cabía siempre la posibilidad de que se cambiara o acabara el tratamiento cuando la enfermedad cesara y esto hubiera sido un

La biopolítica en *Castigo divino* (1988)

contratiempo para el asesino. Pero la madre misma reconoce que las fiebres se "mantenían rebeldes" implicando que el tratamiento no había sido completamente eficaz todavía y que debía continuarse hasta el final. Este detalle es importante para poder construir un cuadro de repentina recaída en el que confiaba el asesino y da entrada a la posibilidad de que un acceso de "fiebre perniciosa" provocada por otra forma del plasmodio del paludismo sería la que habría acabado con la vida de la paciente y no una intoxicación con una sustancia extraña. En su forma más aguda de "fiebre perniciosa," producida por el *Plasmodium falciparum*, la malaria provoca altas fiebres, malestares gastrointestinales, dolores musculares y de cabeza, dificultad para respirar y al final una acumulación de líquido en los pulmones que produce asfixia. Las fiebres pueden provocar temblores y en su momento hasta convulsiones (CDC, "Malaria"). Estas afecciones musculares podían de cierta forma percibirse como síntomas comunes al cuadro agudo que se presenta en las fases avanzadas del envenenamiento con estricnina. La novela misma nos presenta esta posibilidad en la deposición del Dr. Darbishire, médico de cabecera de la familia:

> JUEZ: ¿Puede usted asegurar si efectivamente la paciente presentaba síntomas iguales a los de la difunta Marta Jerez de Castañeda?
>
> TESTIGO: Puedo decir que se presentaban, como en aquel caso, los síntomas de fiebre perniciosa, razón por la cual dictaminé en consecuencia. Me basé, además, en los antecedentes clínicos de la enferma, que también, como en el otro caso, yo conocía, pues traté a las dos por paludismo. Los demás médicos llamados por los familiares esa medianoche, entre ellos el Doctor Sequeira Rivas, estuvieron perfectamente de acuerdo con mi criterio.
>
> JUEZ: ¿No sospechó Ud. que pudiera haber mano criminal?
>
> TESTIGO: No tenía por qué sospecharlo. En mi vida profesional he visto y tratado muchos casos de fiebres palúdicas que degeneran en esa clase de crisis, por lo general mortales. La muerte de mi propia esposa es un ejemplo cabal. (Ramírez, *Castigo* 190)

Capítulo seis

La presencia de la enfermedad y su tratamiento hacen lógico pensar que las muertes se debieron a una recaída o recrudecimiento del agente etiológico ya presente. El médico, para determinar que la muerte se debió a un caso extremo de fiebre perniciosa, se apoya en dos principios de la clínica médica: el principio de la analogía en la observación de síntomas y el principio de frecuencia de la identificación de los mismos.[7] Dentro de la experiencia del doctor Darbishire[8] que incluía el haber tratado "muchos casos de fiebres palúdicas que degeneran en esa clase de crisis" y que probablemente no incluían algún caso de intoxicación con estricnina. Así, los síntomas divergentes que no correspondieran con la enfermedad que ya había identificado y estaba tratando, fueron pasados por alto.

En caso de emergencia, las familias ricas de León solían llamar a dos o más doctores para su consulta al mismo tiempo. Esto deriva en que, una vez acordado un diagnóstico, la concurrencia de opiniones refuerza dicha observación en la que se verifica en el lugar y momento de crisis el principio de percepción de las frecuencias: "La certeza médica no se constituye a partir de la individualidad completamente observada, sino de una multiplicidad enteramente recorrida de hechos individuales" (Foucault, *Nacimiento* 147). Es decir, que no se trata de lo que observa individualmente un médico en un paciente o en muchos, si no de la observación y asociación repetida del mismo síntoma por otros médicos en situaciones similares "Muchos observadores no ven jamás el mismo hecho de manera idéntica, a menos que la naturaleza se lo haya ofrecido realmente de la misma manera" (Foucault, *Nacimiento* 149). Sabiendo que la acción de la estricnina iba a dar tiempo a que se presentaran no uno, sino varios doctores al pie de la cama de las víctimas, el criminal corría el riesgo calculado de que alguno de los doctores no estuviera de acuerdo con la percepción de que los síntomas eran debidos a un caso extremo de paludismo. Pero como supuso el asesino que sería el caso del médico familiar, el Dr. Darbishire, que en el fragor de la emergencia no podría distinguir entre los síntomas de un cuadro de fiebre perniciosa y un cuadro de envenenamiento por estricnina, los otros dos doctores que concurrieron al auxilio de las dos primeras víctimas después del primer análisis del doctor de cabecera, respetaron la opinión del galeno más veterano y quien tenía el cargo de médico de la familia.

La biopolítica en *Castigo divino* (1988)

> Las circunstancias para haber emitido un diagnóstico sereno no se habían conjugado ese mediodía en el aposento de la enferma [Marta Jerez], debía reconocerlo; la presencia simultánea de tantos médicos en la cabecera de un paciente grave obedecía a una mala costumbre de las familias pudientes de la ciudad, nunca confiadas en la certeza de un solo criterio profesional; y mientras más acaudaladas eran, más médicos querían tener rodeando el lecho. (Ramírez, *Castigo* 126)

Independientemente de que este acuerdo entre doctores se podría deber a un consenso en las observaciones, otra posibilidad sería que terminaron pesando más otros factores de tipo profesional en este diagnóstico fallido, por ejemplo: las jerarquías entre médicos y el respeto profesional ante el colega a quien se le ha muerto un paciente y esto podía reforzar esta postura solidaria de los tres médicos en representación de la profesión.[9] De tal manera que aunque existiera un riesgo de divergencia de opiniones médicas, conociendo las costumbres de la clase burguesa de no fiarse de la opinión de un solo médico, y previendo la solidaridad de gremio entre doctores, el criminal también calculaba que si tenía éxito en sus predicciones de que en caso de que el primer doctor no pudiera detectar la presencia de veneno, al final se podría contar no con una, sino con tres opiniones concurrentes de defunción por cuadro agudo de fiebre perniciosa, lo que lo eximiría de toda responsabilidad. Todavía más, este mismo hecho de la concurrencia en el diagnóstico podría servir como elemento probatorio de inocencia, indiscutiblemente válido, en caso de juicio.

Como regla general en el género negro y en la criminalística policial, no hay crimen perfecto, uno de los médicos que no asiste a ninguno de los tres enfermos pero que sigue el caso con interés y malicia, será el que lance la sospecha y comience a investigar la posibilidad de un crimen. Lo que la crítica clásica del género no toma en cuenta es que en América Latina aun comprobándose la presencia de un crimen, el grado de impunidad es muy alto, por lo tanto, los riesgos que tomó el "artista asesino" también incluían un cálculo político y legal. Según la novela, el Dr. Salmerón tiene una libreta de la casa Squibb donde va guardando anotaciones sobre informes, horarios, recetas, opiniones y hasta chismes en torno al caso. De esta libreta saldrán los argumentos para sembrar la duda en el Dr. Darbishire e insistir en que las muertes de Marta Jerez y Matilde Contreras no fueron por fiebres palúdicas sino por envenenamiento:

Capítulo seis

> [Darbishire] Sabía que el Doctor Salmerón era aficionado a la toxicología desde sus días de estudiante, así como era aficionado a la lectura de toda clase de opúsculos médicos concernientes a la personalidad morbosa de los criminales, dedicando especial atención a aquellos casos en que el veneno se encontraba de por medio. Sobre tales materias, traía siempre algún tópico nuevo de discusión las veces que lo visitaba. (Ramírez, *Castigo* 126)

Las conversaciones y discusiones entre el prestigioso Dr. Darbishire, educado en Francia y con residencia en el Instituto Pasteur, y su antiguo alumno, el Dr. Salmerón, de formación local y con una reputación menguada por su pobreza y su asiduidad a la "mesa maldita," pero además con poca credibilidad por su interés "morboso" en la toxicología y la criminología, se convierten en el escaparate donde se confrontan el saber médico de la época con el exiguo desarrollo de la ciencia y la técnica en Nicaragua (Quesada, "La verdad" 17–22). Una vez que la tercera víctima, Don Carmen Contreras, ha sucumbido, las sospechas y predicciones de Salmerón de que Castañeda seguiría cosechando víctimas encuentran fundamento. En ese momento, la maquinaria judicial se echa a andar al mismo tiempo que el volumen de las murmuraciones sube. El denso entramado de elucubraciones y responsabilidades se ventila de manera morbosa en los periódicos de León y Managua. En la novela, las discusiones sobre la identificación del veneno en los tejidos y la efectividad de las pruebas de laboratorio se convierten en materia de debate periodístico entre los doctores Salmerón y Darbishire. Este mismo debate permitirá al reo poner en duda la efectividad de las evidencias que se pretende acumular en su contra. Este es el tercer y último reto al saber médico, y de manera indirecta al biopoder, que presentan las acciones y maquinaciones de Castañeda.

Aunque los métodos de detección de presencia de estricnina en tejidos y muestras de vísceras que existían en la época en que toman lugar los hechos eran efectivos, el obstáculo general para detectar la presencia de cualquier tóxico de origen orgánico en víctimas fatales es la oportunidad y momento en que se toman las muestras (Cingolani et. al. 221; Gisbert y Villanueva 898). La labor de los forenses se complica todavía más cuando se tiene que proceder a la exhumación de cadáveres ya que el proceso mismo de descomposición de la materia orgánica puede contribuir a desintegrar los residuos de veneno, o a que la presencia de sustancias

La biopolítica en *Castigo divino* (1988)

propias de la putrefacción, se confundan con los residuos o presencia de venenos. Resulta plausible que este conocimiento básico de toxicología de los alcaloides y de medicina forense, también fuera tomado en cuenta por Castañeda al momento de elegir la estricnina como instrumento para sus crímenes. En su interrogatorio, Castañeda mismo hace referencia a ese conocimiento (Castellón 82).

Una vez echado a andar el proceso legal, las pruebas científicas se realizan primero en las muestras tomadas del cadáver de Dn. Carmen Contreras durante la autopsia misma. Estas demostrarán la presencia de estricnina en los jugos gástricos al inyectarse una dosis en gatos, perros y ranas. Las pruebas por separación y cristalización resultaron negativas en las vísceras, en la orina y en las cápsulas restantes de la medicina que tomaba el Sr. Contreras. Después se procedió a la exhumación de los cadáveres de Marta Jerez y Matilde Contreras. A pesar de que existían métodos químicos, cromatográficos y biológicos, muchos de estos métodos no parecían estar disponibles en la Facultad de Medicina de la Universidad de León o en el Ministerio de Salud. En todo caso, el método básico para el aislamiento de la estricnina y otros alcaloides en muestras biológicas era el conocido como método de Stas-Otto que fue desarrollado en 1856, aunque nunca es mencionado por su nombre en la novela.

Pero más allá de la posibilidad de hacer estas pruebas de laboratorio, el Dr. Darbishire se opone en principio a las pruebas biológicas con animales a partir de extractos de órganos de cadáveres exhumados pues le parece que son anticuadas y poco pertinentes. Aunque en la toxicología moderna todavía se consideran válidas. Ante esto, el Dr. Salmerón también presenta sus razones y aduce que:

> Si los animales fueron inyectados, y sucumbieron bajo los estragos del veneno, era porque la sustancia tóxica existía, tal como lo demostraron los síntomas convulsivos, provocados no por tomaínas, sino por un alcaloide legítimo, la estricnina, localizada de previo en las vísceras por reacciones químicas, de lo cual el Doctor Darbishire duda, de manera caprichosa. Y no me salga ahora con que uno de los dos resultados fue negativo; pues al dividirse la prueba de la verdad, pesa la evidencia, y no la negación de la verdad, según una simple regla de lógica.
> (Ramírez, *Castigo* 313)

Capítulo seis

En los registros históricos del caso, según señala Castellón, se confirmó la presencia de estricnina en los restos de las tres víctimas. Sin embargo, en la novela el narrador deja abierta la puerta y sobrecarga las contradicciones entre las pruebas, inventando procedimientos y usando como argumento pruebas y casos apócrifos que utilizan tanto Darbishire como Salmerón para rebatirse uno al otro. Aquí la literatura hace ventriloquía de las ciencias, pues al investigar estos elementos del proceso, puede comprobarse que muchos de los datos y argumentos utilizados en la novela aunque suenan como opiniones científicas extraídas de manuales, son en realidad falsos, como por ejemplo la afirmación del Dr. Salmerón de que la estricnina no es soluble en alcohol, éter y cloroformo, cuando al igual que la mayoría de los alcaloides sí lo es y es en esta cualidad en la que se basan los métodos de separación y aislamiento para su identificación (Ramírez, *Castigo* 385; Gisbert y Villanueva 896).

Al reunirse los retos y manipulaciones que presentan el móvil del crimen y la elección específica de la estricnina como arma letal por parte de Castañeda, se observa que las particulares condiciones del saber médico, los problemas y condiciones difíciles por las que atraviesa la salud pública en Nicaragua y los retos técnico-científicos que implicaba el proceso forense parecen haber sido tomados en cuenta por el criminal para tratar de salir bien librado en sus sigilosas, y al mismo tiempo, violentas acciones. Por otro lado, el escalamiento de los rumores y del escrutinio público a favor y en contra del reo ponen en evidencia la fragilidad de las instituciones que avalan el biopoder del estado moderno. El sistema de salud que carece de controles para confrontar una situación de emergencia, las universidades y el conocimiento de los médicos y laboratoristas cuya falta de experiencia en la detección de toxinas se convierten en prueba del atraso en materia educativa y científica que se vive en Nicaragua, y lo que es más grave, quebranta no solo el prestigio de los mejores médicos de la ciudad, sino que hace evidente la falta de coordinación entre ellos como gremio especializado. Esto queda claro ya que apenas existían algunas asociaciones de médicos en León y Managua, pero no un colegio médico que respondiera de manera unificada e institucional ante el problema de representación y prestigio científico que conllevaba este caso (Fisher). De manera global, puede decirse que la acción subrepticia, sorpresiva y contundente de este "asesino elegante" tomó por

La biopolítica en *Castigo divino* (1988)

sorpresa y sacudió a la burguesía, así como al gremio médico de una ciudad que se preciaba de ser el bastión de la moral recatada, del avance educativo y del prestigio médico.

No obstante, si los representantes del biopoder fueron rebasados por las maquinaciones del asesino, el poder disciplinario mostró su cara más eficiente y autoritaria para erigirse como el fiel de la balanza en esta emergencia social y moral que iba rápidamente cobrando tintes políticos en un momento crucial en la historia de Nicaragua. Así, en la próxima sección quiero volver hacia los elementos políticos e ideológicos que explican no solo el contexto de *Castigo divino* sino también revelan la prevalencia del germen ideológico autoritario, o fascista si se quiere, presente no solo en Centroamérica sino también en la Europa de los años treinta del siglo pasado y que por desgracia aunque parecía "erradicado" con la caída de las Potencias del Eje al final de la Segunda Guerra Mundial, en realidad adquiere forma residual y se vuelve a manifestar en las pulsiones autoritarias de ciertos sectores de la clase política en Norteamérica y las sociedades occidentales contemporáneas haciéndose más evidente al final de la Guerra Fría y en las primeras décadas del nuevo milenio (Altemeyer 8, 130; Stanley 17, 91).

El caso Castañeda y la tentación autoritaria en la Nicaragua de 1933

Grandes filósofos del siglo XX, observando el arraigo y crecimiento explosivo del autoritarismo, trataron de caracterizar la forma y alcance de la personalidad autoritaria de las sociedades que llevaron al fascismo a la cumbre del poder en los años treinta del siglo pasado. En sus obras Teodoro Adorno, Hannah Arendt y Erick Fromm entre otros, buscaron los elementos psicoanalíticos, sociológicos y políticos que llevaron a que los pueblos de Europa se aferraran a personalidades políticas carismáticas, cuyo magnetismo era magnificado por la radio y el cine, y que prometían una era de dominio y prosperidad nacional y racial a corto plazo. Sobre esas utopías conservadoras y autoritarias, como las he llamado en otra ocasión, se cernía un modelo de sociedad con dominio férreo de la opinión pública y que implicaba la cancelación de las libertades de los ciudadanos de las repúblicas liberales del siglo IX (Chávez, *Nicaragua* 40–42). Esta conculcación de las garantías ciudadanas tuvo como consecuencia que aquellos que aparecieran como diferentes: los judíos, los africanos, los indígenas y otras minorías raciales y sexuales, junto con los adversarios políticos (comunistas o anarquistas), fueran considerados no solo inferiores, sino una carga moral y económica que mantenía a la sociedad en el atraso y la mediocridad. Aquella ideología racial, económica, política y su instrumentación como ciencia de la eugenesia, reveló sus alcances genocidas y criminales que desembocaron en la confrontación más cruenta en la historia de la humanidad, la Segunda Guerra Mundial, que cobró alrededor de cuarenticinco millones de vidas y condujo al exterminio sistemático de la población judía en los campos de concentración.

Una vez terminada la conflagración europea se establecieron nuevos regímenes que rechazaron explícitamente el fascismo y el comunismo en Norteamérica y Europa Occidental. Sin embargo, experimentos sociales y encuestas realizadas a finales del siglo XX han mostrado que tales tendencias autoritarias persisten o resurgen, no solo en grupos radicales sino también en los grupos mayoritarios de la población. La escalada en popularidad durante las dos primeras décadas del siglo XXI, de partidos electorales de extrema derecha en Austria, Alemania, Francia y los Estados Unidos bajo Trump, son prueba reciente de que dichas tendencias han subsistido durante décadas también en las sociedades avanzadas (Stanley 146–49). En sus estudios condensados y reunidos en *The Authoritarian Specter* (1996), Bob Altemeyer aplicó una serie de cuestionarios y ejercicios de simulación sobre asuntos sociales y políticos varios para medir el nivel de dogmatismo e intolerancia de los entrevistados (legisladores, ejecutivos, educadores y otros grupos vitales de la sociedad), además de observar su visión de las autoridades y su percepción de libertad dentro de las sociedades norteamericanas democráticas como son los Estados Unidos y Canadá. Como consecuencia de estos estudios, lo que Altemeyer denomina como "personalidades autoritarias de derecha" se caracteriza por tres rasgos principales: sumisión ante la autoridad, agresión autoritaria y convencionalismo social. Es decir, aquellas personas que se apegan con un mayor grado de obediencia a la autoridad constituida y legítima sin cuestionar sus acciones, aquellas personas que justifican la agresión a individuos o grupos señalados por la autoridad como diferentes o como merecedores de sanciones morales, y aquellos individuos que se apegan dogmáticamente a las convenciones sociales apoyadas y promovidas

La biopolítica en *Castigo divino* (1988)

por la autoridad, tienen la posibilidad de erigirse como individuos con una "personalidad autoritaria de derecha"(Altemeyer 6). El hecho de que se denomine a esta personalidad como de "derecha" no se refiere necesariamente a que dicha persona tenga una visión de extremismo liberal-capitalista y dentro del espectro político que se denomina de "derecha," sino que dicha persona se apega de manera ferviente a lo que la autoridad percibida o legítima indica como socialmente aprobado. En contrapartida, aunque menos numerosos y frecuentes, las "personalidades autoritarias de izquierda" se caracterizan también por su dogmatismo ideológico y social en contra de la autoridad constituida y las convenciones establecidas, pero no son necesariamente comunistas o socialistas (Altemeyer 218).

Lo relevante de estos estudios realizados por más de veinte años, a partir de los años setenta del siglo XX en Estados Unidos y Canadá, es que acaban con una serie de prejuicios y percepciones estereotípicas con las que se juzgaba de manera rígida la cultura política no solo de las dos potencias de Norteamérica, sino las de otras sociedades del hemisferio que se consideraban como aquejadas por un "déficit" de democracia y con una presencia "endémica" del espectro autoritario. En dichas preconcepciones, las sociedades de los dos países del norte contaban con un arraigo de las instituciones y aspiraciones democráticas casi esencial y a toda prueba. De manera complementaria y opuesta, se caracterizaba a los pueblos de Latinoamérica como histórica y esencialmente autoritarios. Tristemente, el final de la era Trump en los Estados Unidos, ha probado que la manipulación de un líder autoritario y el uso abusivo de los medios para exacerbar tendencias nativistas, xenofóbicas y racistas puede tener un efecto desestabilizador y conducir a un intento de golpe de estado (6 de enero de 2021), aún en una sociedad avanzada y abierta que se supone contaba con una institucionalidad sólida y con tradiciones democráticas firmes.

Extrapolando los hallazgos de Altemeyer y comparando los movimientos neofascistas del siglo XXI con la época histórica en que se incuba el autoritarismo centroamericano contemporáneo (1930–1948) es posible observar cómo en *Castigo divino* aparecen representados algunos rasgos de la personalidad autoritaria[10] que explican en gran parte la reacción de las clases altas ante el crimen y la incesante presión ejercida sobre el Juez Mariano Fiallos para que alterara el curso legal del proceso y declarara culpable a Cas-

Capítulo seis

tañeda de manera sumaria. El editorial del diario conservador *La Prensa* presenta su enérgica reacción ante los hechos:

> Tiempos malos vive la república, cuando los cimientos de la moral se ven desafiados por ataques tan viles y arteros a la primera y más sacrosanta de nuestras instituciones: la familia, como en el horrendo caso que conmueve a la sociedad de León. Y no debemos solamente alabar el celo de la Guardia Nacional por su oportuno proceder al haber ordenado, in continenti, la pronta detención del culpable de tan salvajes crímenes, comprobados ya gracias a los ingentes progresos de la ciencia; debemos reclamar, también, sin cataplasmas, que se alce con presteza la sombra vindicativa del cadalso para cubrir la ignominia de la traición y la barbarie. (Ramírez, *Castigo* 281)

La publicación—según la novela—de este pretendido editorial apenas dos días después del arresto ilegal de Oliverio Castañeda por parte de la Guardia Nacional efectuado por supuesta "sedición," solo para ganar tiempo antes de que el juez de la causa pudiera formular algún cargo, nos presenta en buena medida los aspectos de la sumisión a la autoridad, agresión y apego a las convenciones de la personalidad autoritaria de derecha tal y como la caracteriza Altemeyer (34). Al erigir a la familia como "primera institución" sobre la que se cimienta la república y al presentar al crimen como una "ataque tan vil" a esta estructura social, se convierte al crimen no en un asunto de transgresión individual de la ley, sino en una afrenta social que debe ser punida de manera ejemplar. Que el periódico mismo aplauda el "celo de la Guardia Nacional" sabiendo que su acción fue ilegal al pasar por alto el debido proceso, además de dar por sentado que las pruebas de laboratorio son concluyentes e irrefutables, demuestra un apego irrestricto y casi automático a las disposiciones de la autoridad, cuyo proceder queda justificado según esta visión, por la gravedad del crimen. Finalmente, la demanda inmediata de que se aplique la pena de muerte supone como cosa juzgada la acusación que apenas se ha levantado y busca el máximo castigo en un proceso del que, a 48 horas, se sabe poco y lo único que se tiene son rumores y suposiciones. Hasta ese momento, las pruebas de laboratorio con el cuerpo de Dn. Carmen Contreras solamente salieron positivas en los experimentos fisiológicos con animales a partir de los jugos gástricos. No se encontró presencia de estricnina en las cápsulas, ni en la orina del occiso. La inhumación y pruebas correspondientes en

La biopolítica en *Castigo divino* (1988)

los cadáveres de Marta Jerez y Matilde Contreras no se realizarían sino hasta semanas después. El grado de indignación y el deseo de venganza por encima del proceso legal se cierne de manera sensacional aventurando una versión barroca y grotesca de la metáfora del crimen como "enfermedad social":

> El termocauterio es doloroso, pero necesario, pues si se deja supurar la pústula, inficionada de humores malignos, el cuerpo social se verá pronto cubierto de llagas y expuesto a su lacerante desmembración. (Ramírez, *Castigo* 281)

La metáfora corporal para representar a la sociedad en peligro de enfermedad "contagiosa" conocida como el "modelo inmunológico" ya presente en su forma moderna desde el siglo XVIII y reafirmada a través de todo el período de la Guerra Fría (1945–1990), fue una de las justificaciones más socorridas para implementar la exclusión, encarcelamiento o exterminio de "criminales," "degenerados," "rebeldes" y "comunistas," es decir, funciona como una construcción ideológica con efecto de "shock," usada para legitimar la violencia contra aquellos que supuestamente atentan contra el orden "natural," las convenciones sociales o la autoridad en sociedades bajo sistemas autoritarios de izquierda o de derecha (Mussolff 142; Sontag 82).

A la luz de estas condiciones ideológicas y de poder, la novela de Ramírez resalta la ironía de que la verdadera "pústula" que inficionaba el cuerpo social de Nicaragua en 1933 era la búsqueda incesante de las clases dirigentes por instaurar a una personalidad autoritaria al frente de la república y no la presencia circunstancial de un criminal de la vida privada. Como en el caso de Castañeda, el veneno iba mezclado con la medicina, el autoritarismo de la Guardia Nacional y su Jefe Director, vistos como la solución a la coyuntura en que se encontraba la sociedad nicaragüense, acabarían por envenenar el "cuerpo" de la democracia que apenas emergía después de la invasión. Al final, la novela termina por establecer un isomorfismo entre "la bala mágica" del veneno usado por Castañeda y la condición del "factor de autoridad" sembrado por las élites del poder y por la fuerza invasora norteamericana en la persona del Jefe-Director de la Guardia Nacional Anastasio Somoza García aspirante a caudillo y enemigo de la normalidad democrática. Esta última, será finalmente la "paciente" que muere. Muerte fulminante de una forma de gobierno (democrática) cuyas consecuencias se extenderán por cuatro décadas.

Capítulo seis

Por último, quiero llamar la atención sobre el único personaje que parece estar consciente de la gravedad de los hechos y de los conceptos, valores y bases institucionales que están en juego en todo el proceso Castañeda. Como uno de los personajes privilegiados que funge como "detective" dentro de la narración, el Juez Mariano Fiallos Gil se aboca a desentramar la densa madeja de chismes, elucubraciones y pruebas legítimas que le ofrecen las instituciones de su tiempo y el proceso legal. Si el personaje de Atanasio Salmerón encuentra su complemento antagónico en el Dr. Darbishire, el Juez Fiallos tendrá a su aliado-antagonista en el jefe de la Guardia Nacional en León, el Capitán Anastasio Ortiz. Cuando se hace la detención anticipada e ilegal de Castañeda, el Juez Fiallos se arrepiente de no haber protestado y reaccionado de inmediato ante el actuar intempestivo e ilegal del Capitán Ortiz. Más adelante, Fiallos se inconforma cuando se le permite el acceso a la prensa y a otros personajes a la celda de Castañeda, y a raíz de una entrevista con Rosalío Usulutlán se lanzan una serie de opiniones que ponen en duda el proceso y la calidad de las pruebas de laboratorio que se efectúan en la Universidad de León. En ese punto, será el Juez Fiallos el único en confrontar al Capitán Ortiz por contravenir e ignorar las disposiciones de ley e interferir en el proceso. Adivinando que el General Somoza está detrás de la manipulación de la información para que la Guardia Nacional se encargue de la exhumación de los cadáveres y tome control del proceso desde Managua, el Juez pide aclaraciones al Jefe de la Guardia en León:

> —[Fiallos] Yo estoy obligado a oír todo lo que tiene que ver con este proceso. Y no recojo rumores, tomo declaraciones—
> [...]
> —El General Somoza lo que quiere es ayudar, para que haya pruebas de verdad—el Capitán Ortiz se alejó hacia la ventana. Se apoyó en el marco, abriendo las piernas, y se pedorreó sonoramente-. El laboratorio del Ministerio de Sanidad de Managua tiene aparatos modernos, aquí no hay nada. En eso tiene razón Castañeda, aunque no nos guste.
> —Lo cual quiere decir que este es un ejército de ocupación, igual que el de los yanquis— ... —al Juez Fiallos le sobrevino un escalofrío y se protegió con los brazos—; y Somoza se siente autorizado a limpiarse las nalgas con las leyes. (Ramírez, *Castigo* 294)

La biopolítica en *Castigo divino* (1988)

Más allá de las actitudes irrespetuosas y grotescas del Capitán Ortiz y la expresión escatológica del Juez Fiallos, en este diálogo queda al descubierto cómo el poder e influencia de Somoza se van extendiendo más allá del ámbito de la defensa y el orden que corresponden a los poderes extraordinarios que se le han dado a la constabularia que él dirige (Kraybill 2; Perkowska 230). Dada la importancia que ha adquirido el proceso, el Jefe de la Guardia Nacional, a través de sus subordinados no solo aprueba detenciones extrajudiciales, manipula a la prensa para que entreviste al prisionero y se desprestigie el proceso llevado por Fiallos, autoriza a la Guardia a que proceda a las exhumaciones de los cadáveres y provoca que el Juez acceda al transporte de muestras de vísceras a los laboratorios de Managua. Las "pruebas de verdad" que buscaban "encontrar" tanto Ortiz como Somoza, son pruebas fabricadas o levantadas en contravención al proceso legal y en contra del principio científico y legal de cadena de custodia de indicios materiales. La exclamación de Fiallos sobre el carácter de ejército de ocupación de la Guardia Nacional es en este sentido certera y premonitoria. Desde ese momento en adelante la oposición a Somoza considerará a ese cuerpo militar pretoriano precisamente como un ejército extranjero afincado en la república bajo auspicio norteamericano y que gobierna como el invasor, bajo un constante estado de excepción. Ya bajo estas muestras de interferencia de la fuerza militar en contra de la autonomía e independencia del poder judicial, el Juez Fiallos no dejará de manifestar su desacuerdo y se aventura a hacer predicciones ominosas sobre lo que le espera a Nicaragua ante tal (des)orden de cosas.

En el que podría ser el capítulo crucial que traduce las implicaciones del caso Castañeda en relación con los destinos de la república y en el que se retrata de cuerpo entero la personalidad y visión de opositor al régimen que llegaría a definir a Mariano Fiallos Gil, la novela presenta un último altercado entre el Juez y el Capitán de la Guardia. Estando Fiallos en compañía de su secretario Alí Vanegas, que viaja en el asiento del pasajero, los vehículos del Juez y del Capitán Ortiz se detienen a media calle y la discusión sube de tono:

—[Fiallos hablando a su secretario] ¿Ya viste? Ellos deciden qué es lo que yo debo averiguar—el Juez Fiallos se ajusta el pañuelo sobre las orejas—. Deciden exhumar cadáveres, me secuestran testigos, y ahora se roban pruebas del proceso. Esta es la nueva

Capítulo seis

ley que hay en Nicaragua. La que le van a aplicar a Sandino, de seguro.

...

—[Fiallos] Lo van a matar porque ellos no admiten más justicia que la de los rifles—Alí Vanegas, volteando hacia el Juez Fiallos, utiliza el legajo de papeles para soplarse con energía—. Igual les da que sea un héroe como Sandino, o un reo, como Castañeda.
—[Ortiz] Así que este <<pueta>> bolchevique es el que te aconseja [refiriéndose a Vanegas]. De él no me extraña, porque se dedica a echarle flores a Sandino en sus versos—el Capitán Ortiz, que estaba ya en la calle, metió la cabeza por la ventanilla. Alí Vanegas se apartó—. Pero de vos... (Ramírez, *Castigo* 424)

La coreografía del diálogo ejemplifica por partida doble la invasión de funciones que ejerce la Guardia Nacional sobre el espacio de acción del Juez Fiallos. No solo el Capitán Ortiz se dedica a sabotear la imparcialidad del proceso para provocar que se traslade el juicio a Managua o se declare culpable a Castañeda sin más, sino que al apearse de su vehículo y asomarse por la ventana del pasajero del auto del Juez, también está invadiendo el espacio personal de este miembro de la corte. El capítulo tiene interés porque termina con un altercado a puños entre el pugilista amateur Fiallos y el arbitrario y lento Capitán de la Guardia que termina con "abundante sangre que mana de las narices" del oficial (Ramírez, *Castigo* 425). Pero más allá del único momento en que el "detective judicial" que encarna momentáneamente en Fiallos, da muestra de la tozudez de un Sam Spade, el pleito entre los representantes de los poderes judicial y militar ejemplifica la última batalla por las instituciones y la legalidad que algún personaje de la historia llega a establecer.[11] Efectivamente, como lo predice Fiallos, tanto Sandino como Castañeda caerán abatidos por la violencia autoritaria de la Guardia. De ahí en adelante, como le sucede al secretario Alí Vanegas, todo aquél que escriba o exalte a Sandino será considerado como un "bolchevique" o enemigo del estado. El Juez Mariano Fiallos Gil renunciará a su puesto antes de dictar sentencia, la complejidad del caso y la intromisión inadmisible de la Guardia en contra de su acción como miembro de la corte le hacen imposible terminar el proceso.[12] Como ya estaba previsto, Oliverio Castañeda será condenado por los delitos de parricidio en la persona de Marta Jerez y por asesinato atroz en contra de Matilde Contreras y don Carmen Contreras. La novela cierra con una reconstrucción de la ejecución del reo en un "intento de fuga" el día 25 de diciembre de 1933, y el

La biopolítica en *Castigo divino* (1988)

28 de diciembre día del entierro de Castañeda, la ciudad de León se prepara para una lluvia de material volcánico por la erupción de El Cerro Negro.[13] Una nueva emergencia sanitaria se cierne sobre la maltratada urbe. El oprobio de la violencia y la ceniza mancharán las calles de manera simbólica y material.

Antes de su muerte y ya desde la cárcel, Castañeda siguió contando historias, inventando infundios para hundir a sus detractores y fabricar posibles culpables. Para él, todo había sido una maquinación de sus enemigos desde Guatemala, la acción de Jorge Ubico es la de un dictador en el poder que recibe un favor de un dictador en potencia, Anastasio Somoza. La familia Contreras (la de la novela) desmontó su casa, vendió propiedades y se trasladó a Costa Rica, de donde procedía Doña Flora Guardia de Contreras. Pero la maledicencia del reo no dejó de implicar a las familias más pudientes en sus historias de celos, lujuria y traiciones. Otra cosa que debe señalarse como complicación del caso es que la familia Contreras (Gurdián en la realidad) estaba emparentada con Somoza y también con el Presidente Sacasa. Este hecho es relevante porque después de leer la novela y comparar los registros de la época queda la sensación de que Oliverio Castañeda fue ejecutado no tanto por haber cometido los crímenes más sonados de la primera mitad del siglo XX (aparte del magnicidio de Sandino) sino por constituirse en un agente de desestabilización social, al trastocar y poner en evidencia las debilidades de un régimen que ya tenía demasiados enemigos internos y estaba urgido de demostrar su autonomía y eficacia al retirarse las fuerzas invasoras. El uso de un arma que había sido proporcionada por las autoridades (estricnina), la burla y desprestigio que significó el aprovechar el diagnóstico y las recetas de los médicos para matar a su esposa y dos miembros de una de las familias más conocidas de la ciudad, la audaz defensa lanzada *pro se* por el joven abogado, la manipulación de la opinión popular y de la prensa para desprestigiar las pruebas científicas y señalar las irregularidades de su proceso, los tumultos y desórdenes montados por sus partidarios y la confrontación de clase que provocaron, fueron desafíos que rebasaron por mucho el ámbito de lo judicial para dejar una herida de desprestigio y afrenta al poder. Este complejo evento que implicaba un profundo desgaste del capital político y social con que contaban los grupos autoritarios y su aspirante a caudillo: Anastasio Somoza García, no podía ser ignorado ni dejarse sin solución definitiva.

Capítulo seis

Fuera de la novela y dentro de la historia de Nicaragua, entre junio y julio de 1936, con algunas semanas de diferencia, la Guardia Nacional se encargó de quitar del camino, con lujo de arbitrariedad y violencia, a sus dos últimos enemigos. Al multihomicida y burlador de la sociedad leonesa le aplicó la ley fuga y al último presidente democráticamente elegido de la era pre-dictadura, lo obligó a renunciar.

Capítulo siete

Prostética y formación racial del estado neoliberal en *El cielo llora por mí* (2008)

En este último capítulo propongo una revisión de los aspectos del género detectivesco necesarios para entender la estructura narrativa y propuesta ideológica de la segunda novela policial de Sergio Ramírez. Ya que la narración de la trama criminal en *El cielo llora por mí* (2008) está basada en hechos y tiempos relativamente recientes con relación a la fecha de publicación, recurro también a una revisión rápida de las condiciones sociales y económicas prevalecientes en Nicaragua al iniciar el nuevo milenio. Así mismo, dada la condición racial particular de los detectives del relato, uno mestizo y otro afro-nicaragüense, propongo tomar en cuenta algunos aspectos del discurso racial nicaragüense además de que, por las capacidades diferentes que caracterizan a uno de los personajes, utilizo algunos conceptos y categorías de análisis tomados de los modernos "estudios de la discapacidad" ("Disability Studies") para encontrar las claves en la creación del último gran personaje salido de la pluma de Sergio Ramírez, el detective Dolores Morales.

Con el pretexto de que el género policial está destinado preferentemente al consumo masivo, los comentarios sobre esta obra se han ceñido inicialmente a explorar solo algunas de las dimensiones y posibilidades de esta forma narrativa. Sin embargo, como sucede con la simplicidad aparente en otras obras de Ramírez, detrás de la mera sucesión de hechos y acciones de la novela policial hay una serie de consideraciones sociales, ideológicas y raciales, que requieren una observación y análisis más detallado.

Punto de partida, las imágenes y las secuelas de la postguerra en Nicaragua

En 1981 la artista visual estadounidense Susan Meiselas publicó el ensayo fotográfico *Nicaragua*, cuyas imágenes se convertirían

Capítulo siete

en una iconología global del último punto caliente de la Guerra Fría en América Latina. Memorables fueron las fotografías de los combatientes de Monimbó resguardando el anonimato al cubrirse el rostro con las máscaras de su folklore (Meiselas, *Nicaragua* 23, 31). Indeleble la instantánea de un joven guerrillero que sostiene un rifle con la mano izquierda y que mientras grita alguna consigna, está a punto de lanzar una botella de pepsicola convertida en proyectil molotov con la derecha (64). Perdurable en la memoria del horror sería el retrato de los despojos de algún desaparecido— solo quedan los *jeans* en las piernas mientras la columna vertebral expuesta se hunde en la tierra-. Los restos humanos dan la espalda al lago y enmarcan la infame "Colina del Plomo" (14) en un paisaje más bien macabro. Cerca del final, esta obra de Meiselas presenta una acumulación de imágenes de barricadas, reuniones de guerrilleros, cortejos fúnebres, que se contrastan con instantáneas de los últimos días de Somoza y sus soldados y todo culmina con las panorámicas de la multitud exultante que celebra el triunfo en la Plaza de la Revolución el 19 de julio de 1979. No existe discurso más elocuente sobre el horror de la guerra y el júbilo del triunfo que esta sucesión de imágenes.

Diez años después de publicar su libro de fotografías, Meiselas vuelve con un equipo de filmación y busca a los personajes de sus instantáneas. Ahora, el sentido dinámico y épico del libro anterior se estrellaría con el muro cambiante de la realidad global de Nicaragua y América Latina. El resultado de su nueva expedición fue *Pictures from a Revolution* (1991), un conmovedor documental que retrata con viva voz e imagen en movimiento las esperanzas cumplidas y no cumplidas, las deudas históricas de la revolución, las reflexiones de contras y compas,[1] las secuelas de aquella violencia que se pensaba heroica en su momento y que en gran parte se convierte en desencanto ante la lentitud o inexistencia de cambios para aquellos que sacrificaron su vida, o que fueron heridos y quedaron discapacitados perdiendo así la oportunidad de insertarse en las nuevas realidades de Nicaragua.

La fotografía documental de la guerra nicaragüense no solo se ocupó de los combatientes. Un trabajo complementario al de Meiselas es el del fotógrafo Paul Dix y la activista Pamela Fitzpatrick: *Nicaragua, Surviving the Legacy of U.S. Policy* (2011). Estos dos avezados viajeros norteamericanos recorrieron las regiones asoladas por la guerra de la Contra entre 1985 y 1990,

Prostética y formación racial en el estado neoliberal

fotografiando y registrando el testimonio de algunos de los sobrevivientes de los ataques de ex-guardias y otros mercenarios. Muchos de los sobrevivientes eran niños, mujeres, campesinos que trataban de defender sus cosechas y su comunidad. Como se sabe, la Contra fue en gran parte un ejército irregular pagado con fondos estadounidenses resultado de la venta ilegal de armas a Irán y luego utilizados como ayuda y armas obtenidas por la administración Reagan bajo la operación ilegal y encubierta conocida como Irán-Contra (Armony, "The Former Contras" 203; Kagan 466; Leogrande 476, 481; Wade y Walker 144). Los objetivos principales de las misiones bélicas de la Contra: escuelas, caminos, caseríos, puentes, bodegas de cosecha, hospitales y otras obras de infraestructura. Masacres, secuestros y violaciones fueron sus métodos frecuentes de terror (Grandin 116). Las imágenes de Paul Dix retratan a los sobrevivientes de esos ataques cuando todavía están convalecientes de sus heridas, cuando aún están en el proceso de superar el primer shock de la agresión. Por su parte, el trabajo inicial de Fitzpatrick fue escuchar a los adultos y pedir dibujos a los niños sobre su experiencia, una forma inicial de terapia postraumática. También diez años después, en un intento similar al de Meiselas por registrar el paso del tiempo y el cambio de circunstancias, el equipo de Dix y Fitzpatrick regresa para buscar a aquellos sobrevivientes y para escuchar y registrar ahora las consecuencias de aquellos años, la manera en que el valor ante la adversidad de aquellos días seguía ahí, había ayudado a superar las secuelas de la violencia y permitido una vida normal, o continuaba siendo un lastre definitivo en sus vidas.

Ambos grupos de imágenes, las fotografías de la posguerra en el libro de Dix y Fitzpatrick y las entrevistas en la película de Meiselas, interpelan a los sobrevivientes sobre su perspectiva después de la devastación, pero también confrontan a los lectores y a la sociedad en la que viven los discapacitados de la guerra, así como a una audiencia global a la que se le recuerda que en la sociedad nicaragüense el costo del conflicto estará presente por muchas décadas más. Es en este período post-heroico, el momento en el que el conflicto se ha enfriado y la sociedad global comienza a olvidar el encono de la Guerra Fría, cuando el compromiso de una sociedad para reinsertar a sus discapacitados se pone verdaderamente a prueba.

Para el año 2008, en que se publica la novela de Ramírez *El cielo llora por mí*, el período neoliberal posterior a la revolución ha terminado y el sandinismo orteguista está de regreso en el poder (2007–2022). Al igual que los proyectos visuales de Meiselas, Dix y Fitzpatrick que buscan escudriñar el paso del tiempo, es la sociedad de posguerra la que se expone ahora al microscopio crítico de la pluma de Sergio Ramírez. Han pasado casi veinte años desde el fin de la guerra (1990–2008) y la recepción inicial de los excombatientes como héroes, o al menos como sobrevivientes de un período tan épico como devastador, se ha disipado (Jarle Bruun 199, 206). En su afán por sobrevivir como partido tradicional, el sandinismo ha cambiado sus ideales y abandonado la ética revolucionaria. El gobierno neoliberal y corrupto de Arnoldo Alemán (1997–2002), ha borrado murales, destruido monumentos y con la complicidad de los sandinistas mismos, cambió la constitución y arrancó los nombres de los mártires de la guerra que estaban plasmados en el preámbulo de la carta magna del país (Vargas, *Sandinismo* 207, 227; Chávez, *Nicaragua* 269). El caudillismo electoral de Alemán y Ortega consolida el Pacto Libero-Sandinista (1999), con el que se signa la contracción del espacio democrático y vuelven algunas de las prácticas autoritarias del pasado. El gobierno de Enrique Bolaños (2002–2007) continúa las políticas neoliberales mientras los niveles de pobreza se elevan de manera creciente (Kampwirth 135; Wade y Walker 165–71).

Con la entrada del nuevo milenio, el entusiasmo por la revolución ya se había diluido y los ideales que marcaron el sacrificio de tantos niños y jóvenes parecen ser un lejano recuerdo. Sin embargo, en la realidad actuante de Nicaragua, para los discapacitados de la guerra, la violencia sigue de alguna forma junto a ellos, con las consecuencias inscritas en su cuerpo, la relación del sobreviviente con su familia y con su sociedad es un recordatorio permanente de que antes de la guerra eran personas "promedio" y ahora son discapacitados con alguna prótesis, o individuos que requieren algún apoyo para vivir y a quienes el estado, muchas veces no puede—o no quiere—proveer el equipo, las facilidades y la asistencia económica y humanitaria que otros países con veteranos de guerra y economía de primer mundo, sí pueden proporcionar.

La presencia del excombatiente y su prótesis o su silla de ruedas tiene significados profundos y diversos para los individuos mismos y para el resto de la sociedad. Es así que la octava novela de Sergio Ramírez, con su detective discapacitado, invita al lector a un territorio poco explorado en la literatura latinoamericana y en

Prostética y formación racial en el estado neoliberal

el mundo en general. El inspector Dolores Morales, de la división de narcóticos de la policía nacional, es un sobreviviente que perdió una pierna en la guerra:

> Peleando en el Frente Sur en noviembre de 1978, en uno de los combates para apoderarse de la colina 33, el mismo donde cayó el cura asturiano Gaspar García Laviana un balazo de Galil le había deshecho los huesos de la rodilla [...] no hubo más remedio que amputarlo porque amenazaba gangrena. La prótesis se la habían puesto en Cuba, y aunque era una pierna bien moldeada, el color sonrosado del vinilo no se avenía con lo moreno de su piel. (Ramírez, *Cielo llora* 14)

Es esta la introducción a un contexto realista en el que la sobrevivencia a las convulsiones de la revolución es un hecho casi en el olvido. Para el universo policial de la narración los nuevos retos de la sociedad postmilenio y posnacional son otros, el color partidista significa poco, el color de la piel sigue siendo un indicio fuerte de clase, y cualquier acción social ha de confrontarse contra la materialidad corrupta y violenta del trasiego global de drogas y sus ríos de dinero que lo permean todo. De la misma forma en que la prótesis de vinilo rosado del inspector Morales no corresponde con el color moreno de la piel de su portador, el estado nicaragüense postmilenio no corresponde y no resuelve con eficacia las necesidades apremiantes que marcan la nueva realidad de su población. En este sentido, la ficción de Ramírez cobra no solo vigencia, sino que como sucede muchas veces con su narrativa, detrás de los personajes hay siempre una urgencia histórica o social que reconocer y analizar.

El lugar de *El cielo llora por mí* (2008) en la narrativa de Ramírez y su visión crítica de la sociedad postmilenio

Entre la publicación de *Castigo divino* (1988) y la de *El cielo llora por mí* (2008) hay dos décadas de cambios sociales en Nicaragua y una incesante actividad literaria por parte de Sergio Ramírez. Entre estas dos fechas, Nicaragua transita de un sistema de economía mixta con gran participación de un estado de tendencia socialista como lo fue el de la era del sandinismo (1979–1990), hacia un estado neoliberal que a pesar de sus grandes aspiraciones democráticas en el período de Violeta Barrios de Chamorro (1990–1997),

Capítulo siete

se convierte en un sistema de caudillismo electoral bajo Arnoldo Alemán (1997–2002) y Enrique Bolaños (2002–2007), para terminar en un largo período neopopulista de izquierda con el regreso de Daniel Ortega al poder (2007–2027). Este último, acompañado con sucesivas reelecciones inconstitucionales (2012, 2017, 2021) y con crecientes cargas de autoritarismo hasta convertirse en émulo de los derrocados dictadores del pasado (Kampwirth 149; Chávez, *Nicaragua* 67–92; Wade y Walker 180, 184).

En este período, como ya había señalado en el capítulo introductorio, Sergio Ramírez tiene tiempo para ser jefe de la bancada sandinista en la Asamblea Nacional durante la presidencia de Violeta Barrios de Chamorro, forma con otros líderes un nuevo partido, el Movimiento Renovador Sandinista (1994) que aglutina a un gran número de antiguos combatientes y líderes históricos de la revolución y que se separan del FSLN por no estar de acuerdo con la transformación de ese partido bajo el mando caudillista de Daniel Ortega (López Castellanos 135). En 1996 Ramírez se presenta como candidato presidencial por el MRS con poca fortuna. De este modo, más allá de los vaivenes políticos, como ya se discutió en el Capítulo I, para finales de 1996 Sergio Ramírez ya se habrá retirado definitivamente de las justas políticas y se reinserta de lleno a la creación, la actividad cultural y periodística.

Estos cambios políticos y de renfoque profesional también se verán reflejados en la perspectiva narrativa. En términos generales, el horizonte temporal manejado por la mayoría de las novelas de Ramírez comenzando con *Castigo divino* (1988) hasta las publicadas al principio del nuevo milenio *Sombras nada más* (2002) y *Mil y una muertes* (2004) se circunscribe a eventos y condiciones sociales que prevalecen en el período comprendido entre 1870 y 1980. Este es uno de los grandes cambios que marcan la escritura de su octava novela, *El cielo llora por mí* (2008) y de sus secuelas *Ya nadie llora por mí* (2017) y *Tongolele no sabía bailar* (2021) en las que por primera vez se aborda el período histórico más reciente, al referirse a hechos que suceden a principios del siglo XXI.

En este caso, la distancia histórica entre los hechos narrados y el momento de enunciación de la narración es relativamente corto. Específicamente en *El cielo llora por mí*, la novela narra eventos supuestamente acaecidos entre 1997 y el 2002, durante la presidencia de Arnoldo Alemán, y el libro se publica en 2008. Es decir, el carácter reciente de los acontecimientos presentados y

Prostética y formación racial en el estado neoliberal

la calidad completamente ficticia de los personajes en la narración disminuyen el énfasis en el discurso histórico en comparación con la centralidad que dicho discurso tenía en *Castigo divino* (1988) y *Margarita está linda la mar* (1998). En cambio, de manera más palpable, sino que obligada, sí que es posible leer la saga de los detectives antinarcóticos Dolores Morales y Bert Dixon como novelas del género policial-detectivesco.

Si bien Henighan ve en *El cielo llora por mí* un ejemplo anodino o hasta un ejercicio "conservador" de la novela negra, desde mi punto de vista, la obra de Ramírez toca de manera provocativa y renovadora una serie de aspectos histórico-sociales de Nicaragua que nunca antes (o muy poco) habían sido abordados tan de cerca en la narrativa de este género en Nicaragua y Centroamérica (cf. Henighan 644). En la crítica sobre *El cielo llora por mí*, a pesar de que se han hecho una serie de observaciones tocantes a los aspectos de género policial y sobre todo se han resaltado las complejas relaciones entre los personajes: excombatientes sandinistas, afanadoras de la policía, hijos de familia conservadora venidos a menos, etc., creo que se han dejado de lado tres aspectos fundamentales para comprender la singularidad de este relato policial (Coello Gutiérrez 197–220; Corral 68; Quesada, "De *Castigo*" 59–74; Tomás 63–67).

En primer lugar, quiero destacar las variaciones y particularidades que la novela de Ramírez introduce al género policial, por ejemplo: el hecho de que existan no uno sino tres detectives de dos categorías distintas. La mayor parte de las acciones de investigación son completadas por dos agentes policiales, con la asistencia de un tercer investigador amateur, la afanadora de la Comandancia Nacional de Policía de Managua: Doña Sofía Smith. Segundo aspecto crucial, el despliegue permanente y destacado de personajes afro-nicaragüenses de la Costa Atlántica que se mueven con libertad y agencia dentro de las estructuras sociales del Pacífico y el Atlántico y que por su filiación étnico-racial, forzarán a los demás personajes a definirse en relación con su presencia. Tercero, el hecho de que uno de los personajes principales sea un veterano de guerra que ha perdido una pierna y cuya discapacidad condiciona algunas de sus actividades y la relación que el resto de los personajes tiene con él. Este último elemento—como ya lo mencioné—se presta para leer la novela desde la perspectiva de los "estudios de la discapacidad," y desde esta perspectiva propongo, como lo

Capítulo siete

demanda la teoría de esta vertiente crítica, que la presencia del detective Dolores Morales no sea leída como la de un "hombre-símbolo" que representa la era de la posguerra o un grupo social específico. Por el contrario, mi análisis propone que sea la sociedad contemporánea la instancia cuestionada en relación con la presencia del personaje discapacitado para que dicho entorno social, en este caso el estado neoliberal, sea evidenciado en sus limitaciones, inhibiciones y excesos de represión corporal y de género (cf. Davis 171; Wendell 108).

El cronotopo neoliberal y postnacional de *El cielo llora por mí*

Con la caída del muro de Berlín en 1989 y la disolución de la Unión Soviética en 1991, no solamente se da fin a la Guerra Fría, por lo menos en la forma que se le conoció desde 1950, sino que también se da paso al dominio visible y efectivo del neoliberalismo como impulso ideológico y sistema económico en el mundo occidental. De hecho, las bases del neoliberalismo quedan sentadas desde los setenta, pero es en la década de los ochenta, coincidiendo con la ola de las transiciones democráticas en América Latina, que la nueva concepción del estado se vuelve dominante (Harvey 39–42; Steger y Roy 19). El estado modernizador de la industrialización por sustitución de importaciones, el estado internacionalista e intrarregional del Mercado Común Centroamericano (Mercacen), y las fórmulas de modernización difusionista de los polos de desarrollo, la revolución verde y el desarrollo estabilizador bajo la dictadura, la economía mixta y estatizada del sandinismo, dan paso a un estado que fomenta el libre comercio, que limita el gasto en rubros sociales, que vende los servicios públicos y la infraestructura básica, en ocasiones a la iniciativa privada local, pero en la mayoría de los casos las compras terminan haciéndolas las compañías transnacionales de la construcción, las comunicaciones y la energía (Robinson 244; Harvey 29).

En este sentido, en Nicaragua el proceso de instauración del estado como mercado neoliberal, se vive como una doble transición. Pasando primero de una economía desarrollista autoritaria hacia una economía socializadora y estatizada que entra en crisis en 1988 y luego hacia una economía neoliberal que se amplía en 1990. Políticamente se pasa de un gobierno autoritario y violento

Prostética y formación racial en el estado neoliberal

hacia un gobierno revolucionario bajo asedio exterior y luego a un gobierno de democracia competitiva neoliberal. Pero debe notarse que la transición económica se adelanta un poco, ya que para 1988 el mismo gobierno sandinista ha entrado en tratos con el FMI y está bajo la disciplina de un programa de ajuste estructural mientras se desmorona su amplia coalición con la sociedad civil y la crisis económica derivada del combate con la Contra y el descontrol en la administración de las cuentas nacionales, termina por disolver su hegemonía (Arana 82; Spalding 101). Aunque en realidad, los problemas más agudos del cambio de un estado deficitario y con economía de hiperinflación, como fue en la última parte el período sandinista, a un estado con balanza de pagos regulada, pero con graves problemas de desempleo y desinversión, se dejarán sentir con verdadera fuerza hasta el momento de entrar en funciones el gobierno de Violeta Barrios de Chamorro. Este período no solo está marcado por ser el primer gobierno neoliberal de Nicaragua, sino que también es el primer gobierno de una mujer democráticamente electa en toda América Latina.

A pesar de la inestabilidad en que se recibe la economía, el manejo competente dentro de los parámetros prescritos por el FMI permite que la inflación se reduzca y el crecimiento vuelva, aunque este último sea raquítico y con un rezago social grave debido a la disciplina fiscal y la drástica contracción del gasto impuesta por el programa de choque estructural (Lacayo 567, 714; Wade y Walker 156). Con todo, el gobierno de Violeta Barrios de Chamorro permite que, en la década final del siglo XX, en Nicaragua se dé por primera vez una transición pacífica a un nuevo partido de la oposición, bajo un proceso electoral muy vigilado y sin graves disturbios. Así, la principal contribución del período presidencial de Barrios de Chamorro fue la mesura y la voluntad de desescalar la violencia, además de reducir la participación del ejército y el gasto en armamento, contribuyendo con ello a superar las tensiones internas en Nicaragua y a propiciar una nueva era de cooperación e intensificación de las relaciones con Centroamérica (Lacayo 713; Chávez, *Nicaragua* 281).

A pesar de los modestos avances económicos y del gran impulso a la paz legado por el gobierno Barrios de Chamorro, el siguiente mandatario utiliza un estilo de confrontación verbal que intenta reintroducir ciertos aspectos autoritarios que se suponía habían sido erradicados en la década anterior. Arnoldo Alemán, con una

Capítulo siete

retórica verbal rimbombante y agresiva, intenta desmantelar la influencia del sandinismo y borrar todo vestigio de la experiencia revolucionaria de la sociedad y la memoria de los nicaragüenses. Al no lograrlo, entra en el llamado "pacto liberosandinista" que propicia una gradual restricción del espacio democrático para los partidos minoritarios y eventualmente un dominio bipartidista excluyente liderado por liberales constitucionalistas (PLC) y sandinistas (FSLN) (Kampwirth 135; Wade y Walker 163). Así, el neoliberalismo nicaragüense transita de una sociedad en la que los mercados de capital, productivo y comercial alcanzan mayor desarrollo, pero las libertades democráticas se van recortando y limitando. Esto último, un resultado radicalmente opuesto a la inspiración de los neoliberales de la escuela de Chicago que fundaban sus esperanzas y prescripciones en la irrestricta actividad libre del individuo y los grupos sociales, tanto en el mercado como en la política, principios propugnados por sus ideólogos Friedrich Hayek y Milton Friedman y promovidos o impuestos, no siempre con éxito, por las instituciones de crédito mundial más importantes (FMI, Banco Mundial, BID, etc.) a partir de los años ochenta (Hayek 82; Friedman 29, 54).

Es en esta etapa de transiciones sucesivas en la que están enraizadas las claves simbólicas de *El cielo llora por mí*. Coincidentemente, los protagonistas de la historia están en una posición de poder que los inserta a mitad de camino entre la población civil y el poder neoliberal tecnocrático. No se trata simplemente de que ellos por ser policías estén de manera irrestricta del lado de la ley y el estado. Por su discurso y su comportamiento, todavía anclado en ciertas posturas progresistas de la era revolucionaria—por lo demás criticada y reconocida como obsoleta por los personajes mismos—se nota que viven todavía bajo un cierto código de solidaridad con sus coterráneos y con cierta idea de que debe ser el estado el que sirva al pueblo y no al contrario: el pueblo al estado—como sucederá con frecuencia en todo el período neoliberal-. Así, los tres personajes principales rechazan las acciones corruptas del gobierno y de los altos mandos policiales y se solidarizan con los individuos que son oprimidos por el crimen y por el gobierno aun cuando, como agentes de la policía, son parte de uno de los cuerpos represivos del estado mismo. Esta postura ambigua coloca a los tres detectives en una situación peculiar poco frecuente en el policial clásico y también alejada en cierta forma del neopolicial latinoamericano.

Prostética y formación racial en el estado neoliberal

En las décadas de los noventa y los dos mil, la narración policial de habla hispana con frecuencia se presenta del lado del criminal o del policía corrupto que es a la vez, expresión del estado criminal. En Centroamérica, desde la perspectiva del criminal encontramos novelas como *El arma en el hombre* (2001) de Horacio Castellanos Moya y *Managua salsas city* (1999) de Franz Galich. Desde el lado del agente policial convertido en brazo criminal aparecen *Los héroes tienen sueño* (1998) del salvadoreño Rafael Menjívar Ochoa, y en México *Un asesino solitario* (1999) de Elmer Mendoza (Sarmiento 100). En este sentido, los personajes de Ramírez también se alejan de aquellas novelas donde el detective privado actúa a favor de las víctimas y claramente en contra del estado y su corrupción, que es el caso de la serie de novelas de Paco Ignacio Taibo II cuyo protagonista es el detective Belascoarán Shayne (Braham 4; Cella 133).

La acción en *El cielo llora por mí* encuentra una vía alternativa media, los detectives están con el pueblo, actúan desde el estado, pero no dejan de criticarlo y evidenciar sus fallas. En las próximas páginas, veremos cómo en este caso, es el policía el que se acerca al pueblo, más allá de lo prescrito por las normas institucionales, a tal punto que los civiles participan no solo del ejercicio del raciocinio detectivesco, sino que se enlistan para ayudar de manera desinteresada en la investigación de los crímenes. Al estudiar detenidamente el actuar de los detectives aclararé aún más esta condición negociadora de poderes que los personajes se ven forzados a asumir.

El detective por triplicado o la posibilidad del empoderamiento ciudadano

Con frecuencia en los estudios sobre la novela policial se clasifica a las narraciones en relación con el personaje investigador, su filiación profesional, su pertenencia o no a alguna corporación policial o legal (Mansfield-Kelley y Marchino 4–7; Scaggs 26–32). En este sentido, como ya había señalado en el capítulo anterior en que analizaba la novela *Castigo divino*, la historia de la novela de detectives o policial tiene tres categorías principales que se asocian con la evolución del género mismo. El primer detective que se reconoce como tal en la narrativa negra es Auguste Dupin creado por Edgar Allan Poe (1809–1849). Este aristocrático y sesudo personaje al igual que Sherlock Holmes de Conan Doyle (1859–1930) y los angloparlantes Miss Marple y Hercule Poirot[2]

Capítulo siete

de Agatha Christie (1890-1976), todos pertenecen a la categoría fundacional de los investigadores ficcionales, la del detective amateur o aficionado que sin tener carácter oficial, accede a ayudar a las víctimas, coopera con la policía—que carece del poder de raciocinio excepcional que sí posee la / el detective—y hace su trabajo por el gusto de resolver enigmas y ayudar al prójimo. El auge alcanzado por estos armadores de rompecabezas del crimen en las décadas que van de 1850 a 1920, permite que se consoliden las bases del género. En gran parte, la influencia y modelos narrativos de estas obras fundacionales continúan siendo vigentes aún hoy, con las correspondientes adaptaciones y variaciones para la época. En América Latina, Jorge Luis Borges (1899-1986) y Adolfo Bioy Casares (1914-1999) con sus crónicas exageradas en *Seis problemas para don Isidro Parodi* (1942) escritas al alimón bajo el seudónimo "Bustos Domecq," lograron un aterrizaje paródico y muy argentino de este tipo de narrativa (Altamiranda 39). En México, Antonio Helú (1900-1972) inaugura el género policial y la primera revista dedicada a su publicación *Selecciones policiacas y de misterio* popularizando a los detectives de esta índole (Holguín; Lockhart 107; Strayer 274). En 1951, una de las autoras difundidas por Helú, María Elvira Bermúdez (1916-1988), lanza a la primera detective mujer de América Latina: María Elena Morán quien, como la Miss Marple de Christie, solo lee y resuelve enigmas por afición (Duffey 24; Holguín).

La novela norteamericana *hardboiled* de los años veinte a los cuarenta del siglo XX, presenta al tipo rudo, a veces golpeador, casi siempre desconfiado que habiendo sobrevivido a la primera o segunda guerras mundiales, vive en un mundo degradado, a veces sórdido. Este prototipo de detective trabaja para una agencia de detectives o va por su cuenta y depende de la paga por horas, o por caso, pero esto no impide que a veces también mueva la balanza para favorecer a los desprotegidos, o que diseñe venganzas para compensar o salvar a las víctimas (Coma 31). Muchas veces toma esta senda justiciera aún en contra de los intereses de sus empleadores y patrones o de él mismo. El investigador privado se mueve en los límites de lo legal y la justicia, que en el mundo degradado y cínico en el que habita, casi nunca coinciden. A esta categoría de detectives pertenecen las creaciones de Dashiell Hammett (1894-1961), Raymond Chandler (1888-1959), James M. Cain (1892-1977) y Ross MacDonald (1915-1983). En Latinoamérica, los detectives de Rafael Bernal (1915-1972) y Paco Ignacio Taibo II (1942) en México, y de Roberto Ampuero (1953) en Chile, entre muchos otros, entran de alguna forma en esta clasificación.

En los Estados Unidos, a finales de los años 1950 se consolida la versión más favorecida del relato negro en la actualidad, las narraciones del detective policial o el procesal policial (*police procedural*). Las diferentes iteraciones de esta figura de acción que a pesar de su filiación legal, no siempre evita la violencia y que se enfrenta a las formas más crueles y grotescas de la muerte, trabaja para el estado o para alguna agencia de investigaciones de tipo oficial. Al fin y al cabo, estos detectives trabajan para restaurar o imponer la "ley y el orden," como reza el título de una archiconocida serie de televisión norteamericana de los años 1990. Ed McBain (1926-2005) en los Estados Unidos y el belga-francés Georges Simenon (1903-1989), son escritores que consolidaron esta forma de la novela negra en la que el interrogatorio policial, las ciencias forenses y la criminalística, se convierten en factor fundamental del discurso y de las acciones de los personajes y los casos a los que se enfrentan. En estas narraciones, la investigación sigue canales más o menos institucionales desde un departamento de policía o agencia oficial que combate el flagelo del crimen (Mansfield-Kelley y Marchino 7; Scaggs 91).

Una variante innovadora que implicó la presencia fundamental de elementos de etnicidad y de clase, fue la irrupción de la novela criminal del barrio de Harlem en Nueva York, lanzada por el escritor afroamericano Chester Himes (1909-1984) en los años sesenta del siglo pasado. Sus dos detectives negros "Coffin" Ed Johnson y "Grave Digger" Jones son un binomio violento que a pesar de estar conscientes de que al ser policías trabajan para la maquinaria represiva del estado y que sus jefes blancos participan de la represión racial, tratan de mantener a raya a los criminales y al mismo tiempo tratan de mediar entre el poder blanco y la comunidad afroamericana y tratan de proporcionar un módico elemento de justicia para las víctimas del crimen (Giardinelli 137; Reyes Torres 73; cf. Scaggs 30, 100). Más adelante hablaré de los paralelos en la novela de Ramírez con los detectives de Chester Himes.

En la parte final del siglo XX, una de las series de relatos más conocidas del procesal policial es la novelística del cubano Leonardo Padura (1955) y su detective Mario Conde (J. González 138-41). En general, se dice que, dados los altos niveles de corrupción

Capítulo siete

política, la presencia de regímenes autoritarios y la inveterada desconfianza de los ciudadanos ante toda acción policial, se hace casi imposible en América Latina aceptar la "benevolencia" o compromiso social de un agente policiaco. Sin embargo, Padura en la Cuba del período especial y Sergio Ramírez en la Nicaragua post-Sandinista, logran dar muestra de habilidad narrativa y encuentran estructuras creíbles que ratifican la posibilidad de que algún agente del estado que aún consciente del papel represor de su profesión, al mismo tiempo luche por cumplir con la misión más idealista de su oficio. Es decir, estos detectives buscan alcanzar alguna forma de justicia para los ciudadanos, lograr alguna restitución para las víctimas del crimen y de paso, devolver alguna esperanza—aunque sea mínima—de que la nueva sociedad encuentre algún día la senda del progreso, sin producir más divisiones ni pobreza.

Como lo podrá comprobar cualquier lector de la obra de Ramírez, nunca se puede esperar que las narraciones del autor nicaragüense sigan patrones convencionales o que encajen a la perfección en algún género o subgénero. Como ya había anunciado al inicio del capítulo, *El cielo llora por mí* complica la situación narrativa al encargar de la acción investigativa no a uno, ni a dos, sino en realidad a tres detectives de dos diferentes categorías. Aún más, en la segunda entrega de la saga que es *Ya nadie llora por mí*, publicada en 2017, uno de los detectives participa "en espíritu" aconsejando y polemizando con sus compañeros desde el más allá, porque al final de la primera novela muere a manos de los criminales.

Por otro lado, si nos apegamos a la idea de que todo actante que investiga, sintetiza o presenta hipótesis para dar solución al enigma planteado, o establece de manera deductiva el papel de los participantes e implicados en el crimen, también es en alguna forma uno de los detectives de la narración, entonces podríamos ampliar el número de participantes a cinco. En *El cielo llora por mí*, no solo los dos detectives de la División de Narcóticos de la Policía Nacional, Dolores Morales y Bert Dixon, además de la afanadora del departamento de policía Doña Sofía Smith, están abocados a resolver el misterio del yate abandonado en Pearl Lagoon, sino que estos tres "investigadores" recibirán la ayuda del Comisionado Umanzor Selva y también de la amante del inspector Morales, Fanny. Estos cinco personajes participarán en conjunto, o en grupos diferentes, del ejercicio retórico-epistémico de asignar

Prostética y formación racial en el estado neoliberal

acciones, encontrar posibles culpables y establecer los móviles del crimen. Todos contribuyen ya sea a conseguir pruebas o a corroborar información, sin importar que tengan o no alguna autoridad específica para hacerlo. En este caso, ni doña Sofía ni Fanny estarían autorizadas para ejercer alguna acción de tipo oficial.

De acuerdo con el proceso policial moderno, la participación de personas ajenas al departamento de policía o la oficina forense, aún de forma indirecta, comprometería la validez legal de cualquier información que se pudiera obtener y su intromisión podría viciar el caso de origen, dando pie a que los abogados defensores cuestionaran el proceso de investigación oficial, la cadena de custodia y validez de las evidencias. En consecuencia, debe notarse que por la frecuente ruptura de las estrictas reglas de la policía moderna y su distanciamiento de la narrativa policial del primer mundo, la propuesta en las novelas de Ramírez de un investigador "colectivo" con agentes de diversas identidades, incluyendo a dos mujeres no autorizadas para el trabajo de detección, es congruente con las condiciones de informalidad de las estructuras policiales y judiciales de algunos países de América Latina.

Desde el capítulo dos de *El cielo llora por mí*, los inspectores Morales y Dixon están tratando de resolver el caso de un yate de lujo, el *Regina Maris*, abandonado y desvalijado en los meandros de la Laguna de Perlas o Pearl Lagoon en la Región Autónoma Atlántica Sur (RAAS), uno de los dos departamentos de la costa este de Nicaragua. En el yate se encuentran rastros de sangre y después de que la evidencia recogida es analizada por el laboratorio de la policía en Managua, se comprueba la presencia de residuos de cocaína. Ya con los resultados oficiales en la mano, en su oficina en la sede de la policía nacional, se encuentran el inspector Morales y el inspector Dixon (Lord Dixon) que discuten el caso frente a la afanadora del edicificio, doña Sofía Smith, y el diálogo se desarrolla de manera inesperada:

> —Como la prueba del Ioscan nunca es concluyente, yo me inclino por creer que ese yate no fue usado para un embarque de droga—dijo de pronto doña Sofía.
> —¿Cómo sabe lo del Ioscan?—la enfrentó el inspector Morales—¿Usted me espía cuando hablo por teléfono?
> —Yo se lo conté—dijo Lord Dixon.
> —¿De modo que ya despachaste primero con ella?—dijo el inspector Morales.

Capítulo siete

—¿Y para qué cree usted que usaron el yate entonces, doña Sofía?—Preguntó Lord Dixon, sin hacer caso del conato de arrechura del inspector Morales.
—Para traer algún pasajero importante—respondió doña Sofía—. Se me viene a la mente el avión de La Costeña que secuestraron la otra vez. (Ramírez, *Cielo llora* 33)

No resulta extraordinario que una mujer viuda de más de sesenta años que se dedica a leer novelas policiales, a veces hasta una al día (31), tenga alguna hipótesis que ofrecer sobre un crimen, sino que los dos inspectores terminen por aceptar su participación no solo en las discusiones sobre los pormenores del caso, sino hasta en una de las misiones de espionaje y vigilancia. Es decir, los inspectores Bert Dixon y Dolores Morales terminan por elevar la categoría de la afanadora hasta investigadora amateur con un papel casi oficial en el caso. Pero esta deferencia y respeto de los inspectores hacia las ideas de doña Sofía no son gratuitos. Desde las primeras páginas, mientras doña Sofía termina de asear la oficina del inspector Morales o trae el almuerzo para su jefe, es ella quien ha sugerido que la sangre encontrada en una camiseta y la tarjeta de presentación insertada en un libro en el yate son de la misma persona, la desaparecida Sheila Marenco. Las inferencias y conexiones establecidas por doña Sofía, no solamente resultarán ciertas, sino que sirven como líneas de investigación iniciales: comprobar la identidad de la mujer desaparecida y localizar su cuerpo—si es que ha sido asesinada-, identificar a los pasajeros del misterioso yate. Desde ese momento en adelante, doña Sofía irá no solo adquiriendo mayor protagonismo en la novela, sino que su compromiso moral y ético fundado en la vieja ética revolucionaria sandinista y su compromiso con una iglesia evangélica cercana a su casa, será un fiel de la balanza que termina por "limpiar" un poco las transgresiones de los detectives y sirve de crítica interna a la vida disipada de los inspectores Morales y Dixon (Bosse, "Poder" 3). Los dos exguerrilleros, convertidos en policías, todavía conservan algunos de los vicios del combatiente desmovilizado: relaciones sexuales casuales con mujeres casadas, abuso del alcohol los fines de semana, malos hábitos alimenticios, etc.

La indicación más interesante de que el "trabajo de detección" y la acción misma del raciocinio se reparte en un "detective colectivo" aparece en el capítulo siete "Se aconsejan y se van" (Ramírez, *Cielo llora* 92). Después de sus primeras incursiones

Prostética y formación racial en el estado neoliberal

como clandestina en el casino de uno de los implicados en el caso, doña Sofía Smith llega de madrugada a buscar al inspector Morales para dar su informe. El inspector se encuentra acompañado de su amante de turno Fanny, de oficio telefonista. Doña Sofía, después de recuperarse del escándalo que le causa que la mujer que pernocta en la casa de su jefe sea casada y cohabite en adulterio con el inspector, acepta a regañadientes las órdenes de su superior para dar los informes que ha obtenido recientemente. Con esa información Morales inicia una "sesión de análisis" para establecer un diagrama de flujo con los implicados, la víctima, los hechos y las posibles relaciones entre ellos:

> Con renuencia, doña Sofía siguió a los otros dos a la mesa arrimada a la pared, que tenía precisamente tres plazas. [...] [Morales] Se aplicó sobre el revés de la hoja [de calendario] de enero, y utilizando un esquema de cuadros y flechas que conectaban unos con otros, fue concertando todas las piezas disponibles de información, [...]
>
> —Veamos ahora en qué punto nos hallamos—dijo el inspector Morales, volviendo sobre la hoja-. El número de teléfono escrito al revés de la tarjeta de presentación de Sheila Marenco nos llevó al [casino] Josephine, y hasta el momento la pesca ha sido buena, gracias a doña Sofía: adentro aparece Caupolicán, y aparece Giggo. Ya tenemos esta secuencia: *Sheila Marenco-Benny Morgan (alias) Black Bull-Stanley Cassanova-Engels Paladino (alias) Caupolicán-Juan Bosco Cabistán (alias) Giggo*. (Ramírez, *Cielo llora* 90)

Después de dibujar este diagrama de relaciones establecido como dice el inspector Morales, siguiendo su entrenamiento formal en un curso de análisis de datos dictado por "una misión de la Guardia Civil española" (90), los tres personajes se enfrascan en un intercambio de grupo para establecer secuencias de eventos, móviles y asignación de acciones específicas a cada uno de los sospechosos. A través del diálogo, los lectores participamos en este ejercicio colectivo de raciocinio que va de las evidencias, a las inferencias y a lo que comúnmente se llaman "deducciones" pero que en términos heurísticos debe llamarse "abducción" o formulación de hipótesis (Hoffmann 72). El procedimiento se repite otra vez en el mismo capítulo con otra secuencia de sospechosos que incluye al dueño del casino Josephine, Mike Lozano, y de nuevo en el

Capítulo siete

capítulo ocho, titulado "Pasajeros en el río" (92–101) en un diálogo entre el inspector Morales y el comisionado Umanzor Selva. En el caso de Selva, la conversación incluye nuevos descubrimientos y confirmaciones:

> —Dejaste olvidada la lógica anoche en algún lado, junto con los calzoncillos—dijo el comisionado Selva, por primera vez sonriente—. ¿Te has preguntado por qué habrán quemado el barco de Cassanova?
>
> —Si es así como usted dice, algo había allí que querían hacer desaparecer—dijo el inspector Morales.
> —Te llegó por fin la luz del Espíritu Santo—dijo el comisionado Selva—; sabemos que esa mujer, Sheila Marenco, venía en el yate, lo mismo que venía Black Bull. (Ramírez, *Ciello llora* 95)

La intervención del exdirigente guerrillero, ahora comisionado de policía, se encamina a atar algunos cabos sueltos y confirmar su condición de superior de los dos inspectores Dixon y Morales. Más adelante en este capítulo, el mismo Selva reprocha a Morales la intervención de un elemento civil, doña Sofía, en una investigación oficial y lo hace responsable de cualquier fallo que esta transgresión pueda implicar. En este capítulo también será Selva el que confirme la participación de la DEA en las misiones de vigilancia del espacio aéreo y del territorio nacional de Nicaragua y cómo esta agencia norteamericana "coopera" o impone su cooperación con la policía antinarcóticos del país:

> —Llamé a los de la DEA antes de que entraras para chequear si ya tenían lo del embarque—dijo el comisionado Selva—. Dice el gringo al que ustedes llaman Chuck Norris, que no hay indicios de nada importante que viniera a dar a Nicaragua. (Ramírez, *Ciello llora* 96)

Selva se refiere a la posibilidad de que mandos medios de los cárteles de la droga de Colombia estén visitando Nicaragua con el propósito de restablecer rutas de trasiego de droga que ya habían sido desmanteladas en gran parte en los años 1990. Pero la información de Matt Revilla, a quien burlonamente Morales y Dixon llaman "Chuck Norris" por su parecido con el afamado pugilista ultraconservador norteamericano, indica que la navegación clandestina del yate *Regina Maris* por la Laguna de Perlas tenía otro propósito. Aquí Selva confirma la hipótesis propuesta por doña Sofía y apoyada por Morales y Dixon de que la presencia de los capos es más bien de tipo estratégico, una forma de enfriar la pista de los colombianos y establecer discretamente alguna base para convertir a Nicaragua en un sitio de "vacaciones" o "enfriamiento" para mandos medios y altos del cártel o para encuentros clandestinos, en terreno neutral, con sus pares mexicanos.

En suma, se puede comprobar que el "trabajo de detección" y los procesos simbólicos de raciocinio y abducción (formulación de hipótesis) están repartidos de manera jerárquica pero difusa. En todo caso, esta condición de "detección colectiva" contradice muchos de los supuestos tradicionales del procesal policial y otras formas de la novela negra. La acción conjunta de personajes disímiles en gran parte disuelve el sentido corporativo policial y anula la condición de secrecía de la investigación. Es decir, lo que la policía "piensa" o "sabe" solo debería saberlo la policía, por lo menos hasta que el proceso judicial sea llevado a los juzgados y los medios sean alertados. En la novela de Ramírez se rompe con esta "cadena de custodia" de la información y esta informalidad también implica una cooperación cercana de la población con la policía. Esto supone que de alguna forma existe plena y mutua confianza entre ambos grupos; además de que nos indica cómo el interés por resolver y prevenir el crimen corresponde no solo a los agentes del estado sino a la ciudadana y al ciudadano de a pie.

Sin embargo, algún principio de jerarquía si se preserva. Aunque la presencia paralela de una detective de tipo "amateur" se verifica en la persona de doña Sofía y gran parte de las hipótesis son generadas por ella, su papel debe ser validado y las evidencias deben ser corroboradas por los inspectores Dixon y Morales. Estos a su vez, están siendo dirigidos por el comisionado Umanzor Selva quien les permite cierta autonomía a sus subordinados y también les reconviene cuando observa su lentitud o falta de agudeza mental. En el caso de estos dos detectives nicaragüenses, como en el caso de los detectives de Harlem de Chester Himes, comparten hasta cierto punto la misión de sus superiores de preservar el orden, pero a la vez se distancian de su ideología y su actuación y se convierten en una reserva de la "ética revolucionaria" de la era sandinista. Es decir, detrás de las acciones de los oficiales parece haber una búsqueda de solidaridad con el pueblo y dedicación a las causas de la equidad en contra del corrupto y el explotador, valores

Capítulo siete

y perspectivas cultivadas en los viejos textos de la guerrilla y en los discursos de los dirigentes sandinistas de los años ochenta (Fonseca 194; Borge, "New Education" 70–82; Ortega 68–74).

Otra fuente de información y validación externa son las fuerzas policiales supranacionales. Tanto el comisionado Selva como los inspectores reciben "ayuda técnica" de la DEA, la cual buscan y aceptan, aunque Morales en particular resiente la actitud arrogante y la presencia obligada de la agencia antinarcóticos de los Estados Unidos.

> —Divisas frescas para Nicaragua el narcoturismo—dijo Chuck Norris, y volvió a enseñar los dientes manchados de nicotina.
>
> Aquel comentario terminó de sublevar al inspector Morales. Gringos de mierda. Si no fuera porque Estados Unidos era el gran consumidor de drogas, y la DEA estaba infiltrada por los cárteles, no existiría el narcotráfico, leyó en sus ojos el comisionado Selva, y le hizo [a Morales] una advertencia muda de que guardara silencio. (Ramírez, *Cielo llora* 153)

Es este el momento en que el peso simbólico del discurso nacionalista y antiyanqui basado en la vieja ideología sandinista sale a relucir en la actitud y palabras de los dos excombatientes. Es a estos dos exguerrilleros—ahora policías—a quienes todavía les importan "suspicacias" tales como la "soberanía" y la "dignidad" nacionales y tienen que hacer un esfuerzo por tolerar la presencia globalizante y posnacional de un ente policial del imperialismo norteamericano. El agente de la DEA, Matt Revilla (o Chuck Norris como lo llaman Dixon y Morales) no solo vigila el espacio aéreo y los mares territoriales de Nicaragua, sino que como sugieren los personajes, éste y los otros agentes norteamericanos también administran la información y cooperación de tal manera que en sus reportes, obligadamente, los triunfos en el combate al narcotráfico son siempre vinculados al "liderazgo" y "cooperación" de la agencia norteamericana.

A los inspectores no se les escapa la ironía agravante de la nueva situación, ya que el trasiego de drogas tiene como mercado y como base de consumidores principales a la población misma de los Estados Unidos. Bajo su perspectiva, el país hegemónico occidental impone dos veces su poder. Primero como consumidor mundial de drogas y luego, como policía global en la lucha contra el narcotráfico que su propia sociedad genera.

Por otra parte, volviendo a las peculiaridades de los personajes de la novela, no deja de ser un factor fundamental el hecho de que la solidaridad y la cooperación entre la sociedad civil—representadas aquí por dos mujeres, Fanny y doña Sofía—y los mandos medios de la policía rompa con las premisas básicas del aislamiento casi puritano, autosuficiente y machista del detective privado y que dejen de láado la confrontación moralizante del investigador policial ante un mundo esencialmente degradado y hostil. Al mismo tiempo, en *El cielo llora por mí* el chauvinismo urbano o nacionalista del *hardboiled* americano ha sido sustituido por un globalismo renuente pero inevitable, un punto más cercano al internacionalismo de la novela de espionaje como la de Ian Fleming o Tom Clancy, pero sin el occidentalismo militante y racista de un James Bond o un Jack Ryan. Es decir, la distancia y autoridad moral entre el investigador del estado, sus aliados ciudadanos y los delincuentes no descansa en alguna superioridad tecnológica, racial o colonial per se, sino que se debe a una consciencia solidaria y una ética social heredada de la revolución y a un claro sentido del deber dentro de una sociedad en la que pocas cosas funcionan dentro del estado de derecho, si no es por los pocos funcionarios que hacen honradamente y con grandes esfuerzos su tarea (Besse, "Poder" 4–6). Pero volviendo a la constante a veces tácita, a veces flagrante de la supremacía blanca en la novela de intriga de la Guerra Fría, la segunda de las características que quisiera destacar en la narrativa policial de Ramírez es que, al contrario de la novela de intriga trasnacional americana, *El cielo llora por mí* se esfuerza por mostrar la marcada complejidad racial de la sociedad pinolera. Este es el punto en el que me enfocaré en la siguiente sección.

De Bluefields a Managua, o la interminable distancia de la racialidad nicaragüense

En 2007, Sergio Ramírez publica *Tambor olvidado*, un largo ensayo de análisis histórico y cultural que me parece, resulta esencial para comprender las simulaciones y sinuosidades de la representación racial de la población nicaragüense contemporánea. Entre la crítica cultural y sociológica moderna, con frecuencia se asume que los núcleos de población afro-nicaragüense se ubican casi exclusivamente en la zona atlántica del país y que todos los rasgos

Capítulo siete

culturales de influencia africana en la cultura nacional vienen de esa región. Así mismo, se da por sentado que el contacto entre las poblaciones indígenas con los grupos garífuna y de ascendencia africana del caribe inglés data del siglo XVII y de ahí se irradia toda la influencia cultural afrocaribeña al resto del territorio. A contracorriente de esta visión esquematizada, *Tambor olvidado* propone que la influencia y presencia étnica y cultural africana está repartida tanto o más en el Pacífico que en el Atlántico.

Pese a su inmensa pluralidad étnica, el Caribe no se explicaría sin la presencia de los esclavos negros, que imprimieron rasgos fundamentales y singulares a toda esa mezcla elaborada por siglos, como tampoco se explicaría Centroamérica, que es parte de ese Caribe cultural y geográfico. Y por tanto, la Nicaragua de la costa del Pacífico, no solo la Nicaragua de la costa del Caribe, pertenece al universo afrocaribe, como también El Salvador, aunque solo tenga costa Pacífica, porque recibió durante la colonia el componente africano. (Ramírez, *Tambor* 52)

Ramírez aclara que cuando se habla de esclavitud, hay que pensar primero en la importación y presencia de esclavos africanos traídos a Nicaragua y Centroamérica por los conquistadores y colonizadores españoles a las poblaciones del occidente. Es decir, aunque culturalmente puede ubicarse más fácilmente la impronta cultural africana en la Costa Atlántica por el flujo renovado de poblaciones afrocaribeñas, esto se toma indebidamente, como referente de contraste absoluto con el supuesto dominio del mestizaje indo-hispánico en el Pacífico. Sin embargo, tras sus investigaciones y una observación más detenida Ramírez nos revela—o nos hace recordar—que también en esta última región hay una amplia presencia negada del mestizaje triple indo-afro-hispano y doble indo-africano (Ramírez, *Tambor* 10, 74). Es decir que, en la región hispanohablante de Nicaragua, por influjo de la negación simbólica y material de la herencia africana derivada de la formación racial colonial, la mayoría de la población se ha empeñado en esconder o negar su origen africano y prefiere resaltar su supuesta filiación indígena y/o hispánica o europea. Un ejemplo patente y destacado de esta simulación, es el del Gran Poeta de América y cofundador del modernismo Rubén Darío quien, aunque en alguno de sus textos se refiere a sí mismo como un individuo con "manos de marqués," no descarta la posibilidad de contar con sangre africana e indígena "¿Hay en mi sangre alguna gota de sangre de África,

Prostética y formación racial en el estado neoliberal

o de indio chorotega o nagrandano? Pudiera ser" (Darío 8). Sin embargo, en la mayoría de sus reflexiones autobiográficas y en la exegética de su obra se insiste en su mestizaje indo-hispano. Ahora se sabe que el bardo de Metapa era en realidad nieto de mulatos, y si no mulato él mismo, sí un mestizo triple de la región del Pacífico nicaragüense (Ramírez, *Tambor* 19).

En este punto, debo aclarar que no es Nicaragua la única sociedad latinoamericana que hace uso de la simulación racial o de una "etnicidad fantástica" como ésta para generar su auto-representación en un contexto cultural postcolonial. Rasgos similares de simulación o negación de la presencia del grupo étnico considerado inferior se verifican en diferentes combinaciones, por ejemplo, en la República Dominicana donde hay también una negación del ascendiente afrocaribeño y haitiano y una afirmación a ultranza de la herencia hispano-ibérica (Allatson 24; Valerio-Holguín 228).

Otro factor importante por considerar en Nicaragua es lo que se podría concebir a veces como una división cultural esquizofrénica, entre los centros de poder repartidos en las tres ciudades mayores de habla hispana en la región del Pacífico: León, Managua y Granada, y la pluralidad de culturas de habla indígena e inglesa en los mayores núcleos de población en la costa atlántica: Bluefields hacia al sur y Grey Town o Puerto Cabezas hacia al norte. Debe recordarse que la reunificación de estos últimos territorios tiene poco más de un siglo y la influencia del imperio inglés duró más de doscientos años. El reconocimiento del Rey de la Mosquitia por parte de la corona inglesa en 1687 y el protectorado ejercido sobre la región por el imperio británico durante los siguientes dos siglos, dieron los rasgos lingüísticos propios a la zona (Ramírez, *Tambor* 54; Hale, *Resistance* 39). En ambas regiones autónomas (RAAS y RAAN) la presencia de lenguas originarias como el sumo, rama y mískito entró en una combinación y cohabitación con formas del inglés y dialectos creole del Caribe. No fue sino hasta 1894 bajo la dictadura del General José Santos Zelaya, que el protectorado británico se canceló definitivamente y que Nicaragua consiguió de manera definitiva su reunificación geográfica. No obstante, una cosa es la reintegración territorial y otra muy distinta es la total integración cultural y económica de una vasta zona hasta cierto punto inhóspita y relativamente remota y aislada que hasta el año de 1942 no era accesible desde el Pacífico por tierra sino por vías fluviales muy restringidas (Presidencia, *Hacia el Atlántico* 45, 58; Chávez, *Nicaragua* 39).

Capítulo siete

En *El cielo llora por mí*, la acción conjunta de los inspectores Morales y Dixon, puede relacionarse con los esfuerzos contemporáneos de repensar Nicaragua desde una visión multicultural y multiétnica menos marcada por la asimetría y la colonialidad que por desgracia todavía permea en muchas de las relaciones entre las poblaciones de ambas costas (Butler 220; Hale, *Resistance* 83). Sin embargo, no debe pensarse que la narración policial de Ramírez ofrece soluciones fáciles o paisajes utópicos ante la jerarquización racial todavía existente en Nicaragua. Por el contrario, los conflictos, complicidades y violencia entre los personajes hacen ver a los lectores cómo aún en pleno siglo XXI, la completa integración cultural y racial de Nicaragua está lejos de lograrse (Hooker 16).

A pesar del impulso integracionista y multicultural del texto, no debe pensarse en *El cielo llora por mí* como la primera novela nicaragüense contemporánea en incorporar a personajes afro-nicaragüenses relevantes. Ya en 1954, Alberto Ordóñez Argüello publicó *Ébano*, novela cuyo protagonista Jonathan Robinson, hombre de gran talla, pasa de enamorado no correspondido a criminal con una trágica muerte (Arellano, *Novela nicaragüense* 297). Lisandro Chávez Alfaro en su *Trágame tierra* (1969) localiza a los clanes familiares que conforman el drama de su novela, las familias Pineda y Barrantes, en las poblaciones costeras del Atlántico (Chávez, *Nicaragua* 121). El mismo autor vuelve a visitar el problema de la colonialidad del Pacífico sobre el Atlántico al momento de la "invasión" o reintegración del territorio de la Mosquitia en 1894 en su última novela *Columpio al aire* (1999) (Delgado Aburto 73; Rodríguez Rosales 32). Con temática más reciente, otro ejemplo del policial centroamericano, *Managua salsa city, devórame otra vez!* (2001) de Franz Galich, autor guatemalteco afincado en Nicaragua, también incluye personajes de origen afro como motores de su narrativa. Incluso el fotógrafo Juan Castellón, personaje principal de la novela de Ramírez *Mil y una muertes* (2004), se dice descendiente de la familia real Mískitu en la Costa Este nicaragüense (Henighan 548). No hay en este último relato otros personajes prominentes con esa característica, ni su origen racial se vuelve elemento definitorio en sus acciones que se desarrollan en su mayoría fuera de Nicaragua. Así, más allá de la presencia aislada o incidental de personajes afrocentroamericanos en las obras mencionadas, hay un contraste evidente en el caso de la narrativa

Prostética y formación racial en el estado neoliberal

policial de Sergio Ramírez. En *El cielo llora por mí,* puede decirse que aparte de las acciones del dúo dinámico conformado por los inspectores Morales y Dixon, la gran mayoría de la información, acciones de encubrimiento y algunos de los crímenes más notables son cometidos por personajes afronicaragüenses plenamente identificados como tales y cuya agencia o voluntad de acción es hasta cierto punto autónoma, o guiada por intereses y deseos personales, algunos éticos y socialmente aceptados, otros criminales y espurios. Este despliegue de personajes afrocaribeños con agendas propias en un relato nicaragüense, es hasta cierto punto una novedad aún a la vuelta del milenio. Recuérdese que como dice Ramírez en *Tambor olvidado*:

> Lo negro sigue siendo intolerable, en un sentido tácito. De eso no se habla. Un silencio sepulcral cae alrededor de su presencia en nuestra historia, y en los elementos culturales que componen nuestra vida diaria, al punto que todo aquello que proviene de la herencia africana, es disfrazado de indígena. (Ramírez, *Tambor* 11)

A contracorriente de este enmascaramiento e invisibilidad a la que se somete a la población de ascendencia africana en Nicaragua, *El cielo llora por mí* extiende la acción de personajes afronicas desde el primero hasta el último capítulo. En las Tablas 7.1 y 7.2 presento la etnicidad y rasgos físicos de los personajes principales y en especial las menciones y destino narrativo de los personajes afronicaragüenses de la novela. En primer lugar, debe notarse que el subinspector de Bluefields, Bert Dixon, comparte junto con el inspector Morales el liderazgo en cada una de las acciones fundamentales de cada núcleo narrativo. Aunque existe una diferencia de rango y cierta deferencia de Dixon hacia Morales, no parece haber una jerarquización demasiado marcada entre los dos exguerrilleros sandinistas:

> [L]e había dicho Lord Dixon, con ese acento costeño que siempre le divertía oír, cada palabra como si siempre tuviera un caramelo en la boca. Él [Morales] lo llamaba Lord Dixon por sus modales impecables. Nunca alzaba la voz ni cuando se alteraba, y las malas palabras las soltaba con suavidad, como si las meditara. Aquella circunspección, herencia de su padre, un pastor moravo que lo había concebido ya viejo de setenta años, lo llevaba a tratar siempre de usted al inspector Morales a pesar de

247

Capítulo siete

que ambos gozaban del rango de inspector, y a pesar de la vieja intimidad que mediaba entre ambos. (Ramírez, *Cielo llora* 15)

En ésta, la primera descripción del inspector Dixon, debe notarse la insistencia en marcar su origen como costeño atlántico de cepa, conectado con la iglesia morava de la que se deriva también otra diferencia con la población del occidente del país que sigue siendo mayoritariamente católica. En comparación, en la Costa Atlántica conviven diversas iglesias y denominaciones religiosas, siendo una de las más prominentes el protestantismo moravo introducido por misioneros alemanes a mediados del siglo XIX. En el mismo párrafo también se comenta el acento costeño de Dixon, sus modales refinados y su ecuanimidad, características que lo diferencian de la personalidad a veces impulsiva e irreverente de su colega, el inspector Morales.

Durante las dos primeras partes de la novela, Dixon será el enlace esencial con la escena del crimen y las indagaciones en las poblaciones ubicadas en la Región Autónoma del Atlántico Sur (RAAS), principalmente Bluefields y El Rama. Será Dixon el encargado de coordinar las actividades de investigación, levantamiento de pruebas, de recabar informes y de comprobar personalmente las hipótesis formuladas en conjunto por él mismo o en consuno con los otros "investigadores" de la novela Morales, doña Sofía, Fanny y el comisionado Selva.

Dadas las precarias condiciones de la policía nacional, siempre falta de fondos o con sobra de burocracia, Dixon tendrá que pedir dinero prestado a una de sus tías en Bluefields para poder transportarse por tierra o por aire y enviar documentos y evidencia desde la costa este hasta Managua, al otro extremo del país. En la Tabla 7.3 se asientan las menciones de las poblaciones de la costa del Atlántico en las que suceden los hechos, como comparativo con Managua, donde se desarrollan las investigaciones. Nótese cómo, aunque las referencias a las locaciones en el Atlántico, ya sumadas todas, sobrepasan a las de la capital, el centralismo de Managua sigue siendo evidente como la locación dominante en el relato. A pesar de esto, la importancia actancial de Dixon, un habitante costeño, es innegable. En los capítulos finales, será Dixon quien pronuncie la frase que da el título a la novela después del ataque mortal de los sicarios de Caupolicán, su antiguo jefe guerrillero convertido en narco. Será la muerte

Prostética y formación racial en el estado neoliberal

de Lord Dixon la más sentida por los protagonistas y su deceso se convertirá en el desencadenante definitivo de las acciones que cierran la narración.

Para abundar en la centralidad del detective afronicaragüense de la novela, debe observarse que la intimidad compartida por Dixon y Morales es de suma importancia. Morales recibe a Dixon en su casa, en una barriada popular en Managua, le presta ropa cuando es necesario ya que usan la misma talla, pasan fines de semana y días de trabajo juntos. Los dos inspectores entrevistan juntos a algunos de los criminales y juntos confrontan a los sicarios y narcos que han cometido los asesinatos recientes:

> —Si nos hubieran matado seguro nos acomodan juntos los camarógrafos para que apareciéramos abrazados en la televisión—dijo Lord Dixon, y tosió con una tos apagada.
> —"Juntos hasta en la muerte" hubieran sido los titulares de *El Nuevo Diario*—dijo el inspector Morales.
> —De milagro están contando el cuento, y todo lo hacen chacota—dijo el inspector Palacios.
> —No me voy a poner a llorar—dijo Lord Dixon—. El cielo llora por mí. (Ramírez, *Cielo llora* 247)

La desaparición física del inspector costeño será como dije, un factor crucial en las últimas páginas de la novela. En el tramo final del relato, a la posibilidad de atrapar *in-fraganti* a los "narcoturistas" colombianos y mexicanos, junto con sus socios nicaragüenses y cubanoamericanos, también se agrega la urgencia de vengar la muerte del compañero de armas, además de que el asesinato de un policía en funciones como Dixon, agrega un nivel de peligrosidad a los criminales y aumenta la exigencia de atrapar a los asesinos de un representante de la ley. En los capítulos cruciales del relato, Morales llorará frente a sus superiores tanto por darse cuenta de que él y su compañero se dejaron llevar a una trampa como por la inminente muerte de su amigo y compañero de armas (Ramírez, *Cielo llora* 249).

Dada la estrecha colaboración entre los personajes principales de la novela, Henighan cree detectar una tensión homosexual entre los tres exguerrilleros de la novela por la relación muy cercana entre Dixon y Morales y por las palabras humillantes de Caupolicán hacia Dixon "-Siempre te quise coger, negra divina-" (228), pero para llegar a esta inferencia habría que revisar el contexto en que se

Capítulo siete

utiliza esta frase (cf. Henighan 647). El tenso intercambio sucede cuando los dos inspectores están a punto de obtener una confesión voluntaria por parte del arrogante jefe de sicarios. Algunas páginas más adelante, los lectores se darán cuenta que esa confesión surge porque Caupolicán está seguro de que ambos policías perecerán minutos después, en la emboscada que les tiene preparada.

Es posible que la relación cercana entre Dixon y Morales pueda ser leída desde una perspectiva homoerótica, y esta sería la entrada para un análisis de la novela desde los Estudios Queer. En favor de esta lectura debe señalarse que el relato elabora abiertamente sobre la relación homosexual entre otros dos personajes, un forzudo asesino a sueldo, afronicaragüense de apodo "Black Bull," y uno de los aristocráticos abogados de las compañías lava-dólares de los narcos, el "doctor Juan Bosco Cabistán," también conocido como "Giggo." Las referencias a los amores de estos dos personajes son directas y hasta cierto punto cargadas de un lenguaje homofóbico en las voces de Dixon y Morales. Como estructura homóloga—a los dos criminales homosexuales podrían corresponder dos policías homosexuales-. Podría pensarse que la cercanía entre los dos inspectores va más allá del discurso homosocial tan frecuente en el género testimonio de la guerra sandinista. Cabe recordar que en relatos como *Y... las casas quedaron llenas de humo* (1986) de Carlos Guadamuz o en *La montaña es algo más que una estepa verde* (1982) y *Canción de amor para los hombres* (1988) de Omar Cabezas, la búsqueda del "hombre nuevo" derivaba en una declaración de amor hacia el género humano y hacia los compañeros de lucha construyendo un discurso homosocial que bien podría justificar el estrecho vínculo de los excombatientes (Rodríguez, *Women, Guerilla* 34; Mantero).

Sin embargo, me parece que la cercanía entre los policías y su ex-instructor guerrillero, incluyendo las bromas homofóbicas disfrazadas de requerimientos amorosos de Caupolicán, son más bien un vehículo de rijosa complicidad y de reto violento ante una situación donde los antiguos patrones de jerarquía y autoridad se han revertido. Engels Paladino o "Caupolicán" era el responsable y entrenador de Dixon y Morales en los tiempos de la guerrilla sandinista. Luego pasó a ser uno de los jefes de inteligencia del gobierno revolucionario y al caer el sandinismo, Paladino ya ha abandonado sus convicciones socialistas y ha puesto su experiencia militar y sus conocimientos en sistemas de inteligencia al servicio de los cárteles internacionales de la droga (34). Al referirse de manera despectiva y homofóbica a sus dos antiguos discípulos, trata de reafirmar su superioridad proyectando una masculinidad dominante:

> —Seguís enculado de nosotros, no te culpo—dijo Lord Dixon.
> —Siempre te quise coger, negra divina—dijo Caupolicán.
> —Yo no soy celoso—dijo el inspector Morales.
> La muchacha [mesera], que esperaba con la libreta y el lapicero en mano para tomar
> la orden de las bebidas, puso cara de ofendida ante la conversación.
> —¿Nunca antes le ha tocado atender a mariposas cariñosas como nosotros?—le
> preguntó Caupolicán.
> —Sí—dijo la muchacha—, pero nunca me han tocado con uniforme de policías.
> —A los dos policías nos va a traer unas Victorias—dijo el inspector Morales—. El preso, no sé qué quiere tomar.
> —También una Victoria—dijo Caupolicán.
> —Confiesa tus pecados entonces, hijo mío—dijo Lord Dixon, mientras la muchacha se alejaba—, te oiremos con toda compasión.
> —Vos sos protestante, negro hijo de la gran dialéctica, Lutero se limpiaba el culito con la confesión—dijo Caupolicán.
> —Te escucharemos entonces como ateos practicantes—dijo el inspector Morales. (Ramírez, *Cielo llora* 228)

El diálogo está cargado de ironía, símbolos y agresiones. Morales pide "dos victorias" denotando la marca de la cerveza y a la vez, connotando por adelantado el triunfo de los "dos policías." Al mismo tiempo, se refiere a Caupolicán como "el prisionero," anunciando el futuro próximo de su detención. Ya picado de la cresta por las puyas verbales de Morales y siguiendo a la rijosa provocación de Dixon, Caupolicán se lanza a expresar su racismo, su homofobia y juega con conceptos de filosofía marxista y de historia de las religiones para humillar a aquellos que considera sus inferiores. Se sabe altamente inteligente pero sus emociones no están del todo controladas y terminará por soltar alguna información a sus dos antiguos subordinados que ahora actúan desde el lado contrario, con la ley de su parte y con pretendida superioridad y autosuficiencia. Dixon y Morales, están tratando de arrinconar con evidencias y esgrima verbal a su antiguo jefe. Saben que están dialogando con un consumado conspirador y experto en presión psicológica, así

Capítulo siete

que le siguen el juego con tal de provocar una reacción que le lleve a confesar su participación en el entramado del asesinato en el yate y la supuesta presencia de representantes del narco de México y Colombia en territorio nicaragüense.

La entrevista y sus trampas verbales son urdidas al alimón y ejecutadas en perfecta coordinación por los dos inspectores. Caupolicán confiesa y confirma buena parte de los hechos: que iba en el yate, que era amante de Sheila Marenco, que estuvo presente en su asesinato y que "sus jefes" habían ordenado el asesinato de otros dos de los involucrados (Ramírez, *Cielo llora* 233–35). Por desgracia para los policías, la confesión está diseñada para que se pierda, ya que el exjefe guerrillero tiene preparada una celada para matar a ambos agentes que le han escuchado "cantar" muchos de sus crímenes. A pesar de eso, no deja de ser notable que aún en este lance final, en el que confrontan a su enemigo más peligroso, Dixon y Morales completan sus pensamientos uno al otro y van alimentando la orgullosa superioridad del interrogado hasta lograr que confiese por arrogancia.

Esta complementariedad en las acciones y la complicidad verbal entre los dos inspectores es en verdad el motor del raciocinio en muchos de los capítulos, además de ser esencial para verbalizar en forma de diálogo los pensamientos de los personajes. Desde mi perspectiva, este recurso al diálogo es implementado por Ramírez para agregar dinamismo a la narración, en lugar de asaltar al lector con monólogos o largos párrafos de corriente de consciencia de un solo detective omnisciente o ensimismado en su soliloquio interno. Este dialogismo entre los personajes principales es tan esencial para la construcción del relato de Ramírez que, en las secuelas de esta novela, *Ya nadie llora por mí* (2017) y *Tongolele no sabía bailar* (2021) el inspector afrocaribeño Lord Dixon, volverá después de muerto, en forma de espíritu que habla directamente a sus colegas habituales, el inspector Morales y doña Sofía.

Más allá de la prominencia del inspector costeño Bert Dixon, ungido con la superioridad moral de pertenecer a la policía y convertirse en mártir de la lucha contra el narco, la novela despliega otro conjunto de personajes afronicaragüenses del lado opuesto de la ley: los hermanos Cassanova y el asesino a sueldo Benny Morgan. Como se ve en la Tabla 7.1, de estos cuatro personajes, dos de ellos son conocidos por sus apodos, Sandy Cassanova alias "Ray Charles" y Benny Morgan o "Black Bull." Después de Dixon, estos

Prostética y formación racial en el estado neoliberal

dos son los actantes afronicaragüenses mencionados con mayor frecuencia durante toda la novela. Sandy Cassanova (Ray Charles) en un total de 107 ocasiones, ya sea por nombre o apodo—de preferencia el último—y Benny Morgan "Black Bull" es mencionado 63 veces en las páginas de *El cielo llora por mí*.

A pesar de que el inspector negro Bert Dixon es una figura actancial dominante en la narración, se podría pensar que siendo más numerosos los personajes afrocosteños que delinquen, la novela de Ramírez avanza muy poco en la representación afirmativa de personajes de la Costa Atlántica. Sin embargo, los tres hermanos Cassanova son personajes con un alcance y complejidad notables, especialmente dentro de un género literario como el policiaco, que no se caracteriza por ser muy generoso en la construcción narrativa de los delincuentes. Es decir, con frecuencia la novela policial recurre a tipos y estereotipos para servir más a la trama que a la construcción de atmósferas y personajes memorables. Los lugares comunes abundan, el asesino serial hiper-cerebral, el narco ignorante y cruel, el aristócrata o el rico de doble vida con un pie en la refinada alta sociedad y el otro en el submundo del crimen y la brutalidad sexual, son tipos recurrentes en la novela negra tanto latinoamericana como norteamericana y europea.

En el caso de *El cielo llora por mí*, la mayoría de los personajes están construidos con signos contradictorios y toman decisiones que apuntan hacia una evolución individual particular. Cierto, de los cinco personajes afronicaragüenses de la novela: Dixon, los tres hermanos Cassanova y Black Bull, cuatro están relacionados con el crimen, pero el que no lo está, encarna el ejemplo más importante de compromiso con la lucha por la justicia. De manera complementaria, los otros cuatro delincuentes más sobresalientes son personajes no afrodescendientes incluyendo un indo-hispano (Caupolicán) y tres hispano-europeos o no marcados étnicamente Sheila Marenco, su primo Juan Bosco Cabistán (Giggo) y el hijo del dueño del casino Josephine, Mike Lozano.

La variación étnica y moral también alcanza a los cuatro ex-guerrilleros sandinistas: Morales, Dixon, Selva y Caupolicán. En este caso solo este último es un criminal, y es el más peligroso. Por cierto, como se puede ver en la tabla 7.2, estos cuatro guerrilleros representan el cuadro básico de las mezclas étnicas más importantes de la Nicaragua contemporánea. Dentro de los esquemas raciales ya desprestigiados, pero todavía en uso, por la descripción

Capítulo siete

de su color y físico que otros hacen de él, Morales podría ser un ejemplo de un mestizo doble o triple de tez morena; Dixon parece ser mulato o mestizo triple con evidentes rasgos afrocaribeños; Selva un "chele" (rubio) o criollo descendiente de familias europeas (Ramírez, *Cielo llora* 22); Caupolicán es descrito como un nicaragüense de origen indígena o mestizo con rasgos indoamericanos muy marcados (37). Si a este grupo agregamos a la investigadora amateur, doña Sofía Smith, también se incluye una variante de género, y de etnicidad diferente a las anteriores, pues sabemos que ella es hija de un *marine* norteamericano que pasó por Nicaragua durante la última ocupación que terminó en 1933 (13). A mi juicio, este universo de personajes y su filiación étnica presentan un panorama verosímil de la condición racial de la población nicaragüense contemporánea.

La variación étnica más o menos discernible entre los principales personajes también se refleja en su diversidad de carácter y su función actancial en la narración. De la misma forma en que los policías e investigadores son representados con rasgos variables, de manera paralela, los cuatro delincuentes afronicaragüenses presentan una variación ético-moral interesante. De los tres hermanos Cassanova solo Stanley y Francis son hermanos de padre y madre; Sandy es medio hermano de padre. Aunque los hermanos completos Stanley y Francis se dedican al contrabando minorista de mercancías de Honduras hacia Bluefields, ninguno de los tres parece dado a la violencia ni son asesinos. Sus crímenes se circunscriben al orden fiscal, contrabando y no pago de impuestos y derechos de importación. Los dos hermanos mayores se oponen a que Francis, el menor, se dedique a actividades criminales, pero éste desoye sus consejos y se empeña en ayudar a Stanley en su miniempresa de estraperlo y triangulación. Stanley y Sandy, los mayores, cuando son interrogados por la policía, al principio mienten o dan informes parciales pues desean librarse de alguna acusación a la vez que buscan cooperar para tratar de sacar al hermano menor (Francis) que se encuentra detenido por contrabando menor de ropa y mercancía. La actitud ambigua, mezclada de amañado control de la información y de interés por ayudar al hermano se hace evidente en el primer interrogatorio del inspector Morales a Sandy Cassanova:

—Pues, bueno, inspector, no me has preguntado lo principal— dijo Ray Charles.

Prostética y formación racial en el estado neoliberal

>—Vamos a ver entonces qué es para vos lo principal—dijo el inspector Morales, y se apoyó de manos en el escritorio, atribulado por la sensación de que algo había hecho mal, no sabía qué, y ahora iba a pagarlo.
>—No me has preguntado cómo me llamo—dijo Ray Charles
>—¿Acaso no se lo dijiste ya al inspector Palacios?—dijo el inspector Morales,
>tragándose la turbación.
>—Tampoco él me lo preguntó—dijo Ray Charles y el diente de oro brilló cuando se rió con toda la boca.
>—Pues ahora te lo pregunto yo—dijo el inspector Morales.
>—Me llamo Sandy Cassanova—dijo Ray Charles.
>—¿Qué sos entonces del muerto?—preguntó el inspector Morales, y lo que había de fracaso en su voz, quiso transformarlo en desidia.
>—Soy su hermano—respondió Ray Charles—. Hermano de padre. (Ramírez, *Cielo llora* 64–65)

El interrogado no solamente ha puesto en evidencia la ineficacia y prejuicio de los inspectores Palacios y Morales, sino que al dar la información que le conviene, y callar otros datos, logrará reconducir la investigación del asesinato de su hermano (Stanley) hacia un posible culpable (Benny Morgan), mientras oculta su participación en los últimos acontecimientos. Este primer interrogatorio a Sandy Cassanova (Capítulo 5) terminará con la conmovedora petición de poder recoger el cadáver de su hermano Stanley para llevarlo de regreso a Bluefields a bordo de su barco el *Golden Mermaid* en un "último viaje" y además, pide que su hermano Francis, que como ya dije está preso por cargos menores de trasiego ilegal de mercancía comercial, sea liberado para que pueda acompañarlo en el cortejo fúnebre hasta la Costa Atlántica (70). En los siguientes capítulos, Ray Charles (Sandy) irá confesando las presiones, la zozobra en la que vivía su hermano Stanley y sus esfuerzos por ayudarle y por salir los dos bien librados de sus múltiples negocios y compromisos tangenciales con los capos locales del narco. Por desgracia, Sandy Cassanova también caerá bajo las balas de los sicarios como su hermano Stanley.

A través del "caso" de los hermanos Cassanova, la novela entrega a los lectores uno de los perfiles sociológicos de la pobreza en los que la discriminación y la falta de infraestructura, educación y ayudas sociales desembocan en la desesperación y la caída en la delincuencia. Después de la apelación emocional de la historia de

Capítulo siete

los tres hermanos afrocaribeños, no nos queda sino concluir que los verdaderos criminales son aquellos que promueven o toleran las redes transnacionales del narco. Aunque no los justifica, el inspector Morales entiende el papel secundario y a la vez, la victimización de los hermanos Cassanova o hasta de Benny Morgan, el asesino de Sheila Marenco y Stanley Cassanova. Morales y Dixon saben que mientras los inversionistas del lavado de dinero como Mike Lozano—cubanoamericano de Miami—y su abogado Giggo Cabistán que utilizando su influencia local burguesa puedan corromper autoridades, forzar a empresarios y mantener sus crímenes impunes, la batalla de la policía nacional contra el crimen trasnacional, y la suya propia, están perdidas de antemano. Los inspectores también saben que, si el dinero fácil del narco es capaz de comprar la voluntad y probidad de políticos y policías, los sectores depauperados o pequeño burgueses a los que pertenecen los Cassanova, serán blanco fácil para ser utilizados, explotados y luego eliminados sin ningún miramiento por los narcos y sus elegantes lavadores de dinero.

Ante este panorama de adversidad local y trasnacional, el estoicismo demandado de los inspectores Dixon y Morales se agranda. Si a esto añadimos que el inspector Morales lleva las marcas de su sobrevivencia a la guerra de frente y a la vista de todos, a los lectores nos toca preguntar si no es excesivo lo que un relato policial demanda de un hombre discapacitado y estamos simplemente pasando las páginas para asistir a un martirio final. Sin embargo, como dije en la introducción de este capítulo, nuestra pregunta no debe ser si el policía discapacitado es o no una metáfora de la disfuncionalidad del estado neoliberal nicaragüense o la sociedad actual, sino que lo que debe cuestionarse es si la "discapacidad social" y la "discapacidad económica" que produce el estado posnacional y neoliberal latinoamericano no son las que imponen a la mayoría de sus ciudadanos un contrato social disfuncional tan deficiente como una prótesis defectuosa. En las siguientes páginas discutiré los elementos simbólicos que revelan de manera paralela, la disfuncionalidad de la prótesis de Morales y la disfuncionalidad impuesta a la sociedad nicaragüense por el estado neoliberal post-sandinista.

Para cerrar mis comentarios sobre la representación de la racialidad nicaragüense en la novela, quiero volver al hecho de que los muertos en el relato incluyen solamente personajes afrocaribeños y una mujer. Con este hecho, la novela de Ramírez termina por apuntar de manera inequívoca hacia los patrones de represión y discriminación racial reconocibles en la poscolonialidad y la opresión genérica prevalentes en las sociedades centroamericanas contemporáneas. La disfuncionalidad de estas formaciones sociales posnacionales y neoliberales bien pueden resumirse en lo agudo y profundo de estas dos taras, el racismo y la discriminación de género, que todavía lastran en diferentes grados a estos y a otros países de América Latina. Sin embargo, existen todavía otros aspectos de falta de integración cultural y racial que serán motivo de reflexión en la última sección de este capítulo.

El relato de la disfuncionalidad social y la prostética del estado neoliberal

Al relato de las peripecias y desventuras del inspector Dolores Morales le toma doce párrafos para revelar al lector que el personaje lleva una prótesis en la pierna izquierda. En el párrafo trece, el texto ubica la lesión que es el origen de la discapacidad con fecha y lugar específicos, en los meses previos a la ofensiva final que derrotaría en definitiva a la dictadura de los Somoza. Estos dos detalles insertan a la figura ficcional del exguerrillero, y ahora inspector de policía, en un contexto realista e histórico. El inspector Morales recibe el balazo de Galil que le destroza la pierna en los combates del Frente Sur. Frente recordado en la novela y en la historia porque ahí cayó el Padre Gaspar García Laviana (1941–1978), personaje memorable por su filiación religiosa, por su visibilidad mediática y por su influencia sobre muchos guerrilleros. El Frente Sur fue de gran importancia estratégica en los momentos álgidos de la guerra revolucionaria, es en el que se registraron los mayores combates y el último punto de resistencia de la Guardia Nacional (Ramírez, *Cielo llora* 14). El rifle Galil es un arma de asalto de fabricación israelí y era el arma de cargo de los cuerpos de élite de la Guardia Nacional en los últimos años de la guerra.[3] La inferencia que se le invita a hacer aquí al lector es que la discapacidad del personaje principal tiene un origen épico que deberá marcar simbólicamente sus acciones.

No podemos olvidar que el subtexto del veterano de guerra es fundamental en la ficción detectivesca contemporánea. Phillip Marlowe, el detective de Raymond Chandler, Lord Peter Wimsey de Dorothy Sayers y Hercule Poirot de Agatha Christie son

Capítulo siete

todos veteranos o sobrevivientes de la Gran Guerra (1914-1918), cuyas experiencias traumáticas impactan su perspectiva y habilidades como investigadores (Ainsworth 31, 37; Trott 13). Mike Hammer el protagonista de las novelas de Mickey Spillane y el detective privado afroamericano Easy Rollins de Walter Moseley son veteranos de la Segunda Guerra Mundial (Reyes Torres 92). En este sentido, la construcción ficcional del inspector Morales se acerca inicialmente a algunos de estos modelos destacados de ficción detectivesca en la que la participación o sobrevivencia a una guerra permite asumir que el personaje sabe usar armas, conoce los retos de un enfrentamiento armado y pertenece en cierta forma a una "hermandad" de individuos endurecidos y probablemente valientes, que se han sobrepuesto a riesgos, presiones extremas y situaciones difíciles más allá de las experiencias del ciudadano promedio. En pocas palabras, el texto nos hace inferir que el detective "sabe manejarse" ante el peligro. Sin embargo, la otra inferencia fundamental del párrafo doce de la novela es que el inspector de la policía nacional de Nicaragua, Dolores Morales, tiene una discapacidad específica y evidente.

Las preguntas que el texto parece proponer al lector a partir de este momento tienen que ver no solo con las habituales demandas estructurales del género policial—qué crimen se comete y contra quién, quién lo realiza, quién lo investiga y busca justicia—sino que además harán que el lector se pregunte, o hasta dude, de la capacidad o habilidades del inspector Morales y se pongan en juego nuestros juicios y/o prejuicios sobre la discapacidad que serán reflejo de cómo la sociedad contemporánea mira, entiende e integra, o ignora, invisibiliza y discrimina a los individuos con capacidades diferentes (cf. Victoria Maldonado 1094).

Por otra parte, para un lector familiarizado con la narrativa policial o con el cine negro y sus extensiones en los medios contemporáneos, no es completamente extraño encontrar a un investigador policial con algún impedimento físico o tara psicológica que condicione su funcionamiento social y personal. En muchos casos, me parece que estos obstáculos de índole corporal o psicológica son integrados al personaje principal a manera de prueba de destreza escritural por parte del autor/a, o como una forma de hacer destacable la figura del detective o investigador, en el mar proceloso de la narrativa policial que mantiene a varias industrias de distribución masiva, ávidas de novedades y donde se aprecian sobremanera los rasgos de "originalidad," diferencia y distinción dentro de las limitaciones inherentes al género. Sin embargo, en casos más recientes, podría alegarse que la presencia de un investigador discapacitado es no solo un intento realista de construir con eficacia un personaje verosímil, sino también un compromiso con el discurso posmoderno y solidario que busca la defensa e integración de minorías y de comunidades tradicionalmente ignoradas o discriminadas. En el caso de Ramírez, este compromiso solidario se manifestó antes que en la creación literaria, en su colaboración y contribución a las organizaciones de veteranos discapacitados de la guerra revolucionaria, a quienes ha dedicado los fondos recaudados por algunas de sus publicaciones.[4]

La larga historia de los detectives ficcionales discapacitados incluye personajes en diferentes épocas y a través de geografías diversas. Entre los círculos de conocedores de novelas de crimen algunos elijen clasificar como discapacidad desde la disfuncionalidad social y la drogadicción de Sherlock Holmes, hasta el sobrepeso mórbido del detective Nero Wolfe de Rex Stout (1931-1975). Sin embargo, para propósitos de este estudio, he escogido algunos ejemplos con similitudes al caso del inspector Morales, cuya discapacidad le dificulta parcialmente la movilidad. El sitio de internet *Beyond Compare* en la sección "Crime Fiction Book List: Disabled isn't Unabled" enlista casi una centena de escritores internacionales,[5] preferentemente angloparlantes, y sus detectives con capacidades diversas. La lista incluye al australiano Marshall Browne (1935-2014) y su inspector Anders, a quien le fue amputada una pierna; la serie del detective cuadripléjico Lincoln Rhyme de Jeffery Deaver (1950) que incluye el icónico *bestseller* llevado al cine *The Bone Collector* (1999); otra serie menos conocida sería la escrita por el doctor Thomas MacCall[6] con la teniente de la policía de Chicago, Nora Callum, madre soltera y con solo una pierna. Finalmente, el inspector Morse de la serie escrita por Colin Dexter (1975-1999) y llevada a la televisión por la BBC (1987-2000), presenta parálisis dorsiflexora en una de las piernas.

En el cine, por desgracia, lo más común es presentar a las personas con habilidades diferentes ya sea como víctimas o como villanos. Casos memorables y flagrantes, el capitán Garfio en la versión Disney de Peter Pan, una parodia simpática de la maldad, pero también una contribución al estigma, discapacidad = maldad, que prolifera y se difunde entre las audiencias desde temprana edad. En el cine negro, los ejemplos notables incluyen la adaptación de la primera novela de Mike Spillane a la pantalla *I, the Jury* (1953), donde la víctima es un veterano de guerra que ha perdido un brazo y su asesina es nada más y nada menos que su psicoanalista. En uno de los clásicos de Alfred Hitchcock, *Ventana indiscreta / Rear Window* (1954) el asesinato es presenciado de manera casual por un fotógrafo (protagonizado por Jimmy Stewart) que por tener una pierna rota está temporalmente discapacitado, pero la víctima es la esposa del vecino, una mujer en silla de ruedas que sucumbe a la violencia de su esposo (Raymond Burr). En el cine mexicano de la Época de Oro, en el melodrama clásico *Nosotros los pobres* (1948), la madre de Pepe el Toro (Pedro Infante) es una mujer cuadripléjica quien, por haber presenciado los crímenes de su esposo, será asesinada por éste. En *Pata de palo* (1950), la versión cinematográfica de un cuento del escritor trasterrado Max Aub, se presenta a un hombre amputado de una pierna (Carlos López Moctezuma), que se convierte en el explotador y atormentador de la familia de un humilde trabajador ferroviario. Dando un salto temporal y geográfico, ya en era de los *blockbusters* en Hollywood, el éxito de taquilla *El fugitivo / The Fugitive* (1993), presenta a un implacable asesino a sueldo (Andreas Katsulas) que, haciendo uso de una prótesis para la mano derecha, logra que al doctor Richard Kimble (Harrison Ford) se le inculpe por el asesinato de su esposa.

En televisión, algunas series han sabido ser más dignas, por ejemplo, las discapacidades cognitivas han sido representadas en *Monk* protagonizada por Tony Shalhoub con gran éxito de 2002–2009. El detective que da nombre a la serie sufre del síndrome obsesivo compulsivo, aunque su capacidad de raciocinio es por lo general, impecable. En términos televisivos, me parece que ninguna serie se puede comparar al tremendo éxito de público y crítica de *Ironside*, protagonizada por un maduro Raymond Burr, detective que se desplaza en silla de ruedas y resuelve casos de 1967 a 1975. La serie tuvo un intento de relanzamiento fallido en 2013. De este modo, aunque la discapacidad en el detective de la novela policial y los medios es más frecuente de lo que uno pensaría, el caso del inspector nicaragüense Dolores Morales, está también inserto en un contexto estrictamente realista y sociológicamente verificable que tiene que ver con la historia reciente de Nicaragua y con las condiciones socioeconómicas de la Centroamérica del

Prostética y formación racial en el estado neoliberal

nuevo milenio. Esta realidad específica será brevemente explicada en la siguiente sección.

La discapacidad en la sociedad nicaragüense contemporánea

La guerra contra la dictadura somocista en Nicaragua dejó como saldo de sangre no solo cerca de 50,000 muertos sino también cerca de 20,000 excombatientes discapacitados y alrededor de mil afectados por las minas antipersonales (Meyers 197). Además, como lo presentaron en su trabajo documental y fotográfico, Susan Meiselas, Paul Dix y Pamela Fitzpatrick, también hubo un buen número de víctimas civiles, campesinos, maestros, mujeres, niñas y niños que fueron mutilados por la guerra (Canepa 176; Meiselas, *Pictures*; Dix y Fitzpatrick 27, 31, 46, 50).

En el caso específico de Nicaragua, aunque las estadísticas sobre la discapacidad no fueron levantadas de manera sistemática al momento de terminar la guerra en 1979, ya en los años 1980, la Organización Mundial de la Salud (OMS) manejaba un estándar de 7 a 10% de la población con discapacidad de algún tipo para sociedades del Tercer Mundo en condiciones de paz. Siguiendo este cálculo aproximado, Nicaragua, en ese entonces con una población estimada de 3.5 millones arrojaría un mínimo de 350,000 personas con alguna discapacidad de las que, según los estudios, aproximadamente 105,000 (cerca de un 30%) necesitaban alguna forma de rehabilitación (Jarle Bruun 198). Por otra parte, aunque se tiene registro de programas asistencialistas para los discapacitados que se pusieron en marcha en el sistema de salud sandinista de manera casi inmediata al triunfo de la Revolución, a medida que la guerra con la Contra se recrudecía, la asistencia y atención se centró cada vez más en los soldados afectados directamente por la lucha armada y menos en la población civil afectada o que había resultado lesionada como víctima colateral (Jarle Bruun 198; Kinzer; Meyers 196).

No fue sino hasta 1990 que se aprobaron las primeras leyes reconociendo los derechos y los beneficios de los combatientes y civiles lesionados por la guerra (Ley 94 y 119) y no sería sino hasta 2004 que la integración de la población discapacitada se vuelve mandato constitucional como parte del marco jurídico para el reconocimiento y respeto a los derechos humanos. A estas

Capítulo siete

conquistas de la población afectada, lograda a través del activismo local y la presión internacional,[7] se irán sumando otra serie de formalizaciones legales para acercar la legislación nicaragüense a las directivas trazadas por la ONU para el sector de la población discapacitada (Herrera Pineda et. al. 30; Martínez García 12).

Acercándonos hacia el momento en que la novela de Ramírez aparece, resulta paradójico que no sería sino hasta 2009 cuando se llevaría a cabo el primer censo formal de población discapacitada en Nicaragua. En este sentido, con el lanzamiento de *El cielo llora por mí* en 2008, novela que presenta a un detective amputado de una pierna, la literatura acompaña o incluso "se adelanta"— aunque para los interesados todo esto llegue más bien tarde—al incremento en la visibilidad jurídica y legal de la población con capacidades distintas en Nicaragua.

En el censo "Todos con voz" de 2009 se detectaron un total de 126, 316 personas, o el equivalente a un 2.5% de la población total, con alguna discapacidad, incluidas la intelectual, físico-motora, visual, auditiva, mental o múltiple.[8] De este total citado, las personas con un impedimento físico-motor, el grupo más amplio, ascienden a 46, 611 es decir, el 37% del total de discapacitados (Herrera Pineda et. al. 22). En este sentido, si el personaje de la novela de Ramírez existiera, se le contaría en el segmento más representativo de la población discapacitada.

Aunque el hecho mismo de que en los últimos veinte años las políticas del estado nicaragüense hacia la población discapacitada hayan evolucionado de un enfoque meramente médico y asistencialista hacia un enfoque de derechos civiles e inclusión, esto no garantiza que el entorno social y la percepción del grueso de la población haya evolucionado con la misma celeridad. Desde el punto de vista de los estudios de la discapacidad, uno de los grandes objetivos estratégicos es impulsar el enfoque social y autonomista en el que se contempla la construcción de una identidad individual, comunitaria y política, con modos de inserción igualitaria y socialmente viable para las personas con habilidades diferentes (Victoria Maldonado 1098; Siebers, "Disability" 176). Esto implica alejar la percepción pública de esta comunidad del peso simbólico y opresivo que implica el enfoque médico que había dominado los debates y la acción de los estados contemporáneos en la segunda mitad del siglo XX (Linton 162; Siebers, "Disability" 173; Ferreira 59). Bajo el enfoque médico la discapacidad era vista como enfermedad crónica y como un "problema" que atañía exclusivamente a la salud. Así, el discapacitado era frecuentemente infantilizado, considerado como enfermo permanente o percibido como carga social y emocional para la familia y la sociedad. En contraste, en la perspectiva autonomista los individuos con capacidades diferentes son miembros productivos y activos de la sociedad y requieren de políticas de derecho e integración como otras minorías. En este sentido, el hacer accesibles los edificios públicos y los servicios, con rampas y elevadores, es apenas un modesto primer paso en la recomposición social que demanda el nuevo enfoque autonomista de la discapacidad. Más allá de la remediación del espacio y la facilitación del desplazamiento, existen elementos tan esenciales como el uso del lenguaje, la opresión del sujeto y de la corporalidad del ciudadano discapacitado, asuntos que requieren de un cambio social más sofisticado y amplio. En las siguientes páginas haré referencia a algunos de los enfoques de la discapacidad que, a mi entender, se actualizan y ponen sobre la mesa en la construcción narrativa del inspector Morales en esta novela de Sergio Ramírez.

Discurso y corporalidad discapacitada en *El cielo llora por mí*

La percepción del cuerpo discapacitado y la referencia a las prótesis y artefactos de remediación revelan en gran parte las posibilidades que una sociedad abre y el lugar que les asigna a aquellos ciudadanos que tienen capacidades diversas. En el caso de la novela de Ramírez, propongo que al buscar las construcciones verbales y las metáforas asociadas con la corporalidad, acción y presencia del inspector Morales, se pueden observar áreas de conflicto o de evolución social en relación con la discapacidad.

Utilizando la versión electrónica de la novela, me impuse la tarea de rastrear y hacer un conteo de ideas y términos que tienen que ver con la discapacidad y las situaciones en las que se hace evidente esta condición o surge como parte de la interacción del personaje principal con otros actantes en el relato. En primer lugar, dado que la discapacidad de Morales tiene que ver con su movilidad y está relacionada con la necesidad de usar una prótesis para la pierna izquierda, busqué todas las instancias léxicas en relación a este fenómeno. Así pude observar que el sustantivo "pierna" o "piernas" aparece un total de once veces con relación al inspector

Capítulo siete

Morales en una diversidad de contextos. En cambio, la palabra "prótesis" aparece con mayor frecuencia, un total de veintidós veces en catorce de los veinticinco capítulos. Los capítulos con más instancias son el primero y el sexto con tres cada uno.

El uso de las dos palabras "pierna" y "prótesis," aunque neutros y con un valor descriptivo en sí, se inserta en una variedad de contextos que he clasificado en relación con discursos sociales contemporáneos. Los sustantivos mencionados se reparten en construcciones que pueden relacionarse con discursos de orden médico, social, de movilidad, humor, sexualidad y algunas combinaciones de estos mismos (ver Tablas 7.4 y 7.5). Como he apuntado ya, estas instancias verbales pueden ser analizadas en relación con ciertos aspectos de los estudios de la discapacidad, pero antes quiero aclarar que también hice una búsqueda de otros términos despectivos, negativos o discriminatorios dentro de la novela. Esto permite hacer un rastreo del mapa cognitivo y la ideología sobre la discapacidad en la formación social y discursiva presente (Linton 163–64). Así, encontré que dichos términos negativos tienen una presencia apenas residual y en contextos muy alejados de lo que se podría concebir como ofensivo o políticamente incorrecto. Es decir, que con excepción de una disputa matrimonial en la que la exesposa del inspector Morales lanza la prótesis al techo de la casa para castigarlo por sus parrandas y aventuras extramaritales (78), en general, la novela no presenta alguna instancian en la que algún personaje se burle, ofenda u hostigue verbal o físicamente de manera deliberada al inspector Morales en relación con su discapacidad. Esto puede comprobarse al verificar que algunos otros sustantivos (o su forma adjetivada) que podrían percibirse como agresivos, insensibles o negativos como son: "renco," "lisiado," "tullido" o "cojo" no aparecen en las páginas de *El cielo llora por mí*. Tampoco se encuentra alguna instancia en la que se usen términos modernos, pero en desuso por la comunidad discapacitada como "minusvalía" o "minusválido." Irónicamente, tampoco aparece la palabra "discapacitado" que es el término más aceptado en su sentido técnico, aunque no exento de polémica en su carga simbólica y filosófica (Linton 171). Las únicas instancias de términos utilizados de manera despectiva en la novela son, el uso en dos ocasiones de la palabra "pata" y en una sola frase las palabras "inválido" y "renguear." En estos últimos casos, como lo discutiré más adelante, el término es usado de manera humorística y son aplicados de

Prostética y formación racial en el estado neoliberal

forma autoinfligida por el inspector Morales hacia sí mismo (ver Tabla 7.6). En este sentido, salvo la mejor opinión de un autor o lector discapacitado, a mí me parece que la escritura de Ramírez ha sido cuidadosa al acercarse y construir a un personaje con estas características. Esta empatía con la comunidad discapacitada no es sorprendente para un escritor y dirigente político que como ya dije, de diversas formas y de manera temprana, se comprometió a ayudar económica y políticamente a la causa de los excombatientes con capacidades diferentes (Cherem 208).

Volviendo al discurso sobre la discapacidad en la novela, presento las instancias verbales seleccionadas para su análisis en las tablas 7.4 a 7.7. Dichas construcciones las he clasificado e interpretado en relación con lo que llamo un discurso primario y uno o dos discursos secundarios. Es decir, inicialmente he puesto atención a cuál esfera social, profesional o cotidiana parece asociarse de manera dominante cada frase observada. En muchos casos, también el contexto narrativo relaciona el sustantivo "prótesis" o "pierna" con algún discurso secundario. Por ejemplo, mientras Morales intenta interrogar a Sandy Cassanova leemos que "Morales acercándose al escritorio con intenciones de parecer decidido, pero siempre que ensayaba a sacar paso en firme la prótesis lo traicionaba" (Ramírez, *Cielo llora* 63). A mi juicio, en esta cita se integran referencias a la movilidad y también al discurso psicológico. De esta forma, la disfuncionalidad parcial de la prótesis se manifiesta en momentos en los que el inspector Morales quiere mostrase firme o amenazante, pero el hecho de que, al avanzar el paso, la prótesis no responda como él espera, resta seguridad o firmeza al gesto intentado por el portador. Así, un problema de índole mecánica u ortopédica relacionado con la movilidad, también tiene un efecto psicológico en la tarea que busca completarse. En el resto de los ejemplos organizados en las tablas, pueden observarse otras combinaciones discursivas, discurso médico y psicológico, movilidad y discurso de la sexualidad, etc.

En la Tabla 7.7 se puede observar cuáles de los discursos o campos semánticos invocados son más frecuentes. Las referencias a la movilidad son las más abundantes con veintiuna instancias directas y una indirecta. Luego vienen las instancias en que se usa el humor con siete directas; le siguen las referencias al discurso de la interacción social con tres intervenciones directas y dos indirectas. En cuarto lugar, aparecen las referencias a algún aspecto psicológico con cinco instancias indirectas y solo una directa; finalmente

Capítulo siete

y de manera notable, las referencias al discurso médico son las de menor frecuencia. Dados los debates contemporáneos sobre la representación y el discurso de la discapacidad, no es de extrañar que ésta sea la distribución. En primer lugar, debe tomarse en cuenta que uno de los asuntos de mayor relevancia en los estudios de la discapacidad es la persistencia residual del discurso médico-asistencial todavía prevalente en ciertas esferas, y la lucha de activistas y ciudadanos en las últimas décadas para dar mayor énfasis al enfoque autonomista y su discurso identitario (Ferreira 62; Linton 163; Toboso-Martín 683). En este último caso, ya los esfuerzos no se concentran simplemente en conseguir reconocimiento y demandar igualdad, sino que además se busca construir y aceptar una identidad en sí, como afirma Tobin Siebers:

> Disability is not a physical or mental defect but a cultural and minority identity. To call disability an identity is to recognize that it is not a biological or natural property but an elastic social category both subject to social control and capable of effecting social change. (Siebers, *Disability Theory* 5)

En este sentido, la identidad de Morales se construye con todas las esferas posibles y no se trata de negar u ocultar algún aspecto negativo o exaltar sobremanera los aspectos positivos de un personaje ficticio de minoría, sino entender su diferencia en relación con los discursos de la sociedad y las limitaciones que le impone su entorno. Así, las dos referencias al aspecto médico son necesarias para dar cierta verosimilitud al personaje, pero no alcanzan a condicionar por completo el resto de sus características. Estas dos instancias de discurso médico aparecen en los primeros capítulos y no se vuelve a ellas: "y aunque era una pierna bien moldeada, el color sonrosado del vinilo no se avenía con lo moreno de su piel" (14) y más adelante "la pierna amputada hacía ya tantos años le dolía" (70). En ambos casos, el contexto de lo narrado apunta al momento inicial de la lesión en el pasado. La primera instancia revela cómo al entonces guerrillero Morales, se le atendió con el mayor cuidado posible, ya que fue intervenido no solo en Nicaragua sino posteriormente también en Cuba, donde se le adaptó la prótesis. Por otro lado, la cita en la novela nos hace inferir que ese cuidado tiene sus límites y contradicciones.

Por lo dicho en la primera cita se infiere que la forma del miembro artificial asignado parece ser satisfactoria pero el color es inapropiado. Resulta irónico, sino es que cómico, que la prótesis que se le adaptó tuviera un color que no se aviene ni con la piel morena de Morales y en general, muy probablemente tampoco podría igualar el tono de piel de la gran mayoría de los cubanos de ascendencia afrocaribeña. La disociación estética, aunque parezca un asunto secundario o incluso nimio, puede ser un obstáculo para la adaptación y apropiación de la prótesis. Designo esta instancia como parte del discurso médico porque la selección e implementación de una prótesis después de la amputación es un asunto de suma importancia en la rehabilitación del individuo:

> The earlier a prosthesis is applied, the less psychological distress observed after amputation. Conversely, if the prosthetic application is absent or delayed, greater degrees of anxiety, sadness, and self-consciousness are noted. The crucial elements appear to be integration of the prosthesis into de body image and the concentration of attention on future function rather than on past loss. (Racy ch. 28)

De acuerdo con estos principios, el entregar la prótesis lo más pronto posible al excombatiente y que comenzara su proceso de rehabilitación, parecía la prioridad antes que darle la prótesis con el color de vinilo más adecuado para emular el color de su piel. El hecho de que la prótesis la recibiera en Cuba se relaciona con la estrecha colaboración y el compromiso del gobierno cubano con la Revolución Nicaragüense. A partir de estos hechos también surgen una serie de cuestionamientos lógicos. La pregunta sería ¿por qué ya de regreso en Nicaragua, los servicios de salud sandinistas no le dieron la oportunidad de buscar otra prótesis que se adaptara mejor? o ¿por qué el mismo inspector Morales no había optado por sustituirla? De acuerdo con el énfasis en el discurso sobre la movilidad en el resto de la novela, veremos que la descoordinación del color no es el único problema de la prótesis de Morales.

El segundo y último aspecto médico que aparece en la narración viene mezclado con referencias secundarias al discurso psicológico. Morales siente dolor ocasionalmente en la pierna amputada (Ramírez, *Cielo llora* 70). Este fenómeno está relacionado con lo que se conoce en medicina como el "síndrome del miembro fantasma" (phantom limb) y el "dolor fantasma" (phantom pain) (Racy ch. 28). El individuo amputado tiene la sensación de que su extremidad está todavía ahí, que la puede mover y llega en ocasio-

Capítulo siete

nes a sentir comezón o dolor. Curiosamente, en algunos casos, al rascar la prótesis el dolor desaparece. Ambos eventos—el miembro fantasma y su dolor—son reportados por algunos individuos que han sufrido amputación sin importar cuánto tiempo haya pasado entre el evento traumático y la condición de salud presente. Además, se ha encontrado que, en la mayoría de los casos, el estrés y la manifestación o agudización del dolor fantasma tienen una fuerte correlación (Racy ch. 28). En este sentido, no es de extrañar que mientras el caso del yate *Regina Maris* se va complicando, y las posibilidades de peligro o violencia aumentan, el cuerpo de Morales le mande alguna señal sobre el creciente estrés de su trabajo.

Sin lugar a duda, las instancias en que se recurre al discurso sobre la movilidad del inspector Morales son las más frecuentes en la novela. Algunos de los incidentes tienen que ver con la disfuncionalidad de la prótesis, otros con su uso cotidiano específico y un par de ellos se refieren a la disfuncionalidad y falta de adaptación del espacio público y el espacio de trabajo para permitir el desplazamiento diario de personas con capacidades diversas. Comenzaré con estos últimos.

En el Capítulo 1 de la novela, al mismo tiempo que se describen para los lectores los rasgos del inspector Morales, también nos enteramos de que el edificio de gobierno donde desempeña sus tareas no tiene los accesos adecuados ni se tiene contemplado facilitar la movilidad de uno de sus policías más conocidos: "tan apresuradamente como se lo permitía la prótesis de su pierna izquierda bajó los estrechos escalones sumidos en la penumbra porque el ascensor había sido desahuciado desde hacía años" (14). Un poco más tarde en el capítulo, para regresar a su oficina, el inspector debe subir de regreso por esa misma escalera "con la dificultad de siempre, teniendo que empujar la prótesis ayudado de las dos manos" (20). Tanto el inspector Morales como sus colaboradores parecen aceptar—o se resignan—a los ritmos de su desplazamiento y a veces lo acompañan o lo esperan al final de la escalera. Sin embargo, queda claro que, por la burocracia y falta de atención de los mandos de la policía, las condiciones del edificio están fuera de las especificaciones necesarias para atender no solo a Morales, sino a cualquier ciudadano que necesite de formas de acceso diferente. Se sabe que en países subdesarrollados la implementación de normas de libre acceso para la población discapacitada toma mucho más tiempo que en el primer mundo. En el caso de Nicaragua, debe decirse

Prostética y formación racial en el estado neoliberal

que desde el año 2004 se promulgaron las "Normas Técnicas Obligatorias Nicaragüenses de Accesibilidad (NTONA 12006-04)" y que ya para la segunda década del siglo XXI, nos gustaría pensar que las condiciones en que alguien como Morales tiene que subir y bajar a su oficina en el edificio de la policía nacional han cambiado (Herrera Pineda et. al. 48).

Una situación similar de dificultad de movilidad por deficiencia en la obra pública se presenta en el Capítulo 11, cuando el inspector va caminando de su casa hacia la casa de doña Sofía y "cuidaba de que el tacón del zapato con la prótesis no se pegara en los huecos de los adoquines arrancados" (135). Si en su lugar de trabajo un oficial de la policía no cuenta con las facilidades necesarias, no es de extrañar que las calles en muchos casos no cuenten ni siquiera con la señalización mínima, mucho menos que sean construidas y reparadas con estándares que faciliten la movilidad de personas con capacidades de desplazamiento diversas.

A pesar de las dificultades que Morales experimenta debido a la falta de infraestructura adecuada, debe notarse que la novela también presenta referencias en las que el inspector Morales parece habituado a las condiciones y sortea con destreza la disfuncionalidad de su entorno y de la prótesis misma. A través de la lectura se puede concluir que el inspector Morales vive solo, sin necesidad de que alguien le atienda o ayude, sube y baja de su auto y de autos ajenos, conduce sin adecuaciones especiales (o la novela no lo aclara) y dada su profesión, también ha adaptado la prótesis para llevar ahí su segundo revólver: "De otra de las gavetas sacó un revólver .38 de nariz corta, y lo puso en un tahalí con cremallera adhesiva, que sujetó al tobillo de la prótesis" (34). Tiene sentido que la prótesis sirva para portar el arma, ya que no resentirá la presión del tahalí ni el peso de la pistola durante todo el día, ni la piel se podría irritar con el roce continuo al caminar. En realidad, el mecanismo remedial portado por el inspector Morales, termina por ser un refuerzo post-humano y se convierte hasta cierto punto, en parte de su armamento.

La adaptación de la prótesis a las tareas policiales termina también siendo parte de su protección. En el Capítulo 20, al ser atacados por los sicarios de Caupolicán, el inspector Dixon recibirá un impacto en el pecho que eventualmente le causará la muerte. En cambio, Morales tendrá "más suerte" y exclamará con humor cuando se le pregunta que cómo se encuentra "—Dando gracias

Capítulo siete

a la Virgen Peregrina que me dieron en la pata falsa-" (244). El hecho de recibir el impacto en la prótesis daña su mecanismo, pero el no tener una herida en la pierna, le preserva no solo de la muerte sino de la necesidad de ser hospitalizado y terminar su participación en la operación de atrapar a los narcos que se acelera desde el momento del tiroteo. Los lectores llegamos a suponer que, al sobrevivir "ileso" al ataque, y al presenciar la muerte de su amigo el inspector Dixon, Morales tendrá más motivos para llegar a la conclusión del caso.

Es importante señalar que a pesar de que Morales supera casi todos los obstáculos y parece adaptarse a las demandas de su entorno social y físico, la novela no cae en el falso discurso de la "normalidad pretendida" o *passing*—el fingir que no tiene una amputación—o el discurso del hombre modélico que "se sobrepone" (*overcomes*) a todos los obstáculos inherentes a sus limitaciones corporales. Esta actitud es la opuesta al asistencialismo médico que ve al discapacitado siempre como un enfermo o como un eterno paciente en recuperación (cf. Fernández-Cid 113). La retórica de obstáculo superado se asocia con el comentario falsamente igualitario "yo nunca pienso en ti como discapacitado." Aunque en la superficie no lo parezca, la narrativa del hombre o la mujer que se "sobrepone a su condición" es también discriminatoria porque construye un escenario de igualdad de condiciones visto desde afuera, imponiendo estándares que no todos los discapacitados podrán alcanzar (Linton 165).

En contraposición a la posible "invisibilidad" de su discapacidad, en diferentes situaciones la presencia y a veces la disfuncionalidad de la prótesis traicionan las intenciones afectivas, los intercambios sociales o los impulsos sexuales del inspector. El ejemplo ya citado del interrogatorio a Sandy Cassanova es revelador. Cuando el inspector intenta imponer autoridad, el movimiento en falso con la prótesis diluye la fuerza que él quería imprimir a su desplazamiento para acercarse al interrogado (63). En otra ocasión, cuando intenta ser cortés con Cristina, la madre de Sheila, al tratar de ayudarla con las bolsas de la compra, el gesto también parece ser ejecutado con deficiencia por causa de la prótesis (108). Más adelante, excitado por la presencia lozana y fresca de la misma señora—recién salida de la ducha—Morales se siente compelido a abrazarla y besarla, pero su acto de acoso comienza en falso "fue tras ella, furtivo, el cartapacio siempre en la mano. Sintió que la pierna con la prótesis se negaba a seguirlo, y tenía que forzarla" (167). Después de manosearla por un instante, Morales hará caso del "aquí no" que pronuncia la dama y se retirará sin pedir disculpas. Después de este incidente, la relación con Cristina jamás podrá ser reparada, y más adelante, arrepentido de la agresión, al evocar aquél incidente vendrá a la mente del inspector la visión más negativa que de él se hace en toda la novela:

> Si era por la investigación, no había ningún pretexto para regresar donde ella [...]Y más ridículo le parecía el acto de seducción al renguear detrás de ella como un animal viejo e inválido de pelambre apelmazada, el olor de la lluvia oreándose en el pelambre junto con el olor de los años. En adelante sería mejor borrar aquel recuerdo y sustituirlo por otro en que ella se resistía y le cruzaba la cara con una bofetada, como en las películas en que Libertad Lamarque defendía su honra. (Ramírez, *Cielo llora* 177)

La auto-representación de su atrevimiento y transgresión lleva el castigo de verse a sí mismo como un "animal viejo e inválido." En su mente, trata de sustituir la fealdad de su acto de agresión de género con un desplazamiento hacia una escena frecuente en el melodrama mexicano de la Época de Oro, donde el beso furtivo de un Pedro Infante o un Jorge Negrete a la guapa y lacrimosa actriz argentina Libertad Lamarque, se sellaba con una sonora cachetada para luego convertirse en el inicio de un sonado y cantado romance. Pero esta molificación romántica invocada por proyección y desplazamiento no justifica, ni compensa el hostigamiento machista, autoritario e ilegal de Morales. Cristina no es solo testigo de algunos de los crímenes cometidos—y en cierta forma es culpable por omisión u ocultamiento de pruebas—sino que, además, su hija Sheila ha sido asesinada y en cierta forma, su vida corre algún peligro, si los narcos deciden eliminarla a ella también. Morales lo sabe porque así se lo advierte él mismo (264). En consecuencia, el abusar de la vulnerabilidad de la testigo no es solo éticamente reprobable, legalmente accionable, sino que judicialmente podría comprometer o incluso invalidar cualquier prueba o testimonio que Cristina pudiera proporcionar, a la hora de presentar la investigación frente a un juez. Según la novela, éste es el momento más gris y bajo del inspector Morales, que afortunadamente para él, no tiene mayores consecuencias legales—aunque sí tal vez le granjea la desaprobación de muchos lectores—y solo termina por confirmar ciertas apetencias e inclinaciones sexuales y románticas ya sugeridas en el personaje. Gustos y preferencias que serán el último aspecto que comentaré en la próxima sección acerca del inspector ficticio en la novela de Ramírez.

Corporalidad resistente, discapacidad y sexualidad en el neopolicial

Las transgresiones de Morales no son simplemente una caracterización más del personaje, sino que este es un momento crítico de la novela en el que el narrador pone en una balanza la ética política y el heroísmo de Morales contra las anquilosadas concepciones y comportamiento sexista del inspector. Esta agresividad sexual parece retrotraer al personaje al voluntarismo machista de la guerrilla latinoamericana en un mundo en el que parecerían dispensarse los pecados sexuales del guerrillero, siempre y cuando cumpliera con sus compromisos revolucionarios. Fue este el punto más débil en la construcción del "hombre nuevo latinoamericano" cuando no se aceptaba y promovía al mismo tiempo el surgimiento de la "mujer nueva latinoamericana," lejos de la opresión sexual y la explotación de género en todos los niveles sociales y económicos (cf. Rodríguez, *Women, Guerrilla* 75). Al final, como dijimos, el incidente de acoso sexual de Morales contra Cristina permite resaltar las imperfecciones éticas del personaje y esto podría extenderse a la clase entera de exguerrilleros y excombatientes que continuaron funcionando bajo las pulsiones de un masculinismo y machismo exacerbados por muchos años, aún después del regreso a la democracia (1990). Así, la novela nos hace recordar que aún los cambios insuficientes en cuestión de género que se han logrado desde entonces hasta hoy, han sido difíciles de obtener, y todavía queda mucho por hacer a pesar del arduo e intenso trabajo de varias generaciones de feministas y activistas en el campo de los derechos sexuales y la igualdad de todos los géneros (Blandón 358; cf. Montenegro 312; Wade y Walker 173).

Aparte de su sexismo, existe otra cara igualmente importante en la caracterización del inspector Morales. Dentro de la gama de comportamientos, relaciones y actividades que son severamente limitadas o reguladas para las personas designadas como "fuera de la normalidad corporal," el reconocimiento al derecho a las relacio-

Prostética y formación racial en el estado neoliberal

nes amorosas y a la vida sexual es uno de los aspectos más agudos de la opresión hacia la corporalidad discapacitada:

> One of the chief stereotypes oppressing disabled people is the myth that they do not experience sexual feelings or that they do not have or want to have sex—in short, that they not have a sexual culture. (Siebers, *Disability Theory* 138)

Debido al lastre simbólico y regulatorio en relación con el enfoque médico aún vigente en muchos ámbitos sociales, el acceso a la sexualidad para el discapacitado está marcado ya sea por una regimentación médica del cuerpo, donde el goce sexual puede ser "contraindicado" y por tanto "impensable" o "inaudito"; o debido a la excesiva regimentación impuesta por el concepto de "normalidad corporal," la sexualidad del discapacitado es vista como desviación y/o aberración. Debe notarse que, en gran parte, el discurso y las limitaciones de expresión de la sexualidad sufridas por las minorías gay, lesbiana y transgénero se aplican también a la minoría discapacitada (Siebers, *Disability Theory* 138). En este punto podemos afirmar que la corporalidad discapacitada tanto como la de los grupos LGBT+ se constituye en corporalidad resistente al afirmar sus derechos y la construcción de su identidad en contra de las imposiciones y del prejuicio opresivo del discurso heteronormativo.

En *El cielo llora por mí*, las referencias y el discurso de la sexualidad tienen dos aristas. Por un lado, existe una visión progresista y reivindicadora—aunque limitada—que acepta y exalta el mando de las mujeres en posiciones de poder. Por el otro, se evidencia un ejercicio y perspectiva tradicionales y opresivas de la sexualidad por parte del personaje principal. El inspector Morales es en suma, un policía amputado del que los lectores y los personajes que le rodean en la novela conocen sus preferencias, buena parte de su biografía amatoria y por lo menos un cierto perfil de gustos en cuanto a parejas sexuales y amorosas. Por otro lado, los comentarios discriminatorios de los dos inspectores de policía Dixon y Morales y del jefe de sicarios (Caupolicán), nos hablan de una conciencia de género formada en los viejos cánones homofóbicos y machistas aunque parece haber sido parcialmente molificada porque se incluye un evidente respeto a la autoridad y solidaridad femeninas.[9] Sin embargo, los exguerrilleros todavía utilizan palabras disonantes y discriminatorias como "maricón" y "cochón"

Capítulo siete

para marcar y ofender al contrario. Además de que la identidad gay de uno de los delincuentes principales Juan Bosco Cabistán "Giggo" y su amante afrocaribeño Benny Morgan "Black Bull," son motivo de burla y morbo (Ramírez, *Cielo llora* 131, 184, 185, 270). Este aspecto represivo de género, aunque podría ser diferente en una novela publicada en 2008, por desgracia no lo es. Aquí debe tomarse en cuenta que dichas conductas eran comunes todavía en la mayor parte de Centroamérica donde el matrimonio gay y la familia homoparental no tenían respaldo jurídico ni legal. Esto, en contraste con otras sociedades en las que ya en los primeros años del nuevo milenio, el matrimonio igualitario había sido reconocido, por ejemplo, en España desde 2005. De este lado del Atlántico, la misma legislación estaba vigente en Brasil y en algunos estados de la Unión Americana desde 2004, en la Ciudad de México desde 2006 y en Colombia desde 2007.[10]

Por desgracia, en la sociedad retratada en *El cielo llora por mí* se confirma que la conquista de los derechos de un sector no siempre conlleva a la liberación o reivindicación de las demandas de otros. En este sentido, el respeto a la autoridad femenina, la autonomía y la libertad sexual del inspector discapacitado no se traducen en mayor tolerancia a la diferencia de género. No hay justificación para el personaje en la novela y tampoco la hay para la sociedad nicaragüense todavía anclada en rígidos patrones que quedan exhibidos por su anquilosamiento. Sin embargo, creo que debe considerarse que hasta el tercer mandato de Daniel Ortega (2017–2022) la reivindicación del matrimonio entre parejas del mismo sexo y la legalidad de la familia homoparental, no eran todavía una realidad en Nicaragua y no fue sino hasta 2008 que el código penal dejó de considerar como delito "la sodomía."

Volviendo al universo creado alrededor del inspector Morales, en consonancia con algunos de los modelos de la novela negra, el detective es construido como inequívocamente heterosexual y como ya vimos, hasta cierto punto machista y homofóbico. No obstante, contraviniendo el lado misantrópico y misógino de algunos modelos del detective clásico, y dejando de lado el lastre represivo y discriminatorio del enfoque médico, las actitudes y relaciones del inspector Morales rompen con las perspectivas según las cuales la sexualidad del discapacitado es aberrante o de alguna manera desviada. Nada más normativo y convencional para un policía como la biografía amorosa del inspector Morales. Nuestro

Prostética y formación racial en el estado neoliberal

personaje, es divorciado, con un pasado de mujeriego y parrandero que le costó el matrimonio después de algunos años:

> Al inspector Morales lo había casado en tiempos de la guerra el padre Gaspar García Laviana con una muchacha de David, Panamá, maestra de escuela, enrolada en el Frente Sur [...] su seudónimo era Cándida, pero se llamaba realmente Eterna Viciosa, un nombre que a Lord Dixon le provocaba arcadas de risa. Y al contrario de lo que su nombre de pila indicaba, su relación con el inspector Morales no tuvo nada de eterna. (Ramírez, *Cielo llora* 78)

Aunque el nombre de la mujer suena tan paródico como el del inspector mismo, toca al humor de Lord Dixon descubrir el chiste en todo y arquearse de la risa no solo del nombre de la pareja de su amigo, sino que haciendo burla de los escarceos amorosos de su compañero, Dixon le espeta que su nombre debería ser el opuesto al que lleva, en vez de "Dolores Morales" debería más bien llevar el de "Placeres Físicos" "porque su vicio más visible era el de las mujeres" (16).[11] Pero más allá de los elementos chuscos y de humor que son frecuentes en la novela y que salen a relucir, sobre todo en relación a los dichos e intercambios entre Dixon y Morales, la vida sexual del inspector está marcada por el sino de la variedad aunque también está signada por su fugacidad. Puesto que a Morales como dice la novela "su impedimento físico no estorbaba para andar de cama en cama," una madrugada su mujer "furiosa salió al patio y tiró encima del techo la pierna artificial aprovechando que él ya se había dormido" (78). Esta venganza matrimonial que suena a broma discriminatoria y de mal gusto para un discapacitado, marca el principio del fin de su matrimonio, y Eterna Viciosa termina divorciándose, abjurando de la revolución sandinista y enrolándose al poco tiempo en la Contra para trabajar como locutora clandestina desde Honduras (78). La historia matrimonial de Morales parece ser contada para justificar que de ahí en adelante el inspector preferiría las relaciones furtivas con mujeres casadas, como es el caso de Fanny, la telefonista que termina por ayudar en las investigaciones. La clandestinidad del amante parece venirle de maravilla al inspector Morales porque de esa manera no tiene que comprometerse sentimental ni económicamente. Con todo este entramado de afectos, con un episodio matrimonial fracasado pero jocoso y con un historial de relaciones sexuales con parejas imposibles, la cons-

Capítulo siete

trucción de la vida sexual del detective discapacitado termina por no estar signada por la represión ni por la frustración, pero sí, como la de muchos miembros de la policía y del gremio de los detectives ficcionales, por la fugacidad y la amenaza constante de la soledad.

Finalmente quiero cerrar estas reflexiones, apuntando hacia la homología entre los problemas y fracasos del inspector Morales y la luz que sus acciones y sus investigaciones arrojan sobre la disfuncionalidad en la sociedad nicaragüense neoliberal en la que habitan los personajes de *El cielo llora por mí*.

El estado neoliberal como prótesis disfuncional

Morales y Dixon tendrán no solo oportunidad de resolver el caso de la muerte de Sheila Marenco, sabrán que Black Bull la asesinó mientras iban en el barco con Caupolicán y sus jefes narcos, sino tendrán también oportunidad de señalar otros casos de corrupción. Por ejemplo, de los 100,000 dólares que recuperan de la maleta con el vestido de novia que llevaba Sheila en su último viaje, nos hacen saber que los mandos superiores de la policía más arriba del comisionado Selva, hacen que desaparezcan 50,000. Otro ejemplo de denuncia de la corrupción flagrante: mientras Dixon escucha la radio en el auto, un reportaje de crimen callejero trae la historia de un chico de doce años que entra a robar a la

> [M]ansión más famosa del país, tres pisos, doce habitaciones, dos ascensores, cuatro salas de estar, sala de billar, aire acondicionado central, cinco terrazas en diferentes niveles [...] todo construido con fondos internacionales donados para las víctimas del huracán Mitch. (Ramírez, *Cielo llora* 39)

Los lectores también sabrán que el responsable del desfalco fue procesado por lavado de dinero y luego eximido por falta de pruebas, misma situación que sucede con Caupolicán quién después del secuestro de un avión, su caso se desvanece al poco tiempo (39). Es esta una clara alusión a la corrupción del sistema judicial en la sociedad neoliberal y pretendidamente democrática del nuevo milenio en Nicaragua.

Más adelante, una tarde de domingo, el inspector Morales mira por la televisión la ceremonia de quince años de la hija de uno de sus superiores, el primer comisionado Canda. En la puerta mayor de la catedral con un carruaje tirado por caballos al estilo Cenicienta, entra la quinceañera, la primera dama de la nación—invitada de honor—adiposa y embutida en un vestido con chaquiras, el comisionado Canda aparece con traje ajustado y quepí, con guantes de cabritilla, todo en medio del verano húmedo y abrazador de Managua que los hace a todos sudar como bestias dando un tono paródico al espectáculo de su corrupción, inspirada en la pompa cursi y melodramática de Disneylandia (169). Esta escena nos remite a la parodia de la mujer del autócrata en *De tropeles y tropelías* y reitera la crítica del consumismo capitalista colonizado en los cuentos y ensayos de Ramírez y de otros críticos de los años 1980.

En el Capítulo 4 de *El cielo llora por mí*, mientras que Morales y Dixon atestiguan la huelga de médicos y enfermeras del sistema de salud que enfrentaban recortes, pensiones reducidas y privatización de clínicas (46), los policías comentan que el Ministro de Gobernación (un médico) recetaba placebos e inyecciones de agua destilada porque según él "surtían mejor efecto en los pacientes pues todo era asunto de tranquilizar los nervios" (47). Lord Dixon recuerda a los lectores que no tiene para comprar un segundo uniforme y que en Nicaragua "para perseguir al ladrón, el asaltado tiene que poner la gasolina" porque la policía no tiene con qué cubrir ese gasto (47). Al final de la novela ya sabemos que Lord Dixon muere por falta de equipo antibalas y el elevador del edificio de la policía nacional está averiado desde hace años. Como de costumbre en la prosa de Ramírez, aunque los pormenores de estos casos de corrupción parezcan chispazos de ficción, en realidad se trata de una reinserción y reelaboración de los titulares de la prensa nicaragüense durante los períodos neoliberales de Arnoldo Alemán (1996–2002) y Enrique Bolaños (2002–2007).

Si las instancias en las que la discapacidad de Morales y la disfuncionalidad de su prótesis se repiten a cada tantas páginas, también a cada tantas páginas, la prosa de Sergio Ramírez nos recuerda la disfuncionalidad del estado neoliberal latinoamericano. Entre las peripecias de los personajes, la novela trae al lector un repertorio de los signos de corrupción y la disminución paralizante de los recursos para "recortar" los gastos y "adelgazar" al estado a su mínima expresión, políticas que se convierten en el mantra mayor del neoliberalismo. Y para aquellos que tuvieran dudas o necesitaran pruebas no había más que leer los informes del Banco Mundial y podían enterarse de la disfuncionalidad social y económica cifra por cifra, y comprobar que después de veinte años

Capítulo siete

de neoliberalismo (treinta o más en el resto de América Latina) y aún después del regreso del sandinismo al gobierno, al final de la segunda década del siglo XXI, Nicaragua seguía siendo el segundo país más pobre de las Américas (Wade y Walker 171). La denuncia de esta desigualdad y el desmoronamiento de la responsabilidad para educar, proveer salud y seguridad que corresponde al estado, es el otro crimen monumental que se visibiliza en esta novela.

Con *El cielo llora por mí* (2008) la narrativa de Sergio Ramírez comienza a cerrar un largo ciclo y busca abrir otro nuevo, cuya amplitud todavía no conocemos. A partir del surgimiento del inspector Morales, la pluma de Ramírez se ha volcado a mirar más de cerca a la sociedad postmoderna y posnacional del nuevo milenio y sus instrumentos de disección parecen ser tan precisos y efectivos como los que usó en las novelas históricas anteriores. Así, queda claro que hasta la publicación de la segunda parte de la saga del inspector Morales *Ya nadie llora por mí* (2017) el arco narrativo de Ramírez parece haber cerrado paréntesis—al menos temporalmente—a su larga exploración estética, histórica y política del período de formación, maduración y transformación del estado moderno centroamericano, con nueve novelas que cubren el período que va de 1870 a 1980. En ese espacio ficcional y de reflexión política, la crítica a las pulsiones represivas, a la violencia física y económica, a la invasión de los sueños y la corporalidad de los individuos y las trabas puestas por el poder a la actividad libre de la sociedad civil del siglo XX son, desde mi punto de vista, el gran alegato axiológico y moral de la narrativa de Ramírez. Afortunadamente, a la par que se nos narran estos hechos con ojo crítico y voz firme, la fruición anticuaria, con gusto por el detalle sobre la vida cotidiana, el lenguaje, y la geografía, y con la invención de amores y peripecias de toda índole en las páginas de esta amplia obra, los lectores también tienen la oportunidad de acercarse al fascinante devenir histórico y a la sorprendente y compleja realidad contemporánea de una región de América que para muchos todavía resulta poco conocida. Por suerte, como digo, Nicaragua y Centroamérica tienen en la escritura de Sergio Ramírez, a uno de sus mejores y más acuciosos críticos y narradores.

Conclusiones

Una de las mayores aspiraciones a que ha hecho referencia Sergio Ramírez en sus entrevistas es la de "dejar una obra a Nicaragua" expresando la tentación o tal vez, la esperanza, de la trascendencia de su actividad como escritor. En definitiva dicha obra está, en gran parte, ya constituida con una variedad de géneros que van desde la fábula al cuento, del periodismo de opinión a la crítica literaria y cultural, del testimonio al ensayo histórico y culinario, y desde la novela hasta el más reciente: la nota digital en blog. En todos estos campos, Ramírez ha tenido una intervención destacada y en muchos casos, ese voluminoso conjunto, todavía está pendiente de revisarse en detalle y a profundidad.

Dada esta trayectoria, juzgar el valor y trascendencia de la obra de un escritor tan prolífico y que se ha mantenido en la primera fila de la creación literaria en el ámbito de las letras en español por más de seis décadas, no es tarea fácil. En estas páginas no he pretendido abarcar la extensión completa de la larga lista de publicaciones de Sergio Ramírez sino que, proponiendo un enfoque parcial y dirigido para apreciar y criticar la relevancia de la literatura en las discusiones políticas y sociales más apremiantes de nuestro tiempo, he buscado escoger las páginas, los momentos de lectura más apropiados para incitar a esta conversación.

En los capítulos iniciales propuse un acercamiento, desde la noción y selección del género literario, a las relaciones que guardan las clases intelectuales latinoamericanas y los discursos que dominan. En la última sección del primer capítulo tuve la oportunidad de esbozar de manera breve las acciones y el recorrido de Sergio Ramírez como "combatiente" en la Guerra Fría Cultural. Desde mi punto de vista ese combate se realizó usando las dos vías propuestas en el célebre discurso del Quijote sobre las "las armas y las letras." Es decir que, como integrante de un gobierno revolucio-

Conclusiones

nario, Ramírez asumió la defensa de los ideales del gobierno que representaba en foros nacionales e internacionales y además, como creador y como voz literaria e interesada en la difusión de la cultura, también se involucró en el diseño e implementación de una política cultural sin precedente en la Nicaragua de aquellos años. Algunos—incluso el autor mismo—pensarán que el combate por las letras tuvo mayores frutos y una influencia de mayor alcance.

En el Capítulo II, al optar por hacer un análisis genérico de las fábulas de *De tropeles y tropelías*, no buscaba solamente hacer un ejercicio de deslinde exegético de la obra, sino conducir el estudio de género como un proceso dinámico que pudiera reflejar con mayor realismo el proceso de composición y el de lectura en una determinada coyuntura social. Me parece que, dentro de estos procesos se deben observar no solo los aspectos técnicos de composición sino también las decisiones políticas que los iluminan y estos confrontarlos con la evolución del campo literario mismo, donde quiera que éste nos lleve, ya sea a pensar los fragmentos como un todo en una novela, o con una óptica del nuevo milenio, observar sus similitudes con un videojuego de simulación histórica.

En el tercer y cuarto capítulos, la tarea de la dilucidación microtextual conduce al análisis de la estructura y organización del discurso, y algunos de sus elementos semánticos e ideológicos. Por supuesto, esta tarea no podía llevarse a cabo sin la comprensión del referente histórico que es la institucionalidad fragmentada e injusta del estado realmente existente en la región. El pretorianismo de las dictaduras de Centroamérica y del Caribe debía ser analizado como sustrato por la referencia constante que las fábulas hacen a sus características y condiciones. Dentro de esta búsqueda procuré destacar la parodia del discurso legal que emula y exhibe la parcialidad arbitraria y opresiva de los gobiernos centroamericanos a través de los juegos narrativos en *De tropeles y tropelías* de Ramírez y en *Las historias prohibidas de Pulgarcito* de Roque Dalton. Aquí hice énfasis en los aspectos de exclusión social por razones de etnicidad, clase y sexualidad y en la "legalidad" que se dio a la tortura y a la violencia en las formaciones sociales de los años treinta y posteriores bajo las dictaduras de Guatemala, Honduras, El Salvador y Nicaragua. Esto lleva, en el último capítulo de la primera parte, a considerar más de cerca las peculiaridades—que en realidad son generalidades en todo estado moderno—de las tecnologías del poder aplicadas al nivel microfísico del cuerpo. Finalmente, se es-

Conclusiones

tudió la presencia del discurso de lo grotesco y la catarsis intentada en varios de los textos como medio de restablecer la capacidad de resistencia simbólica contra el poder desplegado por los actores anónimos de estos relatos, el pueblo y la sociedad civil.

Son precisamente los seres anónimos que se convertirán en protagonistas de los relatos que analizo en el Capítulo V para abrir la Segunda Parte. Dado el cambio de la alusión indirecta a la representación realista en los cuentos de *Charles Atlas también muere*, incluido el relato que le da nombre a la colección y uno de los cuentos sobre béisbol más conocidos en la literatura de América Latina: "El *centerfielder*" donde personajes de la clase popular son conocidos más por sus oficios como telegrafista y zapatero, respectivamente, que por su nombre. En estos relatos los individuos se ven sumergidos en las redes del poder disciplinario y son sus habilidades físicas y mentales las que les permiten intervenir o ser instrumentos de las grandes confrontaciones de su tiempo. El telegrafista que se enlista en la guerra contra Sandino se convierte en instrumento de la corporalidad hegemónica a través de la disciplina militar de la Guardia Nacional y luego pasa a convertirse en epítome de la modernización forzada y violenta de la corporalidad americana al no solo imitar, sino absorber mental y físicamente las enseñanzas de los comics, la lengua y la ética neocolonial difundida por los medios masivos de la fuerza invasora. En el lado opuesto del espectro político, el zapatero beisbolista, de manera casi inocente, termina colaborando con los jóvenes que se unen a la rebelión y paga con su vida ese gesto solidario y anónimo.

Como ha quedado asentado en el Capítulo VI, el lanzamiento de *Castigo divino* en 1988 es un parteaguas en la escritura de Sergio Ramírez y en la literatura nicaragüense. No solamente marca el regreso de su autor a la novela, labor de largo aliento que había interrumpido diez años antes—aunque nunca dejó la escritura por completo—para dedicarse a la actividad política. Su lanzamiento simultáneo en Nicaragua, México y España reposiciona a la novela como género fundamental para la nueva literatura nicaragüense y centroamericana. Las repercusiones internacionales de esta obra seguirán ampliándose a través del tiempo no solo por los reconocimientos recibidos, sino que se adelanta y marca la pauta para el resurgimiento de la novela policial en América Central.

Más allá de su importancia como hito en la novela centroamericana, *Castigo divino* muestra el oficio de narrar y el virtuosismo

Conclusiones

lúdico en la prosa de Ramírez al conjugar de manera paródica el discurso legal, médico y científico, la novela negra y epistolar, el relato histórico y periodístico en una trama que revela al culpable desde el principio y que hará del proceso de prueba y del juicio, el eje de la economía dramática del relato. En mi análisis escogí resaltar aparte de los elementos ya mencionados, las profundas implicaciones del uso de la estricnina como arma no tanto por su sigilo y crueldad sino por la intención del asesino de abusar de las limitaciones de la biopolítica de aquel tiempo y disfrazar su crimen tras la fachada de los síntomas de la malaria, el problema de salud que comenzaba a ser controlado justo al despuntar la tercera década de siglo XX.

Es precisamente en el combate de las enfermedades tropicales donde la "eficacia" y "simpatía" de un oscuro funcionario llamado Anastasio Somoza García comienzan hacerse notar. En mis comentarios señalo el paralelismo establecido en la novela entre estos dos "asesinos elegantes" Oliverio Castañeda y Anastasio Somoza que, usando como pretexto el "control" de las amenazas a la salud, se arrogan el poder y se convierten en figuras tiránicas que deciden sobre la vida y la muerte de los que los rodean, Castañeda al matar a los miembros de una familia rica que lo acogió en León cuando a penas se establecía en Nicaragua, y Somoza García, al aprovechar su condición de comandante de la Guardia Nacional para matar a la incipiente democracia que nacía al retirase las tropas invasoras, al asesinar a Sandino y muchos de sus seguidores, para finalmente quedarse con el poder por los próximos veinte años.

En el último capítulo, dado que el neopolicial *El cielo llora por mí* (2008) rompe con el horizonte histórico tradicional revisitado en las mayoría de las novelas de Ramírez, propuse una recapitulación de las nuevas condiciones de Nicaragua bajo los regímenes neoliberales del nuevo milenio. Como es de esperarse en la narrativa de nuestro autor, solo algunas de las directrices de género discursivo se conservan intactas, pues la estructura y situación narrativa propuesta siempre son novedosas. En este caso, las acciones son llevadas a cabo no por uno ni por dos, sino por tres detectives de dos distintas categorías: dos oficiales de la policía y una investigadora aficionada. Aparte de esta variación, los detectives ocupan diversas posiciones en la formación racial contemporánea de Nicaragua incluyendo a un detective mestizo, Dolores Morales, uno afro-nicaragüense Bert (Lord) Dixon y a

Conclusiones

doña Sofía Smith, una evangelista de origen irlandés, madre de un mártir de la revolución.

El inspector Morales, al ser un excombatiente que perdió una pierna en los últimos combates de la guerra contra Somoza, nos remite a la actualidad posrevolucionria y postmilenio de la sociedad nicaragüense. En la última parte del capítulo, la condición de Morales me lleva a analizar la novela desde la perspectiva de los estudios de la discapacidad y a revisar en detalle la manera en que el lenguaje de la obra construye a este singular personaje en sus dimensiones raciales, éticas y sexuales. Sin embargo, creo que la función crítica más importante de esta novela y sus secuelas *Ya nadie llora por mí* (2017) y *Tongolele no sabía bailar* (2021), es denunciar las limitaciones y falsas promesas de democracia y prosperidad hechas por la ideología y la economía neoliberal. Durante los treinta años de dominio de esa doctrina, en los que el Fondo Monetario Internacional y el Banco Mundial obligaron a los gobiernos de países en desarrollo a implementar programas de choque estructural y a procesos forzados de privatización y desregulación, se recortaba de modo brutal el gasto social y la inversión en la salud y bienestar de los ciudadanos. De esta forma, sugiero que la propuesta crítica central de la novela es establecer que de la misma manera en que la prótesis del inspector Morales funciona con deficiencias y falla como mecanismo de remediación para la movilidad, el estado neoliberal nicaragüense y latinoamericano, a pesar de sus promesas de más democracia y prosperidad económica, no resuelve las necesidades básicas y termina por profundizar las desigualdades desprotegiendo a los ciudadanos y poniendo en riesgo el progreso de la sociedad postmilenio.

En las tres décadas del período neoliberal, se observa la proletarización de amplios sectores de las clases medias, la movilidad social se vio severamente afectada y las alianzas de intereses de clase se volvieron más difusas e impredecibles. *El cielo llora por mí* plantea de manera jocosa pero incluyente una de estas alianzas, la cercanía entre el poder policial y los ciudadanos para que juntos puedan "defender la sociedad" como diría Foucault. Por otro lado, el estado neoliberal también ha contribuido a reinstalar el dominio de la "disciplina" en dos sentidos. Como tecnología que busca implantar el control monetario y productivo sancionado por el régimen económico mundial y los centros de saber académico. Éstos, en conjunto con los gobiernos sujetos a esta ideología, establecen

Conclusiones

el discurso del "sacrificio necesario" que se le pide a la población por el bien de la estabilidad social y económica. "Activista, pueblo, no protestes porque si no, no progresamos" tus huelgas o marchas pueden "perturbar la bolsa de valores y desestabilizar la economía," parecen recomendar los voceros y personeros del credo neoliberal. *El cielo llora por mí* presenta estas movilizaciones y protestas retratando a una sociedad civil que se moviliza aunque poco o nada consigue ante el pensamiento único neoliberal y su férreo dominio sobre el gasto público. Es mi opinión que esta construcción económica e ideológica con sus recomendaciones o conminaciones supranacionales termina por parecer una prótesis disfuncional ya que la supuesta acción estabilizadora del neoliberalismo económico y el caudillismo electoral continúan dejando por debajo del nivel de pobreza a más del sesenta por ciento de la población. Pero la respuesta a las interrogantes que plantea esta nueva crisis postmilenio magistralmente retratada en *El cielo llora por mí,* no es difícil de formular: prótesis que no sirve, hay que cambiarla, a un aparato gubernamental defectuoso, más democracia para sustituirlo. Las protestas de los jóvenes y organizaciones de la sociedad civil en 2018, que fueron salvajemente reprimidas y perseguidas por el gobierno de Ortega, nos anuncian que tarde o temprano ese impulso civilista y popular volverá y Nicaragua tendrá que cambiar de régimen una vez más.

La singularidad del quehacer cultural de un polígrafo como Sergio Ramírez está marcada por su intensa actividad pública tanto en el campo literario como en el político. Pero quisiera insistir en el oficio que más le ha preocupado en las últimas décadas al exvicepresidente de la era revolucionaria (1984–1990). Más allá de hacerse un espacio para sí mismo como escritor sobreviviente de la Guerra Fría Cultural, la batalla por la publicación de la literatura y el pensamiento propio de Nicaragua y Centroamérica emprendida por Ramírez desde sus tiempos como funcionario universitario en los años 1960 no ha cesado, ya que sigue en la palestra como conferencista y organizador de foros literarios de nivel internacional buscando la promoción de nuevos valores de la literatura del istmo y del mundo de habla hispana. En este sentido, "su obra" es también la construcción de otras obras, la consolidación de la nueva narrativa nicaragüense compuesta por los autores cercanos a su generación, los posteriores y los que han ido surgiendo al cambio del milenio. Entre los novelistas con un conjunto de novelas publi-

Conclusiones

cadas antes de 1990—y cuya obra se volvió a imprimir en tiempos de la revolución en gran parte gracias a Sergio Ramírez—habría que incluir a Fernando Silva (1927–2016) y a Rosario Aguilar (1938). Pero sobre todo, como ya dije, la otra voz destacada de esa época es la de Gioconda Belli (1948) que a partir de *La mujer habitada* (1988) y otros ocho títulos más hasta *Las fiebres de la memoria* (2018), también ha ido construyendo un universo narrativo original y extenso y que junto con la docena de novelas de Ramírez, constituyen el núcleo central de la narrativa nicaragüense de la transición y las primeras décadas del nuevo milenio. De las nuevas promociones de narradores—novelistas y cuentistas—que han participado en las iniciativas de Centroamérica Cuenta organizadas por Ramírez, debe destacarse a Erick Aguirre (1961), María del Carmen Pérez Cuadra (1971), Arquímides González (1972), José Adiak Montoya (1987) y al desaparecido Ulises Juárez Polanco (1984–2017). Estos nuevos autores y los que surjan en la tercera década del nuevo milenio, no tendrán ya la coartada de no saber que existía una novela nicaragüense en la cual abrevar o ante la cual rebelarse. En este sentido, si el poeta y crítico Julio Valle Castillo bautizó a su extensa antología como *El siglo de la poesía en Nicaragua* para enfatizar el dominio de este género en la centuria que terminó, me parece que a partir de la obra de Sergio Ramírez, la de sus contemporáneos y la de los nuevos narradores que éste mismo busca impulsar, se está ya escribiendo el siglo en el que la novela pasará a definir el camino de la literatura en Nicaragua.

Tabla 2.1. Asignaciones genéricas posibles para las "fábulas" de *De tropeles y tropelías*. En algunos casos los textos podrían pertenecer a más de un género corto.

Título	Artículo de costumbres	Ejemplo	Anécdota	Caso	Poema en prosa	Fábula
De las propiedades del sueño I				✓	✓	
De la muerte civil	✓			✓	✓	
Del proceso del León		✓				✓
De los modos de divertir al Presidente aburrido	✓		✓			
Del hedor de los cadáveres				✓	✓	
De la afición a las bestias de silla		✓			✓	
Del amor a la justicia	✓	✓				
De ofensas y agravios		✓				
De los efectos de las bombas caseras **	✓	✓	✓			
Del paseo de la vaca muerta	✓					
De los juegos de azar						
De las delicias de la posteridad **				✓		✓
Del bien general			✓			

Tablas

Tabla 2.1 (cont.)

Título	Artículo de costumbres	Ejemplo	Anécdota	Caso	Poema en prosa	Fábula
Del que atesora con el favor divino		✓				
Del olvido eterno*			✓		✓	
De los trucos de la agonía*	✓					
De los atributos de la nación*		✓				
De las propiedades del sueño II **				✓		
Suprema Ley	✓					

*Textos agregados en la tercera edición *De tropeles y tropelías*. Managua: Ediciones el Pez y la Serpiente, 1976.
**Textos agregados en la cuarta edición *De tropeles y tropelías* Managua: Ediciones Nueva Nicaragua, 1983.

Tabla 2.2. *De tropeles y tropelías* como novela fragmentaria, referencias a la "vida y época" de "Su Excelencia"

Título	Juventud y etapa anterior a la llegada al poder	Sucesos durante el régimen	Atentados y conspiraciones vs S.E.	Sucesos relativos a la muerte de S.E.
De las propiedades del sueño I			✓	
De la muerte civil		✓		
Del proceso del León		✓		
De los modos de divertir al Presidente aburrido		✓		
Del hedor de los cadáveres		✓		
De la afición a las bestias de silla		✓		
Del amor a la justicia	✓			
De ofensas y agravios	✓			
De los efectos de las bombas caseras **			✓	
Del paseo de la vaca muerta		✓		
De los juegos de azar	✓	✓		
De las delicias de la posteridad **				✓
Del bien general	✓			

289

Tabla 2.2 (cont.)

Título	Juventud y etapa anterior a la llegada al poder	Sucesos durante el régimen	Atentados y conspiraciones vs S.E.	Sucesos relativos a la muerte de S.E.
Del que atesora con el favor divino				✓
Del olvido eterno*			✓	
De los trucos de la agonía*				✓
De los atributos de la nación*		✓		
De las propiedades del sueño II **		✓		
Suprema Ley		✓		

*Textos agregados en la tercera edición *De tropeles y tropelías*. Managua: Ediciones el Pez y la Serpiente, 1976.
**Textos agregados en la cuarta edición *De tropeles y tropelías* Managua: Ediciones Nueva Nicaragua, 1983.

Tabla 7.1. Referencias verbales a personajes afronicaragüenses en *El cielo llora por mí*

Personaje	Referencias totales	Número de capítulos	Destino en la novela
Bert Dixon "Lord Dixon"	Personale principal 800+	25	Muere en enfrentamiento con sicarios
Stanley Cassanova	40	10	Muere asesinado por sicarios
Sandy Casssanova "Ray Charles"	Apodo 94; Nombre 8; Total 102	5	Muere asesinado por sicarios
Francis Cassanova	35	5	Sale de la cárcel
Hermanos Cassanova	7	4	Dos son asesinados (probablemente por Benny Morgan) uno sobrevive
Benny Morgan "Black Bull"	Apodo 56; Nombre 7; Total 63	14	Probable asesino de Sheila Marenco y dos de los hermanos Cassanova. Muere asesinado por sus propios jefes

Tablas

Tabla 7.2. Origen étnico y rasgos físicos de personajes en la novela *El cielo llora por mí*

Personaje	Origen étnico y rasgos físicos	Puesto o actividad en la novela	Filiación política previa
Inspector Dolores Morales	Mestizo. Tez morena	Investigador anti-narcóticos. Jefe sección	Ex guerrillero sandinista
Inspector Bert Dixon (Lord Dixon)	Afronicaragüense. Mulato	Investigador antinarcóticos en Bluefields (RAAS)	Ex guerrillero sandinista
Doña Sofía Smith	Euro-nicaragüense. Irlandés-Americana. Rubia	Afanadora, agente encubierto y "asesora"	Activista, madre de caído en la lucha urbana
Umanzor Selva	Euro-nicaragüense. Rubio	Comisionado	Ex oficial sandinista
César Augusto Canda	No queda claro	Primer Comisionado de la Policía nacional	Rosacruz. Cargo político
Engels Paladino "Caupolicán"	Mestizo. Rasgos indígenas	Coordinador de inteligencia y sicarios del Cártel de Cali en Nicaragua.	Ex entrenador guerrillero. Inteligencia del estado sandinista.
Sheila Marenco	Mestiza. Rasgos europeos	Secretaria naviera de los Lozano. Intenta huir con 100K dólares robados al cártel. Primera víctima.	Hija de familia hacendada y conservadora. Abandonada por el padre
Juan Bosco Cabistán "Giggo"	Euro-nicaragüense. Rasgos europeos	Asesor legal Naviera y negocios del Cártel de Cali. Tráfico de influencias.	Hijo de familia conservadora venida a menos. Arruina a la madre y pierde fortuna familiar con sus gustos extravagantes
Manolo y Mike Lozano (Padre e hijo)	Cubano-americano. Rasgos euro-caribeños	Prestanombres y lavadores de dólares del Cártel de Cali con negocios en Nicaragua	Protegidos por altas autoridades en Nicaragua.

Tabla 7.3. Frecuencia con que se mencionan ciudades y poblaciones de la Costa Atlántica de Nicaragua y Managua y las acciones realizadas por los personajes en dichas locaciones en *El cielo llora por mí*

Localidad	Menciones totales	Acciones realizadas
Managua	53	Sede de la policía nacional. La mayoría de las acciones y seguimiento de sospechosos se lleva acabo aquí
Bluefields	33	Capital de la Región Autónoma Atlántico Sur (RAAS). Comandancia de policía regional. Lugar de centralización de pruebas
Rama	23	Punto principal de desplazamiento terrestre entre Pacífico y Atlántico
Laguna de Perlas / Pearl Lagoon	15/4	Yate Regina Maris e indicios del asesinato de Sheila Marenco localizados ahí
Río Kukra	4	Vía fluvial entre El Rama y la Bahía de Bluefields. Navegando en forma clandestina, el Regina Maris entra a Nicaragua por este río desde Colombia

Tabla 7.4. Discursos de la discapacidad en *El cielo llora pro mí*. Frecuencia y contexto en el uso de la palabra "pierna/s." Las páginas corresponden a la edición Alfaguara de 2008.

Capítulo	Página	Frase	Discurso y contexto
1	14	"tan apresuradamente como se lo permitía la prótesis de su pierna"	Movilidad
		"y aunque era una pierna bien moldeada, el color sonrosado del vinilo no se avenía con lo moreno de su piel"	Médico-ortopédico
	70	"la pierna amputada hacía ya tantos años le dolía"	Médico-psicológico. Síndrome del miembro fantasma
	73	"Ninguna fórmula para hacer crecer de nuevo la pierna"	Humor en relación a la publicidad de curas milagrosas
6	74	"Entró se cuadró, y con la vista al frente pretendía demasiado no ver la pierna"	Social-perceptivo. El ordenanza asignado a Morales fija la vista en la pierna separada de su dueño
	78	"Los gritos de la discusión en la mañana, él reclamando la pierna, y ella retándolo a que subiera [al techo] a buscarla"	Social-afectivo. Única instancia discriminatoria. La exmujer "Eterna Viciosa" en pleito lanza al techo la pierna de Morales
7	81	"Se sentó en la cama, y con gestos mecánicos empezó a amarrarse las correas de la pierna artificial"	Movilidad. Uso cotidiano de la prótesis
13	167	"Sintió que la pierna con la prótesis se negaba a seguirlo y tenía que forzarla"	Movilidad-sexualidad. Morales se prepara para acosar sexualmente a la madre de Sheila Marenco y las fuerzas le fallan momentáneamente

Tabla 7.4 (cont.)

Capítulo	Página	Frase	Discurso y contexto
14	169	"como si la prótesis no existiera y la pierna le hubiera retoñado"	Movilidad-psicológico. Por efecto de unas cuantas cervezas Morales se siente más ligero
14	172	"Morales salió a la acera para ayudarlo a bajar las bolsas sin importar que se hallaba en calzoncillos, su pierna falsa a al vista"	Social-afectivo. Recibe a Dixon en su casa con naturalidad y alegría
20	245	"—No hay falla—dijo el inspector Morales—, me quedó la pierna a ritmo de mambo"	Humor-social. Recibe un disparo en la prótesis y bromea con los paramédicos
24	282	"El inspector Morales alzó la valija, la puso sobre sus piernas, y la abrió, como si se tratara de un vendedor ambulante de mercancías"	Movilidad-social. Mientras confronta a uno de sus enemigos se mueve con naturalidad y confianza en sí mismo

295

Tabla 7.5. Discursos de la discapacidad en *El cielo llora por mí*. Frecuencia y contexto en el uso de la palabra "prótesis." Las páginas corresponden a la edición Alfaguara de 2008.

Capítulo	Página	Frase	Discurso y contexto
1	14	"tan apresuradamente como se lo permitía la prótesis de su pierna izquierda bajó los estrechos escalones sumidos en la penumbra porque el ascensor había sido desahuciado desde hacía años"	Movilidad. Deficiencia espacial en el entorno de trabajo
1	20	"La prótesis se la habían puesto en Cuba, aunque era una pierna bien moldeada, el color sonrosado del vinilo no se avenía con lo moreno de su piel"	Médico-ortopédico. Disfuncionalidad estética de la prótesis
1	20	"Subió los escalones con la dificultad de siempre, teniendo que empujar la prótesis ayudado de las manos"	Movilidad. Deficiencia espacial en el entorno de trabajo
2	34	"De otra de las gavetas sacó un revólver .38 de nariz corta, y lo puso en un tahalí con cremallera adhesiva, que sujetó al tobillo de la prótesis"	Movilidad. Uso de la prótesis en tareas cotidianas. "Prótesis armada"
2	52	"Le dieron ganas como otras veces, de soltar las hebillas de las correas de la prótesis y quitársela, pero sólo retiró el tahalí con el revólver"	Movilidad-ortopédico. Incomodidad y disfuncionalidad de la prótesis
4	56	"—Mataron a mi testigo—respondió el inspector Morales, mientras amarraba rápidamente el tahalí a la prótesis	Movilidad. Habilidad en tareas cotidianas con la prótesis

Tablas

Tabla 7.5 (cont.)

Capítulo	Página	Frase	Discurso y contexto
5	63	"–dijo el inspector Morales acercándose al escritorio con intenciones de parecer decidido, pero siempre que ensayaba a sacar paso en firme la prótesis lo traicionaba"	Movilidad—psicológico. Disfuncionalidad de la prótesis afecta la actitud que quiere asumir durante un interrogatorio
	72	"La prótesis que ahora sí se había quitado, recostada a la pared tenía el aspecto de una pieza de maniquí"	Psicológico-percepción. Incomodidad de la prótesis hace que se la quite y el narrador la percibe como algo extraño
6	73	"oyó en el corredor pasos que se acercaban a la puerta que había dejado abierta, y se apresuró a buscar la prótesis para ponérsela, pero ya era tarde"	Movilidad-percepción-social. No quiere que el ordenanza lo vea sin la prótesis
	77	"Terminó de amarrarse la prótesis, y ya se disponía a irse cuando sonó el teléfono"	Movilidad. Tareas cotidianas con la prótesis
9	108	"El impulso del inspector Morales fue aliviarla de las bolsas de compras, y se adelantó hacia ella estorbado por la prótesis que no pocas veces jugaba malas pasadas a sus afanes de cortesía"	Movilidad-social. Disfuncionalidad de la prótesis no le permite ser cortés con la madre de Sheila Marenco
11	135	"mientras cuidaba de que el tacón del zapato con la prótesis no se pegara en los huecos de los adoquines arrancados"	Movilidad. Deficiencia espacial en la calle donde vive Doña Sofía

Tabla 7.5 (cont.)

Capítulo	Página	Frase	Discurso y contexto
12	157	"El inspector Morales, sentado ya en el asiento del conductor del Lada, se esforzaba en acomodar la prótesis"	Movilidad. Tareas cotidianas al subirse a un auto
13	163	"-No, que locura – dijo Cristina, y lo detuvo acercando apenas la mano a su rodilla. Era la rodilla de la prótesis. Sintió pasar el roce de aquella mano como un hálito, apenas una sombra furtiva"	Sexualidad—percepción. Morales se siente atraído por Cristina, la madre de Sheila.
13	167	"fue tras ella, furtivo, el cartapacio siempre en la mano. Sintió que la pierna con la prótesis se negaba a seguirlo, y tenía que forzarla"	Movilidad-social-sexualidad. En la cocina, Morales acosa sexualmente a Cristina, la abraza y besa a la fuerza
14		"Parecía mentira, pero bajo el sopor de las cervezas era cuando mejor andaba, el paso aligerado y sin tropiezos, como si la prótesis no existiera y la pierna le hubiera retoñado"	Movilidad-psicológico. La leve embriaguez le hace sentirse más ligero e imaginar el "retoño" del miembro amputado
14	169	"Ya en calzoncillos, y despojado de la prótesis, sentó en una de las mecedoras de mimbre de la sala, y se puso a hacer zapping con el control del televisor"	Movilidad. Se pone cómodo y se dispone a ver la tele sin la prótesis

Tablas

Tabla 7.5 (cont.)

Capítulo	Página	Frase	Discurso y contexto
15	179	"Pero era obvio que más que excentricidad, su intento de ser gracioso buscaba disfrazar su cortedad, y su congoja, y solamente lograba causar embarazo en los dos agentes que subían tras él, el inspector Morales a la zaga, lidiando con la prótesis"	Movilidad-percepción. En situación incómoda, el Ingeniero Argüello declara intimidades de su exesposa Sheila Marenco. Inspectores escuchan con pena
17	198	"el inspector Morales buscaba al tanteo la Makarov en el tahalí amarrado a la prótesis, se dio cuenta que su sentido del tiempo se había descuadernado"	Movilidad. Morales reacciona con lentitud ante un posible atacante, el marido celoso de la Fanny que lo amenaza con una pistola de juguete, pero Dixon lo detiene casi de inmediato
19	226	"El inspector Morales había sacado ya la Makarov del tahalí adherido a la prótesis, cuando el vidrio polarizado de la ventanilla del conductor del BMW bajó, y apareció la cara sonriente de Caupolicán.	Movilidad. El entrenamiento e instinto de Morales sí se manifiestan a tiempo esta vez
20	244	"-¿Vos no estás herido?—le preguntó [el inspector Palacios]	
	246	-Me dieron en la prótesis—dijo-, y enseño el orificio chamuscado del pantalón a la altura de la rodilla.	Humor. En el ataque de los sicarios, la "prótesis milagrosa" recibe la bala. En cambio Dixon sí ha recibido varios impactos

299

Tabla 7.5 (cont.)

Capítulo	Página	Frase	Discurso y contexto
21	253	"—Con que me repongan mi prótesis me conformo, ésta quedó torcida – dijo el inspector Morales"	Humor. Después del atentado, Dixon lamenta que el auto de Morales haya quedado destruido. Morales responde con resignación y humor
		"—¿Se siente bien físicamente? – le preguntó entonces la Monja.	
		-Mientras mi prótesis chopeada aguante—respondió el inspector Morales"	Humor-movilidad-ortopédico. Morales se muestra estoico después del ataque y se resigna con humor a seguir la operación policial con su prótesis ligeramente averiada

Tablas

Tabla 7.6. Discursos de la discapacidad en *El cielo llora por mí*. Frecuencia y contexto en el uso despectivo de algunos términos "pata," "mutilados," "renguear" e "inválido." Las páginas corresponden a la edición Alfaguara de 2008

Capítulo	Página	Frase	Discurso y contexto
9	107	"cuando aún los **mutilados** como él, y sin gracias físicas, sacaron premios en aquella generosa lotería de niñas bien que querían verse en los brazos de un guerrillero, burguesas y proletarios del mundo unidos en la misma cama por una vez en la vida"	Social-sexualidad-humor. En aquellos años los "mutilados" son percibidos como héroes y eso los hace apetecibles para las jóvenes burguesas
11	146	"—Me corto la otra **pata** si no la hicieron ir a Colombia [a Sheila Marenco] sólo para que se viniera en el yate—dijo el inspector Morales–"	Humor. En sesión de análisis Morales usa esta expresión para hacer énfasis en lo que le parece una inferencia importante
15	177	"Y más ridículo le parecía el acto de seducción al **renguear** detrás de ella como un animal viejo e **inválido** de pelambre apelmazada, y el olor de la lluvia oreándose en la pelambre junto con el olor de los años"	Sexualidad-percepción. Morales, se da cuenta de lo inapropiado de su asedio sexual a Cristina y describe con autodesprecio su seducción imaginada
20	244	"—¿Y usted?— preguntó al inspector Morales —Dando gracias a la Virgen Peregrina que me dieron en la **pata** falsa—respondió el inspector Morales."	Humor-psicológico. Inmediatamente después del tiroteo, Morales todavía bajo estrés, expresa su alivio de no recibir impacto más que en la prótesis
24	276	"Los concurrentes se apartaban, intrigados, al paso del inspector Morales. Un policía vestido con todos sus arreos, que cargaba una valija color perla, y **rengueaba** como si flaqueara ante el peso de la valija"	Movilidad—social-psicológico. En el punto culminante de la novela, Morales urde una discreta pero efectiva venganza y va al casino Josephine, para meterse en la madriguera de los asesinos de Lord Dixon

Tabla 7.7. Discursos de la discapacidad en *El cielo llora por mí*. Frecuencia de los discursos primarios asociados a la discapacidad.

Discurso	Instancias en que predomina	Instancias secundarias	Instancias totales
Movilidad	21	1	22
Humor	7		7
Social	3	5	8
Sexualidad	3	2	5
Médico	3		3
Psicológico	1	5	6

Notas

Prólogo

1. El archivo de *Carátula, Revista de Cultura Centroamericana* contiene todos los números de la publicación www.caratula.net.

Capítulo 1: Política, poder y literatura en la escritura de Sergio Ramírez

1. Se habla de nueve meses desde el momento de la elección de Gallegos a la Presidencia, aunque como jefe de estado fungiera por menos tiempo. Cabe señalar que el vicepresidente de ese momento también era una figura literaria, el poeta venezolano Andrés Eloy Blanco (Coronil 129).

2. Según relata el propio autor, la primera edición del libro fue confiscada de la imprenta de la Universidad de El Salvador y quemada. Cuando una nueva edición está a punto de ser distribuida en Nicaragua, el terremoto que destruye Managua en 1972 la sepulta y se pierde casi por completo (Ramírez, *Oficios* 72).

3. Sobre estos encuentros con la revolución también Cortázar dejará constancia escrita en *Nicaragua tan violentamente dulce* (1985) que reúne artículos, relatos, entrevistas y discursos publicados por el autor de *Rayuela* en la prensa europea y nicaragüense.

4. Excepcionalmente el premio Alfaguara de 1998 fue otorgado de manera simultánea a Sergio Ramírez por *Margarita está linda la mar* y a Eliseo Alberto por *Caracol Beach*. El jurado del premio estuvo integrado por Carlos Fuentes, Rosa Regàs, Rafael Azcona, Juan Cruz, Tomás Eloy Martínez y Marcela Serrano.

5. El referente más claro de un partido obrero de inspiración marxista en Nicaragua es el Partido de los Trabajadores Nicaragüenses (PTN) que se funda en 1931 y se disuelve en 1939. No será sino hasta la década siguiente que surgiría el Partido Socialista Nicaragüense (1944) (Vargas, *Nicaragua* 93–96).

6. Miguel Ángel Asturias publicaría no solo una novela sino una "Trilogía Bananera" conformada por *Viento fuerte* (1950), *El Papa Verde* (1954) y *Los ojos de los enterrados* (1960). Con relatos desconectados de la trama y estructura de estas novelas, pero con asunto similar, *Week-end en Guatemala* (1956) debe incluirse en el ciclo de la narrativa bananera (Calviño Iglesias 111; Chen

39). Sin embargo, con frecuencia la crítica sobre la obra asturiana destaca *El Papa Verde* por ser la obra de mayor impacto y difusión.

7. Destaca en esta serie de números de *Casa de las Américas* el volumen 157 de julio-agosto de 1986 enteramente dedicado a Nicaragua. En esta publicación se reúnen escritos de Sandino, Darío, Carlos Fonseca, el proyecto constitucional de Daniel Ortega, textos de Tomás Borge y Sergio Ramírez para finalizar con una amplia selección de autores literarios nicaragüenses (Moro 87).

8. Para revisar la pluralidad ideológica de la cúpula sandinista al triunfo de la revolución debe consultarse Hodges (1986) y los testimonios radiales de los excombatientes recopilados en cuatro volúmenes por Mónica Baltodano en *De la forja de la vanguardia a la montaña* (2010).

Capítulo 2: Género literario y poder en *De tropeles y tropelías* (1972)

1. La tortura y ejecución con leones se menciona en los testimonios y relatos de cautivos de la dictadura como el de Luis Cardenal Argüello *Mi rebelión* (1961) y el de Pedro Joaquín Chamorro *Estirpe sangrienta* (1980). Más adelante también hay referencias en *La paciente impaciencia* (1990) de Tomás Borge y en la novela de Ramírez *Margarita está linda la mar* (1998).

2. Diana Moro ha estudiado a fondo la influencia y la sombra de Darío en la obra de Sergio Ramírez (Moro 90, 111). Desde esta perspectiva, el que estos textos tomen la forma de relatos cortos parecidos a la fábula o al poema en prosa en los que el lenguaje juega con ciertas nociones y referencias modernistas y acentos darianos debe destacarse como una expresión de dicha influencia.

3. Mi traducción

4. De los dieciocho relatos de la colección solamente tres "De las propiedades del sueño I," "De la muerte civil" y "Del paseo de la vaca muerta" no mencionan de manera directa a "Su Excelencia" o "S.E." No obstante, la alusión a un poder tiránico y absoluto detrás de las acciones de los personajes es ineludible.

5. Sergio Ramírez reconoce haber leído con gran atención desde los años sesenta a estos y a los otros escritores que formaron parte de la generación del Boom (Cherem 95–96, 111).

Capítulo 3: La ficción del Estado y el Estado como ficción

1. También pueden incluirse como ejemplos de dominación bajo "fuerzas supletorias" o "constabularias" a los regímenes coloniales establecidos en las Filipinas y Puerto Rico a partir de 1898. Sin embargo, en estos dos casos, las fuerzas armadas no representarán de manera inmediata a un estado nacional con un dictador específico sino la presencia continuada y directa del poder colonial norteamericano en Filipinas hasta 1946 y en Puerto Rico hasta la actualidad.

2. Existe un buen número de obras que detallan, algunos con profundidad histórica, otros con perspectiva biográfica, las características del régimen de los Somoza. Entre los que sirven de base para esta investigación cabe destacar los de Diederich (1981), Chamorro (1980), Walter (1993), Ferrero Blanco (2010) e incluso el texto del propio Anastasio Somoza Debayle *Nicaragua betrayed* (1980). Todos ellos están citados en la bibliografía final.

3. En este breve *curriculum* de corrupción y sangre, se pueden encontrar muchas de las anécdotas que sirven como sustrato para los relatos de Ramírez.

4. Podría argumentarse que la recreación de lo feudal también es una manera indirecta y ahistórica de referirse al pasado colonial y denunciar su impronta en los sistemas gubernamentales contemporáneos. Aunque la hipótesis no parece muy evidente al leer el texto, las ilustraciones y los juegos tipográficos presentes en la edición de San Salvador de 1972, como veremos más adelante, nos remiten insistentemente hacia el imaginario medieval.

5. Párrafo inicial del texto "De la muerte civil" citado en el Capítulo II.

6. Dicha estatua también es sarcásticamente tratada por Ernesto Cardenal en sus *Epigramas* (1961). En este sentido la obra de Ramírez continua la parodia literaria de los monumentos del poder ya iniciada en la poesía de Cardenal y en la de los otros autores de su generación como Ernesto Mejía Sánchez y Carlos Martínez Rivas (Chávez, *Nicaragua* 116).

7. Esta coincidencia entre la ambición hacendaria del tirano y el territorio de la nación nos hace recordar el relato de Jorge Luis Borges "Del rigor en la ciencia" de *El hacedor*, en el que el mapa del imperio Chino que hacen los cartógrafos coincide con la extensión misma del territorio. Posesión y representación coinciden bajo la voluntad autoritaria de un poder absolutista en ambos casos (Borges, *Obras II* 265).

8. Tanto en "Tlön, Uqbar, Orbis, Tertius," en "La biblioteca de Babel," como en el *Manual de zoología fantástica* (1966), Borges acumula seres y lugares fantásticos para los que existen reglas particulares que gobiernan a esos sitios y seres imaginarios (Borges, *Obras I* 513, 558).

9. Estas dos últimas "nacionalidades" excluidas se refieren a la ciudad y fortaleza de Golconda en el sur de la India, y la región y ciudad de Cirene en Libia. La primera, una ciudad fortificada, sede de un importante reino que fue destruido a mediados del silgo XVII y la segunda, una ciudad conocida en la Antigua Grecia por su célebre escuela de filósofos. La cita de estos sitios arqueológicos entre las nacionalidades excluidas en el país de S.E. dan un falso sentido de erudición al texto de la "Suprema Ley" que hace juego con las citas imprecisas y tendenciosas de Sinesio de Cirene y de Maimónides en la primera fábula de la colección. En el siguiente capítulo comentaré más ampliamente sobre la sapiencia engañosa como dispositivo lúdico en *De tropeles y tropelías*.

10. En el Capítulo VII hablaré de la complejidad de la racialidad nicaragüense contemporánea en relación con los detectives y los personajes afronicaragüenses en las novelas policiales de Ramírez *El cielo llora por mí* (2008) y *Ya nadie llora por mí* (2017) y *Tongolele no sabía bailar* (2021).

11. Sergio Ramírez se graduó en Derecho por la Universidad de León en 1964. En la prensa y la radio, así como en el trato cotidiano, el título que se le aplica al escritor y político Sergio Ramírez, es el de "doctor." Vocativo común en algunos países latinoamericanos para designar tanto al licenciado en leyes como al licenciado en medicina.

Capítulo 4: Fábula del poder: Denuncia y complicidad con las estructuras del Estado

1. Mi traducción.
2. Mi traducción.
3. Las discrepancias las encontramos a través de la lectura de la traducción inglesa del libro mencionado. La edición norteamericana de la obra de Guttmann no indica alguna condensación o abreviación del texto, así que la posibilidad de una omisión o supresión del párrafo nos parece remota.
4. Al uso de la cámara desde la perspectiva visual y de las emociones de uno de los actores se le conoce como "subjective shot" (toma subjetiva). Por medio de este artificio podemos saber que el personaje no puede ver bien, que está mirando desde un ojo de cerradura o que ha perdido, o está por perder el conocimiento. El recurso alude a la identificación completa entre la perspectiva de uno de los personajes con la del espectador (Beaver 329).
5. Nos referimos a la función del lenguaje conceptualizada por J.L. Austin en *How to do Things with Words*, en la que la frase no comunica una acción sino que indica su ejecución.
6. Este tipo de imágenes se encuentran ya en las teorías organicistas de Paracelso (1493–1541) el filósofo, alquimista y médico del Renacimiento, reaparecen transformadas en el mecanicismo de Descartes y regresan como metáfora del estado en la teoría política de Hegel en el siglo XIX (Copleston, *vol. II* 268, 291; Copleston, *vol. VII* 212).
7. Otra referencia pertinente para esta fábula en particular sería la obra de Telmo Romero *El bien general* (1885) que le dio fama a este curandero y charlatán venezolano al punto de que el General Joaquín Crespo, Presidente de la República en dos ocasiones (1884–1886 y 1892–1898), lo nombró jefe del Asilo de Enajenados Mentales de los Teques en el Estado de Miranda. Este manual de recetas de una supuesta farmacopea indígena cobró notoriedad por todo el continente y se le asocia con la era de los caudillos de finales del siglo XIX en Venezuela.

Capítulo 5: Del cuerpo transformado al ciborg en "Charles Atlas también muere" y "El *centerfielder*" (1976)

1. La circunstancia del telegrafista de las Segovias en el cuento de Ramírez tiene paralelos con la experiencia del escritor vanguardista Manolo Cuadra (1907–1957), quien sirvió en las filas de la constabularia al lado de los *marines* y contra Sandino. De aquellos años resultaría el libro de relatos *Contra Sandino en la montaña* y también el consumado desprecio por la dictadura somocista que llevó al autor a convertirse en acérrimo crítico del régimen (cf. Valle Castillo 29).

Notas a las pp. 132–164

2. La obra sobre un robot titulada *Horacio Kalimbang o los atómatas* del biólogo y novelista Holmberg aparece en 1879 en Buenos Aires. Horacio Quiroga publica de manera serial su novela corta *Hombre artificial* en 1909 (Brown 1).

3. La imagen y simbolismo de *Charles Atlas* como figura de masculinidad y consumo popular también ha sido reciclada y parodiada por autores de comics y novelas recientes en los Estados Unidos (Landon 200).

4. Para apreciar la influencia de Coney Island en el gusto y la conciencia popular en la cultura norteamericana de finales del siglo XIX y principios del XX resulta esclarecedor el ensayo-crónica de José Martí sobre sus impresiones al visitar este corredor de atracciones cuando vivía en Nueva York. Coney Island era un preludio del moderno parque de diversiones porque concentra por primera vez, de manera casi permanente y en un solo sitio, todo tipo de divertimentos desde carpas de teatro a vistas (cine), juegos mecánicos, circo y otros (Martí 33–39).

5. En el Cementerio Militar de Arlington en el área metropolitana de Washington DC, la lápida conmemorativa del Teniente Coronel Gilbert Durnell Hatfield (sección 6, número 9186) asienta las fechas de nacimiento y muerte del oficial de los *marines* como 1892 y 1961. Asumiendo que este es el personaje que sirve de base para el cuento de Ramírez, la narración ha acortado en tres décadas la vida de su referente histórico. Irónicamente, el Charles Atlas histórico nace el mismo año que el Coronel Hatfield.

6. Aunque el anuncio presentado en forma de comic cuenta la historia de un "alfeñique de 97 libras" con el nombre genérico de "Mac" en la versión en inglés (el equivalente de "tío" o "fulanito" en español) según parece, la anécdota está basada en un incidente real sucedido a Ángelo Siciliano en Coney Island en 1909 (Gaines 19).

7. Aparte de "El *centerfielder*" incluido en *Charles Atlas también muere* (1976), el volumen *Clave de sol* (1992) incluye "Juego perfecto" y "Tarde de sol" ambos con historias que aluden a la era clásica del béisbol en Nicaragua 1933–1956. Más reciente y haciendo alusión a la era post-revolucionaria el volumen *Catalina y Catalina* (2001) incluye "Aparición en la fábrica de ladrillos."

8. Las cinco estrellas del título son por supuesto un símbolo del más alto grado militar en el ejército de Nicaragua, que es el que tenía el General Somoza al tiempo de la fundación del equipo. Así, aunque no tuviera su nombre como otros equipos de la época que sí lo llevaron (el Moncada, el Ubico) etc. la asociación con el poder militar de la Guardia Nacional y su jefe-director en el uniforme del equipo, era más que evidente para los espectadores y los jugadores.

9. El cuento "Tarde de sol" en la colección *Clave de sol* presenta las emociones y presiones que conlleva para el dueño del equipo *Granada*, victorioso ante el *Cinco Estrellas* en el Campeonato de la Liga Profesional de 1956, el verse forzado a vender a su mejor lanzador al dueño del equipo perdedor y Presidente de la República, Anastasio Somoza García (Ramírez, *Cuentos* 224–32).

Notas a las pp. 169–197

10. Esta ensoñación del *centerfielder* sigue los preceptos sobre la imaginación para el prisionero o para aquel que se encuentra en desgracia, atribuidos a Sinesio de Cirene en la primera fábula de *De tropeles y tropelías* como ya comentamos en el Capítulo IV.

11. La calidad cinematográfica de esta historia quedó probada en la adaptación que Ramiro Lacayo hizo para la pantalla en el corto del mismo nombre *El centerfielder* (1985), filmado con auspicio del Instituto Nicaragüense de Cine (INCINE) durante la era sandinista.

Capítulo 6: La biopolítica en *Castigo divino* (1988) o sobre la toxicidad del estado centroamericano

1. Mario Vargas Llosa con *La ciudad y los perros* (1962), Guillermo Cabrera Infante con *Tres tristes tigres* (1964) y Carlos Fuentes con *Cambio de piel* (1967), entre otros, consolidaron su carrera a través del *Premio Biblioteca Breve* de Seix Barral.

2. Recordemos que también en el parte militar de "El *centerfielder*" se asienta como justificación de la muerte la "ley fuga," mostrando lo habitual de usar esa razón extrajudicial y contraria a los derechos humanos para ejecutar a los enemigos del régimen desde el primero, hasta el último de los Somoza.

3. El código civil de aquellos años requería que la sentencia de muerte fuera dictada en el juicio original y confirmada en las dos instancias de apelación. Debido a que el primer juicio había dictado sentencia de cárcel por el primer crimen, Castañeda no podría ser ejecutado de manera legal, aunque en las apelaciones se le condenó a muerte por el "asesinato atroz" de los dos miembros de la familia Gurdián. En la legislación reformada de 1939, ya bajo el poder de Anastasio Somoza García, la pena de muerte fue definitivamente removida del código civil (Castellón 95). Esto no impedirá que las ejecuciones extrajudiciales fueran un recurso muy socorrido por los tres gobiernos de la dictadura, como ya vimos en el cuento "El *centerfielder*."

4. En los registros médicos norteamericanos con frecuencia se atribuye erróneamente el descubrimiento de la relación entre las enfermedades tropicales y los mosquitos al Dr. Walter Reed (1851–1902) y se acredita como inventor de las técnicas de control al jefe del servicio sanitario del Canal de Panamá: William Gorgas (1854–1920). En realidad, como bien lo reconoció Reed en sus trabajos, el honor de dicho descubrimiento y principios técnicos de prevención pertenecen al médico cubano de origen franco-escocés Juan Carlos Finlay Barres (1833–1915).

5. En la película, basada en la adaptación teatral de la novela de Forester escrita por Jeffrey Dell, el hijo John Marble, no aparece como personaje. Estas elisiones y modificaciones son comunes en las adaptaciones cinematográficas de la era clásica, se hacían para simplificar la trama y condensar la tensión dramática en unos pocos actores. De esta forma los conflictivos sentimientos y sufrimientos de los Marble se concentran en la perversidad del padre asesino (William) y su proceso de autodestrucción, la desilusión de la madre (Annie) que se suicida, y la inocencia y dolor de la hija (Winnie) por la pérdida sucesiva de sus padres.

6. La novela que lanza la carrera literaria de Agatha Christie *The Mysterious Affair at Styles* (1920) es un caso resuelto por el legendario detective Hércule Poirot en el que se usa la estricnina como veneno. Más tarde, en una de las historias de la colección *The Mysterious Mr. Quin* (1930) el mismo veneno será el vehículo letal para comenzar la acción (cf. Stevens y Bannon 27).

7. Como Foucault lo indica en *El nacimiento de la clínica* (1963) el proceso de analogía para tipificar una enfermedad entre varios síntomas no se refiere a un signo único, sino a un "isomorfismo de relaciones entre elementos: lleva un sistema de relaciones y de acciones recíprocas, a un funcionamiento, o a una disfunción" (Foucault, *Nacimiento* 146). Es decir, dos o más síntomas con expresión física y aspecto general y sistémico en el/la enfermo/a confirman la identidad de la enfermedad.

8. Aunque en la novela se presenta al Dr. Darbishire como el médico principal de Marta Jerez y Matilde Contreras, históricamente este sabio y muy respetado doctor no estuvo conectado con el caso Castañeda (Castellón 113). Aparentemente Ramírez escoge a este personaje por su nombre aristocrático y para poder hacer de la confrontación entre los doctores Salmerón y Darbishire un duelo entre el saber médico nacional y el saber médico europeo y para llenar de dramatismo el choque entre el antiguo alumno (Salmerón) y su maestro (Darbishire).

9. En su estudio de caso Castellón indica los nombres de los médicos que estuvieron presentes en cada una de las muertes provocadas por Castañeda. Para atender a Marta Jerez se presentaron Filiberto Herdocia Adams, Julio Argüello Barreto y José Montalván. A Enna Gurdián la atendieron los doctores Alejandro Sequeira Rivas y Herdocia Adams (Castellón 15). Junto a don Enrique Gurdián estuvieron presentes Sequeira Rivas, Luis Alberto Martínez y Eduardo Salinas (Castellón 18). Como se ve, no hubo algún doctor que asistiera a las tres víctimas y en ningún caso estuvo presente el Dr. Darbishire. Fueron los doctores Atanasio Salmerón y Alejandro Sequeira Rivas los que primero expresaron la sospecha de una mano criminal y predijeron la muerte de Dn. Enrique Gurdián (Castellón 14).

10. Esta extrapolación no es gratuita ya que la intolerancia política y sexual de las élites en las sociedades centroamericanas de los años treinta eran aún más acentuadas de lo que se podría esperar en las sociedades postindustriales de los años setenta a noventa en las que Altemeyer (1996) basa sus experimentos. Las comparaciones con la era Trump (2016–2020) son más difíciles pero el racismo e intolerancia exageradas de sus más fervientes seguidores no parecen rasgos muy alejados del perfil ideológico y emocional de la burguesía leonesa de aquella época que se sentía predestinada al poder y que debía seguir e imponer estrictas reglas sociales y defender la moralidad cristiana amenazadas por la modernidad.

11. El propio Sergio Ramírez me confirmó en una conversación durante su visita a Middlebury College, en el verano de 2015, que el altercado a golpes

Notas a las pp. 220–259

entre Fiallos y Ortiz tuvo lugar, pero no en 1933 sino en 1959, con motivo de la agresión de la Guardia Nacional sobre los estudiantes de la Universidad de León.

12. Alejado de la carrera judicial, Mariano Fiallos se dedicaría a la agricultura y a la docencia. En 1958 será uno de los artífices principales de la autonomía universitaria, hecho que confirma su reputación como luchador humanista contra la dictadura. En 1959 el entonces Mayor Anastasio Ortiz será el responsable de la muerte de cuatro estudiantes sobre los que dispara la Guardia para reprimir una manifestación. Esto marca el inicio de la agitación estudiantil que derivará luego en la formación de algunos cuadros del FSLN. Sergio Ramírez será testigo de estos hechos, además de haber contado con el profesor Fiallos como mentor intelectual y personal por algunos años (Cherem 85–88).

13. Como ya había señalado, ninguna de estas fechas en la novela corresponde con los hechos históricos (Santa Cruz 55). El narrador los presenta en paralelo para aumentar el dramatismo del cierre del relato.

Capítulo 7: Prostética y formación racial del estado neoliberal en *El cielo llora por mí* (2008)

1. En el habla coloquial nicaragüense "compa" se refiere al combatiente sandinista y "contra" al combatiente de los diferentes grupos contrarrevolucionarios que asolaron las fronteras norte y sur de Nicaragua. Después del armisticio final y el desarme alcanzados con los Acuerdos de Sapoá y del Protocolo de Transición de 1990, algunos brotes de alzados desvinculados de los grupos originales reaparecieron y se les llamó "re-compas" y "re-contras" según el origen de sus bases (Armony, "The Former Contras" 204).

2. Poirot el personaje literario, es un detective de nacionalidad belga, aunque las acciones tienen lugar en Inglaterra y sus historias fueron escritas originalmente en inglés, por Agatha Christie.

3. La dimensión global de la guerra en Nicaragua está reflejada en el origen y circulación del armamento. Al momento final de la guerra, el gobierno de Somoza tuvo que recurrir al mercado negro de armas y a través de la dictadura argentina se pudieron conseguir fusiles comprados a Israel. Ya en tiempos del gobierno sandinista, el dinero de la trama Irán-Contra también sería utilizado para comprar armas ilegalmente a Israel para los grupos contrarrevolucionarios (Armony, "Transnationalizing" 158–61).

4. Los fondos recaudados por la edición nicaragüense de *Castigo divino* y del relato testimonial *La marca del zorro* donde Ramírez recoge las hazañas del comandante Francisco Rivera, un estratega crucial para el triunfo de la ofensiva final de la guerra contra la dictadura, fueron destinados para las organizaciones de excombatientes discapacitados (Cherem 208; Henighan 132).

5. El sitio *Beyond Compare* es el blog de la bibliotecaria Jessamyn West, afincada en Vermont. Como ávida lectora de novelas de crimen y otros géneros categoriza sus lecturas y compila listas de interés para ella y otros lectores.

Su lista de detectives discapacitados en lengua inglesa es en verdad amplia pero no exhaustiva y estaba actualizada solamente hasta 2009.

6. McCall, autor de las dos novelas sobre la teniente del departamento de policía de Chicago Nora Callum, es también médico ortopedista.

7. Para 2014 existían en Nicaragua tres federaciones que agrupaban a 45 organizaciones distribuidas a lo largo y ancho del territorio nacional que promueven el acceso a servicios, buscan la implementación de normas y la defensa de las y los ciudadanas/os con habilidades diferentes (Herrera Pineda et. al. 53).

8. El número total de la población discapacitada reportada por este censo tiene sus controversias dada la metodología para hacer el conteo, además de que la población de las Regiones Autónomas del Atlántico solo fue contada parcialmente debido a problemas de acceso. Con todo, el censo reconoce sus limitaciones y aclara su metodología y lo más importante en él, es la cantidad y calidad de la información en términos de distribución geográfica, actividad profesional, educación y condiciones generales de vida de la población discapacitada, información que hasta antes del censo de 2009, era muy parcial y esporádica (Herrera Pineda et. al. 13; Martínez García 18).

9. Desde mi punto de vista la solidaridad y respeto a la autoridad de las mujeres es notable en la novela, no solo doña Sofía Smith es motor principal de raciocinio detectivesco, sino que uno de los personajes secundarios más relevantes es el de "La Monja," un alto mando de la policía y por tanto de rango superior a los jefes de los detectives Morales y Dixon. Este personaje está inspirado en Aminta Granera, quien fuera la jefa de la policía sandinista por muchos años y luego directora nacional de policía (2006–2018) durante el período neoliberal y durante el regreso del sandinismo al poder.

10. Nótese que estas fechas indican el momento en que uniones civiles y otras formas mínimas y restringidas de legalidad para uniones homoparentales fueron aprobadas. Las fechas de legalización completa son posteriores: Francia y Brasil 2013, Estados Unidos 2015, Colombia 2016, en México en 18 estados y reconocimiento en todos (32) en 2018. Sólo España se adelanta a todos estos casos con aprobación completa desde 2005. En Centroamérica el más adelantado de los países es Costa Rica, en donde gracias a una larga historia de activismo y por disposición del ejecutivo y la corte suprema, el matrimonio igualitario entró en vigor en mayo de 2020 (Corrales).

11. En algunas entrevistas, Sergio Ramírez afirma que los nombres de sus personajes no son inventados ya que conoce a más de un paisano que lleva el nombre de la Virgen de los Dolores y de apellido Morales, un "Lolo" Morales entre algunos otros. Del mismo modo, afirma que en el Caribe, el apellido Viciosa no es desconocido y que los nombres inusuales como Eterna también aparecen devez en cuando (Ramírez, "Dolores").

Obras citadas

Achugar, Hugo. "The Book of Poems as a Social Act: Notes toward an Interpretation of Contemporary Hispanic American Poetry." *Marxism and the Interpretation of Culture*. Editado por Nelson, Cary y Grosberg Lawrence. U Illinois, 1988, pp. 651–62.

Adorno, Theodor. "On Lyric Poetry and Society." *Notes on Literature*. Editado por Theodor Adorno. Columbia UP, 1991, pp. 37–54.

Adorno, Theodor, y Max Horkheimer. "The Culture Industry Enlightenment as Mass Deception." *Dialectics of Enlightenment*. Herder and Herder, 1996, 120–67.

Agamben, Gregorio. *State of Exception*. U Chicago P, 2005.

Aguirre, Erick. *Ejercicios de estilo, la realidad alucinante de Centroamérica en la obra de Sergio Ramírez*. Editorial Académica Española, 2012.

———. *Subversión de la memoria*. Managua: Asociación Noruega de Escritores / Centro Nicaragüense de Escritores, 2005.

Ainsworth, Kyla. ""Can't They Stop the Guns?" Trauma and Inter-War Detective Fiction." College of William and Mary, 2014.

Alemany Bay, Carmen. *Poética coloquial hispanoamericana*. Universidad de Alicante, 1997.

Allatson, Paul. *Key Terms in Latino/a Cultural Studies*. Wiley-Blackwell, 2006.

Altamiranda, Daniel. "Jorge Luis Borges." *Latin American Mystery Writers. An A-to-Z Guide*. Editado por Darrell B. Lockart. Greenwood P, 2004, pp. 37–41.

Altemeyer, Bob. *The Authoritarian Specter*. Harvard UP, 1996.

Althusser, Louis. "Ideology and Ideological State Apparatuses." *Lenin and Philosophy and Other Essays*. Editado por Louis Althusser. Monthly Review P, 1971, pp. 127–88.

Anderson, Benedict. *Imagined Communities*. Verso, 1995.

Anderson Imbert, Enrique. *Teoría y técnica del cuento*. Ediciones Marymar, 1979.

Obras citadas

Arana, Mario. "General Economic Policy." *Nicaragua without Illusions*. Editado por Thomass¡ Walker. Scholarly Resources, 1997, pp. 81–96.

Arellano, Jorge Eduardo. *El beisbol en Nicaragua: rescate histórico y cultural (1889–1948)*. Academia Nicaragüense de la Lengua, 2008.

———. *Entre la tradición y la modernidad: el movimiento nicaragüense de vanguardia*. Libro Libre, 1992.

———. *La novela nicaragüense: siglos XIX y XX*. JEA Ediciones, 2012.

———. *Literatura centroamericana : Diccionario de autores contemporáneos, fuentes para su estudio*. Fundación Vida, 2003.

———. *Panorama de la literatura nicaragüense*. Editorial Nueva Nicaragua, 1986.

Arévalo Martínez, Rafael. *Ecce Pericles, la tiranía de Manuel Estrada Cabrera en Guatemala*. Editorial Universitaria Centroamericana, 1982.

Argüello, Santiago. *El libro de los apólogos y otras cosas espirituales*. Tipográfica Nacional, 1934.

Armony, Ariel. "The Former Contras." *Nicaragua without Illusions*. Editado por Thomas Walker. Scholarly Resources, 1997, pp. 203–18.

———. "Transnationalizing the Dirty War *Argentina in Central America*." *In from the Cold, Latin America's New Encounter with the Cold War*. Editado por Gilbert M. Joseph y Daniela Spenser. Duke UP, 2008, pp. 134–68.

Arreola, Juan José. *Obras*. Editado por Saúl Yurkievich. Fondo de Cultura Económica, 2002.

Asamblea Nacional. "Constitución Política de la República de Nicaragua." Asamblea Nacional, 2014.

Austin, J. L. *How to Do Things with Words*. Harvard UP, 1975.

Bakhtin, Mikhail. *The Dialogic Imagination*. U Texas, 1992.

———. *Rabelais and His World*. Indiana UP, 1984.

Baltodano, Mónica. *De la forja de la vanguardia a la montaña. Memorias de la lucha sandinista*. Editado por Mónica Baltodano, vol. I. Instituto de Historia de Nicaragua y Centroamérica, 2010.

Baudelaire, Charles. *Ouevres complètes*. Robert Laffont, 1992.

Baudrillard, Jean. "Simulacra and Science Fiction." Traducido por Sheila Faria Glaser. *Simulacra and Simulation*. Editado por Jean Baudrillard. U Michigan, 1994, pp. 121–27.

Beaver, Frank. *Dictionary of Film Terms*. Twayne, 1994.

Benjamin, Walter. *Reflections*. Schocken Books, 1986.

Bernard, Suzanne. *Le poème en prose de Baudelaire jusqu'a nos jours*. Librairie Nizet, 1959.

Obras citadas

Beverley, John, y Marc Zimmerman. *Literature and Politics in the Central American Revolutions*. U Texas, 1990.

Besse, Nathalie. "Le corps malmenés de Sergio Ramírez, images d'un Nicaragua meurtri." *reCHERches*, vol. 4, 2010, pp. 103–16.

———. "Poder de la corrupción y contrapoder de la ética en *El cielo llora por mí* de Sergio Ramírez." *HAL Open Science*, 2009, hal.science/hal-04068193. Consultado 29 de septiembre de 2023.

Black, Jonathan. "Muscle Man." *Smithsonian*, vol. 40, no. 5, 2009, pp. 64–71.

Blandón, María Teresa. "Los cuerpos del feminismo nicaragüense." *Antología del pensamiento crítico nicaragüense contemporáneo*. Editado por Juan Pablo Gómez y Camilo Antillón. CLACSO, 2016, pp. 353–72.

Booth, Wayne C. *The Rhetoric of Fiction*. U Chicago, 1983.

Borge, Tomás. "Con Paz o con la paz." *El arte como herejía*. Tercera Prensa, 1991, pp. 191–200.

———. *La paciente impaciencia*. Casa de las Américas, 1990.

———. "The New Education in the New Nicaragua." *Nicaragua: The Sandinista People's Revolution*. Pathfinder, 1985, pp. 70–82.

Borges, Jorge Luis. *Obras completas*. Vol. 1. Emecé, 2009.

———. *Obras completas*. Vol. 2. Emecé, 2010.

Braham, Persephone. *Crimes Against the State, Crimes Against Persons: Detective Fiction in Cuba and Mexico*. U Minnesota P, 2004.

Braudel, Fernand. *La dynamique du capitalisme*. Flammarion, 1989.

———. "The Perspective of the World." *Civilization and Capitalism*. Editado por Fernand Braudel. Harper and Row, 1979.

Breunig, LeRoy C. "Why France?" *The Prose Poem in France: Theory and Practice*. Editado por Mary Ann Caws y Herminie Riffaterre. Columbia UP, 1983, pp. 3–11.

Brown, Andrew J. *Cyborgs in Latin America*. Palgrave Macmillan, 2010.

Burgos, Adrian. *Playing America's Game, Baseball, Latinos and the Color Line*. U California P, 2007.

Butler, Judy. "The Peoples of the Atlantic Coast." *Nicaragua without Illusions*. Editado por Thomas Walker. Scholarly Resources, 1997, pp. 219–34.

Obras citadas

Calviño Iglesias, Julio. *La novela del dictador en Hispanoamérica*. Ediciones de Cultura Hispánica/Instituto de Cooperación Iberoamericana, 1985.

Camurati, Mireya. *La fábula en Hispanoamérica*. Universidad Nacional Autónoma de México, 1978.

Canepa, Andrea. "Children with Disabilities, Neglected During Peace Time, Forgotten During Conflict." *Crises, Conflict and Disability. Ensuring Equality*. Editado por David Mitchell y Valerie Karr. Routledge, 2014, pp. 175–86.

Cardenal Argüello, Luis. *Mi rebelión, la dictadura de los Somoza*. Patria y Libertad, 1961.

Cardenal, Ernesto. *La santidad de la revolución*. Ediciones Sígueme, 1978.

———. *Las ínsulas extrañas. Memorias II*. Fondo de Cultura Económica, 2003.

Castellón Barreto, Ernesto. *El proceso Castañeda: ¿Demente o delincuente? mente satánica*. s.e., 1994.

Castro, Edgardo. *Diccionario Foucault, temas, conceptos y autores*. Siglo XXI, 2011.

Castro, Fidel, et al. *Palabras a los intelectuales*. Ocean Sur, 2011.

Castro Gómez, Santiago. *Crítica de la razón latinoamericana*. 2ª edición. Pontificia Universidad Javeriana, 2011.

Castro-Klarén, Sara. "Review of ¿Te dio miedo la sangre? by Sergio Ramírez." *Revista interamericana de bibliografía*, vol. 28, no. 3, 1978, pp. 328–29.

Cattaruzza, Alejandro. "Historias rojas: los intelectuales comunistas y el pasado nacional en los años 1930." *Prohistoria*, vol. 11, no. 11, 2007, pp. 169–89.

CDC. "Facts about Strychnine," emergency.cdc.gov/agent/strychnine/basics/facts.asp. Consultado 21 de febrero de 2021.

———. "Malaria - About Malaria - Disease." cdc.gov/malaria/about/disease.html. Consultado 21 de febrero de 2021.

Cella, Tony. "Un análisis sociocrítico de algunas narconarrativas mexicanas." Tesis doctoral. U Virginia, 2014.

Chamorro, Pedro Joaquín. *Estirpe sangrienta: los Somoza*. Diógenes, 1980.

Charlip, Julie. *Cultivating Coffe, the Farmers of Carazo, Nicaragua, 1880–1930*. Ohio UP, 2003.

Chávez, Daniel. "El coronel no tiene con quien jugar, representaciones latinoamericanas en la literatura y el videojuego." *Arizona Journal of Hispanic Cultural Studies*, vol. 14, 2010, pp. 159–76.

———. "La alta modernidad visual y la intermedialidad de la historieta en México." *Hispanic Research Journal* vol. 8, no. 2, 2007, pp. 155–69.

———. *Nicaragua and the Politics of Utopia: Development and Culture in the Modern State*. Vanderbilt UP, 2015.

Chen, Lucía. *La dictadura y la explotación: un estudio de la trilogía bananera de Miguel Ángel Asturias*. UNAM, 2000.

Cherem, Silvia. *Una vida por la palabra. Entrevista con Sergio Ramírez*. Fondo de Cultura Económica, 2004.

Cheyfitz, Eric. *The Poetics of Imperialism*. U Pennsylvania P, 1991.

Cingolani, Mariano, et al. "Analytical Detection and Quantitation of Strychnine in Chemically Fixed Organ Tissues." *Journal of Analytical Toxicology*, vol. 23, 1999, pp. 219–21.

Clark, George B. *With the Old Corps in Nicaragua*. Presidio, 2001.

Coello Gutiérrez, Emiliano. "La novela policiaca, la modernidad y el mal en *El cielo llora por mi* de Sergio Ramírez." *Sergio Ramírez acercamiento crítico a sus novelas*. Editado por José Juan Colín. F&G Editores, 2013, pp. 197–223.

Colín, José Juan. *Los cuentos de Sergio Ramírez*. Alberto Sandro Chiri Jaime, 2004.

Coma, Javier. *La novela negra*. Viejo Topo, 1982.

Copleston, Frederick. *A History of Philosophy*. Vol II. Doubleday, 1993.

———. *A History of Philosophy*. Vol VII. Doubleday, 1985.

Córdova Macías, Ricardo, y Raúl Benítez Manaut. "Reflexiones en torno al estado en Centroamérica." *El estado en América Latina teoría y práctica*. Editado por Pablo González Casanova. Siglo XXI, 1990, pp. 505–41.

Coronil, Fernando. *The Magical State*. U Chicago, 1997.

Corral, Will. "El cielo llora por mí by Sergio Ramírez." *World Literature Today*, vol. 83, no. 6, 2009, p. 68.

Corrales, Javier. "Same-Sex Marriage in Conservative Costa Rica Was not a Miracle." *New York Times*, 2020. nytimes.com/2020/06/05/opinion/international-world/same-sex-marriage-costa-rica.html. Consultado 1 de agosto de 2020.

Cortázar, Julio. *Nicaragua tan violentamente dulce*. Nueva Nicaragua, 1985.

Cuadra, Pablo Antonio. "El nicaragüense." *Ensayos I*. Grupo Uno, 2003, pp. 1–157.

———. "Los poetas en la torre, memorias del movimiento de vanguardia." *Crítica Literaria I*. Editado por Pedro Xavier Solis. 2004, pp. 193–229.

Obras citadas

Dalton, Roque. *Las historias prohibidas de Pulgarcito*. Ocean Sur, 2014.

Darío, Rubén. *Rubén Darío, del símbolo a la realidad. Obra selecta*. Asociación de Academias de la Lengua Española /Real Academia Española/ Random House, 2016.

Davis, Lennard. "Constructing Normalcy, the Bell Curve, the Novel, and the Invention of the Disabled Body in the Ninetheenth Century." *The Disability Studies Reader*. Editado por Lennard Davis. 2ª edición. Routledge, 2006, pp. 3–16.

De la Cueva, Mario. *La idea del estado*. Fondo de Cultura Económica, 1996.

De la Torre, Ventura, y Jacinto Lozano Escribano. "Introducción." *Gesta Romanorum, exempla europeos del siglo XIV*. Akal, 2004.

Debord, Guy. *Society of Spectacle*. Black and Read, 1983.

Delgado Aburto, Leonel. "El caribe nicaragüense en textos de la literatura nacional moderna: de la civilización protectorista a la mulatidad global." *América Latina hoy*, vol. 58, 2011, pp. 63–80.

Diederich, Bernard. *Somoza*. E. P. Dutton, 1981.

Dix, Paul, y Pamela Fitzpatrick. *Nicaragua, Surviving the Legacy of U.S. Policy*. Just Sharing P/Instituto de Historia de Nicaragua y Centroamérica IHNCA, 2011.

Duffey, Patrick. "María Elvira Bermúdez." *Latin American Mystery Writers, an A to Z Guide*. Editado por Darrell B. Lockart. Greenwood P, 2004, pp. 24–28.

Dussel, Enrique. "Beyond Eurocentrism: the World-System and the Limits of Modernity." *The Cultures of Globalization*. Editado por Frederic Jameson y Miyoshi Masao. Duke UP, 1998, pp. 3–31.

Esch, Sophie. *Modernity at Gunpoint, Firearms, Politics, and Culture in Mexico and Central America*. U Pittsburgh P, 2018.

Fabian, Johannes. *Time and the Other: How Anthropology Makes its Object*. 1983. Columbia UP, 1983.

Fernández, Jesse. *El poema en prosa en Hispanoamérica*. Hiperión, 1994.

Fernández Retamar, Roberto. *Todo Calibán*. CLACSO, 2004.

Fernández-Cid Enríquez, Matilde. "Medios de comunicación, conformación de imagen y construcción de sentido en relación a la discapacidad." *Política y sociedad*, vol. 47, no. 1, 2010, pp. 105–13.

Ferreira, Miguel A. V. "De la *minus*-valía a la *diversidad funcional*: un nuevo marco teórico-metodológico." *Política y sociedad*, vol. 47, no. 1, 2010, pp. 45–65.

Ferrero Blanco, María Dolores. *La Nicaragua de los Somoza 1936–1979*. Universidad de Huelva / IHNCA, 2010.

Fisher, Lenin. "El Colegio de Médicos y Cirujanos de Nicaragua." Escritos de Lenin Fisher 2012. leninfisher.blogspot.com/2012/04/radiologos-y-el-colegio-de-medicos-y.html. Consultado 18 de enero de 2021.

Fonseca Amador, Carlos. *Obras*. Vol. 1. Editorial Nueva Nicaragua, 1981.

Forester, C.S. *Payment Deferred*. eNet P, 2012. eBook.

Foucault, Michel. *Defender la sociedad*. 1997. Traducido por Horacio Pons. Fondo de Cultura Económica, 2000.

———. "Des Espaces Autres." *Architecture / Movement / Continuité*. s.e. 1984.

———. *El nacimiento de la clínica*. Siglo XXI, 2009.

———. *Las palabras y las cosas*. Siglo XXI, 1997.

———. *Tecnologías del yo y otros textos afines*. Paidós, 1990.

———. *Vigilar y castigar*. Siglo XXI, 1997.

———. "What is an Author?" *The Foucault Reader*. Editado por Paul Rabinow. Pantheon Books, 1984, pp. 101–20.

Franco, Jean. *Las conspiradoras, representación de la mujer en México*. Fondo de Cultura Económica, 2004.

Frank, Arthur. "For a Sociology of the Body: An Analytical Review." *The Body, Social Process and Cultural Theory*. Editado por Mike Featherston, Mike Hepworth y Bryan Turner. Sage Publications, 1991, pp. 36–102.

Freud, Sigmund. *El yo y el ello y otras obras (1925–1925)*. Obras Completas. Vol. XIX. Amorrortu Editores, 1992.

———. *Más allá del principio de placer, psicología de las masas y análisis del yo y otras obras (1922–1923)*. Obras completas. Vol. XVIII. Amorrortu Editores, 1992.

———. *On Dreams*. W.W. Norton, 1989.

Friedman, Milton. *Capitalism and Freedom*. U Chicago P, 2002. eBook.

Fuentes, Carlos. *La gran novela latinoamericana*. Alfaguara, 2011.

Funes, Patricia. *Historia mínima de las ideas políticas en América Latina*. El Colegio de México, 2014.

Gaines, Charles. *Yours in Perfect Manhood, Charles Atlas*. Simon and Shuster, 1982.

Galeano, Eduardo. *Las venas abiertas de América Latina*. Siglo XXI, 1984.

Genette, Gérard. *Narrative Discourse*. Cornell UP, 1987.

Giardinelli, Mempo. *El género negro: orígenes y evolución de la literatura policial*. Capital Intelectual, 2013.

Gisbert Calabuig, Juan Antonio y E. Villanueva Cañadas. *Medicina legal y toxicología*. 6ª edición. Masson, 2005.

Obras citadas

Gobat, Michel. *Confronting the American Dream, Nicaragua under U.S. Imperial Rule*. Duke UP, 2005.

Golden, Janet Lynne, y Elizabeth Toon. "'Live Clean, Think Clean, and Don't Go to Burlesque Shows:' Charles Atlas as Health Advisor." *Journal of the History of Medicine and Allied Sciences*, vol. 57, no. 1, 2001, pp. 39–60.

Gómez, Juan Pablo. *Autoridad, cuerpo, nación. Batallas culturales en Nicaragua (1930–1943)*. Instituto de Histoira de Nicaragua y Centroamérica/ Universidad Centroamericana, 2015.

González, Aníbal. *Journalism and the Development of Spanish American Narrative*.

Cambridge UP, 1993.

González, José Eduardo. "Leonardo Padura Fuentes." *Latin American Mystery Writers, an A to Z Guide*. Editado por Darrell B. Lockart. Greenwood P, 2004, pp. 138–41.

Gramsci, Antonio. *Selections from the Prison Notebooks*. International Publishers, 1995.

Grandin, Greg. *Empire's Workshop*. Henry Holt and Company, 2006.

Guevara, Ernesto. "El hombre nuevo." *Fuentes de la cultura latinoamericana*. Editado por Leopoldo Zea. Vol. 1. Fondo de Cultura Económica, 1995, pp. 321–33.

Guttmann, Julius. *Philosophies of Judaism*. Holt Rinehart and Winston, 1964.

Habermas, Jürgen. *Structural Transformation of the Public Sphere*. MIT P 1987.

Hale, Charles. "Political Ideas and Ideologies in Latin America 1870–1930." *Ideas and Ideologies in Twentieth Century Latin America*. Editado por Leslie Bethell. Cambridge UP, 1996. 133–205.

———. *Resistance and Contradiction: Miskitu Indians and the Nicaraguan State, 1894–1987*. Stanford UP, 1994.

Halperín Donghi, Tulio. *Historia contemporánea de América Latina*. Alianza Editorial, 1993.

Harvey, David. *A Brief History of Neoliberalism*. Oxford UP, 2005.

Hayek, Friedrich A. *The Road to Serfdom*. 1944. The Collected Works of F.A. Hayek. Vol. 2. U Chicago P, 2007. eBook.

Hayles, Katherine. *How We Became Posthuman*. U Chicago P, 1999.

Hegel, G. W. F. *Fenomenología del espíritu*. Fondo de Cultura Económica, 1987.

Obras citadas

Helguera, Luis Ignacio. *Antología del poema en prosa en México*. Fondo de Cultura Económica, 1993.

Henighan, Stephen. *Sandino's Nation: Ernesto Cardenal and Sergio Ramírez Writing Nicaragua 1940–2012*. Mc-Gill-Queen's University 2014.

Herrejón Peredo, Carlos. "Morelos y Pavón, José María." *Diccionario de la Independencia de México*. Editado por Alfredo Ávila, Virginia Guedea y Ana Carolina Ibarra. Universidad Nacional Autónoma de México, 2010, pp. 110–17.

Herrera Pineda, Álvaro, Orlando Morales, y Berta Angélica Moreno. *Estudio diagnóstico del sector de las personas con discapacidad en la República de Nicaragua*. Japan International Cooperation Agency, 2014.

Higham, Charles. *Charles Laughton an Intimate Biography*. Doubleday and Company, 1976.

Hobsbawm, Eric. *The Age of Revolutions 1789–1848*. Viking, 1996.

Hodges, Donald. *Intellectual Foundations of the Nicaraguan Revolution*. U Texas, 1986.

Hoffmann, Josef. *Philosophies of Crime Fiction*. No Exit P, 2013.

Hofstadter, Richard. *Anti-intellectualism in American Life*. Alfred Knopf, 1963.

Holguín, Perla. "Los enigmas de María Elvira Bermúdez." *El Universal*, 17 de marzo 2017. confabulario.eluniversal.com.mx/los-enigmas-de-maria-elvira-bermudez/. Consultado 10 de marzo de 2021.

Hood, Edward, y Werner Mackenbach. "La novela y el testimonio en Nicaragua: una bibliografía tentativa, desde sus inicios hasta el año 2000," 2001. *Istmo, revista virtual de estudios literarios y culturales centroamericanos*.1 istmo.denison.edu/n01/proyectos/edwardwatershood.html. Consultado 10 de julio de 2013.

Hooker, Juliet. "Beloved Enemies: Race and Official Mestizo Nationalism in Nicaragua." *Latin American Research Review*, vol. 40, no. 3, 2005, pp. 14–39.

Huizinga, Johan. *Homo Ludens*. Beacon P, 1955.

Hutcheon, Linda. *The Politics of Postmodernism*. Routledge, 1993.

Iber, Patrick. *Neither Peace nor Freedom, the Cultural Cold War in Latin America*Harvard UP, 2015.

Illades, Carlos. *El marxismo en México, una historia intelectual*. Taurus, 2014.

James, C. L. R. *Minty Alley*. New Beacon Books, 1971.

Jameson, Fredric. *The Political Unconscious*. Cornell UP, 1991.

———. *Postmodernism or, the Cultural Logic of Late Capitalism*. Duke UP, 1993.

Obras citadas

Jarle Bruun, Frank. "Hero, Beggar, or Sports Star: Negotiating the Identity of the Disabled Person in Nicaragua." *Disability and Culture*. Editado por Bendedicte Ingstad y Susan Reynolds Whyte. U California P, 1995, pp. 196–209.

Jauss, Hans Robert. "Littérature médiévale et théorie des genres." *Théories des genres*. Editado por Gérard Genette. Seuil, 1986, pp. 37–76.

Jiménez, Mayra. *Fogata en la oscurana: los talleres de poesía en la alfabetización*. Ministerio de Cultura, 1985.

Johns, Michael. *The Education of a Radical: An American Revolutionary in Sandinista Nicaragua*. U Texas P, 2012.

Joseph, Gilbert M. y Daniela Spenser. *In From the Cold, Latin America's New Encounter with the Cold War*. Duke UP, 2008.

Jung, Carl. *The Basic Writings of Carl Jung*. Random House, 1959.

Kagan, Robert. *A Twilight Struggle, American Power and Nicaragua, 1977–1990*. The Free P, 1996.

Kampwirth, Karen. "Arnoldo Alemán takes on the NGOs: Antifeminism and the New Populism in Nicaragua." *Latin American Politics and Society*, vol. 45, no. 2, 2003, pp. 133–58.

Kayser, Wolfgang. *Interpretación y análisis de la obra literaria*. Gredos, 1985.

Kent Carrasco, Daniel. "M.N. Roy en México: cosmopolitismo intelectual y contingencia política en la creación del PCM." *Camaradas. Nueva historia del comunismo en México*. Editado por Carlos Illades. Fondo de Cultura Económica, 2017, pp. 37–71.

Kinzer, Stephen. "Nicaragua's Disabled: A Growing Legacy of War." *The New York Times*, 19 de noviembre de 1985. nytimes.com/1985/11/29/world/nicaragua-s-disabled-a-growing-legacy-of-war.html. Consultado 11 de mayo de 2015.

Kraus, Joe. "There's no Place Like Home!" *Baseball and Philosophy*. Editado por Eric Bronson, Chicago: Open Court, 2004, pp. 7–18.

Kraybill Rodríguez, Sheila. "Asalto desde las sombras: la nueva novela histórica y la obra reciente de Sergio Ramírez." Tesis doctural. Temple U, 2005.

Lacayo, Antonio. *La difícil transición nicaragüense, en el gobierno con Doña Violeta*. Fundación Uno, 2005.

Landon, Richard. "A Half-Naked Muscleman in Trunks: Charles Atlas, Superheroes, and Comic Book Masculinity." *Journal of the Fantastic in the Arts*, vol. 18, no. 2, 2007, pp. 200–16.

Latour, Bruno. *We Have Never Been Modern*. Harvard UP, 1993.

Lechner, Norbert. " A Disenchantment Called Postmodernism." *The Postmodernism Debate in Latin America*. Editado por John Beverly, José Oviedo y Michael Aronna. Duke U, 1995, pp. 147–64.

Obras citadas

Lemke, Jay. *Textual Politics*. Taylor and Francis, 1995.

Lenin, V. I. "Imperialism, the Highest Stage of Capitalism." *The Lenin Anthology*. Editado por Robert Tucker. W.W. Norton, 1975. 204–74.

Leogrande, William. "Iran-Contra." *Our Own Backyard, the United States in Central America 1977–1992*. U North Carolina P, 1998, pp. 476–504.

Linton, Simi. "Reassigning Meaning." *The Disability Studies Reader*. Editado por Lennard Davis. Routledge, 2006, pp. 161–72.

Lockhart, Darrell B. *Latin American Mystery Writers. An A-to-Z Guide*. Greenwood P, 2004.

López Castellanos, Nayar. *La ruptura del Frente Sandinista*. Plaza y Valdés, 1996.

Lyotard, Jean-François. *The Postmodern Condition: A Report on Knowledge*. U Minnesota, 1993.

MacAulay, Neill. *The Sandino Affair*. 1967. Macahoota P, 1998.

Magnet, Shoshana. "Playing at Colonization, Interpreting Imaginary Landscapes in the Video Game *Tropico*." *Journal of Communications Inquiry*, vol. 30, no. 2, 2006, pp. 142–62.

Maira, Luis. "El estado de seguridad nacional en América Latina." *El estado en América Latina teoría y práctica*. Editado por Pablo González Casanova. Siglo XXI, 1990, pp. 108–30.

Mansfield-Kelley, Deane, y Lois Marchino. *The Longman Anthology of Detective Fiction*. Longman, 2004.

Mantero, José María. *Omar Cabezas, Nicaragua, and the Narrative of Liberation, to the Revolution and Beyond*. Lexington Books, 2019.

Marin, Louis. *La parole mangée*. Meridiens Klincksieck, 1986.

Marini, Ruy Mauro. "Los fundamentos de la dependencia. El ciclo del capital en la economía industrial." *La teoría social latinoamericana*. Editado por Ruy Mauro Marini y Márgara Millán. Vol. 2. CELA/UNAM, 1994, pp. 231–70.

Martí, José. *Escenas norteamericanas*. Biblioteca Ayacucho, 2003.

Martínez García, Amaya. *La discapacidad en Nicaragua, una realidad*. One World Action / Federación de Mujeres con Capacidades Diferentes (FEMUCADI), 2011.

McGehee, Richard. "Sport in Nicaragua, 1889–1926." *Sport in Latin America and the Caribbean*. Editado por Joseph Arabena y David LaFrance. Scholarly Resources, 2002, pp. 175–205.

McMurray, George. "Sergio Ramírez's *Castigo divino* as documentary novel." *Confluencia*, vol. 5, no. 2, 2003, pp. 155–59.

Obras citadas

Meiselas, Susan. *Nicaragua*. Pantheon Books, 1981.

———, Dir. *Pictures from a Revolution*. 1991.

Mejía Sánchez, Ernesto. *Recolección a mediodía*. 1980. Lecturas mexicanas, vol. 99. CONACULTA, 1995.

Mendes, Lothar. Dir. *Payment Deferred*. 1932.

Menton, Seymour. *La nueva novela histórica de la América Latina 1972–1992*. Fondo de Cultura Económica, 1993.

Meyers, Stephen. "The Past Dividing the Present Nicaragua's Legacy of War Shaping Disability Rights Today." *Crises, Conflict and Disability*. Editado por David Mitchell y Valerie Karr. Routledge, 2014.

Mignolo, Walter. "Globalization, Civilization Processes, and the Relocation of Languages and Cultures." *The Cultures of Globalization*. Editado por Frederic Jameson y Masao Miyoshi. Duke UP, 1998, pp. 32–53.

———. "La figura del poeta en la lírica de vanguardia." *Revista Iberoamericana*, vol. 48, 1982, pp. 131–48.

Millett, Richard. *Guardians of the Dynasty*. Orbis, 1977.

Monsiváis, Carlos. *Aires de familia*. Anagrama, 2000.

Montenegro, Sofía. "Un movimiento de mujeres en auge (1997)." *Antología del pensamiento crítico nicaragüense contemporáneo*. Editado por Juan Pablo Gómez y Camilo Antillón. CLACSO, 2016, pp. 307–22.

Morales Avilés, Ricardo. *Obras*. Editorial Nueva Nicaragua, 1985.

Moro, Diana. *Sergio Ramírez, Rubén Darío y la literatura nicaragüense*. A Contracorriente, 2015.

Mussolff, Andreas. *Metaphor, Nation and the Holocaust, the Concept of the Body Politic*. Routledge, 2010.

Nalty, Bernard. *The United States Marines in Nicaragua*. 1958. Barajima Books, 2020.

Naranjo, Carmen, y Carmen Sigüenza. "El Cervantes de Sergio Ramírez, para los asesinados estos días en Nicaragua." *El periódico*, 23 de abril 2018. elperiodico.com/es/ocio-y-cultura/20180423/cervantes-sergio-ramirez-asesinados-dias–6778292. Consultado 11 de enero de 2021.

O'Donnell, Guillermo. "El estado burocrático-autoritario." *La teoría social latinoamericana. Textos escogidos*. Editado por Ruy Mauro Marini y Márgara Millán. Vol. 3. UNAM, 1995, pp. 55–77.

Ortega, Daniel. "Unidad de los trabajadores de América y el mundo." *Combatiendo por la paz*. Siglo XXI, 1988, pp. 68–74.

Obras citadas

Pacheco, Carlos. *Narrativa de la dictadura y crítica literaria*. Fundación Centro de Estudios Latinoamericanos Rómulo Gallegos, 1987.

Palmer, Steven, y Ligia Peña Torres. "A Rockefeller Foundation Health Primer from US-Occupied Nicaragua, 1914–1928." *Canadian Bulletin of Medical History*, vol. 25, no. 1, 2008, pp. 43–69.

Palou, Pedro Ángel. *La casa del silencio: aproximación en tres tiempos a los Contemporáneos*. Conaculta Instituto Veracruzano de la Cultura, 2015.

Parkman, Patricia. *Nonviolent Insurrection in El Salvador*. U Arizona, 1988.

Pavón, Alfredo. "Charles Atlas y la enajenación de la sociedad nicaragüense." *La palabra y el hombre*, vol. 21, 1977, pp. 84–86.

Paz, Octavio. "El diálogo y el ruido (Francfort, 1984)." *Obras completas*. Vol. VI. Fondo de Cultura Económica, 2014, pp. 412–20.

———. *Posdata*. Siglo XXI, 1976.

———. "Sor Juana Inés de la Cruz o las trampas de la fe." *Obras completas*. Vol. III. Fondo de Cultura Económica, 2014.

Peña Torres, Ligia. "La Fundación Rockefeller y la salud pública nicaragüense, en los años treinta." *IX Congreso Centroamericano de Historia*. Consejo Latinoamericano de Ciencias Sociales, 2008.

———. "La salud pública en Nicaragua y la Fundación Rockefeller, 1915–1928." *Revista de Historia, Instituto de Historia de Nicaragua y Centroamérica*, vol. 22, 2007, pp. 117–35.

Penix-Tadsen, Phillip. *Culture Code: Video Games and Latin America*. MIT P, 2016.

Perkowska, Magdalena. "El "entre-lugar" genérico: el cruce de la novela histórica y el relato detectivesco en *Castigo divino* de Sergio Ramírez." *Murales, figuras, fronteras. Narrativa e historia en el Caribe y Centroamérica*. Editado por Patrick Collard y Rita de Maeseneer. Iberoamericana, 2003, pp. 219–45.

Perla, Héctor. "Si Nicaragua venció, El Salvador vencerá, Central American Agency in the Creation of the U.S.-Central American Peace and Solidarity Movement." *Latin American Research Review*, vol. 43, no. 2, 2008, pp. 136–58.

Perri, Brad. "Disappering regions; Charles Atlas, the United States and Nicaraguan Identity." *Athlon*, vol. 16, no. 2, 1999, pp. 35–46.

Pons, María Cristina. *Memorias del olvido, la novela histórica de fines del siglo XX*. Siglo XXI, 1996.

Presidencia de la República. "Reglamento interno de la Academia Militar." Editado por Academia Militar de Nicaragua. Presidencia de la República, 1932.

Obras citadas

———, *Somoza hacia el Atlántico; resumen histórico de la cruzada que hizo el excmo. Sr. presidente Somoza inaugurando la grandiosa obra de la carretera al Atlántico*. Secretaría Privada de la Presidencia de la República, 1942.

Purdy, Sam. "Revolutionary Béisbol: Political Appropriations of "America's Game" in Pre- and Post-Revolution Nicaragua." *The Yale Historical Review*, vol. 1, no. 2, 2010, pp. 6–18.

Quesada, Uriel. "De *Castigo divino* a *El cielo llora por mí*: 20 años del neopoliciaco centroamericano." *Narrativas del crimen en América Latina, transformaciones y transculturaciones del policial*. Editado por Brigitte Adriansen y Valeria Grinberg Pla. Lit Verlag, 2012, pp. 59–74.

———. "La verdad, el poder y la ficción policiaca: el caso de *Castigo divino* de Sergio Ramírez." *Mester*, vol. 31, 2002, pp. 17–31.

Quijano, Aníbal. "Dependencia y marginalidad. El concepto de polo marginal." *La teoría social latinoamericana*. Editado por Ruy Mauro Marini y Márgara Millán. Vol. 2. CELA/UNAM, 1994, pp. 181–209.

Racy, John C. "Psychological Adaptation to Amputation." *Atlas of Limb Prosthetics: Surgical, Prosthetic, and Rehabilitation Principles*. Editado por John Bowker, John Michael y American Academy of Orthopedic Surgeons. Mosby Yearbook, 1992.

Rama, Angel. *La ciudad letrada*. Ediciones del Norte, 1984.

Ramírez, Sergio. *Adiós muchachos*. Aguilar, 1999.

———. *Balcanes y volcanes*. Editorial Nueva Nicaragua, 1985.

———. *Castigo divino*. Mondadori, 1988.

———. *Catalina y Catalina*. Alfaguara, 2001.

———. *Cuentos completos*. Fondo de Cultura Económica, 2013.

———. *De tropeles y tropelías*. Editorial Universitaria de El Salvador, 1972.

———. "Dolores Morales." *La Prensa* enero 15, 2018.

———. *El cielo llora por mí*. Alfaguara, 2008.

———. "El escritor centroamericano." *Texto crítico*, vol. 29, 1984, pp. 66–74.

———. *Las armas del futuro*. Editorial Nueva Nicaragua, 1987.

———. *Oficios compartidos*. Siglo XXI, 1994.

———. *Tambor olvidado*. Aguilar, 2007.

———. *Ya nadie llora por mí*. Alfaguara, 2018.

———. *Tongolele no sabía bailar*. Alfaguara, 2021.

Ramírez, Sergio, y Fernando Gordillo. "Antieditorial." *Ventana*, vol. 5, 1990, p. 2.

Obras citadas

Ramos, Julio. *Desencuentros de la modernidad en América Latina: literatura y política en el siglo XIX*. Fundación Editorial el Perro y la Rana, 2009.

Rashkin, Elissa. *La aventura estridentista. Historia cultural de una vanguardia*. Fondo de Cultura Económica, 2015.

Reyes Torres, Agustín. *Walter Mosley's Detective Novels, the Creation of Black Subjectivity*. Publicacions de la Universitat de Valencia, 2008.

Richard, Nelly. *La insubordinación de los signos*. Cuarto Propio, 1994.

Robinson, William. *Transnational Conflicts, Central America, Social Change and Globalization*. Verso, 2003.

Robleto, J.H. "La sanidad en Nicaragua." *Memoria de Higiene y Beneficiencia Públicas*. Editado por Gobierno Nacional. 1993, no. 1005–12.

Rocha, José Luis. "Cuatro jinetes del neoliberalismo en Centroamérica." *Antología del pensamiento crítico nicaragüense contemporáneo*. Editado por Juan Pablo Gómez y Camilo Antillón. CLACSO, 2016, pp. 231–52.

Rodríguez Adrados, Francisco. *Historia de la fábula greco-latina. Introducción y de los orígenes a la edad helenística*. Vol. 1. Universidad Complutense, 1979.

Rodríguez, Ileana. "Review of ¿Te dio miedo la sangre? by Sergio Ramirez." *Hispamérica*, vol. 7, no. 21, 1978, pp. 105–08.

———. *Women, Guerrilla and Love*. U Minnesota, 1996.

Rodríguez Rosales, Isolda. "Desencuentros culturales en la novela *Columpio al aire* de Lizandro Chávez Alfaro." *Revista Universitaria del Caribe*, vol. 15, no. 2, 2015, pp. 32–34.

Rojas, Rafael. *La polis literaria. El Boom, la Revolución y otras polémicas de la Guerra Fría*. Taurus, 2018.

Roorda, Eric Paul, Lauren H. Derby, y Raymundo Gonzalez. *The Dominican Republic Reader*. Duke UP, 2014.

Roos, Bengt-Arne. *Synesius of Cyrene a Study in His Personality*. Lund UP, 1991.

Ross, Peter. "The Politician as Novelist: Sergio Ramírez's *Castigo divino*." *Antípodas, Journal of Hispanic Studies of the U Auckland*, vol. 3, 1991, pp. 165–75.

Rostow, W. W. *The Stages of Economic Growth: A Non-Communist Manifesto*. Cambridge UP, 1991.

Rouquié, Alain. *El estado militar en América Latina*. Siglo XXI, 1984.

———. *La tentación autoritaria*. Edicial, 1991.

Sabine, George. *Historia de la teoría política*. Fondo de Cultura Económica, 1996.

Obras citadas

Sandino, Augusto C. *Pensamiento político*. Biblioteca Ayacucho, 1988.

Santa Cruz, Eduardo. "*Castigo divino*: entre la Historia postergada o la versión discursiva de Hollywood." *Sergio Ramírez acercamiento crítico a sus novelas*. Editado por José Juan Colín. F&G Editores, 2013. 49–66.

Sarmiento, Ignacio. "On Crimes and Heroes. Rafael Mejívar Ochoa and Crime Fiction." *Symposium*, vol. 73, no. 2, 2019, pp. 98–112.

Scaggs, John. *Crime Fiction*. Routledge, 2005.

Schmitt, Carl. *Political Theology*. U Chicago P, 2006.

Sefchovich, Sara. *México país de ideas, país de novelas*. Grijalbo, 1987.

Selser, Gregorio. *El pequeño ejército loco*. Editorial Nueva Nicaragua, 1986.

Shaw, Donald. *Nueva narrativa hispanoamericana: boom, postboom, postmondernismo*. Cátedra, 1999.

Siebers, Tobin. "Disability in Theory: From Social Constructionism to the New Realism of the Body." *The Disability Studies Reader*. Editado por Lennard Davis. 2ª edición. Routledge, 2006, pp. 173–83.

———. *Disability Theory*. The U Michigan, 2011.

Soler, Ricaurte. *Idea y cuestión nacional latinoamericanas*. Siglo XXI, 1987.

Somoza Debayle, Anastasio. *Hacia la meta: mensajes políticos*. Imprenta Nacional, 1968.

Sontag, Susan. *Illness as Metaphor*. Mc-Graw Hill, 1978.

Sotelo, Alfonso. "Introducción." *El Conde Lucanor*. Ediciones Cátedra/Rei, 1987, pp. 13–65.

Spalding, Rose. *Capitalists and Revolution in Nicaragua Opposition and Accommodation 1979–1993*. U North Carolina P, 1994.

Stanley, Jason. *How Fascism Works: the Politics of Us and Them*. Random House, 2018.

Stavenhagen, Rodolfo. "Siete tesis equivocadas sobre América Latina." *La teoría social latinoamericana. Textos escogidos*. Editado por Ruy Mauro Marini y Márgara Millán. Vol. 2. UNAM 1994, pp. 61–82.

Steger, Manfred y Ravi Roy. *Neoliberalism, a Very Short Introduction*. Oxford UP, 2010.

Stevens, Serita y Anne Bannon. *Book of Poisons*. Writers Digest Books, 2007.

Stonor Saunders, Frances. *La CIA y la guerra fría cultural*. Traducido por Rafael Fontes. Debate, 2013.

Strayer, Mike. "The Avant-Garde Detective Fiction of Antonio Helú." *Romance Notes*, vol. 55, no. 2, 2015, pp. 273–83.

Swales, John. *Genre Analysis*. Cambridge UP, 1990.

Obras citadas

Synésius. *Ouevres*. Hachette, 1878.

Téfel, Reynaldo Antonio. "La dinastía de los Somoza, Iberoamérica y la revolución social cristiana." *Revista Conservadora*, vol. 2, no. 9, 1961, pp. 28–33.

Tejero Alfageme, María Pilar. "La anécdota como género literario entre los años 1930 y 1960." Universidad de Zaragoza, 2006.

Tierney, John. *Somozas and Sandinistas, The US and Nicaragua in the Twentieth Century*. Council for Inter-American Security Educational Institute, 1982.

Tirado López, Víctor. *Nicaragua: una nueva democracia en el Tercer Mundo*. Vanguardia, 1986.

Toboso-Martín, Mario. "De los discursos actuales sobre la discapacidad en España." *Política y sociedad*, vol. 50, no. 2, 2013, pp. 681–706.

Todorov, Tzvetan. "Las categorías del relato literario." *Análisis estructural del relato*. Editado por Roland Barthes y A. J. Greimas et. al. Ediciones Coyoacán, 2004, pp. 161–97.

Tomás, Carlos. "La parábola policíaca de Sergio Ramírez." *Cuadernos hispanoamericanos*, no. 708, 2009, pp. 63–67.

Torgovnick, Mariana. *Gone Primitive*. U Chicago P, 1990.

Torres, Daniel. *José Emilio Pacheco: poesía y poética del prosaismo*. Editorial Pliegos, 1990.

Trabulse, Elías. *Ciencia y tecnología en el Nuevo Mundo*. Fondo de Cultura Económica, 1994.

Trott, Sarah. *War Noir: Raymond Chandler and the Hard-Boiled Detective as Veteran in American Fiction*. UP of Mississippi, 2016.

Valerio-Holguín, Fernando. "Nuestros vecinos los primitivos: identidad cultural dominicana." *Banalidad posmoderna. Ensayos sobre la identidad cultural latinoamericana*. Universidad Autónoma de Santo Domingo, 2006, pp. 221–42.

Valle Castillo, Julio. "Prólogo." *Tres amores*. Editado por Manolo Cuadra. Editorial Nueva Nicaragua, 1992.

Vargas, José Ángel. *La novela contemporánea centroamericana: la obra de Sergio Ramírez Mercado*. Ediciones Perro Azul, 2006.

Victoria Maldonado, Jorge. "El modelo social de la discapacidad: una cuestión de derechos humanos." *Boletín mexicano de derecho comparado*, vol. 46, no. 138, 2013, pp. 1093–1109.

Vilas, Carlos. *Mercado, estados y revoluciones. Centroamérica 1950–1990*. UNAM, 1994.

Wade, Christine, y Thomas Walker. *Nicaragua, Emerging from the Shadow of the Eagle*. Westeview P, 2017.

Obras citadas

Walker, Thomas. *Nicaragua the Land of Sandino*. Westview P, 1991.

Wallerstein, Immanuel. *The Modern World System*. Academic P, 1974.

Walter, Knut. *The Regime of Anastasio Somoza 1936–1956*. U North Carolina, 1993.

Wellinga, Klaas. "*Castigo divino* de Sergio Ramírez." *La nueva novela histórica hispanoamericana*. Editado por Hermans Steenmeijer y Maarten Steenmeijer. Editions Rodopi, 1991, pp. 93–103.

———. *Entre la poesía y la pared*. Thela, 1994.

Wendell, Susan. "Toward a Feminist Theory of Disability." *Hypatia*, vol. 4, no. 2, 1989, pp.104–24.

Westad, Odd Arne. *The Cold War a World History*. Basic Books, 2017.

Wheelock Román, Jaime. *Imperialismo y dictadura*. Editorial Nueva Nicaragua, 1985.

White, Steven. *El mundo más que humano en la poesía de Pablo Antonio Cuadra*. Asociación Pablo Antonio Cuadra, 2009.

Williamson, Edwin. *The Penguin History of Latin America*. Penguin Books, 1992.

Yehya, Naief. *El cuerpo transformado*. Paidós, 2001.

Young, Willie. "Taking One for the Team: Baseball and Sacrifice." *Baseball and Philosophy*. Editado por Eric Bronson. Open Court, 2004, pp. 36–67.

Zuluaga, Conrado. *Novelas del dictador, dictadores de novela*. Carlos Valencia Editores, 1977.

Índice analítico

agresión de género, 251, 271
Alemán, Arnoldo, 107, 226, 228, 231, 277
Alemania, 17, 22, 28, 74, 107, 119, 214
Ampuero, Roberto, 235
Argentina, 1, 8–9, 11, 13, 53, 56, 64
Arreola, Juan José, 53, 104
Asturias, Miguel Ángel, xv, 22, 26, 53, 303n. 6
Atlas, Charles, xiii, 130–35, 137, 139, 142–57, 307n. 5
autoritarismo, 30, 53, 56, 58, 61, 98, 108, 123, 125, 162, 179, 182–83, 185, 213, 215, 217, 228

Bachelard, Gastón, 169
Bárcenas-Esguerra (tratado), 138
Barrios de Chamorro, Violeta, xiv, 227–28, 231, 304n. 1
Bautista Sacasa, Juan, 186, 192
Belli, Gioconda, xv, 31, 34, 56, 182, 285
béisbol, 130, 157–64, 166, 169–70, 172, 174, 177–78, 281, 307n. 7
biopoder, 189–90, 195, 210, 212–13
biopolítica, 4, 87, 120, 127; definición según Foucault, 189; en *Castigo divino* 190–191, 193, 196, 198, 282
Bliss Lane, Arthur, 161
Bluefields, 133, 136, 159–60, 163, 245, 247–48, 254–55, 292–93
Boom latinoamericano, 20, 181–82, 304n. 5; Post-boom, xv, 182–83
Borges, Jorge Luis, 79, 104, 234, 307n. 7, 307n. 8

Bush, George, 32, 180
Bryce Echenique, 180

Cabezas, Omar, 250
Cain, James M., 235
Canadá, 214–15
capitalismo, 19, 64, 85–86
Cardenal, Ernesto, 14, 17, 20, 24–26, 29–31, 34, 51, 73, 96, 305n. 6
Caribe, 1, 14, 119–20, 56, 64–65, 84, 97, 119–20, 141, 244–45, 280, 311n. 11
Casa de las Américas, xiv, 28–30, 35; revista 18, 23–25, 304n. 7
Castañeda, Oliverio, 180, 183–90, 195–96, 198–206, 210–12, 216–21, 282, 308n. 3, 309n. 8, 309n. 9
Castellanos Moya, Horacio, xv, 233
Castro, Fidel, 30, 33
Centroamérica, xiii-xiv, xvi, 1, 4, 8–9, 20, 22, 26–27, 32–33, 40, 43, 50, 56, 63, 65–66, 81, 84, 89, 96–98, 119, 129, 137, 141, 147, 179, 185, 213, 229, 231, 233, 244, 260, 274, 278, 280, 284–85, 311n. 10
Chamorro-Bryan (tratado), 138
Chamorro Cardenal, Pedro Joaquín, 304n. 1
Chandler, Raymond, 199, 234, 257
Chávez Alfaro, Lisandro, 181–82, 246
Chile, xiv, 9, 11, 14, 20, 56, 64, 158, 235
Christie, Agatha, 234, 257, 309n. 6, 310n. 2
CIA (*Central Intelligence Agency*), 23–24, 31

331

Índice analítico

Cianuro, 196-98
ciborg, xiii, 130-32, 151-52, 156
clasismo, 83
Colombia, 8, 11, 56, 97, 138, 162, 240, 252, 274, 292, 301, 311
comunismo, 19, 24, 214
Congreso por la Libertad de la Cultura (*Congress for Cultural Freedom*), 23-24, 31
Congreso por la Paz, 22-23
Contra, la (fuerza antisandinista), 224-25, 231, 261, 275
Coronel Urtecho, José, 13, 17, 22
corporalidad, de las personas discapacitadas, 263, 272-73; grotesca, 151; hegemónica, 82, 116-17, 120, 129-30, 136, 155-56, 162, 189, 190, 278, 281; resistente, 129, 176,178, 273
Cortázar, Julio, 17, 20, 24-25, 34, 53, 303n. 3
Costa Atlántica (Nicaragua), 9, 84, 133, 139, 159-60, 163, 229, 244-45, 248, 253, 255, 293
Costa Rica, 12, 22, 26-27, 64, 67, 84, 201, 221, 311n. 10
CSCUCA (Consejo Superior Universitario Centroamericano), 26, 28
Cuadra, Manolo, 13, 22, 306n. 1
Cuadra, Pablo Antonio, 13, 17, 22, 26, 31, 73, 157-58, 177
Cuba, 10, 20, 25, 28, 31-33, 35, 78, 97, 157, 161-62, 169-70, 172, 175, 227, 236, 266-67

Dalton, Roque, 14, 22, 28, 96-98, 280
Darío, Rubén, xvi, 12, 26, 46-47, 51, 72, 244, 304n. 7
DEA (*Drug Enforcement Administration*), 240, 242

democracia, xiv, 58, 188, 215, 217, 272, 282-84;
democracia cristiana, 23, 25; democracia neoliberal, 91, 231; democracia social, 25
dependencia (teoría económica), 63, 77-78, 111
derechos humanos, 31, 42, 74, 88, 165, 261, 308n. 2
desarrollo (económico), 15, 57, 77, 108, 111, 230, 232, 283
dictadura(s), 1, 4, 15-17 20, 23, 24, 27, 33, 42-43, 52, 55-56, 58, 65-66, 71-72, 77, 79, 81, 89, 95, 98, 110, 119-20, 127, 155-56, 160-61, 164, 174, 177, 179, 183, 185, 188, 230, 245, 257, 261, 280, 304n. 1, 306n. 1, 308n. 3, 310n. 3, 310n. 4, 310n. 12,
discapacidad, 223, 229, 256-70, 277, 283
Duvalier, Papa Doc, 64

España, xi, xiv, 1, 8, 11, 18, 21, 140, 274, 281, 311n. 10
Estados Unidos, xi, xiv, 8-9, 18-21, 26, 28, 32-33, 50, 57, 65, 74, 76, 109, 129, 132-34, 141, 146-47, 149, 154, 157, 159, 180, 192, 195, 214-15, 235, 242, 307n. 4, 311n. 10
Estrada Cabrera, Manuel, 43, 45-46, 56, 81
estricnina, 190, 195, 198, 203-08, 210-12, 217, 221, 282, 309n. 6

fábula, 37-39, 41, 47-52, 69, 76, 80, 88, 104, 106-07, 111, 115, 118, 198, 279, 304 n. 2, 305 n. 9, 306n. 7, 308n. 10

Índice analítico

fascismo, 13, 20–21, 185, 213–14
Feland, Logan, 136
Fiallos, Mariano, 12, 180, 199, 200, 204, 216–20, 310n. 11, 310n. 12
Fonseca Amador, Carlos, 12, 22, 26, 51, 304n. 7
Foucault, Michel, 2–3, 4, 87, 99, 116–17, 143, 152, 189, 208, 283, 309n. 7
Francia, 8–9, 32, 46, 74, 119, 140, 210, 214, 311n. 10
Freud, Sigmund, 99–100, 104, 107
Friedman, Milton, 232
FSLN (Frente Sandinista de Liberación Nacional), 26, 35, 171, 228, 232, 310n. 12
Fuentes, Carlos, xv-xvi, 20, 24–25, 41, 113, 303n. 4, 308n. 1

Galich, Franz (ver *Managua salsa city*)
García Márquez, Gabriel, 20, 24–25, 52–53, 56, 199
Golpe de estado, 54, 187, 215
Granada (Nicaragua), 159, 163–64, 245, 307n. 9
Guardia Nacional, xiii, 50, 66–68, 73–74, 77, 131, 134, 137–38, 141–43, 152–54, 156, 161–62, 165, 170, 186–89, 191, 200–01, 216–20, 222, 257, 281–82, 307n. 8, 310n. 11
Guatemala, xv, 14, 17, 22, 43, 45, 56, 61, 64, 81, 84, 98, 119, 158, 161–62, 185, 201, 221, 280, 303n. 6
Guerra Fría, 15, 24–25, 27, 35, 63, 65, 213, 217, 224–25, 230, 243
Guerra Fría Cultural, 19–20, 23, 26–27, 30–31, 35, 51, 98, 126, 279, 284
Guerrilla, 15, 28, 33, 77, 136, 172, 174, 242, 250, 272

Guevara, Ernesto "Che", 33, 132

Haití, 64–65, 141
Hatfield, Gilbert Durnell, 307n. 5
Hayek, Friedrich, 232
Hernández Martínez, Maximiliano, 22, 43, 56, 59, 119–20, 185
Himes, Chester, 235, 241
Hombre nuevo, 132, 135, 139, 145, 151–52, 250, 272
homofobia, 89, 91, 251
Honduras, 16, 20, 22, 56, 64, 81, 84, 119, 157,185, 254, 275, 280
Huerta, Efraín, 14, 21

iglesia, 80, 150, 168, 238, 248
imperialismo, 7, 19; norteamericano, 25, 50, 130, 162, 190, 242

Kennedy, Jackie, 154
Kennedy, John F., 74

León (Nicaragua), 16, 180, 184–86, 193–94, 199, 201–03, 208, 210–12, 216, 218, 221, 245, 282, 306n. 11, 310n. 11

MacDonald, Ross, 235
Malaria, 191, 194, 205, 207, 282
Managua, xi, 29, 67, 72, 111, 145, 153, 187, 201–02, 210, 212, 218–20, 233, 245, 248–49, 277, 293, 303n. 2; béisbol en, 159–61, 163–64; policía de, 229, 237
Managua salsa city, 233, 246
Marines (*marine corps*), 50, 66, 131–32, 135–36, 138, 142, 148, 153, 156, 162–64, 186, 190–91, 203, 306n. 1, 307n. 5
Martí, José, 10, 307n. 4

333

Martínez Rivas, Carlos, 25, 305n. 6
marxismo, 21, 25; pensamiento marxista, 16, 27, 106, 251, 303n. 5
McBain, Ed, 235
Meiselas, Susan, 223–26, 261
Mejía Sánchez, Ernesto, 14, 24–26, 34, 73, 96, 305n. 6
Menjívar Ochoa, Rafael, 233
Mercacen (Mercado Común Centroamericano), 230
México, xiv, 1, 8–10, 13–14, 17, 18, 20–21, 25, 32–33, 53, 64, 67, 78, 97, 107, 141, 162, 233–35, 252, 274, 281, 311n. 10
Miami, 31, 256
misoginia, 97
modernismo, 11, 13, 72, 85, 97, 244
Monsiváis, Carlos, 180

narcotráfico, xiii, 248–50, 252–53, 255–56, 270–71, 276; policía contra el, 227, 229, 236, 240, 242–43, 292
neoliberalismo, 25, 107, 126, 230, 232, 277, 284; estado neoliberal, 3, 5, 107–08, 125, 127, 180, 225–27, 230–32, 256, 276–77, 283–84, 311n. 9
Neruda, Pablo, 36
novela negra, 229, 235, 241, 253, 274, 282
Nueva Segovia, 135, 139–40
Nueva York, xiii, 63, 131, 133–34, 137, 143, 146–50, 152, 159, 183, 192, 235, 307n. 4

ONU (Organización de las Naciones Unidas), 62, 262
Ortega, Daniel, xiv, 35, 126, 226, 228, 242, 274, 284, 304n. 7

Padilla, Heberto, 24–25
Padura, Leonardo, 1, 236
paludismo, 190–91, 194, 202–03, 205, 207–08
Panamá, 64, 73, 162, 275; Canal de, 122, 137, 194, 308n. 4
Parra, Nicanor, 14
Pasos, Joaquín, 13, 22
Paz, Octavio, 20–21, 24–26, 31, 36
Pearl Lagoon (Laguna de Perlas), 236–37, 241, 293
Pinochet, Augusto, 58, 158
Post-boom (ver Boom latinoamericano)
posmodernidad, 107, 126
Premio Cervantes, xv, 36
prótesis, 131–32, 151, 226–27, 256–57, 260, 263–70, 276–77, 283–84, 294–301
Puerto Cabezas, 133, 245
Puerto Rico, 13, 157, 162, 304n. 1
racismo, 83, 251, 257, 309n. 10
Rama (localidad en Nicaragua), 248, 293
Reagan, Ronald, 225
Región Autónoma del Atlántico (Norte RAAN, Sur RAAS), 237, 245, 248, 293
República Dominicana, 13, 64–65, 81, 119, 141, 245
resemantización, 130, 164, 182
Revolución: cubana, 14, 19, 24, 27; mexicana, 21, 33; nicaragüense, 1, 17, 29–30, 126, 224, 257, 261, 267, 303n. 3; sandinista, 25, 33–34, 226–28, 232, 238, 241, 243, 250, 275, 304n. 8
Rivera, Francisco "el zorro", 18, 34, 310n. 4
Rodríguez Monegal, Emir, 24
Rugama, Leonel, 14

Salvador, El, 14, 17, 22, 43, 56–57, 64, 96, 119–20, 157, 162, 185, 244, 280, 303n. 2

Índice analítico

sandinismo, xiv, 17, 25, 27, 33–35, 72, 106, 126, 226–27, 230, 232, 250, 278, 311n. 9
Sandino, Augusto C. 13, 50, 67, 131, 135–36, 142, 150, 153, 156, 161, 184, 186–87, 191, 202, 220–21, 281–82, 304n. 7, 306n. 1
San José de Costa Rica, 26
Santos Zelaya, José, 160, 245
Simenon, Georges, 235
Skármeta, Antonio, xv, 27, 180
Somoza Debayle, Anastasio, 42, 75, 77, 130–31, 140, 158, 165, 174, 224, 283, 305n. 2, 308n. 9, 310n. 3
Somoza Debayle, Luis, 74, 79, 106
Somoza, familia de dictadores, 4, 15–17, 25, 42–43, 56, 64, 66, 72, 75, 80, 89, 110, 130, 137, 156, 177, 188, 257, 305n. 2
Somoza García, Anastasio, 13, 23, 45, 55, 58, 66, 72–74, 119, 130, 132, 154–55, 161–62, 164, 185–87, 190, 192, 201, 218–19, 221–22, 282, 307n. 9, 308n. 3; equipos de béisbol "General Somoza" y "Cinco Estrellas", 161, 164, 307n. 9
Stroessner, Alfredo, 58
subdesarrollo, 77

Taibo II, Paco Ignacio, 1, 182, 233, 235
terremoto(s), 55, 108–09, 111, 122, 202, 303n. 2
Torrijos, Omar, 64
tortura, 42, 45, 75, 78–79, 82, 87–89, 165, 170, 174, 280, 304n. 1
Trujillo, Rafael Leónidas, 58, 64, 119; equipo de béisbol, 161

Ubico, Jorge, 43, 56, 119, 158, 185, 201, 221, 307n. 8; equipo de béisbol, 161
Unión Soviética, 19–24, 27, 31, 230; URSS (Unión de Repúblicas Soviéticas Socialistas), 57
utopía, 34, 36, 213

vanguardia, 12–14, 16, 22, 24, 115
Vargas Llosa, Mario, 20, 24–25, 36, 53, 308n. 1
veneno, 181, 185–86, 190, 195, 199, 201, 203–04, 206, 209–11, 217, 309n. 6
Ventana (revista), 16–17
videojuego(s), 38, 56–59, 114, 280; elementos ergódicos en, 57–58
violencia, xiii, 45–46, 59, 62, 65, 86, 105–06, 130–31, 153, 156, 158, 165, 169, 173, 184, 187, 217, 220–22, 224–26, 231, 235, 246, 254, 260, 268, 278, 280

Washington, 33, 65, 68, 158–59, 307n. 5

Sobre el libro

Daniel Chávez Landeros
Fábula del poder:
Corporalidad, biopolítica y violencia en la narrativa de Sergio Ramírez
PSRL 89

Un suboficial de la Guardia Nacional de Nicaragua viaja a Nueva York para conocer al célebre fisicoculturista Charles Atlas. Cuando logra acercarse al héroe, encuentra un cuerpo traspasado de jeringas y mangueras, un ciborg de frágil vida artificial. En el jardín de la mansión de un dictador centroamericano, un prisionero es encerrado en la jaula contigua a la de un león. La naturaleza y el instinto animal seguirán su curso. En la Nicaragua post-sandinista, un policía amputado de una pierna debe enfrentar – solo y herido - a una banda de narcotraficantes comandada por su antiguo jefe guerrillero. A pesar de la gravedad y violencia de las historias contadas en muchos de los cuentos y las novelas de Sergio Ramírez Mercado, su obra está regida por la ironía y la parodia. *Fábula del Poder* propone una novedosa valoración crítica de la obra narrativa de Ramírez, quien recibió el Premio Cervantes en 2017, haciendo énfasis en los mecanismos de representación y crítica del poder en la literatura contemporánea de América Latina. De manera amena y dinámica el libro utiliza un marco teórico interdisciplinario y aplica conceptos de teoría política, crítica literaria, videojuegos, cultura visual y deportiva, y repasa la historiografía contemporánea de Nicaragua y América Latina.

About the book

Daniel Chávez Landeros
Fábula del poder:
Corporalidad, biopolítica y violencia en la narrativa de Sergio Ramírez
PSRL 89

A noncommissioned officer of the Nicaraguan National Guard travels to New York to meet the famous bodybuilder, Charles Atlas. When he approaches his hero, he finds a body pierced with syringes and tubes, a cyborg of fragile artificial life. In the garden of a Central American dictator's mansion, a prisoner is locked in a cage next to a lion's. Nature and animal instinct will take their course. In post-Sandinista Nicaragua, an amputee policeman must face—alone and wounded—a drug gang commanded by his former guerrilla leader. Despite the gravity and violence present in many of Sergio Ramírez Mercado's short stories and novels, his writing is governed by irony and parody. *Fábula del Poder* proposes a novel critical assessment of the narrative work of Ramírez, who won the Cervantes Prize in 2017, emphasizing the mechanisms of representation and criticism of power in contemporary Latin American literature. In an entertaining and dynamic way, the book applies an interdisciplinary, theoretical approach, borrowing concepts from political theory, literary criticism, video games, visual culture, sports studies, and reviews the contemporary historiography of Nicaragua and Latin America.

Sobre el autor

Daniel Chávez Landeros es profesor asociado de estudios internacionales, literatura y cultura visual de México, América Latina y de latinos en los EEUU en la Universidad de New Hampshire. Sus artículos sobre poesía, narrativa, estudios internacionales, cine, televisión y comics han sido publicados en revistas académicas de México, España, Inglaterra y los Estados Unidos. Cursó el doctorado en lenguas romances y crítica cinematográfica en la Universidad de Michigan. Sus otros libros incluyen *Nicaragua and the Politics of Utopía* y las colecciones de poesía *Raya y Suerte, Hasta Nuevo Aviso* y *Versiones en Luna Agreste y Nitrato de Plata*.

About the author

Daniel Chávez Landeros is an associate professor of international affairs as well as Latin American and Latinx visual culture and literature at the University of New Hampshire. His articles on poetry, narrative, film, television, and comics have appeared in journals in Mexico, Spain, the United Kingdom, and the United States. He obtained a PhD in Romance languages and film criticism from the University of Michigan. His other books include *Nicaragua and the Politics of Utopia*, and poetry collections *Raya y Suerte, Hasta Nuevo Aviso* and *Versiones en Luna Agreste y Nitrato de Plata*.

www.ingramcontent.com/pod-product-compliance
Lightning Source LLC
Chambersburg PA
CBHW061424300426
44114CB00014B/1529